国家社科基金“十一五”规划教育学2008年度青年课题
“师范生免费教育政策的价值分析”(CIA080225)研究成果

Free Normal Education in the Perspective of
Teachers' Professional Development

教师专业发展视域下的师范生免费教育

周　琴　等◎著

科学出版社
北　京

内容简介

师范生免费教育是推动我国教师教育变革与创新的战略性举措。

本书基于教师专业发展的视角，着重对师范生免费教育的事实、价值和规范进行了探讨。本书首先在回顾我国近现代高等师范教育招生、就业和收费政策的历史嬗变的基础上，系统分析了师范生免费教育的制度设计、政策方案和实施机制。其次，以西南大学首届免费师范生毕业生为实证研究对象，通过问卷调查和访谈等，深入揭示了师范生免费教育的实施成效与存在的问题。最后，将师范生免费教育纳入现代教师教育的语境下，对其改革与发展的方向做出了思考。

本书对从事教师教育相关工作的教学、科研和管理人员，以及所有热心教育事业、关注教师专业发展的有识之士有重要参考价值。

图书在版编目(CIP)数据

教师专业发展视域下的师范生免费教育 / 周琴等著．—北京：科学出版社，2014.12

ISBN 978-7-03-042458-7

Ⅰ.①教…　Ⅱ.①周…　Ⅲ.①师范教育-教育政策-研究-中国　Ⅳ.①G659.20

中国版本图书馆 CIP 数据核字（2014）第 268349 号

责任编辑：朱丽娜　苏利德　高丽丽/责任校对：蒋　萍
责任印制：徐晓晨/封面设计：无极书装
编辑部电话：010-64033934
E-mail：fuyan@mail.sciencep.com

科学出版社 出版
北京东黄城根北街 16 号
邮政编码：100717
http://www.sciencep.com
北京京华虎彩印刷有限公司印刷
科学出版社发行　各地新华书店经销
*
2013 年 11 月第　一　版　开本：B5（720×1000）
2013 年 11 月第一次印刷　印张：19 1/4
字数：346 000
定价：78.00 元
（如有印装质量问题，我社负责调换）

前　言

2007 年 5 月，《教育部直属师范大学师范生免费教育实施办法（试行）》颁布。从 2007 年秋季入学起，北京师范大学、华东师范大学、东北师范大学、华中师范大学、陕西师范大学和西南大学 6 所教育部直属师范大学开始试行师范生免费教育。在“教师教育优先发展”这一宏观背景之下，师范生免费教育已成为引领我国教师教育变革与创新的战略性举措。鉴于此，本书基于教师专业发展的视角，对师范生免费教育的源头进行追溯，对师范生免费教育的政策方案和实施机制进行反思，对师范生免费教育的发展方向和改革策略进行探索，具有特殊的理论价值和实践意义。

研究的理论价值。鉴于师范生免费教育实施的时间尚短，国内学者就此展开专门研究的尚不多见，目前仅寥寥数十篇期刊文献对此略有论述。已有研究或限于篇幅，或囿于视角，或穷于理论深度，至今无人对“师范生免费教育”勾勒出一个较为清晰的全貌。作为一项新推行的改革方案，由于客观条件的限制和主体认识的局限性，外界对师范生免费教育存在着许多认识误区。因此，对师范生免费教育开展系统的研究，有助于澄清和纠正这些误区与矛盾，加深对政策的理性思考，进一步推动我国教师教育的变革与创新。

研究的实践意义。教育部直属师范大学实施的师范生免费教育是一种示范性举措。温家宝同志在北京师范大学首届免费师范生毕业典礼上强调，“要逐步在全国推广师范生免费教育政策，鼓励地方发展师范生免费教育”。目前，已有部分省（自治区、直辖市），如新疆、陕西、重庆等，开始尝试在地方性师范院校实施师范生免费教育。鉴于此，对部属师范大学的师范生免费教育进行系统研究，力争揭示其实施的成效与利弊得失，可以发现制定和实施政策过程中存在的偏差或失真，以便及时进行调整和补救，从而防止政策失效、提高政策效率。

本书力求将“经验性细节”与“理论性大局”相结合、理论分析与实证研究相结合、定量分析与质性研究相结合，着重探讨了师范生免费教育的事实、价值和规范。全书除“结语”外，共分7章。第一章“师范生免费教育的政策嬗变”，围绕招生、收费、就业三大主线，对我国近现代高等师范教育政策的历史演变进行了梳理。第二章“师范生免费教育的制度设计”，从招生、培养、就业三大关键环节对师范生免费教育的相关政策文本进行了解读，并结合部属师范大学和各省（自治区、直辖市）的具体执行方案对政策实施情况进行了分析。第三章“师范生免费教育的培养模式”，以西南大学为个案，对师范生免费教育的组织机构、课程设置和资源开发进行了探讨。第四章“师范生免费教育的调查研究”，选取西南大学2007级免费师范生为调查对象，对其政策认知、学习状况、职业认同进行了问卷调查研究，由此提出了几点改进师范生免费教育的对策建议。第五章“师范生免费教育的质性研究”，运用质的研究方法，着重探讨了免费师范生的学习动机、从教信念、教育教学实践和就业选择。第六章“师范生免费教育的比较研究”，对地方性师范生免费教育政策、美国“教师教育资助项目”和“为澳大利亚而教”项目进行了介绍，并将其与师范生免费教育政策进行比较，以期给予师范生免费教育政策的进一步调整和我国教师教育的整体改革些许启示。第七章“教师教育的变革与创新”，将师范生免费教育纳入现代教师教育制度的语境下，着重探讨了教师教育理念回归实践、教师教育模式开放多元、教师教育制度从缺失到规范等内容。第八章“结语：师范生免费教育的价值分析”，从教育发展和教育公平出发，揭示了师范生免费教育在实施过程中凸现出来的高等教育市场化与教师产品公共性、政府决策与个体选择、公平与效率的冲突，指出优才导向、服务基层、制度创新是政策必然的价值选择。

本书是国家社科基金“十一五”规划教育学2008年度青年课题“师范生免费教育政策的价值分析”（课题批准号：CIA080225；课题主持人：周琴）的最终研究成果，是课题组全体成员的集体智慧结晶。全书撰写的具体分工是：第一章由周琴、杨登苗撰写；第二章由周琴撰写；第三章由周琴撰写；第四章由周琴撰写；第五章第一节由刘燕红撰写，第二节由贺菲撰写，第三节由丁晓琼撰写，第四节由贺景撰写；第六章第一节由刘漆佳撰写，第二节由贺红风撰写，第三节由罗娴撰写；第七章由周琴、谭丹撰写；第八章由周琴撰写。全书由周琴设计整体框架，并审阅、校订文稿。

本书在撰写过程中，得到了不少同仁和机构的帮助。其中西南大学教师教育学院的罗欢老师、教务处的何昌昊老师、招生就业处的田再悦老师为本书提供了许多宝贵的资料。西南大学教育学部的领导和同事也对本书的写作予以了大力支持，在此深表谢意。书稿最终得以付梓，还要感谢科学出版社付艳分社长的鼎力支持和责任编辑朱丽娜的辛勤劳作。

限于作者才疏学浅，书中难免有疏漏之处，敬请读者批评指正。

周琴
西南大学教育学部
国际与比较教育研究所
2014年9月29日

目　　录

前言

第一章　师范生免费教育的政策嬗变 …… 1
　第一节　清末和民国时期的高等师范教育政策 …… 1
　　一、清末的高等师范教育政策（1897～1912 年） …… 1
　　二、民国时期的高等师范教育政策（1912～1949 年） …… 3
　第二节　新中国的高等师范教育政策 …… 8
　　一、社会主义改造时期的高等师范教育政策（1949～1956 年） …… 8
　　二、社会主义建设时期的高等师范教育政策（1957～1965 年） …… 12
　　三、“文化大革命”时期的高等师范教育政策（1966～1977 年） …… 14
　第三节　改革开放后的高等师范教育政策 …… 16
　　一、改革开放前期的高等师范教育政策（1977～1993 年） …… 16
　　二、高校并轨招生后的高等师范教育政策（1993～2006 年） …… 20
　　三、师范生免费教育政策的试点（2007 年至今） …… 26

第二章　师范生免费教育的制度设计 …… 31
　第一节　师范生免费教育的招生方案 …… 31
　　一、招生方案的政策解读 …… 31
　　二、师范生免费教育的招生情况 …… 34
　第二节　师范生免费教育的培养方案 …… 38
　　一、培养方案的政策解读 …… 38
　　二、部属师范大学的培养方案 …… 43
　第三节　师范生免费教育的就业方案 …… 53
　　一、就业方案的政策解读 …… 53

二、免费师范生的就业情况 …… 58

第三章　师范生免费教育的培养模式 …… 68
第一节　师范生免费教育的实施机制 …… 68
一、师范生免费教育的组织架构与指导思想 …… 68
二、师范生免费教育的培养目标与基本理念 …… 70
三、师范生免费教育的配套机制 …… 73
第二节　师范生免费教育的课程建设 …… 76
一、通识教育课程 …… 77
二、学科基础课程和学科专业课程 …… 83
三、教师专业课程 …… 87
四、实践教学环节 …… 91
五、自主创新学习 …… 94
第三节　师范生免费教育的资源开发 …… 96
一、教师教育数字化资源拓展 …… 97
二、教师专业能力训练平台搭建 …… 98
三、教师教育创新实验区与国家级教师教学发展示范中心建设 …… 100

第四章　师范生免费教育的调查研究 …… 105
第一节　免费师范生的政策认知 …… 107
一、免费师范生的政策选择 …… 107
二、免费师范生的政策认可度 …… 110
三、免费师范生的政策满意度 …… 114
第二节　免费师范生的学习状况 …… 116
一、免费师范生的学习动机 …… 116
二、免费师范生的学习策略 …… 118
三、免费师范生的学习效果 …… 120
第三节　免费师范生的职业认同 …… 121
一、免费师范生的从教信念 …… 121
二、免费师范生的就业意向 …… 122
三、免费师范生的职业期望 …… 126
第四节　结论与建议 …… 128
一、顶层设计，完善政策机制 …… 128
二、优化人才培养方案，创新人才培养模式 …… 131

三、专业引领，拓宽发展路径 …… 133
四、整合教育资源，加强质量监控 …… 135
第五章　师范生免费教育的质性研究 …… 137
第一节　免费师范生的学习动机 …… 137
一、研究设计 …… 137
二、被访者的故事 …… 138
三、思考与建议 …… 141
第二节　免费师范生的教育教学实践 …… 144
一、研究设计 …… 144
二、被访谈者的故事 …… 145
三、思考与建议 …… 151
第三节　免费师范生的从教信念 …… 153
一、研究设计 …… 153
二、被访者的故事 …… 154
三、思考与建议 …… 159
第四节　免费师范生的就业选择 …… 161
一、研究设计 …… 161
二、被访者的故事 …… 162
三、思考与建议 …… 165

第六章　师范生免费教育的比较研究 …… 169
第一节　地方性师范生免费教育政策 …… 169
一、新疆的师范生免费教育政策 …… 169
二、河北省的师范生免费教育政策 …… 174
三、其他省（自治区、直辖市）的师范生免费教育政策 …… 176
四、地方性师范生免费教育政策的比较与启示 …… 181
第二节　美国的“教师教育资助项目” …… 185
一、“教师教育资助项目”的实施机制 …… 186
二、“教师教育资助项目”的保障机制 …… 187
三、“教师教育资助项目”的实施成效 …… 190
四、“教师教育资助项目”的比较与启示 …… 191
第三节　“为澳大利亚而教”项目 …… 193
一、“为澳大利亚而教”项目的产生背景 …… 194
二、“为澳大利亚而教”项日的实施机制 …… 197

三、“为澳大利亚而教”项目的实施成效与面临的挑战 …… 201
四、“为澳大利亚而教”项目的比较与启示 …… 206
第七章　教师教育的变革与创新 …… 214
第一节　教师教育理念回归实践 …… 214
一、从技术理性下的他主发展到反思性实践的自主发展 …… 214
二、从关注个体发展的个人实践到注重合作的群体实践 …… 217
第二节　教师教育模式开放多元 …… 221
一、综合性大学教师教育 …… 221
二、临床实践型教师教育 …… 225
三、教师网络学习共同体 …… 231
第三节　教师教育制度从缺失到规范 …… 236
一、教师专业标准与教师资格认证 …… 236
二、教师教育课程标准与机构认证 …… 240
三、教师教育质量评估标准与保障机制 …… 244

第八章　结语：师范生免费教育的价值分析 …… 247
一、师范生免费教育的价值基础 …… 247
二、师范生免费教育的价值冲突 …… 253
三、师范生免费教育的价值选择 …… 258

参考文献 …… 263

附录 …… 268
附录一　免费师范生政策认知、学习状况和职业认同调查问卷 …… 268
附录二　问卷描述性统计分析 …… 275
附录三　免费师范生征稿文摘 …… 282

第一章

师范生免费教育的政策嬗变

中国师范教育滥觞于1897年创立的南洋公学师范院，高等师范教育则肇始于1902年开设的京师大学堂师范学馆，迄今已有100多年的历史。自清末肇端以来，我国师范教育先后经历了民国时期的曲折发展、新中国时期的探索、改革开放后的转型与创新等几个阶段。回溯历史，我国师范教育出现伊始，就秉承免费的传统。直至1993年，全国高校招生制度实行“并轨”，师范教育开始全面收费。2007年5月，《教育部直属师范大学师范生免费教育实施办法（试行）》颁布，规定从2007年秋季起在北京师范大学、华东师范大学、东北师范大学、华中师范大学、陕西师范大学和西南大学6所部属师范大学试行师范生免费教育。此政策一出台便引起了社会各界的广泛关注与争议。有人认为师范生免费教育是全面提高教育质量、增强国家实力的重大决策；也有人质疑师范生免费教育是计划经济时代的产物，其回归是历史的倒退。鉴于此，本章拟以招生、收费、就业政策为主线，回顾我国高等师范教育的历史嬗变，探讨其发展的内在逻辑。

第一节　清末和民国时期的高等师范教育政策

1897年南洋公学师范院的创办开启了我国近代师范教育的先河。1902年京师大学堂增设师范馆，则成为高等师范教育之发轫。清末，师范教育创立之初，就借鉴国外师范教育尤其是日本的经验，予以师范生公费资助并要求履行相应的执教义务。再至民国时期，先是军阀混战、国库空虚，后又日寇入侵、国难当头，再加上“国共战争”爆发、国内局势动荡，高等师范教育在曲折发展的进程中仍秉持免费的特色。

一、清末的高等师范教育政策（1897~1912年）

鸦片战争后，西方列强用坚船利炮打开了中国尘封已久的国门。为了回应西方的冲击，中国开始“师夷长技以制夷”。在教育方面，一些学者如魏源等，主张了解外国国情，向西方学习技术，并兴办了一批洋务学堂。梁启超等借鉴日本的经验，提出开设师范教育。1904 年，《奏定学堂章程》颁布实施，将京师大学堂师范馆改为优级师范科，并对招生、修业年限、费用与义务等方面作了详细的规定。至此，我国近代高等师范教育制度正式确立。

（一）招生政策

1902 年，《钦定学堂章程》（即“壬寅学制”）颁布，这是中国近代第一个由国家颁布制定的学制系统。该文件规定师范教育分为附设于大学堂和高等学堂的师范馆，以及中学堂的师范学堂。前者具有高等师范教育的性质，招收贡、生、监，经考试合格后入学，学生的修业年限为 4 年，毕业后成为各地中学堂的教员。后者具有中等师范教育的性质，招收贡、监、廪、增、附 5 项生源，修业年限也为 4 年，学成后主要从事小学堂的教习工作（舒新城，1981，p. 538）。尽管“壬寅学制”未及实行，其中的师范教育也没有形成独立的体系，但有了中、高两级职能的划分，可视为中国师范教育制度化的开端。

1904 年，《奏定学堂章程》（即“癸卯学制”）颁布，成为中国近代第一个由国家颁布并在全国范围内实际推行的系统学制。“‘癸卯学制’在总体上是以日本明治时期学制为蓝本”（田正平，2001，p. 258），其对各级各类学校的入学条件、修业年限和培养目标等作出了详尽的规定。《奏定学堂章程》中的《优级师范学堂章程》、《初级师范学堂章程》和《实习教员讲习所章程》明确师范教育独立于其他教育，分为“初级师范学堂”和“优级师范学堂”，并另设“实习教员讲习所”。初级师范学堂旨在培养初等小学堂和高等小学堂的教员。优级师范学堂旨在造就初级师范学堂，以及中学堂之教员、管理员，京师及各省城各设 1 所，招收持有初级师范学堂及官立中学堂毕业证的学生。如果是私立中学的毕业生，需经本省学务处审核其学历程度是否与官立中学堂相等。优级师范学堂学生人数至少 240 人，可逐年增加；修业年限为 4 年，第一年学习公共课程，后 3 年分科学习专业课程。除优级师范学堂和初级师范学堂外，还设有实业教员讲习所，如农业教员讲习所、商业教员讲习所、工业教员讲习所等，旨在培养各种实业学员及实业补习普通学堂、艺徒学堂之教员；招生条件上规定学生年龄须在 17 岁以上，初级师范学堂、中学堂或同等以上的实业学堂毕业的学生才有资格报考。在正规教育之外，其还以简易科、师范传习所等短期非正规师范教育作为必要补充。“癸卯学制”首次把师范教育系统从普通教育系统中分离出来，标志着我国近代师范教育制度的正式建立。

（二）收费与就业政策

中国师范教育创建伊始，师范生就享受公费待遇且履行毕业后从教的义务。

公费待遇包括免交学杂费、食宿费，并酌情补助书籍及服装费用。政府给予师范生较优厚的公费待遇，目的是鼓励青年特别是吸引“清寒优秀子弟”从教，这对师资队伍的建设与稳定，以及师资供求的适度调节能起到一定的保障作用。1904 年颁布的《奏定学堂章程》，其中所包含的《优级师范学堂章程》和《初级师范学堂章程》对师范教育的“免费＋从教义务”作了相关规定。例如，《优级师范学堂章程》对高等师范教育的规定如下：学生 4 年学习的费用由政府提供，但学生“须自行出具亲供甘结，言明毕业后必勉力从事教职，确尽报效国家之义务，义务年限暂定为 6 年。毕业生有不尽教育职事之义务，或因事撤销教员凭照者，当酌令缴还在校时所给学费，以示惩罚”（舒新城，1981，pp. 693-694）。《初级师范学堂章程》则规定：“初级师范学堂经费，当就各地筹款备用，师范生无庸纳费。”（朱有瓛，1989，p. 222）

清末时期，现代学制刚刚建立，急需大量的新型师资。但初创之际，各学未齐，师范教育的生源十分缺乏。为确保师范学堂的办学质量，学生不仅不交纳学费，政府还为其提供食宿和其他资助。政府出资意味着政府直接控制着学校招生、专业设置、学生待遇和毕业生的毕业分配。因此，这一时期师范生享受公费教育的权利和履行从教的义务是相辅相成的。这些措施既可以吸收优秀人才，保证师范教育的高质量，又强化了师范教育和师范生的国家意识和民族意识，保证教育目标的顺利实施。但由于优级师范完全科属于正规化高等师范教育机构，对学生、师资等要求均较为严格，因此，它的发展速度相对于初级师范较为缓慢。譬如，1909 年，全国各省各级各类师范学堂共有 415 所，师范生 28 572 人。其中优级师范完全科仅 8 所，学生 1504 人（刘婕，谢维和，2002，pp. 57-58）。至民国元年（19 年），优级师范完全科虽然仅有 12 所，学生 2304 人，但办学质量却明显高于其他专门学校。

二、民国时期的高等师范教育政策（1912～1949 年）

1912 年，“中华民国”成立，至 1949 年历经多次政权更替和数次战争，可谓政局动荡、战乱频繁。在此背景下，高等师范教育经历了日本模式的“前规后随”，到嫁接美国模式的“水土不服”，再到高等师范教育复兴的发展历程。

（一）招生政策

1912 年颁布的《普通教育暂行办法通令》规定各项学堂均改称为学校，监督、堂长应一律统称为校长。从此初级师范学堂改名为师范学校，优级师范学堂改为高等师范学校。同年颁布的《师范教育令》，对师范教育的培养目标作出了明确规定：“师范学校以造就小学校教员为目的。专教女子之师范学校称女子师范学校，以造就小学校教员及蒙养院保姆为目的。高等师范学校以造就中学校、师范学校教员为目的。女子高等师范学校以造就女子中学校、女子师范学校教员为目的。"（舒新城，1981，p. 701）《师范教育令》中还规定："师范学校定为省立，由省行政长官规定地点及校数，报告教育总长分别成立。高等师范学校定为国立，由教育总长规定地点及校数。"（宋恩荣，1990，p. 436）由此师范学校的设置普遍升格一级，高师由省立改为国立，因此对学生的入学资格要求相应提高。1913 年颁布的《高等师范学校规程》，要求高等师范学校设预科、本科、研究科，此外还可设专修科和选科。预科 1 年，本科 3 年，研究科 1 年或 2 年，专修科 2 年或 3 年，选科 2 年以上 3 年以下。预科生须由师范学校或中等学校毕业，且身体健康、品行端正，由行政长官保送，经学校同意才能入学。本科由预科毕业生升入，除通习科目外，各部还有各自的分习科目，如国文部有历史、哲学、言语学等科目，数学物理部有数学、物理、化学等科目。研究科在本科毕业生中选取，在校期间就本科各部择二三科目进行研究。选科为愿充师范学校及中学教员者设置，除了学习伦理学和教育学之外，还需选习本科及专修科中的 1 科或数科。《师范教育令》、《高等师范学校规程》等政策文件的颁布和培养目标的确立，为师范教育的发展指明了方向。据统计，1915 年有高等师范学校 10 所，在校学生达 1917 人（表 1-1）。与 1912 年相比，尽管师范教育的层次不断提高，师范教育的规模有所缩小，但毕业生的专业思想稳固，基本功扎实，其服务教育之成绩受到社会各方面的称赞。[①] 譬如，在北京高等师范学校毕业生中，服务教育界者达 90% 左右。美国教育家孟禄（Paul Monroe）就认为，"师大毕业生之学识方面，教授管理训育方面，皆可与美国大学毕业又进教育院研究二年之学生相比"[②]。

表 1-1　1915 年全国高等师范学校基本情况

校名	在校学生数/人	毕业生数/人
北京高等师范学校	552	103
武昌高等师范学校	197	—
直隶高等师范学校	264	61
山东高等师范学校	40	115
河南高等师范学校	60	32
南京高等师范学校	110	—
湖南高等师范学校	239	71
四川高等师范学校	120	151
江西高等师范学校	118	—
广东高等师范学校	217	186
合计	1917	719

注：一表示无数据，下同

资料来源：璩鑫圭. 1994. 中国近代教育史资料汇编（实业教育　师范教育）. 上海：上海教育出版社：913

① 李友芝，李春年. 2009. 中国近现代师范教育资料（内部交流资料第二册）.

② 李友芝，李春年. 2009. 中国近现代师范教育资料（内部交流资料第二册）.

1915 年，美国实用主义教育家杜威（John Dewey）来华做教育演说，1921 年美国教育家孟禄来华进行教育情况调查，这对中国“新学制”的制订起到了推动作用。1922 年，北洋政府颁布《学校系统改革案》（即“壬戌学制”），标志着我国近代学制由“日本式教育”向“美国式教育”的转变。“壬戌学制”确立的“六三三学制”将整个学制系统分为初等教育、中等教育、高等教育三个阶段，取消了师范教育的独立设置。师范学校附设在高级中学，成为师范科；师范专修科也由附设在高等师范学校改为附设于普通大学教育科，甚至附设于中等师范学校或高中；高等师范学校则纷纷改组为师范大学或附设于综合大学内，招收高级中学毕业生，设有 2 年预科和 4 年制本科。1912 年，“中华民国”成立之后，北洋政府把全国分为六大学区，每个学区设立 1 所高等师范学校，即北京高等师范学校（1912 年），南京高等师范学校（1914 年），武昌高等师范学校（1913 年），广东高等师范学校（1912 年），成都高等师范学校（1916 年），沈阳高等师范学校（1918 年）。这些学校都是所在学区的国立最高学府。六大国立高等师范学校的设置，集中了民国初期有限的人力、物力，推动了高等师范教育的发展，也加速培养了一批急需的师范人才。“壬戌学制”实施后，民国初期设立的六大国立高等师范学校除北京高等师范学校于 1923 年升格为北京师范大学外，其余均改建为综合大学。① 这一时期的“师中合并”、“高师改大”等运动实际上消解了师范教育的独立地位，直接导致了中国师范教育的普遍衰落。

面对中学师资短缺和质量堪忧的问题，在教育界人士的强烈要求下，南京国民政府于 1932 年制定的《确定教育目标和改革教育制度案》中规定：师范学校应该脱离中学而单独设立；师范大学应脱离大学而单独设立，并规定由“教育部择全国适宜地点设师范大学两所或三所，各国立大学的教育学院或教育系并入师范大学”。随后又于 1932 年 12 月和 1933 年 3 月先后公布了《师范学校法》和《师范学校规程》，决定师范教育脱离普通教育，自成独立的学校系统。1934 年，教育部颁布了《师范学院规程》，提出设立师范学院、予以专业训练、培养中等学校师资等改革措施，确立了师范学院实行独立设立和附设于大学之内的双轨并行体制。《师范学院规程》规定师范学院可单独设置，也可设置于大学中，或分男、女两部，也可设女子师范学院；师范学院除招收本科生和体育、音乐、美术、家政等专修生外，还设有其他各部、科以辅助正规的师资训练，

① 1920 年，南京高等师范学校改建并入东南大学，后改为中央大学。1923 年，沈阳高等师范学校与文学专门学校合并为东北大学。同年，武昌高等师范学校改为武昌师范大学，后又改为武昌大学。1924 年，广东高等师范学校与广东农业专门学校、广东法科大学合并为广东大学，后改为中山大学。1926 年，成都高等师范学校一分为二，后改为四川大学。

例如，开设第二部，招收大学其他学院性质相同的各系毕业生，进行1年的专业训练，经考试合格并由教育部复审无异者，由院校授予毕业证书，并可获得教育部颁发的中等学校教员资格证明；开设职业师资科，招收专科学校毕业生，授予1年的专业训练，经考试合格和教育部复审无异者，可获得教育部颁发的职业学校学科教员资格证明，但第一年只能任初级职业学科教员；开设初级部，招收高级中学或同等学校毕业生，分国文、数学、史地、理化4科，予以3年的学科及专业训练，经考试合格及复审无异者，可获得初级中学及同等学校教员资格证书；初级部学生毕业后，服务3年，成绩优秀者，可报考师范学院4年级；师范学院还招收大学其他院系转来的学生，入学后须补习教育及其他专门科目不足的学分（刘婕，谢维和，2002，pp. 109-110）。后日寇侵华，抗日战争爆发，政府采取了一些战时紧急措施以挽救教育。例如，1938年通过了《战时各级教育实施方案纲要》，进一步提倡建立“师范学院”制度，强调“教育为立国之本，整个国立之构成，有赖于教育，在平时然，战时亦然”（刘婕，谢维和，2002，p. 106）。总之，尽管对于师范学院是否独立设置的问题社会各界始终争论不断，但《师范教育法》、《师范学校规程》、《师范学院规程》等一系列政策法规的颁布和实施，给中国师范教育的重新振兴和发展提供了保障，独立的师范教育制度得以重新确立。

（二）收费和就业政策

1912～1922年，高等师范教育“前规后随”，秉承了清末时期师范生免费的传统，并且公费资助呈现出多样化的特点。1912年的《师范教育令》规定：“师范学校经费，以省经费支给之。高等师范学校经费，以国库金支给之。”（陈学恂，1986，p. 196）1913年颁布的《高等师范学校规程》第四章“学费”中规定：“公费生免纳学费，并由本学校给以膳费及杂费。……专修科、选科生俱为自费，但专修科生亦得视特别情形给予公费。”（舒新城，1981，p. 730）预科生、本科生一般为公费生，经费由国库支出。师范生不仅免交学费，学校还发放必要的补助。除公费生外，高等师范教育中还存在一部分自费生，一般为专修科和选科的学生。这种办法既有利于扩大生源，又能减轻国家的负担。由于公费待遇的形式不一，相应的任教服务期限也比较灵活。高等师范学校本科公费生义务任教6年，但经教育总长特别指定职务及服务于边远地区者，可以减为3年。在义务任教期间，高等师范学校本科毕业生经教育部认可，可升入普通大学或高等师范大学的研究科深造（刘婕，谢维和，2002，pp. 87-88）。

1922年“壬戌学制”实施后，高等师范学校或升格为师范大学或附设于大学内，其目的是为了提高高等师范学校的地位。但由于照搬美国高等师范教育模式，并且未结合国内教育的实际情况，造成了高等师范学校规模的急速萎缩和数量大幅减少。"壬戌学制"并没有制定专门的师范教育章程，也没有关于师范生品行、待遇、服务等方面的相应规定，甚至由于教育经费严重短缺，不仅取消了师范生的公费待遇，还规定师范生在入学时须交纳一定数额的保证金，严重削弱了学生的求学热情，极大地降低了师范教育的吸引力。许多家境清寒的优秀学子限于经济条件，无法就读师范学校；而富裕家庭的子弟又慑于教师生活清苦、工作艰苦，视教师职业为畏途，从而使师范学校的招生质量和教育质量失去了保证。"壬戌学制"也没有规定师范生毕业后的任教义务期限，这在一定程度上也动摇了师资队伍的稳定性。加上教育经费日渐紧缩，有些中小学校暂时停办，教师或罢教、或辞职、或改行，整个教师职业状况堪忧。这一时期师范教育的整体发展遭受到了严重挫折。

1932 年南京国民政府颁布《师范学校法》，正式恢复了师范学校独立设置的建制，其中第 15 条明确规定："师范学校及其特别师范科、幼稚师范科，均不征收学费。"师范生的公费待遇得以恢复，生活待遇得到了提高。1938 年，抗日战争全面爆发，沦陷区的学校或停办或转移到后方，国民政府对家在战区而无生活和学习费用的学生实行贷金制。1938 年，南京国民政府颁布的《师范学院规程》中明确规定"师范学院学生，一律免收学膳费"，且免收住宿费，还可酌发补助费和奖学金。《师范学院规程》还规定，师范学院毕业生的任教服务年限为 5 年，初级部及专修科毕业生为 3 年，第二部及职业师资为 2 年；任何师范生在服务期内一般不得升学或担任教育以外的职务，违者追缴在学期内的所有学膳费及各种补助费；有特殊情况者，经教育部核准，可暂缓其服务年限（宋嗣廉，韩力学，1998，pp. 244-245）。

这一时期师范学院的免费制是从属于整个高等教育领域的公费或贷金制，并非仅针对师范生。师范生的公费待遇得以恢复，生活待遇得到提高。师范生一律免缴学膳费，优秀生还可获得奖学金。从教义务年限有所减少，高等师范学校本科毕业生执教 5 年，专修科毕业生为 3 年，职业师资科毕业生为 2 年，并规定任何师范生在服务期内一般不得升学或担任教育以外的职务。上述规定对于吸引青少年学生报考师范专业，以及毕业后认真履行从教义务具有促进作用，对师资队伍的建设与稳定也具有积极意义。在此背景下，高等师范教育得到了一定的发展，如 1947 年有国立、省立师范学院 11 所，大学师范学院 4 所，国立、省立教育学院 3 所，大学独立学院教育系 28 个，师范专科学校 13 所（"中华民国"教育部，1948，pp. 915-917）。师范学院、师范专科及其他学院师范专修科在校学生已达 15 891 人，是 1932 年在校生数的 5 ~ 6 倍。[①] 1938 ~ 1945 年全国高等师范教育的基本情况如表 1-2 所示。

① 李友芝，李春年 . 2009. 中国近现代师范教育资料（内部交流资料第二册）.

表 1-2 1938～1945 年全国高等师范教育的基本情况

年份	学院/所	学生/人	毕业生/人
1938	6	996	—
1939	6	1591	44
1940	7	2217	119
1941	9	2653	98
1942	9	3604	642
1943	10	4017	545
1944	11	4622	803
1945	11	5672	674

资料来源："中华民国"教育部．1948．第二次中国教育年鉴．上海：商务印书馆：919

纵观清末和民国时期高等师范教育的发展历史，师范教育自创立伊始就秉承了免费教育加义务从教的原则。其免费政策的形式也多种多样，不搞"一刀切"。在清末和民国初期就存在公费生、半费生和自费生的区别，这为不同家庭经济条件的学生提供了选择的余地。在就业政策上，权利与义务对等，学生的免费待遇与服务年限相联系，不履行义务者将受到追缴学费的惩罚，这增强了实现免费政策目标的可操作性。但由于民国时期的政局动荡，战乱频繁，免费政策仍不够稳定，加之对美国教育的模仿，取消了公费待遇，使得没有一以贯之的师范教育免费政策，这给师范教育的发展带来了一定的冲击。

第二节　新中国的高等师范教育政策

1949 年，新中国建国伊始，各项事业百废待兴，高等师范教育也急需发展。新中国秉持学习苏联经验与中国实际相结合的方针，建立了高等师范教育体制。1949 年新中国成立后至 1978 年改革开放期间，我国高等师范教育的政策演变又可分为几个不同的阶段，即社会主义改造时期的高等师范教育政策（1949～1956 年），社会主义建设时期的高等师范教育政策（1957～1965 年），"文化大革命"时期的高等师范教育政策（1966～1977 年）。

一、社会主义改造时期的高等师范教育政策（1949～1956 年）

连年的内战，经济濒临崩溃，文化教育全面衰败，使得原本发展薄弱的高等师范教育业遭到了严重破坏。新中国成立前夕，我国仅有师范学院 15 所，其中附设于大学的 4 所，独立设置的 11 所，在校学生 16 402 人。普通师范学校 610 所，在校学生 155 283 人（刘问岫，1989，p. 43）。旧中国留下来的高等师范教育，不仅数量有限，而且系统紊乱、结构与布局失调，设备简陋，教学质量低下，不适应新中国培养合格人民教师的要求。为此，新中国成立初期高等师范教育以恢复、整顿、改革为重点，稳步发展数量，逐步提高质量。

（一）招生政策

教育部于1951年、1953年分别召开了“第一次全国初等教育和师范教育会议”与“第一次全国高等师范教育会议”。根据会议精神，师范教育的工作方针是正规师范教育与大量短期训练相结合，在办好正规教育的同时，调整和发展各级师范学校；短期训练师资的方式应该多种多样，以适应师资的培养需求；现任教师应加强在职学习，提升教学水平。会议后教育部陆续颁布了《关于高等师范学校的规定》、《师范学校暂行规程（草案）》、《关于大量短期培养初等及中等教育师资的决定》等文件，为各级师范学校的整顿、设置与发展工作提供了依据。

1951年，全国有高等师范学校30所，其中附设于大学的师范学院和教育学院13所，独立设置的高等师范学校17所，有学生18 225人（《中国教育年鉴》编辑部，1984，p. 123）。1952年，教育部开始对我国的高等学校进行院系调整，高等师范学校调整和设置的原则包括：每个大行政区至少建立1所健全的师范学院，由大行政区教育部直接领导，以培养高级中等学校师资为主要任务；现有师范学院应加以整顿和巩固；现有大学中的师范学院或教育学院应以独立设置为原则，并增设文理方面的系科；根据需要和条件，可以个别大学的文理学院为基础，成立独立的师范学院。此外，为适应新中国经济和文化建设的要求，政府对高等师范教育的招生政策进行了积极调整。根据《关于高等师范学校的规定》的相关规定，高等师范学校分为师范学院和师范专科两类。师范学院培养高级中学及同等程度的中等学校师资，师范专科学校培养初级中学及同等程度的中等中学师资。高等师范学校招收高级中学及师范学校（须服务期满）的毕业生或具有同等学力者。师范学院的修业年限为4年，师范专科学校的修业年限为2年。高等师范学校可附设工农速成中学，学生毕业后可升入本科。师范学院、师范专科学校可免试收录由教育行政部门保送的高级中学、师范学校的毕业生。《师范学校暂行规程（草案）》也对师范学校的任务、学制、招生等作了更系统、全面的规定，指出师范学校的任务是培养全心全意为人民教育事业服务的初等教育和幼儿教育的师资。师范学校招收初级中学毕业生或具有同等学力者，入学年龄为15～30岁，修业年限为3年。

除正规教育外，短期培训师资的形式也多种多样，最主要的是由各级师范学校举办短期训练班，其修业年限根据不同的要求和不同的对象而定，以不超过1年为原则。短期师资训练班的招生，一方面尽一切可能吸收和动员城乡失业知识分子和家庭知识妇女接受培训；另一方面从现有各级学校教师中选其优秀者加以训练，逐级提升。但是经过一段时间的实施发现，以短期训练班培训师资的办法，其师资不但不能胜任新中国城乡初等教育，反而成为新中国成立初期教育工作混乱的一个因素。因此，“第二次全国教育工作会议”决定除少数民族外，自1953年起小学师资训练班一律停招新生。短期训练班的学生一部分升学，一部分留作小学教师，还有一部分无条件升学、专业或分配工作者被动员回家。

根据1953年“第一次全国高等师范教育工作会议”的精神，新中国基本上完成了高等师范学校院系的调整。较之新中国成立之前，社会主义改造时期的高等师范教育有了较大的发展，具体如表1-3所示。

表1-3 1949～1989年全国普通高等师范院校的基本情况

年份	学校/所	在校生/人	招生/人	毕业生/人	年份	学校/所	在校生/人	招生/人	毕业生/人
1949	12	12 039	3 442	1 890	1970	—	9 140	9 140	2 516
1950	12	13 312	3 371	624	1971	44	16 840	7 890	—
1951	30	18 225	6 836	1 206	1972	44	33 557	25 552	5 447
1952	33	31 551	18 145	3 077	1973	45	56 365	30 418	6 349
1953	33	39 958	20 243	9 650	1974	57	78 544	33 106	13 344
1954	39	53 112	24 374	10 551	1975	58	97 362	39 712	20 516
1955	42	60 657	21 413	12 133	1976	58	109 731	44 167	32 153
1956	55	98 821	57 274	17 243	1977	59	165 105	94 586	37 038
1957	58	114 795	33 065	15 948	1978	157	249 940	123 996	35 430
1958	171	157 278	72 034	31 595	1979	161	311 168	87 481	24 331
1959	175	192 285	75 927	22 352	1980	172	338 197	89 046	61 942
1960	227	204 498	77 710	52 636	1981	186	321 444	88 207	103 422
1961	163	186 841	37 409	46 918	1982	194	289 448	97 177	129 463
1962	110	137 561	20 041	53 832	1983	210	313 339	113 889	90 147
1963	61	114 296	22 136	44 452	1984	242	361 827	134 494	84 821
1964	59	97 462	22 849	38 958	1985	253	425 047	162 549	94 113
1965	59	94 268	25 329	28 966	1986	257	481 831	170 071	117 403
1966	—	72 003	—	22 265	1987	260	507 963	189 454	163 366
1967	—	48 776	—	23 227	1988	262	490 978	189 272	169 272
1968	—	25 078	—	23 698	1989	256	492 057	171 838	168 744
1969	—	2 516	—	22 562					

资料来源：刘英杰.1993.中国教育大事典（1949～1990）（上）.杭州：浙江教育出版社：800

（二）收费政策

教育部1950年颁布了新中国成立后第一个高等师范教育的法令性文件《北京师范大学暂行规程》，提出“本校学生学习积极，学业成绩优良，而经济确属困难，无力自给或不能全部自给者，可申请人民助学金”。1952年颁布的《关于高等师范学校的规定》明确规定高等师范学校学生，一律享受人民助学金。同年，教育部颁发了《关于调整全国各级各类学校教职工工资及人民助学金标准的通知》，基本内容包括助学金的调整原则、调整标准和助学金的使用原则三个部分，具体规定如下：①高等学校学生实行占总人数100%的每人每月12万元（相当于币制改革后的10元）的助学金；②高等师范学校本科生实行占总人数100%的每人每月14万元的助学金，专修科学生实行占总人数100%的每人每月16万元的助学金。[①] 由此，我国高等师范学校的学生资助政策初步形成，特别是《关于高等师范学校的规定》的颁布，标志着我国高等师范院校学生享有人民助学金的制度明确下来。1952年，中央人民政府政务院还发出《关于调整全国高等学校及中等学校学生人民助学金的通知》，再次重申了高等师范学校的助学金待遇，即“高等学校学生全部享受人民助学金，每人每月12元；高等师范学生全部享受人民助学金，其中本科学生每人每月14元，专科学生每人每月16元”（刘问岫，1989，p. 123）。1955年，高等教育部发布《全国高等学校一般学生人民助学金实施办法》，规定自1955年10月起，除高等师范学校外，全国高等学校学生人民助学金由全体发给改为部分发给，并分不同种类按不同标准发放。同年发布的《关于制定1955年高等学校一般学生人民助学金划分地区标准的通知》，按10类地区规定了本科生和专科生助学金的标准，同时提高了部分地区的资助标准。1957年，《中华人民共和国教育部有关高师人民助学金的几个问题》进一步规定：“一般学生人民助学金的预算标准，除普遍发给学生伙食费外，所余部分由学校统一掌握作为解决贫困学生伙食以外的日常用品和生活用品补助以及临时困难补助之用，不得平均分配交由学生处理，切实解决学生实际困难，如有结余一律上缴。”[②]

新中国成立之初，社会急需各种人才发展国民经济，人们对接受高等教育具有强烈的愿望。当时，不仅是师范院校，其他高校也都普遍实行人民助学金制度，学生不交学费还享受津贴。国力尚处于薄弱时期，经济发展水平仍然不高，政府依然为国民提供免费师范教育，一方面是出于对师范教育的重视；另一方面是社会发展的现实需求。

（三）就业政策

新中国成立以后，我国高等教育实行“统包统分”的就业政策，高等师范教育也不例外。所谓“统包统分”，是指高等师范院校学生的培养经费由国家承担，毕业后全部按国家指令性计划分配工作，成为国家干部（宋嗣连，韩力学，1992，p. 227）。《关于高等师范学校的规定》中规定，高等师范学校学生享有人民助学金，毕业生由人民政府教育部门分派工作。《师范学校暂行规程（草案）》

① 曲香．2008．新中国成立以来我国师范生资助政策的回顾与反思．南京师范大学硕士学位论文：17.

② 曲香．2008．新中国成立以来我国师范生资助政策的回顾与反思．南京师范大学硕士学位论文：20-22.

也规定，师范学校毕业生分别由省市或市县教育行政机关负责分配工作。师范学校毕业生至少服务教育工作3年（师范速成班毕业生服务2年），在此期间不得升学或担任其他职务。师范学校毕业生各项成绩均属优秀者，得由学校报请省、市教育厅、局保送师范学院或师范专科学校继续深造，但保送名额不得超过每届毕业人数的5%（金长泽，张贵新，2002，p. 27）。随着社会主义建设事业的开展，全国儿童及青少年的初等教育、中等教育及工农教育有了较大规模的发展，各级各类教育对师资的需求明显增加。因此，除调整、改造和增设师范学院、师范专科学校、师范学校和初级师范学校，按照各级师范学校的规程进行正规教育，以及培养一定数量的合乎标准的人民教师外，政府又采取各种办法，在短时间内迅速有效地训练大批初等和中等教育师资。各地短期师资训练班的毕业生，遵循由各地教育行政部门按照各地恢复和发展初等和中等教育的计划统筹分配为原则。

二、社会主义建设时期的高等师范教育政策（1957～1965年）

1957～1965年，全国大力开展社会主义建设，许多领域得到了长足发展。高等师范教育在经历了新中国成立初期的改造，以及依照苏联模式的调整后，已初步建立了新的体制。然而，社会主义建设时期前5年由于受“极左”思想和“大跃进”运动的影响，高等师范教育的发展违背了教育规律，脱离了实际。后5年经过“调整、巩固、充实、提高”，高等师范教育的质量有所提高。

（一）招生政策

1957年，教育部召开“第三次全国教育行政会议”，指出教育要根据国家的人力、物力、财力条件，在保证一定质量的原则下适当发展。然而1958年“第四次全国教育行政会议”召开，提出了“反对保守思想，促进教师与事业大跃进”的口号，掀起了一场教育“大革命”。政府作出关于教育工作的指示：“十五年左右普及高等教育”，各地还提出“县乡办师范”的口号，师范院校的数量急速增加。据统计，高等师范学校从1957年的58所发展到1958年的171所，至1960年已增到227所，扩张了4倍。中等师范学校也从1957年的592所发展到1960年1964所，同样增加了近4倍（中华人民共和国教育部计划财务司，1985，p. 72）。

1957年到1960年，河北省由于中小学校大发展，引起中小学教师严重缺额，迫使师范校猛增。全省师范学校1957年为58所（其中中等师范学校49所），到1960年增至162所（其中中等师范学校124

所），增加了近2倍；高等师范院校1957年为3所（另有4所速成师范专科学校），到1960年增至13所，增加3倍多。广西壮族自治区的师范学校，从1957年的15所增加至1960年的55所，增加了近3倍。（资料来源：中华人民共和国教育部计划财务司. 1985. 中国教育成就（1949—1983）. 北京：人民教育出版社：73.）

这一时期，各级各类师范院校的培养目标盲目升格。中等师范学校成为师范专科学校，培养高中师资；师范专科学校成为师范学院，培养高等学校师资和科学研究员。教育的“大跃进”带来了师范教育形式和数量的突飞猛进，却打破了教师质量与学生需求的内在联系，严重影响了教学质量。鉴于此，教育部中央文教小组于1960年召开了“全国文教会议”，批评了文教战线上的“共产风、浮夸风”。1961年，教育部召开“全国师范教育会议”，总结了1958年以来师范教育工作中的经验教训，指出师范学校发展太快、数量太多，已超出国家发展的实际需求；过“左”的思想，影响了教育的积极性；师生参加劳动和社会活动过多，教学质量受到了很大影响。此后，1961～1965年各类师范院校分别采取了停办、合并等措施。高等师范院校经过调整，至1965年减少至59所，在校学生94 268人（表1-3）。

（二）收费政策

这一时期我国仿照苏联的教育模式，独立设置高等师范教育，实行完全免费的寄宿制师范教育。1957年7月5日颁布的《中华人民共和国教育部复有关高师人民助学金的几个问题》规定：一般学生人民助学金的预算标准，除普遍发给学生伙食费外，所余部分由学校统一掌握作为解决贫困学生伙食以外的日常用品和生活用品补助，以及临时困难补助之用，不得平均分配交由学生处理，切实解决学生的实际困难，如有结余一律上缴。1959年，国家规定全日制普通高等学校享受助学金的学生比例为80%，而高等师范学校享受助学金的学生比例是100%（《中国教育年鉴》编辑部，1984，p. 711）。政策倾斜吸引了大量学业成绩优秀、家境贫寒的学子报考就读师范院校。在此背景下，1957年我国高等师范院校的在校生人数首次突破了10万人，实现了跨越式发展；1960年，我国高等师范院校的学生人数已增至20万人，达到历史顶峰（刘英杰，1993，p. 800）。

（三）就业政策

1958年，由于提出了工农业生产全面“大跃进”的口号，由此引发出人才需求“过热”的势头，各方面对高校毕业生的需求量也出现高指标。据统计，

1958 年全国高校毕业生的需求总量为 15.7 万人，为毕业生人数的两倍多；而 1959 年毕业生需求量竟达到 37 万人，超过了实有毕业生 6.2 万的 5 倍多。这给制定毕业生分配计划工作带来了很大难度。为此，国家将教育管理事业的权力下放，把原由中央主管的 228 所高等学校中的 187 所下放归省（自治区、直辖市）领导，并确立了毕业生实行国家统一分配的原则。1961 年以后，我国国民经济由“大跃进”进入困难时期。由此，1962～1965 年高校毕业生的分配工作进行了合理的调整，如 1962 年发布的《关于改进高等学校毕业生分配办法的意见》中指出：高等学校毕业生是国家的重要财富。在以往毕业生的分配和使用上，存在着用非所学、不能充分发挥作用等比较严重的浪费现象。分配办法上的主要缺点是负责培养学生的教育部却不参与分配工作，因而分配、使用和培养有脱节的现象。《关于改进高等学校毕业生分配办法的意见》提出，今后高等学校毕业生的分配工作必须与培养工作密切结合，改变过去中央、部门和省、市直接分配毕业生的三种办法，教育部门不仅负责培养，还要负责调配，并且负责向国家计委[①]提供毕业生情况，协同作好分配计划。

三、“文化大革命”时期的高等师范教育政策（1966～1977 年）

1966 年“文化大革命”运动席卷全国。“四人帮”反革命集团推行愚民政策，篡改各类教育包括师范教育的培养目标，大幅降低高等学校的入学资格，招收只相当于初中程度的工农兵学员。整个师范教育体系处于混乱之中，培养层次不清，办学规模极度萎缩。高等师范教育事业在这一时期遭到了严重破坏。

（一）招生政策

“文化大革命”时期，全国教育工作遭到了严重摧残，师范教育又是重灾区的重灾户。1966 年，教育部停止招生的通知下达，大、中、小学开始“停课闹革命”，近百万应届考生失去了高考机会。此后全国普通高校基本停课、停止招生，直至 1970 年中国共产党中央委员会（以下简称中共中央）批准《北京大学、清华大学关于招生（试点）的请示报告》，高等院校才从 1971 年开始招生复课。该文件规定：高等学校招生废除历来实行的统一考试、择优录取的招生办法，改而“实行群众推荐、领导批准和学校复审相结合的办法”；只招收具有 2 年以上实践工作经验的“工农兵学员”，教学任务是“上大学、管大学、用毛泽东思想改造大学”；高等学校的学制缩短为 2～3 年。此后，高等学校招生工作按《北京大学、清华大学关于招生（试点）的请示报告》的意见进行，师范

① 即中华人民共和国计划委员会，1998 年更名为中华人民共和国国家发展计划委员会，现为中华人民共和国国家发展和改革委员会。

院校也不例外。1973 年，国务院教科组曾发布《关于高等学校 1973 年度招生工作的意见》，指出招生要重视文化考查，了解推荐对象掌握基础知识的状况和分析问题、解决问题的能力，保证学生入学时有相当于初中毕业以上的实际文化程度。但在"极左"思潮的影响下，《北京大学、清华大学关于招生（试点）的请示意见》并未被贯彻落实。由于普通中学在校生总数由 1965 年的 933.8 万人猛增为 1977 年的 6779.9 万人（刘英杰，1993，p.336），师资严重短缺，高等师范院校的招生工作仍不切实际地开展，招生人数持续增加。据统计，1965 年全国有高等师范院校 59 所，招生 25 329 人；1976 年全国有高等师范院校 58 所，招生却达到 44 167 人，增加了 57.3%（表 1-3）。为了解决中学师资问题，不顾办学条件的限制，盲目增加师范院校的招生数量，使得师范院校超负荷运转，教育质量难以保证。

（二）收费和就业政策

"文化大革命"前期，由于全国高等院校停止招生，人民助学金政策也相应地中断。后招收的"工农兵学员"按 100% 的全体享受人民助学金。

"文化大革命"时期高校毕业生的分配，是在特定的社会历史背景下进行的。"文化大革命"十年，国家各级行政机关运转不正常，毕业生分配程序被搞乱。大学毕业生只能当工人、农民，不能当干部，不能做科学技术工作。这与之前毕业生由国家统包统分，成为国家干部的做法不同。这一时期高等师范教育受到严重破坏，从招生到分配，从教学到管理都处于极其混乱的状态。1967 年，中共中央发出《关于大中专应届毕业生分配问题的决定》，但并没有得到切实的贯彻实施；稍后颁布的《关于 1967 年大专院校毕业生分配问题的通知》明确提出，毕业生分配要坚持"面向农村、面向边疆、面向工矿、面向基层"的方针。1968 年，除了继续强调大专毕业生分配必须坚持"四个面向"，还进一步把"四个面向"中的面向农村更加具体化，如"改造盐碱地、兴修水利、到人民公社去插队"等。按照上述文件规定，1966～1970 年 66.6 万毕业生被分配，其中高等师范院校的毕业生有 94 259 人（刘英杰，1993，p.800）。这些毕业生本应被分配到中小学任教，而按照"四个面向"的方针分配后，相当一部分人才流失了，造成了师资的严重短缺。

新中国成立之初，改造旧师范教育，以及培养大批适应新中国建设需要的人民教师成为当务之急。为此，我国高等师范院校独立设置，在计划经济的宏观调控下，对师范教育实行人民助学金制度，并为师范生提供统包统分的就业保障，这在一定程度上促进了我国高等师范教育的整顿和调整。但随后由于"大跃进"和"文化大革命"等运动的影响，在"极左"思想的指引下，师范教育的培养目标出现了严重偏差，各级师范学校从系科设置、课程设置到仪器设备、图书资料等学习资源都遭到了严重破坏；研究机构解体，人员下放，图书损坏，资源中断，严重影响了教育秩序，对高等师范教育的发展造成了致命的打击。

第三节　改革开放后的高等师范教育政策

1977 年，十年“文化大革命”结束。1978 年 12 月，十一届三中全会召开，开启了改革开放的序幕。随着计划经济向市场经济转型，我国高等教育体制也开始进行调整。为解决十年“文化大革命”带来的师资匮乏、质量低下的问题，改革开放初期重在巩固独立设置的师范教育制度。随着高等教育大众化和知识经济时代的到来，传统的封闭式、定向性师范教育向着开放式、非定向性的教师教育全面转轨。高等师范教育的数量与规模逐渐由外延式增长转变为内涵式增长，独立设置的高等师范院校数量下降，逐步形成了一个以独立设置的师范院校为主，其他教育机构共同参与的培养模式。

一、改革开放前期的高等师范教育政策（1977～1993 年）

“文化大革命”结束后，教育事业在经历了重大浩劫后处于逐渐恢复阶段。1978 年改革开放伊始，我国由计划经济向市场经济转型。但在改革开放前 15 年，计划经济仍然占据主要地位。受计划经济体制的影响，高等师范教育的招生录取、专业培养、毕业分配都由国家一手包办，学费由国家负担，学生毕业后由国家统一分配。

（一）招生政策

1977 年，废止了 11 年的全国统一高考得以恢复。教育部颁发了《关于 1977 年高等学校招生工作的意见》规定，废除推荐上大学的制度，采取统一考试、统一录取的原则。考生必须高中毕业或具有同等学力，录取政审主要看本人的政治思想表现。招生实行德、智、体全面衡量，采取择优录取的原则，采取自愿报考、统一考试、地方初选、学校录取、省（自治区、直辖市）批准的办法。高等师范院校的招生工作和普通高等院校一样，由国家统一考试，择优录取。据统计，1977 年全国有 570 万青年报名参加高考，高等学校共招收新生 273 000 名，其中师范院校招收 94 586 名，占总数的 34.6%（刘英杰，1993，p. 800）。另据 1979 年统计，全国中小学教师中具有中等师范或者普通高中毕业学历的只占 47%；全国初中教师具有高等师范院校毕业或肄业学历的只占 10.6%；全国高中教师具有高等院校毕业学历的只占 50.8%（方晓东等，2002，p. 319）。整个教师队伍中学历不合格的人数高达 1/3 以上。为了改变这种状况，师范教育在招生政策上不断作出调整。1980 年，高等师范院校和重点高等学校同时录取新生。同年 10 月份，教育部发布了《关于大力办好高等师范专科学校的意见》，要求各省（自治区、直辖市）对师专的规模和布局、招生和毕业生分配等问题，要全面规划，统筹安排。而 1980 年的《关于少数民族教育工作的意见》则指出：各自治区和少数民族较多的省一定要建立并办好一批民族师范学校；要求民族师范院校主要招收少数民族学生和有志为少数民族教育事业服务的汉族青年；对教育基础差的广大农牧区和山区，放宽招生条件；在一般的师范院校也设立了民族师范班，招收少数民族学生入学。

1982 年 9 月，第十二次全国代表大会召开，制定了全面开创我国社会主义现代化建设新局面的宏伟纲领，把教育列为经济建设的战略重点之一，确立了教育事业的重要地位，为我国教育事业的发展指明了方向。在十二大精神的指引下，我国的师范教育进行了一系列改革。1985 年，“全国中小学师资工作会议”提出改革师范学校的招生制度和毕业生分配制度，普遍推行定向招生和定向培养，即主要从需要师资的地方择优招收（录取标准可因地有所不同），毕业后回原地区工作，同时招收志愿到指定地区任教的考生。对于有些不适于直接招收应届高中毕业生的学科和专业，如政教专业，要从有实践经验的中小学教师和教育管理干部中招生。师范专科学校和中等师范院校除坚持定向招生和定向培养外，还要继续进行保送制度的试验，将优秀的中等师范学校学生保送到高等师范院校学习。除定向招生外，也逐步推广提前单独招生或参加统一招考、提前录取的办法（国家教育委员会师范教育司，1997，pp. 249-250）。1987 年，国家教委[①]正式规定，高等师范院校可在国家统一考试前单独招生、考试，择优录取新生。

1990 年，《关于进一步做好高等师范学校招生工作的意见》指出，引导、鼓励优秀高中毕业生报考高等师范学校，树立全面提高新生质量的指导思想，多形式、多渠道地选拔适合师范院校培养要求的新生。此后部分省市开始推行师范院校招生制度改革。例如，山东省为了培养出一批热爱并愿意从事社会主义教育事业，具有较高思想素质、身体素质、职业素质的人才，对高等师范院校实行单独填报志愿、单独划定录取分数线、单独提前招生的办法；报考师范院校的学生，根据面试标准，在面试合格的基础上方允许参加全国统一考试（国家教育委员会师范教育司，1997，p. 209）。

上述一系列政策的出台，使得我国高等师范教育的局面得到了较大程度的改善。1978 年，全国高等师范院校达 157 所，招生 123 996 人，在校生 249 940 人。1987 年，全国高等师范院校达 260 所，招生 189 454 人，在校生 507 963

① 即国家教育委员会，现为中华人民共和国教育部。

人，创历史新高（刘英杰，1993，p. 800）。

（二）收费政策

“文化大革命”结束后，国家为促进教育的发展，提高中等学校教师的质量，进一步提高了高等师范院校的学生待遇。高等师范院校的学生除享受全部人民助学金外，膳宿费、学杂费等完全由国家供给。教育部、财政部于1977年12月17日颁发《关于普通高等学校、中等专业学校和技工学校，实行人民助学金制度的办法》，对师范生的公费资助问题作出规定：“高等师范、体育和民族学院的学生，以及中等专业学校中的师范、护士、助产、艺术、体育和采煤等专业学生的人民助学金，享受面按100%计算。”（刘问岫，1989，p. 124）1979年，《关于主要副食品销售价格提高后对中小学民办教职工补助费和高等学校中等专业学校学生助学金的几项规定》对师范院校的学生享有人民助学金作了相关规定，具体包括：①高等师范院校的学生，要有优厚的待遇。师范生即是公费生，学费、膳费、宿费、杂费等都由国家供给。尤其是膳费要足量供给，伙食要优于其他高等学校。②体操用服、零用物品，如牙膏、牙刷、肥皂等，也可由学校的杂费中供给全部或一部分。③课本、讲义、参考用书，也可由学校酌情发给。④高等师范院校的学生毕业后的待遇，应比其他高等学校同期学生的待遇高一级。师范生不仅在校学习时有优厚的待遇，毕业后从事教育工作，也应有优厚的待遇，以保证教育事业的发展。⑤国家教育行政机关，对于高等师范院校应比其他高等院校在物质方面有优厚的待遇，除经费拨款较多外，在其他方面，如新的实验仪器等也应优先发给高等师范院校。⑥高等师范院校学生的待遇，在教育法令上应有明文规定。各省（自治区、直辖市）教委，主管高等师范院校学生的待遇，按章办事（刘问岫，1989，pp. 124-125）。

给予高等师范院校的学生一定的优惠待遇，体现了国家对教育事业的重视。但人民助学金制度的实施也存在一些问题，如国家包得过多、管得太严，发放助学金并没有按照学生在校期间的表现执行，而是盲目地实行“一刀切”。鉴于此，1983年教育部和财政部联合发出《关于颁发〈普通高等学校本、专科学生人民助学金暂行办法〉和〈普通高等学校本、专科学生人民奖学金试行办法〉的通知》两份文件，提出改革人民助学金的办法，即“第一步，先将人民助学金办法改为人民助学金和人民奖学金并存的办法。第二步，再过渡到以人民奖学金为主辅之以人民助学金的制度。其中师范院校依旧按照享受100%的人民助学金，师范院校所需的奖学金款项可以从寒暑假期内学生停发的助学金中解决”（曲香，2008，p. 17）。1985年，《中共中央关于教育体制改革的决定》再次提出改革人民助学金制度，对师范和一些毕业后工作环境特别艰苦的专业的学生，国家供给膳宿并免交学费，并对学习成绩优秀的学生实行奖学金制度。1987年，

《关于重新印发〈普通高等学校本专科学生实行奖学金制度的办法〉》进一步规定："师范、农林、体育、民族、航海等专业的学生按专业奖学金的办法执行，不实行学生贷款。"自此之后，人民助学金制度逐渐演变为专业奖学金制度。由此，在政府教育投入上予以高等师范教育大幅度倾斜的背景下，我国高等师范教育的公费资助体系逐步得以完善。以1987年为例，师范专业奖学金分三个等级，一等每生每年400元，二等每生每年350元，三等同以往助学金金额（吴遵民，刘芳，2008，p. 84）。而同年我国城镇、农村人均生活费分别为916元和413元。1986～1992年，国家为了建设师范院校，共拨出专款13亿元，利用世界银行贷款2亿美元（方晓东等，2002，p. 378）。

（三）就业政策

新中国成立后到1985年，国家一直坚持实施师范生的统一分配制度，毕业生服从组织分配，"到祖国最需要的地方去，为社会主义贡献力量"成为这一时期师范毕业生乃至所有普通高校毕业生由国家统一分配工作的指导思想。1980年，《办好师范教育，提高师资水平，为四化建设培养人才做出贡献》中指出，高等师范院校本科培养高级中等学校的师资；师范专科学校培养初级中等学校的师资（《当代中国》丛书教育卷编辑室，1986，pp. 235-236）。由于《关于大力办好高等师范专科学校的意见》中指出，"今后应分配一定数量的研究生、优秀的本科毕业生到师专任教"，各省（自治区、直辖市）高教部门在高等学校学生毕业时按照这一精神和国务院批准的高等学校毕业生分配原则，分配一定数量的高等学校（特别是高等师范院校）的优秀本科毕业生到师范专科学校任教（《当代中国》丛书教育卷编辑室，1986，p. 250）。高等师范院校的毕业生必须服从分配，并按规定履行相应的服务年限，方能转学或转业。对于不服从国家需要、不听从分配的师范毕业生，经地方教育主管部门批准，由学校宣布取消其分配资格（刘问岫，1989，p. 175）。这一时期高等师范院校的毕业生一律由各级教育部门分配，任何单位不准截留。原则上高等师范院校的毕业生都应分配到中等学校从事教育工作，并有一定的服务期限，服务期满才可从事其他职业。高等师范院校的一部分学生要采取定向招生、定向分配的办法，哪里来，哪里去。分配到边远和边疆地区任教的可以规定一定的服务期限，在待遇上各地可以制定优惠的政策。其他各类院校举办的师资班也列入指令性招生计划，学习期间享受师范生待遇，毕业后分配到中小学任教。

1985年，《中共中央关于教育体制改革的决定》颁布，规定要改革大学招生的计划制度和毕业生分配制度，改变高等学校全部按国家计划统一招生，毕业生全部由国家包下来分配的办法。此后逐渐实行三种分配方法：属于国家任务招生的，由国家统一分配；用人单位委托招生的，毕业后回原用人单位；自费生可自主择业。但师范生和一些工作环境艰苦专业的学生，国家仍然免收学费并供给膳宿，实行奖学金和助学金制度，师范生的就业仍由国家统一分配。20 世纪 90 年代，在学校人事劳动管理制度改革中，许多地方试行教师定编聘任制。所谓教师定编聘任制，是指校长在上级核定的人员编制内和在编人员中，按照规定标准聘任中小学教师。例如，北京市在试行教师教职工聘任制中，坚持定编、定岗、定任务的“三定”方针，要求校长对本校职工择优聘用、合理组合，在组合中坚持瞻前顾后，保证合格师资的必要储备，同时积极接收安排应届师范院校毕业生来校，控制合格教师的流失。对于未聘的教职工做好安排工作，调离中小学教育系统的人员需经市、区教育行政部门批准。

改革开放前 15 年，高等师范教育的重点是恢复与发展。政府对师范生实行更优惠的资助政策，发放专门的助学金和奖学金，这在一定程度上推动了高等师范教育的发展，对确保中小学师资数量和提高质量起到了很大作用。但高度统一的计划经济体制下的教育模式同时也存在弊端，政府包得过多、统得过死，操作过程必然缺乏灵活性，限制了高等师范教育的发展。

二、高校并轨招生后的高等师范教育政策（1993～2006 年）

1992 年，第十四次全国代表大会召开，进一步确立了市场经济体制的改革思路。随着经济体制、政治体制和科技体制改革的深化，教育体制改革要采取综合配套、分步推进的方针，加快步伐，改革包得过多、统得过死的体制，改变政府包揽办学的格局，逐步建立以政府办学为主体，社会各界共同办学的体制。政府要转变职能，由对学校的直接行政管理转变为运用立法、拨款、规划、信息服务、政策指导和必要的行政手段进行宏观管理（周建民，陈令霞，2005，pp. 103-106）。随着高等师范院校的进一步扩展，高校扩招，以及招生制度的并轨改革，师范教育免费政策已无法延续。国家开始对高等师范院校收取部分甚至全部费用，同时改定向分配的就业方式为自主择业。

（一）招生政策

1993 年，中共中央、国务院发布《中国教育改革和发展纲要》，提出“改革高等学校的招生和毕业生就业制度，改变全部按国家统一招生计划招生的体制，实行国家任务计划和调节性计划相结合”（杨学为，2003，p. 510）。这实质是两种招生形式的“并轨”。所谓并轨招生，是指对以前实行的多种招生形式、多种收费标准、多种录取控制分数线实行并轨，执行一种计划、一个收费标准、一个控制分数线。1994 年，国家教委发布《关于进一步改革普通高等学校招生和毕业生就业制度的试点意见》，要求试点院校一律按国家计划招生，不再有委托培养生和自费生，同一个学校只划定一个最低控制分数线，统一录取批次，所有学生均交纳一部分培养费，毕业后自主择业。

1996年《关于师范教育改革和发展的若干意见》指出，为了保证中小学教育特别是九年义务教育对师资数量和质量的需求，适应中等教育阶段新师资补充和在职教师学历补偿教育的需要，普通高校和成人高校招生的类别结构也应进行适当调整，向师范类倾斜。为加快解决民办教师问题的步伐，解决边远、贫困地区师资短缺问题，要扩大招收民办教师的比例和在边远贫困地区、少数民族地区定向招生的比例。同时继续坚持和完善单独招生、提前录取、招收师范保送生、举办师范预备班等一系列行之有效的提高生源质量的做法（国家教育委员会师范教育司，1997，pp. 210-211）。1997年，除了师范和一些艰苦、特殊专业外，大部分普通高校招生全面实现并轨。

1999年，《关于深化教育改革全面推进素质教育的决定》作出“加强和改革师范教育，大力提高师资培养质量。调整院校的层次和布局，鼓励综合性高等学校和非师范性高等学校参与培养、培训中小学教师的工作，探索在有条件的综合性高等学校中试办师范学院”的决定。在这种全新的教育理念的主导下，我国高等师范教育开始制度创新，向构建大众化、开放化、终身化的师资培训体系过渡。各类综合性大学和非师范类高校纷纷开办师范学院，单一的师范院校也开始向综合性师范大学和综合性大学转变。对于高等师范院校的“并轨”改革，国家一直持严谨的态度。随着教师职业社会地位的提高，高等师范院校的生源质量和数量也逐年好转，国家对于高等师范院校和师范专业的特殊保护也逐渐放开。2000年，师范专业也开始全额或部分收费。至此，高校招生“并轨”改革完成。

据统计，2002年共有475所高等学校招收师范类全日制本专科学生，其中高等师范院校183所，教育学院34所，综合性大学115所，其余为多科性和单科性院校。参与培养教师的综合性大学的数量显著增加，达到培养教师院校总数的24%（何齐宗等，2006，p. 14）。2003年，教育部实行扩大高校招生自主权的改革，首先在28所高等学校开展自主选拔录取改革试点工作，自主选拔录取招生人数控制在试点学校年度本科招生计划总数的5%之内。

（二）收费政策

十一届三中全会开辟了建设有中国特色社会主义事业的新道路，确立了社会主义市场经济体制。高等教育也由国家大包大揽向参与市场竞争转变，从免费向收费过渡。1993年，国家出台了《中国教育改革和发展纲要》，规定非义务教育阶段按培养成本收取一定比例的费用。此后，除农林、师范、体育等专业，高等教育开始收费。1994年4月，《关于进一步改革普通高等学校招生和毕业生就业制度的试点意见》对高等院校的收费制度作出了以下规定：高等学校可以向所有学生收取部分培养费，收费标准可因地、因校、因专业而异；建立收费制度及与人才培养计划相配套的奖学金与贷学金制度（方晓东等，2002，pp. 489-490）。基于此，同年颁布的《关于提高普通高等学校专业奖学金标准的通知》提出适当提高专业奖学金标准，民族专业奖学金提高到每生每年700元，其他类专业奖学金提高到每生每年500元。[①] 同年，《关于师范教育改革和发展的若干意见（征求意见稿）》进一步规定，适当提高专业奖学金标准，民族专业奖学金提高到每生每年700元，其他类专业奖学金提高到每生每年500元。1996年，“全国师范教育工作会议”也提出，加大投入是落实师范教育优先发展的条件保障，规定省级人民政府应根据各地物价和生活水平的变化及财力状况，逐步、适时地提高师范专业学生奖（助）学金标准。各级政府在核定师范专业经费预算时，要充分考虑师范专业免收学费和全员发放专业奖（助）学金的实际情况，采取相应的措施，提高拨款标准（金长泽，张贵新，2002，p. 317）。

西南师范大学作为国家教育部直属的师范院校，1992年之前对师范生也采取免收学费政策。1978年国家对高等学校学生进行冬衣补贴补助，补助西南师范大学色布80尺[②]，白布80尺，棉花32斤[③]，棉絮32床。而对重庆大学的补助是色布75尺，白布75尺，棉花30斤，棉絮30床。由此可见国家对师范院校的补助要稍高于一般院校。1992年十四大提出市场经济的概念，国家经济逐步由计划经济向市场经济转轨，教育投入政策随之转变。后为了提高办学质量，以其收取适当教育费用，用于提高教学条件和教育质量。西南师范大学自1996年起对本专科学生收取学杂费；但师范，农林，体育，航海等专业仍享受国家专业奖学金，即免交学费，只收取杂费。以1997年为例，西南师范大学师范专业收取1000元杂费，但仍免交学费，并且每年每人享有500元补助。（资料来源：西南大学档案馆）

随着师范生和非师范生的并轨招生，一些省市采取变通的办法向师范生收取部分费用，如1999年广东省开始对师范生按非师范专业学费标准的50%收取“杂费”。2000年，教育部、国家计委和财政部联合下发《关于2000年高等学校招生收费工作若干意见的通知》，规定对享受国家专业奖学金的农林、师范、体育等专业的高等学校学生收费，师范生免费教育的传统终被打破。2001年，全国高等师范院校财务管理研究会“两项资助政策研究”课题组对当时各地高等师范院校两项资助政策的实施情况进行了调查。调查数据显示：全国25个省

---

① 中华人民共和国国家教育委员会，财政部. 1994. 关于提高普通高等学校专业奖学金标准的通知。

② 1尺≈0.33米。

③ 1斤=500克。

（自治区、直辖市）的35所师范院校中，有7个省的12所师范院校从1992年开始对所有师范专业学生收取部分学杂费和住宿费；另有1所部属师范院校收取艺术、体育、外语、计算机等专业师范生的学杂费和住宿费；收费的学校逐年增加；至1999年35所师范院校中仅北京师范大学和首都师范大学仍按1987年的文件规定执行，而实行收费的学校则达到33所，占被调查学校的94.3%（冒顺安，2001，p.60）。到2003年，北京师范大学和首都师范大学也开始收费。至此，我国高等师范院校全部实行全额交费上学的制度。

高等师范院校实行收费制度实乃多种因素使然。首先是中国的经济实力和综合国力不断增强，人民的生活水平和国民福利得到了实质性的提高，居民有能力承担部分高等教育的费用。其次是受高等教育成本分担理论的影响，即“高等教育成本完全或几乎完全由政府或纳税人负担转向至少部分依靠家长和学生负担，他们交学费补偿部分教学成本，或支付使用费补偿由政府或大学提供的住宿费和膳食费”（D. 布鲁斯·约翰斯通，2002，p.26）。最后也是最主要的原因在于高等教育经费严重短缺。第一，我国教育财政投入不足。《中国教育改革和发展纲要》提出“逐步提高国家财政教育经费支出占国民生产总值的比例，本世纪末达到4%”。然而，1993～2005年我国财政性教育经费一直没有突破3.0%，自2005年以来财政教育经费才逐步有所提升，但离4%的目标还有一定的差距（表1-4）。我国财政教育投入占国内生产总值（gross domestic product，GDP）的比重不仅低于发达国家的平均水平，也低于欠发达国家的平均水平（李治军，1994，p.26）。有限的教育财政拨款无法满足高等教育的发展要求。第二，高等师范教育的经费来源少、开支大。高等师范院校的经费来源主要依赖于政府津贴，而政府津贴无法满足其基本的办学需求。此外，高等师范院校还必须向全体师范生发放除优秀学生奖学金以外的师范专业奖学金。根据《国家教委直属院校1986—1994年财政决算简要分析》，师范大学每生每年平均拨款数为3556元，比外国语学院少1038元，比综合性大学仅高出233元，作为政策性补偿的部分还远远不够发放师范专业的奖学金。第三，1999年高校全面扩招后师范院校在校生人数激增。资料显示，“1998年全国普通高校本专科招生数为108.4万人，1999年为159.7万人，2000年为220.6万人，2001年为268.3万人。据测算，1998～2001年间普通高校本专科招生数平均年递增35.3%。”（国家教育发展研究中心，2002，p.94）1999～2003年，经过5年的发展，我国各类高等教育总规模达到1900多万人，约为1998年的2.2倍，是1949年高等学校在校生人数11.65万的163倍；毛入学率达到17%，比1998年提高了7.2个百分点，我国高等教育开始步入高等教育“大众化”阶段（史静寰，2001，p.7）。高等教育规模扩张，国家财政压力日益加大。如此庞大的招生规模显然远远超出了政府可以承受的资助范围。1999年扩招后，尽管高等教育财政性教育投入的整体额度仍逐年有所增加，但全国高校生均教育经费的增长比例仍呈下降趋势，2001 年甚至开始出现负增长。1993 ~ 2012 年国家财政性教育经费，如表 1-4 所示。

表 1-4　1993 ~ 2012 年国家财政性教育经费

年份	GDP/亿元	国家财政性教育经费/亿元	占 GDP 比例/%
1993	35 333.9	867.76	2.46
1994	48 197.9	1 174.74	2.44
1995	60 793.7	1 411.52	2.32
1996	71 176.6	1 671.70	2.35
1997	78 973.0	1 862.54	2.36
1998	84 402.3	2 032.45	2.41
1999	89 677.1	2 287.18	2.55
2000	99 214.6	2 562.61	2.58
2001	109 655.2	3 057.01	2.79
2002	120 332.7	3 491.40	2.90
2003	135 822.8	3 850.62	2.84
2004	159 878.3	4 465.86	2.79
2005	183 217.4	5 161.08	2.82
2006	211 923.5	6 348.36	3.00
2007	249 529.9	8 280.21	3.32
2008	300 670.0	10 449.63	3.48
2009	340 507.0	12 231.09	3.59
2010	401 513.7	14 670.07	3.65
2011	472 882.5	18 586.70	3.93
2012	518 942.1	22 236.23	4.28

注：GDP 在 20 世纪 80 年代与国民生产总值（GNP）一致，故在数据处理上统一为 GDP。其中 1993 ~ 2009 年的数据，来源于中国教育统计年鉴（2009），2010 ~ 2012 年的数据来源于教育部网站

（三）就业政策

在由计划经济向市场经济、由劳动密集型经济向知识经济转变的过程中，高等教育也不可避免地被卷入到改革的浪潮中，人才培养模式转为以市场为导向。高等学校逐步实行并轨招生，学生交费上学，毕业生由统一分配转变为自主择业。1993 年，《中国教育改革和发展纲要》提出“改革学生上大学由国家包下来的做法，逐步实行收费制度；改革高等学校毕业生‘统包统分’和‘包当干部’的就业制度，实行少数毕业生由国家安排就业，多数学生自主择业的就业制度”（杨学为，2003，p. 510）。其中的“少数毕业生”主要包括师范学科、艰苦行业和边远地区的毕业生。为落实《中国教育改革和发展纲要》的精神，1994 年召开了“第二次全国教育工作会议”，指出师范教育是培养中小学师资的工作母机，各级政府都努力增加投入，大力办好师范教育，鼓励优秀中学毕业生报考师范院校，进一步扩大师范院校定向招生的比例，建立师范毕业生服务期制度，保证毕业生到中小学任教。在高校毕业生普遍自主择业的背景

下，师范专业毕业生仍坚持统一招生、定向分配的做法。但随着师范院校和非师范院校的并轨改革，师范专业的毕业生逐渐与非师范专业一样，在市场中公平竞争，自主择业。1996 年，“全国师范教育工作会议”明确提出，师范专业学生原则上免交学费，并享受专业奖助学金制度；师范专业学生毕业后实行 5 年任教服务期制度；急需教师的地区、部门或企业可设立师范专业定向奖学金，享受定向奖学金的毕业生按合同就业；各地要制定相应的政策，鼓励师范毕业生到边远、贫困和少数民族地区任教；但同时也提出在一定范围内试行师范毕业生在教育系统内双向选择的就业办法（国家教育委员会师范教育司，1997，p. 211）。1997 年 3 月 24 日，国家教委颁布了《普通高等学校毕业生就业工作暂行规定》，指出毕业生的就业工作要贯彻统筹安排、合理使用、加强重点、兼顾一般和面向基层，充实生产、科研、教学第一线的方针。在保证国家需要的前提下，秉持学以致用、人尽其才的原则（何东昌，1998，pp. 41-75）。

1998 年 10 月，联合国教育、科学及文化组织（以下简称联合国教科文组织）在巴黎召开的世界高等教育会议上发表《21 世纪高等教育的展望与行动宣言》，指出“毕业生将愈来愈不再仅仅是求职者，而首先成为工作岗位创造者”。针对扩招后大学生就业这一现实问题，我国政府出台了一系列鼓励大学生自主创业的政策。1999 年，教育部颁发《面向 21 世纪教育振兴行动计划》，规定从 2000 年起我国要建立比较完善的毕业生就业制度，并同时取消了向毕业生发“派遣证”的做法，改为发“就业报到证”。此后的高校就业政策遵循不包分配、竞争上岗、择优录用的原则，标志着大学生就业制度结束了“计划、分配、派遣”的历史，开始由市场进行调整。在高等教育大众化和知识经济时代来临的背景下，2002 年国务院办公厅转发教育部等部门《关于进一步深化普通高等学校毕业生就业制度改革有关问题的意见》，鼓励支持高校毕业生自主创业，工商和税收等部门简化审批手续，积极给予支持。2003 年，教育部《关于做好 2003 年普通高等学校毕业生就业工作的通知》改变了就业政策与行政命令合二为一的局面，高校成了毕业生就业的中介，为其提供各项服务。2005 年，中共中央办公厅和国务院办公厅下发了《关于引导和鼓励高校毕业生面向基层就业的意见》，在坚持市场导向的前提下，加大政府宏观调控，将有形的手与无形的手结合起来，将政策激励与思想教育和舆论引导结合起来，把个人意愿与组织选派结合起来，把高校人才培养与社会需求结合起来，把解决突出问题和形成长效机制结合起来，并提出一些重大措施（史静寰，2001，p. 7）。

为适应市场经济体制改革，高考招生并轨改革，高等教育大幅扩招。教育市场化改革的浪潮一方面鼓励和刺激了师范教育体制的革新，包括师范院校从单一型向综合性发展，师范教育由封闭走向开放，师资来源由单一走向多元；另一方面也引发了诸多现实问题。首先是师范院校盲目转型。师范类院校为了不断扩招，增加生源，增加教育收入，热衷于扩大非师范专业，忙于撤并、升格，许多师范院校在合并过程中消失，有实力的师范大学纷纷向综合性大学转型，脱掉“师范”的帽子，淡化或削弱了原有的教师教育的特色与优势。其次是师范生生源形势严峻，质量下降。招生录取中师范专业的学生录取分数往往低于同层次的非师范专业；部属重点师范院校的录取分数低于同层次的综合性大学；省属师范大学的录取分数低于同层次的综合性大学；地方师范院校和由师范院校改制的综合性院校的师范专业录取分数线均低于该档次最低控制线；师范专业的专科生的录取分数线普遍低于该档次录取控制底线。再次是教师的结构性短缺。由于并轨招生和自主就业，毕业生不可避免地从农村走向城市，从贫困地区走向发达地区，从一般学校向重点学校集中，从而造成我国城乡教师资源分布不均，尤其是偏远农村地区师资短缺。2006 年 3 月，中国教育部师范教育司委托江汉大学对全国 22 个省（自治区、直辖市）的农村教师队伍的现状进行专项调研。调研结果表明，我国农村义务教育教师队伍普遍存在 5 个令人担心的问题：普遍缺编、流失严重、补充不足、素质偏低、待遇不高。在农村小学教师中，具有专科学历的教师占 46.96%，本科学历者只占 12.81%，本科以上学历的仅为 0.2%；在农村初中教师中，34.92% 的人具有本科学历，本科以上学历的占 0.2%；高中教师具有本科以上学历的人数占总数的 1.3%。[①]

三、师范生免费教育政策的试点（2007 年至今）

高等师范院校并轨招生，师范生免费教育政策优惠被取消，导致了高等师范院校生源质量欠佳，进而造成了我国教师结构性短缺的状况。正是基于对近 10 年来高等师范院校办学方向偏离、生源质量滑坡、教师社会声望和职业认同急剧下降等现实问题的理性审视，2007 年 5 月，《教育部直属师范大学师范生免费教育实施办法（试行）》（以下简称《实施办法》）正式颁布，规定自 2007 秋季入学的新生起，在 6 所部属师范院校（即北京师范大学、华东师范大学、华中师范大学、东北师范大学、西南大学及陕西师范大学）试点招收免费师范生。《实施办法》的具体规定如下。

教育部直属师范大学师范生免费教育实施办法（试行）

教育部　财政部　人事部　中央编办

国务院决定在教育部直属师范大学实行师范生免费教育。采取这一重大举措，就是要进一步形成尊师重教的浓厚氛围，让教育成为全社会最受尊重的事业；就是要培养大批优秀的教师；就是要提倡教育

① 曲香．2008．新中国成立以来我国师范生资助政策的回顾与反思．南京：南京师范大学硕士学位论文：11.

家办学，鼓励更多的优秀青年终身做教育工作者。现就教育部直属师范大学实行师范生免费教育，制定本实施办法。

一、从2007年秋季入学的新生起，在北京师范大学、华东师范大学、东北师范大学、华中师范大学、陕西师范大学和西南大学六所部属师范大学实行师范生免费教育。要通过部属师范大学的试点，积累经验，建立制度，为培养造就大批优秀教师和教育家奠定基础。

二、免费教育师范生在校学习期间免除学费，免缴住宿费，并补助生活费。所需经费由中央财政安排。

三、部属师范大学师范专业实行提前批次录取，择优选拔热爱教育事业，有志于长期从教、终身从教的优秀高中毕业生。

四、免费师范生入学前与学校和生源所在地省级教育行政部门签订协议，承诺毕业后从事中小学教育十年以上。到城镇学校工作的免费师范毕业生，应先到农村义务教育学校任教服务二年。国家鼓励免费师范毕业生长期从教、终身从教。

免费师范毕业生未按协议从事中小学教育工作的，要按规定退还已享受的免费教育费用并缴纳违约金。省级教育行政部门负责履约管理，并建立免费师范生的诚信档案。确有特殊原因不能履行协议的，需报经省级教育行政部门批准。

五、免费师范毕业生一般回生源所在省份中小学任教。有关省级政府要统筹规划，做好接收免费师范毕业生的各项工作，确保每一位到中小学校任教的免费师范毕业生有编有岗；省级教育行政部门负责组织用人学校与毕业生在需求岗位范围内进行双向选择，切实为每一位毕业生安排落实任教学校。各地应先用自然减员编制指标或采取先进后出的办法安排免费师范毕业生，必要时接收地省级政府可设立专项周转编制。

免费师范毕业生在协议规定服务期内，可在学校间流动或从事教育管理工作。

六、有志从教并符合条件的非师范专业优秀学生，在入学二年内，可在教育部和学校核定的计划内转入师范专业，并由学校按标准返还学费、住宿费，补发生活费补助。免费师范生可按照学校规定在师范专业范围内进行二次专业选择。

七、免费师范生毕业前及在协议规定服务期内，一般不得报考脱产研究生。

免费师范毕业生经考核符合要求的，可录取为教育硕士专业学位研究生，在职学习专业课程，任教考核合格并通过论文答辩的，颁发硕士研究生毕业证书和教育硕士专业学位证书。

八、部属师范大学要抓住实行师范生免费教育的良好机遇，围绕培养造就优秀教师和教育家的目标，大力推进教师教育改革，特别要根据基础教育发展和课程改革的要求，精心制订教育培养方案。要安排名师给免费师范生授课，选派高水平教师担任教师教育课程教学，建立师范生培养导师制度。按照学为人师、行为世范的要求，加强师范生师德教育。强化实践教学环节，完善师范生在校期间到中小学实习半年的制度。要通过培养教育，使学生树立先进的教育理念，热爱教育事业，具有长期从教的职业理想，为将来成为优秀教师和教育专家打下牢固的根基。

九、要把培养优秀中小学教师的工作作为评价师范大学办学水平的重要指标。对在实施师范生免费教育工作中做出积极贡献的部属师范大学给予政策倾斜，进一步加大对师范教育的支持力度。

十、各有关地区、部门和学校要深刻认识部属师范大学实行师范生免费教育重大而深远的意义和影响，切实负起责任，扎实工作，保证这项重大举措的顺利实施。各级政府要采取有力措施，对长期从事中小学教育的免费师范毕业生给予积极的鼓励和支持。中央财政对接收免费师范毕业生的中西部地区给予一定的支持。地方政府和农村学校要为免费师范毕业生到农村任教服务提供必要的工作生活条件和周转住房。教育部、财政部、人事部、中央编办应根据本办法，结合各地实际，细化实施办法，把师范生免费教育各环节各方面的工作抓紧抓实抓好。

师范生免费教育政策一出台便犹如一石激起了千层浪，引起了社会各界人士的广泛关注，围绕“免费教育＋义务从教”的政策规定，争论不休。事实上，回顾中国高等师范教育的百年历程，其从免费到收费再到免费的多次曲折反复有其特定的历史逻辑。现今在高等教育普遍收费的大背景下，政府对师范生给予“两免一补”的优厚待遇，有其特定的价值诉求和时代意义。

首先，师范生免费教育政策是在新的时代背景下对“尊师重教”文化传统的全新诠释。“尊师重教”是中华文明几千年的绵延之道。古代有神龛供奉“天、地、君、亲、师”，近代如《钦定京师大学堂章程》规定“师范出身一项，系破格从优，以资鼓励”。回顾中国近代师范教育的百年历程，自1902年京师大学堂师范馆开创高等师范教育免费的先河，后历经清、民国、新中国，政府一直对师范教育给予免除学费等优惠待遇。1996年以后，中国高校普遍实行按教育成本分担的原则交费入学，师范院校逐渐开始部分收费乃至全额收费。

基于“成本-收益”的考虑，高中毕业生倾向于选择个人回报较高的职业，遂使得师范专业逐渐成为报考的“冷门”，直接导致师范院校的生源质量严重滑坡，间接导致欠发达的农村和边远地区的教师结构性缺失。2006年的调查显示，我国约有87%的农村小学教师没有本科学位。[①] 此外，由于对师范教育倾斜、扶持、优惠等政策逐渐淡化，一定程度上缩小了师范院校的生存空间，各级各类师范院校“改辙易帜”成为一种“潮流”，并校、改名之风吹遍全国，师范教育的优势、特色和传统逐渐被消解。正是基于对近10年来师范院校办学方向偏离，生源质量滑坡，教师社会声望和职业认同急剧下降等现实问题的理性审视，2007年试行的师范生免费教育是具有示范性的举措，其目的在于进一步形成尊师重教的浓厚氛围，让教育成为全社会最受尊重的事业。“它向全社会表明：政府高度重视教育，真正把发展教育放在社会主义现代化建设的优先发展的战略地位，全社会都应该树立尊师重教的风尚；它向全社会表明：国家重视师范教育，把培养优秀教师作为发展教育的根本，由经过师范教育训练，懂得教育规律和掌握教育艺术的教育家来办教育；它向全社会表明：政府要用政策来吸引优秀青年上师范、当教师、终身从事教育工作。”（顾明远，2007，pp. 3-6）

其次，师范教育回归“免费”的轨道，是基于实践的理性思考而作出的科学决策。1999年，《关于深化教育改革全面推进素质教育的决定》鼓励综合性高等学校和非师范类高等学校参与培养、培训中小学教师的工作，我国传统师范教育单一、封闭、定向型的体系被打破，呈现出新的走向。2001年，《国务院关于基础教育改革与发展的决定》第一次在政府文件中以“教师教育”替代了长期使用的“师范教育”概念，提出“完善以现有师范院校为主体、其他高校共同参与、培养培训相衔接的开放教师教育体系”。传统师范教育向新型教师教育转轨，已成为我国新时期教育改革与发展的主要议题。针对转型过程中所面临的机遇与挑战，围绕综合性大学与非师范类院校办教师教育的利弊，以及教师教育的师范性和学术性如何兼顾等问题，6所部属师范大学作为我国现行教师教育体系的最高层次，可以秉承“精耕细作、精雕细刻”的优良传统，兼顾学术性与师范性，以实行师范生免费教育为契机，探索有中国特色的教师教育发展道路和人才培养的创新模式。因此，师范生免费教育政策乃是进一步加强教师教育改革，推动教师教育创新的重大决策（周琴，杨登苗，2011，pp. 48-49）。

师范生免费教育的实施将遵循以下原则：一是坚持择优。鼓励有志青年自愿报考师范专业。采取得力措施，择优选拔热爱教育事业的优秀高中生就读师范专业，着眼于培养和造就一大批优秀教师，提倡教育家办学，鼓励优秀人才

① 中华人民共和国国务院. 2006. 2006年国务院政府工作报告.

终身从事教育事业。二是体现导向。师范毕业生要履行国家义务，服务于中小学教育。鼓励和引导师范院校毕业生长期从教、终身从教。鼓励和支持师范毕业生到农村学校任教服务。三是促进改革。抓住实行师范生免费教育的重要机遇，适应全面实施素质教育的要求，促进师范生招生、培养、就业整体改革，通过培养教育，使学生树立先进的教育理念，热爱教育事业，具有长期从教的职业理想和情感，有较强的教育教学能力、组织管理能力和实践创新能力。四是作出示范。部属师范大学要进一步明确办学方向，为全国师范院校作出榜样，为培养优秀中小学教师作出示范，做改革和加强教师教育的表率，做服务基础教育的表率。① 在教育部直属师范大学的示范作用下，湖南、江苏、江西、广东、甘肃、内蒙古等省（自治区、直辖市）的地方性师范院校近年来也开始陆续实施师范生免费教育政策。例如，新疆维吾尔自治区为从根本上解决新疆农村中小学和学前“双语”师资短缺问题，吸引和鼓励更多的青年报考师范专业，于2009年出台了《实施师范生免费教育改革试点实施方案》，计划2010～2013年，每年招收6000名师范类专业免费师范生。② 可见，师范生免费教育正逐步在全国推广，我国高等教师教育也由此进入一个全新的发展阶段。

---

① 中华人民共和国教育部. 2007. 教育部关于直属师范大学实施师范生免费教育工作的发布会. http：//www. china. com. cn/zhibo/2007-05/18/content_ 8785250. htm［2007-5-19］.

② 新华网. 2010. 新疆自2010年起启动免费师范生培养计划. http：//news. xinhuanet. com/edu/2010-02/25/content_ 13048516. htm［2010-02-25］.

第二章

师范生免费教育的制度设计

2007年5月，《教育部直属师范大学师范生免费教育实施办法（试行）》（以下简称《实施办法》）正式颁布。按照《实施办法》提出“教育部、财政部、人事部、中央机构编制委员会办公室（以下简称中央编办）应根据本办法，结合各地实际，细化实施办法，把师范生免费教育各环节各方面的工作抓紧抓实抓好”的要求，2010年5月，教育部、人力资源和社会保障部、中央编办和财政部联合印发了《教育部直属师范大学免费师范毕业生就业实施办法》（以下简称《就业办法》）和《教育部直属师范大学免费师范毕业生在职攻读教育硕士专业学位实施办法（暂行）》（以下简称《在职攻读教育硕士办法》）。上述三份文件及《师范生免费教育协议书》（以下简称《协议书》）对师范生免费教育的招生、培养和就业三大关键环节作出了相应的政策规定，全方位促进了师范生免费教育的贯彻与实施。

第一节　师范生免费教育的招生方案

一、招生方案的政策解读

师范生免费教育有关招生的政策规定主要体现在《实施办法》和《协议书》中。从《实施办法》和《协议书》的文字表述来看，主要包括“部属师范大学师范专业实行提前批次录取，择优选拔热爱教育事业，有志于长期从教、终身从教的优秀高中毕业生”；“有志从教并符合条件的非师范专业优秀学生，在入学2年内，可在教育部和学校核定的计划内转入师范专业”等内容。

（一）“部属师范大学师范专业实行提前批次录取，择优选拔热爱教育事业，有志于长期从教、终身从教的优秀高中毕业生”

所谓教育部直属师范大学，即指教育部直属的北京师范大学、华东师范大学、东北师范大学、华中师范大学、陕西师范大学和西南大学（原西南师范大学）。按照《实施办法》的相关规定，上述6所部属师范大学从2007年秋季入学开始试行师范生免费教育。凡是符合以下三项要求的高中毕业生均可自愿报考：第一，参加普通高校招生全国统一考试，达到6所部属师范大学在本地区的录取分数线；第二，符合《教育部普通高校招生工作规定》，热爱教育事业，毕业后愿意长期从教；第三，身体健康，符合《普通高等学校招生体检工作指导意见》的有关规定。也即是说，6所部属师范大学的师范生免费教育招生必须以“普通高等学校招生全国统一考试”① 为基础。为吸引优秀学生报考师范专业，鼓励优秀青年从教，6所部属师范大学的师范生免费教育在各省（自治区、直辖市）实行“提前批次录取”②。教育部根据中小学教师队伍建设需要，统筹安排6所部属师范大学每年的免费师范生招生计划，合理确定分专业招生数量，确保招生培养与教师岗位需求有效衔接。

师范生免费教育采取“提前批次录取”，基本秉承“以高考成绩为主要依据，德智体美全面考核、综合评价、择优录取”的录取原则，对考生而言是一种相对比较公平的选拔方式。被6所部属师范大学师范生免费教育相关专业录取的考生，入学报到时须同时持本人或本人及其监护人签字的《师范生免费教育协议书》（一式四份）及录取通知书，否则视为自动放弃入学资格。6所部属师范大学将在新生入学后对其进行资格复审及面试，确保“择优选拔热爱教育事业，有志于长期从教、终身从教的优秀高中毕业生”。复审及面试合格者，《协议书》正式生效，新生取得免费师范生资格，享受师范生免费教育；不合格者不能取得免费师范生资格，并按教育部及学校有关招生和学生管理规定处理。

> 西南大学明文规定：“免费教育师范生入学报到时须参加面试和体检。面试及体检合格者《师范生免费教育协议书》正式生效，新生取得师范生资格，享受师范生免费教育；不合格者不能取得师范生资格，并按教育部及学校有关招生和学生管理规定处理。”③ 免费教育师范生的面试时间为新生入学第一周内。面试由学校统筹组织，各个学院组成面试小组，对全体免费师范生进行面试。各学院自行安排对本学院全体应届师范专业新生进行面试考核，并做好面试考核情况和结果登

---

① 普通高等学校招生全国统一考试，简称高考，是合格的高中毕业生和具有同等学力的考生参加的选拔性考试。高等学校根据考生成绩，按已确定的招生计划，德、智、体全面衡量，择优录取。

② 提前批次录取即“根据教育部的有关规定，将一部分招生类别、性质、专业基本相同或相近的学校和国家教委批准提前录取的一些学校集中起来，在大规模招生之前进行提前录取”。提前批次的院校一般包括军事院校、艺术院校和师范院校等。此类院校按照不同层次和特点，各自确定学校的控制分数线。考生填报了“提前批次”的院校，如果没被录取，不影响考生参加其他批次的录取；如果考生已被“提前批次”的院校录取，就不能被其他批次院校所录取。

③ 西南大学招生就业处. 2008. 西南大学2008年免费教育师范生招生办法.

记（《西南大学××××级师范生入学面试表》）。面试的目的主要是从身体因素和心理因素上看是否适合从事教师工作。考核内容主要包括五官、形体、语言表达、从事教师职业意向等。对面试结果有争议的学生，由学校师范生免费教育工作领导小组审定。审定结果作为有争议学生是否修读师范专业的最终依据。

（二）“有志从教并符合条件的非师范专业优秀学生，在入学二年内，可在教育部和学校核定的计划内转入师范专业”

为选拔从教信念坚定的优秀学子接受师范生免费教育，除了“提前批次录取”，6所部属师范大学还采取“入学后选拔”的方式遴选免费师范生。6所高校在读的非师范专业学生，如有志从教并足够优秀，可在入学两年内自愿申请，经学校考核，生源所在省级教育行政主管部门批准同意，教育部核定后转入师范专业成为免费师范生。[①] 由非师范专业转入师范专业的学生由本人或本人及其监护人在《协议书》上签字后，协议即可生效；学生取得师范生资格，享受师范生免费教育；已交纳的学费、住宿费由学校按标准返还，并补发生活费补助。相对于直接招生而言，“入学后选拔”的方式予以了学生更多的时间权衡利弊，培养学校也可以对学生有更全面的考察和了解。6所部属师范大学根据《实施办法》的相关规定，结合本校实际情况各自制定了“入学后选拔”机制，为优秀学子接受师范生免费教育尽可能地创造条件。例如，北京师范大学2007年采取直接招生与入学后选拔相结合的方式，计划培养免费师范生1050人。其中，师范专业直接招生计划招收450名免费师范生；在新生入学2年内，学校根据学生自愿的原则，从非师范专业学生中择优选拔600人进入师范专业，成为免费师范生。[②] 为选拔职业信念坚定、乐教、适教的优秀新生接受师范生免费教育，2012年北京师范大学在个别省（自治区、直辖市）实施“免费教育师范生入校选拔”试点。学生入学一个月内，经个人申请，学校专家组考核合格者即可转为免费教育师范生，其余新生作为非师范生在原录取专业学习。[③]

除了“提前批次录取”和“入学后选拔”，对符合报考条件、达到录取基本要求的优秀高中毕业生，6所部属师范大学还可采取自主招生的方式择优选拔录取免费师范生。自主招生是扩大高校自主权、深化高校招生制度改革的重要举措，也是对选拔优秀创新人才的新探索。2012年颁布的《关于完善和推进师范生免费教育的意见》提出，适当增加部属师范大学免费师范生自主招生人数，

---

① 北京师范大学招生办公室．2011．北京师范大学2011年招生简章．

② 北京师范大学招生办公室．2007．北京师范大学2007年免费教育师范生招生简章．

③ 北京师范大学招生办公室．2012．2012年在部分省份招收免费教育师范生．

自主招生人数不超过年度免费师范生招生计划的10%。其中，北京师范大学专设“师表计划”，以择优选拔乐教、适教的优秀应届高中毕业生接受师范生免费教育，为其成为基础教育领域未来的教育家奠定坚实的基础。[①] 华东师范大学的“卓越教师计划”，以推进基础教育改革发展，培养和造就未来的卓越教师和教育家为目标，自主选拔具有学科特长和创新潜质的乐教、适教、善教的优秀高中毕业生，进入免费师范专业就读。[②] 华中师范大学“免费师范类”自主招生，旨在选拔录取“在演讲、书法（硬笔、毛笔或粉笔）、教学组织等方面有特长，且热爱教育，立志从教，并愿意报考免费师范专业的考生”[③]。西南大学明文规定：“我校各专业（艺体专业除外）均可接收自主选拔学生，招生计划重点倾向于免费教育师范专业。”[④] 陕西师范大学和东北师范大学也专为热爱教育事业，有志于长期从教，愿意履行《协议书》规定的权利和义务的考生制订了自主选拔录取方案。自主招生的遴选一般由高校自行组织，注重综合考评免费师范生的素质。譬如，华东师范大学的免费师范生自主招生遵循自愿申请、学校推荐、专家面试、综合评价、择优录取的原则，力求体现考核内容、方式的创新。其设置的个性化考核项目，如“对于学生的不诚信，你会选择如何和他沟通”等情景模拟题，除了考察考生的语言表达能力、沟通能力和理解能力等，更加重视对考生从教信念和教师职业理想的考核。

无论是“提前批次录取”、“入学后选拔”，还是“自主招生”，三者各有其优势，又有其不足。师范生免费教育的招生环节采取三者相结合的方式，最大限度地从数量和质量两方面确保招收“热爱教育事业，有志于长期从教、终身从教的优秀高中毕业生”。

二、师范生免费教育的招生情况

依照《实施办法》的文件精神，遵循“自愿、择优、公开、改革”的原则，教育部和6所部属师范大学认真组织了免费师范生的招生工作。2007年，6所部属师范大学首届免费师范生计划招收10 582人，2008年为11 102人，2009年为11 760人，2010年为10 001人，2011年为8395人，2012年为8061人，2013年为7555人（表2-1）。2007年，6所部属师范大学实际共招收免费师范生10 933人。[⑤] 截至2013年，6所部属师范院校共招收免费师范生近70 000人。从师范

---

① 北京师范大学招生办公室．2012. 北京师范大学2013年自主选拔录取（含保送生）办法．

② 华东师范大学招生办公室．2013. 华东师范大学2014年自主选拔录取方案．

③ 华中师范大学招生办公室．2012. 华中师范大学2013年本科招生自主选拔录取简章．

④ 西南大学招生就业处．2008. 西南大学2009年普通本科招生自主选拔录取办法．

⑤ 中国教育新闻网．今年6所部属师范大学共招收免费师范生10 933人．http：//www.jyb.cn/xwzx/gdjy/sxkd/t20070827_ 108324.htm［2007-08-27］．

生免费教育招生的总体情况来看，6 所部属师范大学历年的招生计划均顺利完成，向中西部倾斜得到落实；生源数量充足，优质生源比例提高；师范生结构得到改善，农村生源比重增大，男生比例有所增加。

表 2-1　6 所部属师范大学免费师范生计划招生人数　　单位：人

高等院校	2007 年	2008 年	2009 年	2010 年	2011 年	2012 年	2013 年	2014 年
北京师范大学	450	742	797	641	358	353	345	354
华东师范大学	858	889	1 295	1 062	949	853	818	571
东北师范大学	1 058	1 587	1 571	1 398	1 034	994	868	973
华中师范大学	2 200	2 300	2 360	2 100	1 800	1 700	1 442	1 311
陕西师范大学	2 600	2 639	2 908	2 908	2 000	2 050	2 015	1 281
西南大学	2 945	2 945	2 960	2 631	2 474	2 390	2 357	1 909
合计	10 111	11 102	11 911	11 089	8 404	8 067	7 611	6 399

注：①表中数据为计划招生人数，与实际招生人数略有差异。②表中数据为直接招生人数，入学后选拔的免费师范生不包含在内。③依据不同统计口径，免费师范生的招生人数存在差异

资料来源：根据 6 所部属大学历年招生计划整理而成

（一）区域分布

遵循相关政策规定，免费师范生毕业后原则上回生源所在省（自治区、直辖市）从教。因此，为助推西部基础教育崛起，6 所部属师范大学主要在西部招收免费教育师范生。以 2007 年为例，免费师范生来源地区，中西部 20 个省（自治区、直辖市）占到 90.8%。其中，西部占 58.0%，比 2006 年提高了 17.8 个百分点；中部占 32.8%，比 2006 年降低了 8.7 个百分点；东部 11 个省（自治区、直辖市）占 9.2%，比 2006 年降低了 9.1 个百分点。[①] 北京师范大学、华东师范大学、东北师范大学、华中师范大学、陕西师范大学和西南大学在中西部地区招收免费师范生的人数占中招生人数的比例分别为：97.1%、91.6%、83.6%、83.6%、88.8%、99.3%。其中，2007 年北京师范大学人数为 346 人，东部占 2.9%，中部占 10.4%，西部[②]占 86.7%；华东师范大学人数为 841 人，东部占 8.4%，中部占 45.0%，西部占 46.6%；东北师范大学人数为 1062 人，东部占 16.4%，中部占 52.2%，西部占 31.5%[③]；华中师范大学人数为 1833 人（其中不包括自主招生、保送生以及预科），东部占 16.4%，中部占 63.0%，西部占 20.6%；陕西师范大学人数为 2515 人，东部占 11.2%，中部占 12.1%，西部占 76.7%；西南大学人数为 2719 人，东部占 0.7%，中部占 19.5%，西部占

---

① 陈小娅 . 2007. “2007 中国教师发展论坛”发言：全面推进教师队伍建设 促进教育发展和公平 .

② 东部 11 省（市）包括北京、辽宁、天津、河北、上海、江苏、浙江、福建、山东、广东和海南；中部 8 省包括山西、安徽、江西、河南、湖北、湖南、吉林和黑龙江；西部 12 省（区、市）包括内蒙古、广西、重庆、四川、贵州、云南、西藏、陕西、甘肃、青海、宁夏和新疆。

③ 由于四舍五入，导致总和可能与 100% 略有差异，下同。

79.9%（图2-1）。[①] 总体而言，师范生免费教育的招生基本达成向中西部倾斜的政策要求。

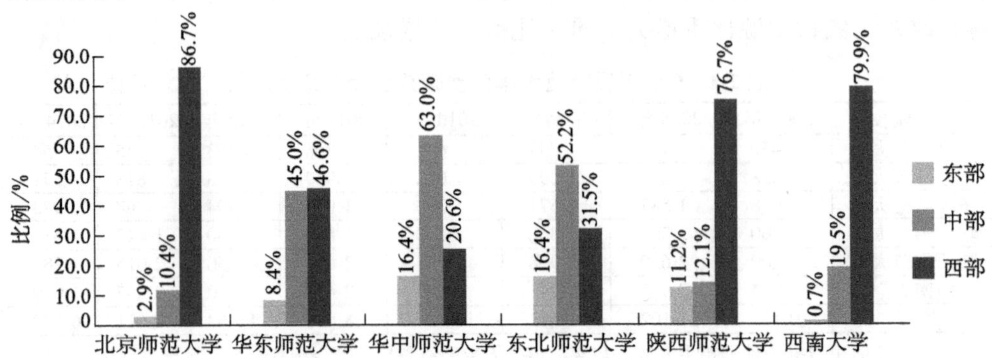

图2-1　2007年6所部属师范大学免费师范生招生的区域分布

（二）城乡结构

1999年高校扩招至今，高等教育入学机会的城乡差距逐步增大，且由显性的总量不均衡，转为更深层的、更隐性的教育差距，表现为城乡学生在不同类型、不同层次高校的逐级分布。在国家重点高校，具有较强的文化资本、经济资本和社会资本的强势社会阶层的子女占有较大的份额，而农村学生和弱势阶层的子女所占份额逐渐减少。教育资源、教育质量相对较弱的地方性高等院校聚集了最多的农村学生，同时也集中了最多的高校贫困生（杨东平，2006，p.219）。师范免费教育作为我国教育改革的一项重大举措，某种程度上为优秀而贫困的学生接受优质高等教育开启了“绿色通道”。仍以2007年为例，6所部属师范大学招收的10 000余名免费师范生中，农村生源占60.2%，比2006增加了16.3个百分点。其中北京师范大学的农村生源从2006年的26.8%上升到54.1%[②]；东北师范大学的农村生源从42%上升到63%；[③] 西南大学的农村生源从53%上升到67.7%。[④]

---

① 中央政府门户网站.6所师范大学2007年各地免费师范生招收名额.http：//www.gov.cn/jrzg/2007-05/17/content_616900.htm［2007-05-17］.

② 中国教育报.2007.免费师范生招生认同度高　分数提高生源充足.http：//xian.qq.com/a/20070724/000043.htm［2007-07-24］.

③ 宋钊，陈帆波.2007-09-13.东北师范大学：为每名免费师范生配备三人辅导.中国教育报，第1版.

④ 中国教育报.免费师范生招生认同度高分数提高生源充足.http：//xian.qq.com/a/20070724/000043.htm［2007-07-24］.

（三）性别比例

在高等教育的男女性别分布上，女性往往集中于传统的“女性学科”，选择接受文史类的比例要多于理工科。就师范教育而言，我国师范院校生源一直存在男女比例不均衡，且女生比例远高于男生的现象，从而导致中小学教师也呈现出“阴盛阳衰”的迹象。师范生免费教育的男女性别比例若能有所调整，相应地就会对中小学教师性别比例失衡的现状起到一定的调节作用，对于改善中小学教师性别结构有着积极意义。从2007年首届免费师范生招生的情况来看，男生占38.7%，比2006年增加了5个百分点。① 其中华东师范大学比2006年增加了26.1%，首次实现了男生比例超过女生。陕西师范大学比2006增加了7%。陕西师范大学的男女学生比例2006年为1：2.2，2007年则是1：1.6。西南大学2007级免费师范生的男女比例分别为38%和62%，2008年为40%和60%，相对于2006年的33.6%和66.5%，男生比例有显著增加，男女性别比例差距过大的趋势有所改善。②

（四）生源质量

2007年，重点线上报考免费师范生的人数大大超出计划招生数，6所高校均达到数倍以上。西部省份考生报考尤其踊跃。譬如，贵州免费师范生报考和招生的人数比例的是44：1，新疆是15：1，广西是13：1。③ 师范生免费教育招生不仅生源数量充足，生源质量也有大幅度提升。6所部属师范大学免费师范生2007年在各地的提档线平均高出省重点线约30分，比2006年提高6分；平均成绩高出省重点线约41.7分，比2006提高0.64分。④ 其中，东北师范大学免费师范生在各省（自治区、直辖市）的最低录取分数线平均高于该省重点线21分，录取考生的平均成绩高于所在省的重点线50分。⑤ 西南大学2007年录取的免费师范生全部为院校第一志愿；录取分数比2006年师范专业有较大提高；与各省重点本科分数线相比，录取最高分平均比2006年提高8分，最低分平均比2006年提高5分。其中云南、贵州、湖南、湖北、河南、青海、宁夏、新疆等省（自治区、直辖市）增幅较大。湖北、湖南、新疆、云南录取的最高分比

---

① 袁新文.2007-07-26. 万余免费生今秋入读6所师大. 人民日报，第4版.

② 中国教育报. 免费师范生招生认同度高 分数提高生源充足. http：//xian. qq. com/a/20070724/000043. htm［2007-07-24］.

③ 教育部. 直属师范大学顺利完成免费师范生招生计划. http：//www. edu. cn/［2007-07-26］.

④ 陈小娅.2007. “2007中国教师发展论坛”发言：全面推进教师队伍建设 促进教育发展和公平.

⑤ 宋钊，陈帆波.2007-09-13. 东北师范大学：为每名免费师范生配备三人辅导. 中国教育报，第1版.

2006年提高20分以上；云南、贵州、青海录取的最低分比2006年提高15分以上；湖北、云南、贵州录取的平均分比2006年提高15分以上。总体而言，师范生免费教育优质生源比例提高的态势在中西部地区更为明显。

第二节　师范生免费教育的培养方案

一、培养方案的政策解读

为了保证免费师范生的教育质量，真正实现“培养造就优秀教师和教育家”的目标，《实施办法》要求部属师范大学抓住机遇，围绕大力推进教师教育改革，特别要根据基础教育发展和课程改革的要求，精心制订师范生免费教育的培养方案。《协议》及《在职攻读教育硕士办法》也对免费师范生培养的途径，遵循的原则与目的作出了相应规定，具体内容包括免费师范生在校学习期间免交学费、住宿费，并领取生活补贴（以下简称“两免一补”）、“在职攻读教育硕士”等。

（一）“免费教育师范生在校学习期间免除学费，免缴住宿费，并补助生活费。所需经费由中央财政安排”

《实施办法》规定，免费师范生在校学习期间免缴学费、住宿费，并领取生活费补贴，所需资金由中央财政专项安排。“两免一补”中的学费和住宿费由中央财政根据各校实际情况，按免费师范生的生均花费划拨培养经费到6所部属师范大学；生活费补助则由中央财政按每年4000元补贴。[①] 由于所处地理位置与城市消费水平的差异，6所部属师范大学的免费师范生的学费与住宿费或许有些许不同，但享受“两免一补”政策优惠的总额差异不大。例如，北京师范大学本科生学费，文科类专业为每年4800元，理科类专业为每年6800元，本科生每学年住宿费为750元；华东师范大学普通专业学费标准为5000～5500元/学年，艺术教育专业为7500元/学年，住宿费为800～1200元/年；华中师范大学师范专业本科生学费为4500～5850元/学年，住宿费一般为每学年800～1200元；西南大学学费文科4000元、理科4500元、体育类4500元、外语类5000元、艺术类7000元，住宿费每年1200元。[②] 从2010年起，中央财政又按照生均2000元的标准安排补助经费，支持应届毕业的免费师范生实习支教。由此，免费师范生在校学习期间免除学费、免交住宿费，并补助生活费，再加上实习补

① 即每月补助400元，一年除掉2月和8月寒暑假之外，按在校的10个月予以补助。根据2011年国家《财政部关于追加2011年教育部直属师范大学免费师范生生活补助经费的通知》，6所师范院校将生活补助提高到每月600元。

② 中国教育在线．中央部属高校本专科生学费标准汇总表．http：//gaokao.eol.cn/［2007-07-07］．

助的经费投入，中央财政基本按照每年生均1.2万元的标准划拨师范生免费教育的专项补助经费。2007年至2011年9月，中央财政共安排免费师范生补助经费和实习支教经费约19.8亿元，惠及约4.6万名学生。[①]

此外，2012年颁布的《关于完善和推进师范生免费教育的意见》进一步规定："根据经济发展水平和财力状况，建立免费师范生生活补助标准动态调整机制；优秀免费师范生可享受其他非义务性奖学金；鼓励各地人民政府和社会各界设立免费师范生专项奖学金。"例如，华中师范大学制定和实施了《华中师范大学师范专业奖学金管理办法》，规定"品学兼优的免费教育师范生，可以同时享受国家奖学金及学校、社会设立的各类奖学金。对于第一志愿报考该校师范专业的高考成绩特别优秀者设立新生奖学金，奖励金额为800～10 000元不等"。

（二）"部属师范大学要抓住实行师范生免费教育的良好机遇，围绕培养造就优秀教师和教育家的目标，大力推进教师教育改革，特别要根据基础教育发展和课程改革的要求，精心制订教育培养方案"

实行师范生免费教育，是改革和加强教师教育的重要机遇和突破口。部属师范大学将在学科建设、人才队伍建设、课程建设、教学科研条件保障等方面向教师教育倾斜，优化资源配置，探索优秀教师培养新模式，大力推进教师教育内涵发展，全面提高教师教育质量。其教师教育改革创新的主要措施包括：第一，围绕培养造就优秀教师和教育家的目标，特别是根据基础教育发展和课程改革的要求，精心制订教育培养方案；第二，安排名师给免费师范生授课，选派高水平的教师担任教师教育课程教学，建立师范生培养导师制度；第三，构建师范大学、地方人民政府与中小学校共同培养师范生的新机制；第四，强化实践教学环节，完善师范生在校期间到中小学实习半年的制度；第五，按照学为人师、行为世范的要求，加强师范生师德教育。教育部将把培养优秀中小学教师的工作作为评价师范大学办学水平的重要指标；进一步加大对师范教育的支持力度，对于在实施师范生免费教育工作中作出积极贡献的师范大学，要给予政策上的倾斜；同时，在当前教育重大工程项目中设立专项，支持和促进学校改革加强教师教育，建设高水平的师范大学。

为了进一步落实教育部直属师范大学师范生免费教育示范性举措，加大对师范教育的支持力度，推动教师教育改革发展，提高教师教育质量水平，培养造就大批优秀教师和教育家，教育部在北京师范大学、华东师范大学、东北师范大学、华中师范大学、陕西师范大学、西南大学6所部属师范大学启动实施

① 中华人民共和国财政部.4.6万免费师范生获中央财政支持.http：//www.mof.gov.cn/zhengwuxinxi/caizhengxinwen/201109/t20110909_593000.html［2011-09-09］.

了“教师教育创新平台项目”。该项目作为“优势学科创新平台项目”的重要组成部分，旨在推动部属师范大学加强和改革教师教育，用最好的师资和教学条件培养师范生，形成学科优势和多学科综合优势所支撑的教师教育创新和教学平台，直接服务于教师教育。2009 年 6 月颁布的《教育部关于“教师教育创新平台项目”实施工作的意见》（以下简称《意见》）对项目实施提出了以下 5 条具体要求。

一是专项支持。项目资金要全部用于 6 所部属师范大学教师教育的创新与发展，提高免费师范生培养质量，支持免费师范毕业生攻读教育硕士，加强在职中小学教师培训，推进全国教师教育网络联盟计划，构建教师终身学习体系。要充分体现改革与加强教师教育的鲜明导向，并努力提高资金的使用效益。通过实施项目，形成一大批支撑教师教育的优势学科和特色专业，建设高质量的教师教育课程教学资源，组建高水平的教师教育师资队伍，创造高标准的师范生教育教学能力实训条件，建立高效能的教学管理和运行机制，集中最好的教师教育资源，用于师范生的培养和中小学教师的培训。

二是改革创新。6 所部属师范大学要紧扣培养造就优秀教师和教育家的目标，结合本校的优势和特色，找准项目建设的创新点，明确创新目标任务。要努力创新教师培养模式；探索教师教育学科群建设；深化学科专业、课程教学改革；强化教育实践环节、推进师范生实习支教；加强教育基础理论研究和教育科学应用研究；创新教学和科研的组织方式；建立教师教育综合改革实验区；创新中小学教师培训模式；加强师范大学教师队伍的建设，采取切实措施，吸引和激励优秀教师承担教师教育课程教学任务；鼓励和支持师范大学教师深入中小学教育教学第一线，理论联系实际，研究基础教育，服务基础教育。

三是资源共享。6 所部属师范大学要按照“教师教育创新平台项目”建设目标的要求，采取有力措施，加强教师教育学科专业、课程体系、教学资源和师资队伍建设。要根据“统筹规划、分步实施，优势互补、共建共享”的原则，建设统一的教师教育共享平台，为免费师范生培养、免费师范毕业生攻读教育硕士远程教育，以及在职中小学教师培训提供支持和服务。当前要重点建设包括“免费师范生优质课程教学资源共享”、“免费师范毕业生攻读教育硕士远程教育”和“中小学教师培训优质资源共享”三个应用系统在内的全国教师教育网络联盟公共服务平台。根据全国教师教育网络联盟制订的具体实施方案，各校要发挥各自的优势，密切配合、分工协作，积极参与全国教师网联公共服务平台建设和优质课程教学资源建设。要尽快研究制定优质课程资源共享和学分认定的具体办法，建立优质资源共建共享的有效机制。参与和支持全国教师网联公共服务平台建设和优质资源共建共享情况，将作为项目评估验收的重要指标。

四是示范作用。6 所部属师范大学要紧紧围绕未来社会发展和教育事业科学发展对教师队伍建设和教师教育的新任务、新要求，实现本校学科优势与国家培养大批优秀教师和教育家的战略需求的有效对接。通过项目建设，部属师范大学要深化体制机制改革，在教师教育改革创新方面作出示范；要大力推进人才培养模式、课程和教学改革，在高质量、高水平培养师范生方面作出示范；要积极开展在职中小学教师培训，在研究服务基础教育方面作出示范，充分发挥对全国师范院校的引领作用。

五是精心组织。6所部属师范大学要把实施项目作为事关学校改革发展的重大战略任务，切实加强组织领导，组成由学校主要领导负责、校内外有关专家参与的专门工作机构，具体负责项目的实施、管理和检查等工作。要认真落实建设方案，建立工作责任制，明确任务分工，狠抓落实，确保按期、保质地完成建设任务。创新管理体制和运行机制，对项目实施工作实行全程管理。项目专项资金的分配、使用和管理，按照财政部、教育部的相关规定执行。

《意见》最后强调，教育部将加强对项目建设的检查、审计和绩效评估，并根据检查、审计、评估结果，对有关学校的项目和资金进行调整。建设项目完成后，教育部和财政部组织专家会同相关部门组织验收。6所部属师范大学要及时总结和积累经验，不断完善各项制度，把师范生免费教育示范性举措落到实处，为培养和造就优秀教师和教育家队伍作出新的贡献。

（三）“免费师范毕业生经考核符合要求的，可录取为教育硕士专业学位研究生，在职学习专业课程，任教考核合格并通过论文答辩的，颁发硕士研究生毕业证书和教育硕士专业学位证书”

《实施办法》第七条明文规定：“免费师范生毕业前及在协议规定服务期内，一般不得报考脱产研究生。”① 但“一般不得报考脱产研究生”并不等于“考研受限制”。为支持免费师范毕业生结合中小学教育教学工作实际继续深造和专业发展，2010年颁布的《在职攻读教育硕士办法》规定，自2012年起，北京师范大学、华东师范大学、东北师范大学、华中师范大学、陕西师范大学和西南大学从到中小学任教的免费师范毕业生中招收教育硕士专业学位研究生。此举旨在通过教育硕士研究生的培养，使免费师范毕业生具备先进的教育理念，良好的职业道德和创新意识，扎实的专业知识基础，以及较强的教育教学实践反思能力，为将来成长为优秀教师和教育家奠定坚实的基础。

依据《在职攻读教育硕士办法》和《免费师范毕业生攻读教育硕士专业学位研究生指导性培养方案（试行）》，免费师范毕业生攻读教育硕士的培养方案如下。

---

① 注：2012年颁布的《关于完善和推进师范生免费教育的意见》政策调整后新规定：“符合条件的免费师范毕业生可免试在职攻读教育硕上专业学位和与教学相关的学术性硕士学位。”

（1）培养目标：培养掌握现代教育理论、具有较强教育教学实践和研究能力的高素质的中小学幼儿园专任教师和教育教学管理人员。具体要求为：①拥护中国共产党的领导，热爱教育事业，具有良好的道德品质，遵纪守法，积极进取，勇于创新。②具有较好的学识修养和扎实的专业基础，了解学科前沿和发展趋势。③具有较强的教育实践能力，能胜任相关教育教学和管理工作，在现代教育理论的指导下运用所学理论和方法，熟练使用现代教育技术，解决学科教育或教育管理实践中存在的实际问题；能理论结合实际，发挥自身优势，开展创造性的教育教学工作。④熟悉基础教育课程改革，掌握基础教育课程改革的新理念、新内容和新方法。⑤能运用一种外国语阅读本专业的外文文献资料。

（2）报考条件与方式：到中小学任教满一学期后，经任教学校考核合格，且工作年限在《协议》规定的服务期内的免费师范毕业生，均可通过网上报名方式申请免试在职攻读本科毕业院校的教育硕士专业学位。部属师范大学根据工作考核结果、本科学习成绩和综合表现考核录取。

（3）培养方式及学习年限：免费师范毕业生攻读教育硕士专业学位采取在职学习方式，学习年限一般为2～3年，实行学分制，总学分不少于34学分。各培养学校应根据全国教育专业学位教育指导委员会制定的《免费师范毕业生攻读教育硕士专业学位指导性培养方案（试行）》，结合本校实际，制订教学计划。课程学习主要通过远程教育和寒暑假集中面授的方式进行。课程分为公共学位必修课、学位基础课、专业必修课、专业选修课和教育实践研究5个模块。

（4）学位授予：在职攻读教育硕士专业学位的免费师范毕业生在规定的学习年限内，修满规定课程学分，完成必修环节，通过论文答辩，经学校学位评定委员会审核批准，授予教育硕士专业学位，并颁发硕士研究生毕业证书。

（5）学费及其他：免费师范毕业生在职攻读教育硕士专业学位须交纳研究生学费，具体标准按照国家及学校有关规定执行[①]；就读期间不转任何关系，学习结束后仍在原单位任教；在职攻读教育硕士专业学位的免费师范毕业生，如未按《协议》从事中小学教育工作，学校按教育部规定取消其学籍。

按照教育部关于“优化研究生培养结构，加大应用型人才培养力度，提高培养质量”的要求，为实现“培养造就优秀教师和教育家”的目标，免费师范毕业生攻读教育硕士的培养模式必须进行创新。其创新点主要表现在：一是实践导向。教育硕士研究生课程设置要突出实践性，密切结合中小学教育教学实践，并与本科阶段所学课程相衔接，整体设计；将免费师范毕业生在中小学教育教学工作岗

---

① 注：如北京师范大学《2014年免费师范毕业生在职攻读教育硕士专业学位研究生招生简章》规定：免费师范毕业生在职攻读教育硕士专业学位按照国家相关规定交纳学费，除心理健康教育专业学费总额为30 000元外，其他专业学费总额均为25 000元。学习期间食宿费用、交通费用自理。

位的实际表现作为教育硕士研究生成绩考查的重要内容；教育硕士专业学位论文的撰写要立足于教育实践，突出学以致用，要运用教育理论、知识、方法分析和解决中小学教育教学工作中迫切需要解决的实际问题，具有创新性和实用价值。二是合作培养。采取部属师范大学与地方政府、中小学校合作培养教育硕士研究生的新机制；选择具备条件的免费师范毕业生任教学校建立教育硕士研究生培养基地；加强教育硕士研究生导师队伍建设，选择责任心强、熟悉中小学教育、教学经验丰富的高校优秀教师和培养基地的中小学优秀教师组成双导师指导组。三是共享优质资源。通过全国教师教育网络联盟公共服务平台（http：//www. tuchina. org），部属师范大学教育硕士研究生课程实行学分互认。

总体而言，师范生免费教育是一项融合高等师范教育和基础教育的改革，是集师资队伍优化与未来教育家培养于一体的综合性工程。免费师范毕业生攻读教育硕士既要保证规模数量，又要保证培养质量，为此需要进一步加强教师职业道德教育，树立长期从教的职业理想和信念；坚持理论联系实际，面向基础教育，注重教师专业素质养成，注重教育教学能力训练，注重教育实践问题研究能力培养；实行部属师范大学和中小学的双导师制，共同研究和实施教育硕士研究生培养方案；认真组织远程教育课程学习和教育实践活动，制定严格的考核标准，采取科学有效的考核方法。这也是专业学位研究生培养方式的重要改革探索，对于推进专业学位研究生教育发展具有重要意义。

二、部属师范大学的培养方案

师范生免费教育的试行，对于6所部属师范大学而言无疑是推行教师教育改革的一个契机。6所部属师范大学将围绕“培养造就优秀教师和教育家”的目标，结合本校的历史文化、办学特点、资源优势及地域特色，制订各具特色的师范生免费教育培养方案。

（一）北京师范大学

北京师范大学的师范生免费教育旨在“培养人格健全、品德高尚、综合素质优良、专业基础厚实、有较强教育教学实践能力和拓展潜力、富有创新精神、乐教、适教的基础教育高级专门人才”。具体培养要求如下：①热爱社会主义祖国，拥护中国共产党的领导，形成并确立正确的世界观、人生观和价值观，对我国国情和文化传统有较深刻的理解，具备较开阔的国际视野；②热爱教育事业，了解教育法规，具有坚定的教师职业信念和高尚的职业道德；③掌握宽厚的专业基础知识和教育基本理论，具有从事教学活动和教育管理的基本能力和初步经验；④熟悉基础教育改革实践现状，具有以反思、探究为核心的教学研究素养及在基础教育领域开拓创新的潜力；⑤具有健康的体魄、健全的人格和良好的心理素质。①

北京师范大学以面向21世纪的素质教育和基础教育改革为基础，建构由学校平台课程、院系平台课程和专业平台课程构成的新型教师教育课程体系（表2-2）。其中，教师教育课程以教师教育专业方向课程的形式，设置在专业平台课程之内，总学分为34~40分（必修课程30学分，选修课程4~10学分），约占总学分的21%。教师教育专业方向课程由以下五部分组成：教师教育基础理论课程（4学分），学科教育类课程（3~7学分），教育研究与拓展类课程（4学分），教育技术，技能课程（4~6学分），教育见习与实习支教（19学分）。

表2-2 北京师范大学免费师范生课程设置（2007年）

课程平台及学分比例	课程类别及模块		学分	学分性质		备注
				必修	选修	
学校平台课程（约26%）	思想政治理论课程		16	16		
	大学外语课程		10	10		
	信息技术课程		6	6		
	体育与健康课程		4	4		
	美育课程		2	2		
	军训与军事理论		2	2		
	任选课程		6		6	
	小计		46	40	6	
院系平台课程（约35%）	相关学科基础课程		10~30	10~30		
	学科基础课程		40~60	40~60		
	小计		58~70	58~70		
专业平台课程约39%	教师教育专业方向课程	教师教育基础理论课程	4	4		含教育学、心理学
		学科教育类课程	3~7	3	0~4	含学科教学论、学科教学相关选修课
		教育研究与拓展类课程	4		4	含当代国际教育思潮、基础教育课程改革研究等选修课
		教育技术、技能课程	4~6	4	0~2	含现代教育技术基础、课堂教学技能、信息技术与学科课程整合等课程
		教育见习与实习支教	19	19		含远程教育课程、教育见习、实习支教
	学科专业方向课程	学科专业方向理论课程	22~32			
		专业实习	0~6	0~6		
		毕业论文	4~8	4~8		
	小计		62~76			

资料来源：北京师范大学.2007.北京师范大学免费师范生教育培养方案

① 北京师范大学.2007.北京师范大学免费师范生教育培养方案.

（二）华东师范大学

依据2007年制订的《华东师范大学免费师范生培养方案》，华东师范大学师范生免费教育的培养目标包括以下四项：一是具有符合基础教育改革发展和时代要求的先进教育理念，形成终身服务于国家基础教育的理想和信念；二是掌握宽厚的专业基础知识、基础理论和基本技能，包括对知识产生的过程、知识本身的思维形式、研究方法和逻辑关系的认知；三是具有教学活动的基本体验，掌握扎实、有效的教学实践技能，具备较强的中小学教学工作适应能力；四是具有在自主学习与教学实践中发现问题、提出问题、分析问题、解决问题和开展研究性教学，进行教学反思的能力。在分析职前教师专业发展要求的基础上，华东师范大学还确定了具体的师范生专业发展目标，即具有组织、设计课程的能力；具有以反思、探究为核心的教学研究能力；具有从事双语教学的能力；具有教育技术整合能力；能够把握基础教育改革发展的脉络，熟悉基础教育改革实践的现状。①

根据师范生的培养目标和规格，在学术取向、专业取向和实践取向整合的要求下，华东师范大学在教学计划中构建了以通识教育、专业教育和教师教育三大板块组成的课程体系（表2-3）。其中通识教育课程旨在进一步扩大学生的知识面，拓展其多学科综合视野，使其了解学术进展和学科前沿，培养免费师范生的科学精神与人文素养，提高免费师范生的综合素质和社会适应能力。专业教育课程包括学科基础课程、专业核心课程、专业拓展课程和专业实践课程，旨在夯实免费师范生的学科基础，拓宽其专业知识面，使免费师范生具备适应未来社会需求的可持续发展的专业素养与专业技能。教师教育课程包括教育与心理基础类课程、教育研究与拓展类课程、教育实践与技能类课程和学科教育类课程，旨在从教师职业的专业知识、技能和专业精神伦理出发，培养师范生掌握先进的教育理念和具备终身发展的能力。华东师范大学在教师教育课程建设中，首先重点改造了教育学、心理学两门传统课程，将其更名为教育学基础、心理学基础，以改变传统的以学科逻辑展开为主的课程教学内容和灌输式的教学方法，将教育学与心理学的基本理论渗透到对教育教学实践中的现实问题的剖析当中。其次整体规划了教育研究与拓展类课程，形成了由教育历史与理论、课程与教学、学生发展、教师发展和德育与学校管理5个模块课程组成的教育研究与拓展类课程结构，引导师范生了解、熟悉教育理论研究和中小学教育教学改革实践的最新进展。再次充实了教育实践类与技能类课程。技能类课程主要包括“教师口语”和“信息化教学设计与实践”；实践类课程在传统的“教

① 华东师范大学．2007. 华东师范大学免费师范生培养方案．

育实习”课程的基础上，明确将“教育见习”列入教学计划，并新增了以课题驱动的“教育研习”课程，整体构建“见习、研习和实习一体化”的实践教学体系。最后整合了学科教育类课程，重点改造传统的教材教法课程，注重大学与中学教育的贯通，实现专业课程与教育学科课程的对接与整合，形成课程学习与实践教学的良性互动机制（陈凡，吴跃文，2008，pp. 34-37）。

表 2-3　华东师范大学免费师范生课程结构（2007 年）

课程类别	课程模块		学分	备注
通识教育课程	通识必修	“两课”课程	14	
		大学外语课程	16	
		信息技术课程	5	
		体育与健康课程	4	
		军训与军事理论	2	
		大学语文或大学数学	2（3）	
	通识选修	语言、人文与艺术	6	
		社会科学		
		自然科学		
	小计		49 ~ 50	
专业教育课程	学科基础平台课程	相关学科基础课	8 ~ 28	
		学科基础课	15 ~ 30	
	专业类课程	专业核心类课程	16 ~ 24	
		专业拓展类课程	12 ~ 14	
		专业实践类课程	8 ~ 10	
	小计		80	
教师教育课程	教育与心理基础类课程	教育学	2	教育学基础
		心理学	2	心理学基础
	教育研究与拓展类课程	教育前沿知识讲座	1	
		教育历史与理论	1	含中国教育传统与变革、西方教育传统与变革等选修课
		课程与教学	1	含课程与教学的基本原理、课程设计与评价等选修课
		学生发展	1	含中小学生心理发展、中学生发展研究等选修课
		教师发展	1	含教师专业发展导论、教师知识与技能养成等选修课
		德育与管理	1	含中小学生德育原理与实务、班主任工作等选修课
	教育实践与技能类课程	技能类	3	教师口语、信息化教学设计与实践
		实践类	11	教育见习、教育研习、教育实习
	学科教育类课程		6	
	小计		30	

资料来源：华东师范大学. 2007. 华东师范大学免费师范生培养方案

（三）东北师范大学

东北师范大学免费师范生的培养目标是："引导和促进学生成为有见识、有能力、有责任感的自主学习者，培养其成为有理想、有抱负，德智体美全面发展，基础扎实且富有创新精神和实践能力的优秀中学教师，为其成为教育家奠定坚实基础。"具体地说，要学生具有"高尚的师德修养、扎实的专业知识、高超的教育技能、宽阔的学术视野、独到的教育理念、独立的研究能力"。为实现上述培养目标，东北师范大学确定了"宽口径、厚基础、精专业、强能力"的培养思路，坚持"专业教育与职业教育高度融合"的师范大学模式，师范专业的课程体系由通识教育课程、专业教育课程、教师职业教育课程三大模块构成。三大模块课程相互交叉，三类教育课程相互融合，将教师教育贯穿于整个培养过程中（表2-4）。其中，通识教育课程由必修课和选修课组成。通识教育选修课又分为社会科学、人文科学、自然科学、艺术科学四个学科领域，要求学生在每一学科至少要选修2个学分的课程，其目的是使学生具备科学素养与人文精神，形成学科知识的整体观念，促进不同学科知识及其思维方式的互动与迁移，为学生终身学习与全面发展奠定必要的基础。专业教育课程是本科教育的核心组成部分，由专业基础课、专业主干课、专业实习（社会实践）与毕业论文（毕业设计）四大必修课模块和专业系列选修课组成，其设置重在与基础教育学科内容紧密结合。教师职业教育课程是由"教育理论类课程"、"教育技能类课程"、"教育实践类课程"三个类型和"一般教育课程"、"学科教育课程"两个层次所构成的"三类两层"的课程体系，一方面保证学生具有将学科教学问题放在更宽广的背景中加以思考和审视的能力，同时保证学生具有较强的教学实施、教学研究、教学管理的实践能力，促使学生具有从事教育教学改革与创新的能力。①

表2-4　东北师范大学免费师范生课程设置（2007年）

<table>
<tr><th>课程模块</th><th>课程性质</th><th>课程类型</th><th>学分</th></tr>
<tr><td rowspan="9">通识教育课程
（50学分）</td><td rowspan="5">必修课</td><td>思想政治理论课</td><td>文科13学分、理科11学分</td></tr>
<tr><td>健康体育</td><td>4学分</td></tr>
<tr><td>国防教育课</td><td>2学分</td></tr>
<tr><td>交流与表达课</td><td>写作2学分，第一外语12学分，共14学分</td></tr>
<tr><td>数学与信息技术课</td><td>数学文科4学分、理科6学分；信息技术3学分</td></tr>
<tr><td rowspan="4">选修课</td><td>社会科学（社会学、政治学、经济学、管理学、法学）</td><td rowspan="4">选修至少10个学分的课程，其中，在每一学科至少要选修2个学分的课程</td></tr>
<tr><td>人文科学（语言学、文学、历史学、哲学）</td></tr>
<tr><td>自然科学</td></tr>
<tr><td>艺术</td></tr>
</table>

① 东北师范大学.2007.东北师范大学师范专业学生培养方案.

续表

课程模块	课程性质	课程类型	学分
专业教育课程（70～80 学分）	必修课	专业基础课	55～65
		专业主干课	
		专业实习	
		毕业论文（毕业设计）	
	选修课	专业系列课	15～25
教师职业教育课程（25 学分）	必修课	教育理论类课程	25～30，其中必修课程 20～22 学分，选修课程 5～8 学分
	选修课		
	必修课	教育技能类课程	
	选修课		
	必修课	教育实践类课程	
	选修课		

资料来源：东北师范大学.2007.东北师范大学师范专业学生培养方案

东北师范大学对师范专业实施“本硕一体”的人才培养模式，即实施“3＋0.5＋0.5＋2”的“教育家培养工程”。其中“3”指的是基础理论学习的主要阶段，包括通识教育、专业教育，同时也要完成部分教师职业教育课程。这一阶段要实现专业教育与职业教育的高度融合。前一个“0.5”指的是教育实习阶段，这一阶段主要是培养学生初步具有将知识形态转化成教育形态的能力。学生可以利用这一段时间，进行毕业论文的准备工作。后一个“0.5”指的是反思性、发展性学习阶段。这一阶段主要是指学生在经过理论学习和初步实践后，对前两个阶段的理性反思，以期明晰作为中学教师的不足和努力的方向，这一阶段的课程既要有专业选修课程，更要增加教师职业教育课程，鼓励开设多种专题式课程、实践类课程，以满足学生个性化发展的需要。同时，还要做好“本硕一体”的课程衔接工作。“2”指的是教育硕士的学习阶段，这一阶段主要是实现教育理论与教育实践的高度融合，这一阶段的课程设置主要应含有教育科学（理论与实践）课程、专业课程（学科发展课程、高等教育与基础教育结合的课程），旨在培养学生具有宽阔的学术视野，具有解决教学中疑难问题的能力，具有研究基础教育的能力，具有引领中学教育教学改革的能力。

（四）华中师范大学

《实施办法》颁布后，华中师范大学先是出台了《华中师范大学师范生免费教育实施细则》，随后制定了《本科教师教育培养方案》，为师范生免费教育在该校的全面实施提供了制度保障。《本科教师教育培养方案》将本科教师教育的培养目标定位在为国家基础教育事业的发展，培养德才兼备的高素质专业化的一流师资。毕业生职业走向以重点高中师资为主体，同时要求学生具备从事初中及小学教育教学的能力。师范专业毕业生除必须达到本科专业培养方案的总体要求外，还应具备以下教师教育专业素养：“乐教”——具有坚定的职业信念、良好的师德、高度的责任感和团队合作精神；“懂教”——树立正确的教育思想观念，掌握教育教学方面的基本理论和基本知识，了解基础教育改革的实践状况；“会教”——具备过硬的教学基本技能；具备应用现代教育技术组织、设计课堂教学活动的能力；普通话和板书达标；具有一定的教学研究能力；较好地掌握开展班级活动的技能。“善教”——学科专业基础扎实，具备较强的创新精神、创新思维能力和终身学习能力，形成良好的后续发展潜力。①

华中师范大学的师范专业课程体系以“主修专业课程 + 教师教育课程”（即“3 +1”，主修专业课程合计大约三学年 + 教师教育课程合计大约一学年）的模块进行设计（表 2-5）。为了保证师范专业学科专业基础的培养质量，主修专业课程体系仍采取按大类培养的制度。其中，通识教育必修课和选修课约占主修专业课程体系的 35%，学科基础和专业必修课约占 45%，专业方向选修课约占 20%。师范专业学生应学习的教师教育课程模块分为教师教育基础课程、教师技能课程、学科教育类课程、教育实习四类。学生按照专业修读相应的课程。

表 2-5　华中师范大学免费师范生课程设置（2008 年）

<table>
<tr><th>课程及学分</th><th colspan="2">课程类别</th><th>学分</th><th>学分性质</th></tr>
<tr><td rowspan="8">主修专业课（150）</td><td rowspan="5">通识教育课程</td><td>“两课”课程</td><td>16</td><td>必修 14 学分、选修 2 学分</td></tr>
<tr><td>外语基础学分</td><td>22</td><td>必修 16 学分、选修 6 学分</td></tr>
<tr><td>信息技术基础</td><td>11</td><td>必修</td></tr>
<tr><td>综合素质</td><td>23</td><td>必修 7 学分、选修 16 学分</td></tr>
<tr><td>体育</td><td>6</td><td>必修 4 学分、选修 2 学分</td></tr>
<tr><td colspan="2">学科基础课程</td><td rowspan="2">68</td><td rowspan="2">必修</td></tr>
<tr><td colspan="2">专业方向课程</td></tr>
<tr><td colspan="2">专业方向课程</td><td>30</td><td>选修</td></tr>
<tr><td rowspan="8">教师教育课程（28）</td><td rowspan="2">教师教育基础课程</td><td>教育学和心理学基础</td><td>6</td><td>必修</td></tr>
<tr><td>教师职业发展与心理健康、学校心理辅导、信息技术与课程整合实践、现代远程教育概论、教学系统设计案例研析、教育技术研究方法；德育与班级管理、校本课程开发、教学活动设计、教育科研方法基础、教育调查与统计、教育评价、教育哲学、学前教育专题、特殊儿童教育、天才儿童教育等</td><td>3</td><td>选修，前 6 门选修课为 2 学分，剩余的课程均为 1 学分</td></tr>
<tr><td rowspan="2">教师技能课程</td><td>教师口语、教师书法和现代教育技术</td><td>5</td><td>必修</td></tr>
<tr><td>各学科教学技能训练</td><td>1</td><td>必修</td></tr>
<tr><td rowspan="2">学科教育类课程</td><td>学科教学论</td><td>2</td><td>必修</td></tr>
<tr><td>专业学科教育类课程</td><td>2</td><td>选修</td></tr>
<tr><td rowspan="2">教育实习</td><td>教育见习</td><td>2</td><td>必修</td></tr>
<tr><td>教育实习</td><td>8</td><td>必修</td></tr>
</table>

资料来源：华中师范大学 . 2008. 华中师范大学本科教师教育培养方案

① 华中师范大学 . 2008. 华中师范大学本科教师教育培养方案 .

（五）陕西师范大学

陕西师范大学本科师范类专业主要培养德、智、体等方面全面发展的基础教育学校优秀教师及教育行政管理人员，为造就教育家奠定坚实的基础。为构建“以教师教育为主要特色的综合性研究型大学”人才培养体系，切实提高人才培养质量，陕西师范大学实施了“2+2”人才培养模式改革①，前两年按学科大类进行通识教育，后两年按学科专业方向进行专业培养。学生在第一学年结束时，可在学科内部和学科之间重新选择专业。

遵循“厚基础、宽口径、高素质、强能力”的人才培养理念，在优化原有课程体系的基础上，陕西师范大学构建了“通识模块+学科基础模块+专业课程模块+教师教育模块+实践模块”的模块化课程体系，将通识教育与专业教育，学科专业教育与教师教育，科学教育与人文教育有机结合，着力培养学生的创新能力和实践能力，使免费师范生得到全面发展。其中，通识模块分公共必修课程和公共选修课程，旨在夯实基础，拓宽口径，加强科学精神和人文精神的贯通和融合，促使学生全面发展。学科基础模块包括跨学科（学科门类）的相关学科基础课程和本学科基础课程两部分，属必修课程，按学科大类打通设计，跨学科、跨专业设置，构建文史哲、数理化、经管法等学院通识课程平台。各学院在“专业是课程的一种组织形式，课程是专业的构成要素”思想的指导下，按照专业特点、人才培养目标、规格及要求，设置专业课程模块。教师教育模块是一个开放的课程模块，主要为师范专业学生设置。该模块从教师专业化的角度，将“学术性”与“师范性”有机结合，整体构建通识教师教育课程和学科教师教育课程，更新课程教学内容，强化师范生的职业理想教育，促进教师专业发展，培养优秀教师，为造就教育家奠定基础。实践模块均为必修课程，一是培养学生基本技能与素质的基础实践；二是以职业训练为主要内容的专业实践；三是培养学生创新精神与解决实际问题能力的综合实践（表2-6）。原则上，师范生前两年主要学习通识模块和学科基础模块，后两年主要学习专业课程模块、教师教育模块和实践模块。②

---

① 注：即前两年按一级学科为基础的大类进行，后两年进行专业培养。学生在第一学年，可在学科内部和学科之间重新选择专业。

② 陕西师范大学. 2009. 陕西师范大学关于制订2009级免费教育师范生本科教学计划的安排意见.

表 2-6　陕西师范大学免费师范生课程设置（2009 年）

课程类别及课程名称			学分比例
通识模块	必修	思想政治理论课	文科 44 学分 理工科 45 学分 艺术、体育 41 学分
		大学语文（理、艺、体）	
		高等数学（文科）	
		计算机应用基础及程序设计	
		大学外语及综合应用	
		大学体育	
	选修	通识教育选修课	8 学分
	小计		49～52 学分
学科基础模块	相关学科基础课程（必修）		由各学院确定 14～20 学分
	本学科基础课程（必修）		
专业课程模块	专业必修课		由各专业确定
	专业选修课程	专业限定选修课（可分系列或方向）	由各专业确定
		专业任意选修课（学院各专业选修）	由各学院确定
	小计		35～50 学分
教师教育模块	公共必修	心理学	2 学分
		教育学	2 学分
		教育心理学	2 学分
		现代教育技术（网络教学）	2 学分
		基础教育课程改革专题	1 学分
		教师职业道德	1 学分
		教育政策法规	1 学分
	学科必修	**学科教学论	3 学分
		**学科中学教材分析与教学设计	2 学分
		**学科多媒体辅助教学与课件制作	1 学分
	选修（已含在通识教育选修课的教师教育系列）		2 学分
	小计		19 学分
实践模块	必修	军事理论与训练	2 学分
		普通话培训与测试	1 学分
		必读书目阅读	2 学分
		**学科教学技能训练	2 学分
		教育见习	2 学分
		教育实习	6 学分
		专业实践与社会调查	2 学分
		科研训练	2 学分
		毕业论文（设计）	4 学分
		大学生职业生涯规划	1 学分
		大学生就业指导	1 学分
	小计		25 学分
总计（100%）			140～165 学分

资料来源：陕西师范大学 . 2009. 陕西师范大学关于制订 2009 级免费教育师范生本科教学计划的安排意见

（六）西南大学

依据《西南大学关于制定 2007 级师范生免费教育培养方案的指导意见》，西南大学师范生免费教育旨在培养“人格健全、素养深厚、基础扎实、理念先进、技能突出”的基础教育优秀师资，进一步彰显“注重人格塑造、突出综合培养、强化实践训练、服务基础教育”的师范教育人才培养特色。[①] 为此，西南大学进一步调整和优化课程结构，构建由通识教育课程、学科基础课程、专业发展课程、教师教育课程、实践教学环节、自主创新学习六类课程组成的课程体系（表 2-7），并在培养方案中注意毕业后在职学习教育硕士专业学位研究生课程的衔接工作。通识教育课程作为全校课程结构中的基础部分，按照素质教育的理念设置，目的在于通过本类课程的学习，使学生获得学习的方法和能力，养成基本的人文、科学和艺术素养，训练其科学的思维方式方法，培养学生的伦理道德和价值判断能力、人际沟通与表达能力。学科基础课程按照学科大类设置，实施通识教育基础上的宽口径专业教育。专业发展课程根据精炼、精简、严谨、创新的原则，按照教育部有关要求并结合我校专业实际设置专业核心课程（必修）和专业方向课程（选修）。教师教育课程由必修课程、选修课程、自主训练和教育实践（纳入实践教学环节）四大模块构成的体系。在满足学生自主学习和个性化发展需求的同时，强化师范生的教师专业化训练，使师范生在毕业后能够迅速适应教师的职业需要和专业化发展需要。实践教学环节目的在于培养学生对所学知识的应用能力、实践创新能力、社会实践能力。其中教育实践环节有教学观摩、教学见习、课堂教学能力训练、教育教学实习。此外还包括学年论文、毕业论文、社会实践等。自主创新学习是学生在教师指导下个性化发展的重要途径。学校鼓励学生在教师指导下进行自主创新学习，设立创新实践学分。

表 2-7　西南大学免费师范生课程设置（2007 年）

<table>
<tr><th colspan="2">课程类别</th><th>课程名称</th><th colspan="3">学分</th><th>备注</th></tr>
<tr><td rowspan="13">通识教育课程</td><td rowspan="12">必修课</td><td>马克思主义基本原理</td><td>3</td><td rowspan="12">40</td><td rowspan="13">52</td><td rowspan="13"></td></tr>
<tr><td>毛泽东思想、邓小平理论和“三个代表”重要思想概论</td><td>6</td></tr>
<tr><td>中国近现代史纲要</td><td>2</td></tr>
<tr><td>思想道德修养与法律基础</td><td>3</td></tr>
<tr><td>形势与政策</td><td>1</td></tr>
<tr><td>军训和军事理论</td><td>1</td></tr>
<tr><td>体育</td><td>4</td></tr>
<tr><td>大学外语</td><td>12</td></tr>
<tr><td>大学计算机基础</td><td>4</td></tr>
<tr><td>大学语文</td><td>2</td></tr>
<tr><td>文献检索</td><td>1</td></tr>
<tr><td>就业指导</td><td>1</td></tr>
<tr><td>选修课</td><td></td><td colspan="2">12</td></tr>
</table>

① 西南大学 . 2007. 西南大学关于制订 2007 级师范生免费教育培养方案的指导意见 .

续表

<table>
<tr><th colspan="3">课程类别</th><th>课程名称</th><th colspan="3">学分</th><th>备注</th></tr>
<tr><td rowspan="20">学科基础课程</td><td colspan="2" rowspan="2">专业发展课程</td><td>专业核心课程（必修）</td><td colspan="3" rowspan="2">46～66</td><td></td></tr>
<tr><td>专业方向课程（选修）</td><td></td></tr>
<tr><td rowspan="18">教师教育课程</td><td rowspan="5">必修课</td><td>教育概论</td><td>2</td><td rowspan="5">12</td><td rowspan="15">24</td><td rowspan="5"></td></tr>
<tr><td>心理发展与教育</td><td>3</td></tr>
<tr><td>××（学科）教育学</td><td>3</td></tr>
<tr><td>教学设计</td><td>2</td></tr>
<tr><td>教育技术应用</td><td>2</td></tr>
<tr><td rowspan="10">选修课</td><td>基础教育课程改革</td><td>2</td><td rowspan="10">10</td><td rowspan="10">在学校统一开设的8门选修课程中至少选修6个学分。</td></tr>
<tr><td>课堂教学技术</td><td>2</td></tr>
<tr><td>当代世界教育改革</td><td>2</td></tr>
<tr><td>班主任工作</td><td>2</td></tr>
<tr><td>青少年心理健康教育</td><td>2</td></tr>
<tr><td>教育研究方法</td><td>2</td></tr>
<tr><td>现代西方教育理论</td><td>2</td></tr>
<tr><td>教师美学</td><td>2</td></tr>
<tr><td>（学院自设）</td><td>2</td></tr>
<tr><td>（学院自设）</td><td>2</td></tr>
<tr><td rowspan="3">自主训练</td><td>普通话训练</td><td>1</td><td rowspan="3">2</td><td rowspan="3"></td><td rowspan="3">“三字一话”达标</td></tr>
<tr><td>三笔字训练</td><td>0.5</td></tr>
<tr><td>简笔画训练</td><td>0.5</td></tr>
<tr><td colspan="3" rowspan="6">实践教学环节</td><td>××（学科）教学观摩与见习</td><td>1</td><td colspan="2" rowspan="6">28</td><td rowspan="6"></td></tr>
<tr><td>××（学科）课堂教学能力训练</td><td>1</td></tr>
<tr><td>××（学科）教育教学实习</td><td>16</td></tr>
<tr><td>××（学科）学年论文</td><td>1</td></tr>
<tr><td>××（学科）社会实践</td><td>1</td></tr>
<tr><td>××（学科）毕业论文</td><td>8</td></tr>
<tr><td colspan="3">自主创新学习</td><td colspan="4">在总学分之外</td><td></td></tr>
</table>

资料来源：西南大学 . 2007. 西南大学关于制定2007级师范生免费教育培养方案的指导意见

第三节　师范生免费教育的就业方案

一、就业方案的政策解读

师范生免费教育的就业政策在《实施办法》、《就业办法》及《协议书》中均有所表述。其政策规定主要包括“免费师范生入学前与学校和生源所在地省级教育行政部门签订协议，承诺毕业后从事中小学教育十年以上”，“到城镇学校工作的免费师范毕业生，……安排到农村学校任教服务二年”，“免费师范毕业生一般回生源所在省份中小学任教”等内容。

（一）“免费师范生入学前与学校和生源所在地省级教育行政部门签订协议，承诺毕业后从事中小学教育十年以上”

根据《实施办法》第四条规定，入学前招生学校（甲方）、免费师范生（乙方）和生源所在地省级教育行政部门（丙方）要签订“三方协议”，即《协议书》。部属师范大学在招生录取前将经学校签字、盖章的《协议书》按招生计划数的120%比例寄送生源所在地省级教育行政部门，后者签字并加盖公章后及时寄回相关大学。之后，招生学校再将由本校和生源所在地省级教育行政部门签字、盖章的《协议书》（一式四份）随《录取通知书》一并寄送给录取考生。录取为免费师范生的考生，持录取通知书和经本人签字（未满18周岁者须同时由监护人签字）、招生学校和生源所在地省级教育行政部门签字、盖章的《协议书》到校报到，经审查合格后方可正式注册入学成为免费师范生。“入学后选拔”的免费师范生，则在“转入”免费师范专业之时补签《协议书》。《协议书》对甲、乙、丙三方在师范生免费教育实施过程中的相关权利和义务作出了具体规定。对于乙方即免费师范生而言，其中最主要的一条即享受“四年修读年限内免除学费，免交住宿费，并补助生活费”的优惠待遇，毕业后则须履行“从事中小学教育十年以上”的国家义务。由于《中华人民共和国教师法》中明确界定中小学的范畴包括幼儿园、小学、初中、高中（包括普通高中和职业高中），因此免费师范毕业生可以到普通高中、职业高中、初中、小学、幼儿园任教，但要以普通学校、公办学校为主，原则上不允许免费师范毕业生到无编制的学校任教。具体到各省（自治区、直辖市）的就业政策，甘肃、宁夏、新疆、西藏、海南、四川、天津、青海、山东、江西、山西、安徽、湖北等省（自治区、直辖市）明确表示、不允许免费师范毕业生到民办学校任教；广西、江苏、广东、浙江、贵州、陕西、云南、重庆、湖南、河南允许免费师范毕业生到民办学校任教；北京、上海、河北对免费师范毕业生能否到民办学校任教没有明确规定。

“签订协议”并非“卖身契、定终身”。免费师范毕业生原则上需在教育系统工作十年，这是国家的一种鼓励和引导政策。免费师范毕业生在协议规定的服务期内，既可以在中小学校从事一线教育教学工作，也可从事教育管理工作；经地方教育主管部门同意，还可在学校间流动。《协议书》还明确约定：①在校学习期间或协议规定服务期内，乙方因身体原因不宜从事教师职业，经规定审批程序，可终止协议。②乙方在校学习期间若因触犯刑律或违反校纪被开除学籍，或自动放弃学籍，甲方有权解除协议；乙方不再继续享受师范生免费教育，且须在学籍取消之日起一个月内向甲方一次性退还已享受的免费教育费用。③乙方毕业后未按协议从事中小学教育工作，应一次性向丙方退还所享受的免费教育费用，并交纳该费用50%的违约金；超过时限按每天1‰的比例支付滞纳金。④毕业后从事中小学教育工作未满10年且未经丙方同意的，按不足服务年限（包括离开当年）每年10%的比例一次性向丙方退还所享受的免费教育费用，并交纳该费用50%的违约金；超过时限按每天1‰的比例支付滞纳金；已在职攻读教育硕士专业学位未履行协议的免费师范毕业生，由培养高校取消学籍。⑤省级教育行政部门负责履约管理，并建立免费师范生的诚信档案。

（二）"到城镇学校工作的免费师范生，由当地政府教育行政部门结合城镇教师支援农村教育工作安排到农村义务教育学校任教服务二年"

《实施办法》第四条规定："到城镇学校工作的免费师范毕业生，应先到农村义务教育学校任教服务二年。"后结合各地教育和教师队伍建设的实际情况，《就业办法》对此项规定进行了修订，改为"到城镇学校工作的免费师范毕业生，安排到农村学校任教服务二年"。在我国，"城镇"一般指县及县以上机关所在地，或常住人口在2000人以上，10万人以下，其中非农业人口占50%上的居民点。按上述规定，免费师范生毕业后可先签约县、市级以上的城镇学校，只要在10年协议规定服务期内任意时间履行到农村学校任教服务二年的义务即可。据中国教育部师范教育司原司长管培俊的政策解读，"免费师范生毕业后在全省范围内的中小学选择就业，若去城镇中小学工作的，必须到农村学校任教两年。期间，他们的工资关系、工作关系都不变，二年后再回到原来的城镇学校"①。《实施办法》和《就业办法》还规定，免费师范毕业生在农村学校任教服务期间，仍然享受派出学校原工资福利待遇；地方政府和农村学校也要为免费师范毕业生到农村任教服务提供周转住房等必要的工作生活条件。免费师范毕业生在农村学校任教服务的具体时间由任教学校和当地教育行政部门安排确定，可以集中安排，也可以分散安排。例如，江西省规定到城镇学校工作的免费师范毕业生任教满4年后，由当地教育行政部门结合城镇教师支援农村教育工作，安排到农村学校支教，每次一学期或一学年，累计支教服务2年。

2007年，师范生免费教育政策颁布后，"到城镇及以上学校工作的免费师范毕业生，应安排到农村学校任教服务二年"这项规定曾引发了社会各界的广泛争论。不少人认为此举会造成优质教师资源的浪费。免费师范生更是担心先到农村学校任教服务2年，会限制其个人的发展。直至2009年《就业办法》颁布，对此项规定的误解才逐渐消退。国家在教育部直属师范大学实行师范生免费教育，旨在培养和造就优秀的教师和教育家，鼓励优秀人才长期从教。到农

① 康丽.2010-06-09.实施师范生免费教育是国家战略——访教育部师范教育司司长管培俊.中国教师报，第1版.

村学校任教服务2年的规定，一方面是为了支援农村教育，解决农村地区优质师资匮乏的实际问题，大力提高农村学校的教育水平；另一方面也是遵循教师专业发展的规律，通过农村学校的任教经历，丰富免费师范生的工作经验，以实现“培养和造就优秀教师和教育家”的政策目标。换句话说，就“农村学校任教服务二年”这项规定而言，其主要目的在于锻炼人才，让免费师范生了解中国的基层社会，了解基层教育。只有这样，才能培养出一批真正了解中国国情、了解教育实际状况的教师。这是培养优秀教师、人民教育家必不可少的环节。实际上，到农村锻炼对于免费师范生个人的长远发展也是有利的。农村学校任教服务2年的工作经历将成为他们人生中最宝贵的财富。

（三）“免费师范毕业生一般回生源所在省份中小学任教。有关省级政府要做好接收免费师范毕业生的各项工作，确保每一位免费师范毕业生有编有岗”

《实施办法》第五条规定：免费师范毕业生一般回生源所在省份的中小学校任教，履行从教10年的国家义务。《就业办法》进一步对各级政府及有关部门、教育部直属师范大学和相关中小学校的相关责任规定如下。

一是明确职责。免费师范毕业生就业工作由有关省级政府统筹，教育、人力资源和社会保障、机构编制、财政等部门组成工作小组，负责制订并实施就业方案，落实保障措施，确保免费师范毕业生到中小学任教。省级教育行政部门牵头负责免费师范毕业生就业指导、落实工作岗位、办理派遣和接收工作；省级人力资源和社会保障部门负责免费师范毕业生的人事接转工作；省级机构编制部门负责落实免费师范毕业生到中小学任教的编制；省级财政部门负责落实相关的经费保障。

二是解决编制。省级教育行政部门要统一掌握本地区中小学教师的岗位需求情况，会同机构编制部门在核定的中小学教师编制总额内，提前安排接收免费师范毕业生编制计划。各地应首先用自然减员编制指标或采取先进后出的办法安排免费师范毕业生，必要时接收地省级政府可设立专项周转编制，确保免费师范毕业生到中小学任教有编有岗。

三是落实岗位。免费师范毕业生到中小学任教的岗位，采取双向选择和安排就业两种方式落实。省级教育行政部门负责组织用人单位与免费师范毕业生进行双向选择，及时公布本省（自治区、直辖市）中小学教师岗位需求信息，并组织多种形式的供需见面活动，为每一位毕业生落实好任教学校；毕业前通过双向选择签订就业协议书的免费师范毕业生，其档案、户口等由培养学校直接迁转至用人单位及用人单位所在地的户籍部门；毕业前未签订就业协议书的免费师范毕业生，其档案、户口等迁转至生源所在地省级教育行政部门，由省级教育行政部门会同有关部门统筹安排，到师资紧缺地区的中小学校任教。

四是履约管理。省级教育行政部门、部属师范大学和免费师范毕业生要严格履行《协议书》。省级教育行政部门负责本行政区域内免费师范毕业生的履约管理，建立诚信档案，公布违约记录，并记入人事档案，负责管理退还的违约金。

五是加强监督。教育部、人力资源和社会保障部、中央编办、财政部建立免费师范毕业生就业工作督查机制，每年进行检查并采取适当的方式公布结果。对于免费师范毕业生就业工作落实不力的地方，教育部将酌情调整部属师范大学在当地的招生计划。

六是多方协作。部属师范大学要做好免费师范生毕业教育、就业指导和信息服务工作。引导师范毕业生坚定教师职业信念，立志于长期从教、终身从教。加强与各地教育行政部门和用人单位的沟通，配合做好就业工作。根据学校所在地教育行政部门统一部署，依法做好免费师范毕业生教师资格认定工作。及时将师范毕业生信息送达生源所在地省级教育行政部门。教育部全国高等学校信息咨询与就业指导中心负责部属师范大学免费师范毕业生的就业指导、信息服务和监督检查。在全国大学生就业公共服务立体化平台上及时发布各省（自治区、直辖市）中小学教师岗位需求和免费师范毕业生信息。省级政府要加强领导，统筹相关部门，根据《就业办法》，制订具体实施意见。

另外，对免费师范毕业生就业的几大关键问题，《实施办法》、《就业办法》和《协议书》作出了如下规定。

一是就业去向。免费师范毕业生原则上回生源所在省份的中小学任教，这是指在全省范围内的中小学双向选择任教，而不是“市来回市，乡来回乡”。免费师范毕业生可以在生源所在省的各中小学教师岗位需求范围内通过双向选择就业，并非简单地从哪个市、县、乡镇来，就必须回到哪个市、县、乡镇就业。譬如，来自安徽宿州的免费师范生，毕业后只需要回到安徽省内任教即可，至于是选择淮南还是淮北的学校就业，并不受免费师范生政策和宿州户籍的限制。此外，政策鼓励免费师范毕业生到边远的贫困和民族地区任教，也不等于必须到“西部支教”或“扎根农村”。

二是岗位和编制。确保免费师范毕业生到中小学任教有编有岗，并不等于“指定就业”，而是采取“双向选择 + 安置就业”的方案。政策规定，免费师范生就业首先由省级教育行政部门负责组织用人学校与毕业生在需求岗位范围内进行双向选择，免费师范生自主择业。对于最终未找到合适工作的免费师范毕业生，省教育厅将通过特岗计划、农村教师发展计划等，为每一位毕业生安排落实任教学校，确保每一位到中小学校任教的免费师范毕业生都有正式编制和岗位。[①] 换句话说，免费师范生的就业以双向选择、自愿原则为优先，不存在强制分配的情况。

三是跨省任教。《教育部办公厅关于免费师范毕业生就业相关政策的通知》明确提出，对确有特殊情况的免费师范毕业生，经培养院校、生源所在和接收地省级教育行政部门批准，可申请跨省任教。文件中规定的“特殊情况”包括：①志愿到中西部边远贫困和少数民族地区中小学任教的；②在学期间父母户口迁移至省（自治区、直辖市）外的；③已婚需要迁移到配偶所在地中小学任教的。免费师范毕业生跨省任教审批按照如下程序执行：①符合跨省任教条件的免费师范毕业生提出申请，培养院校审核批准后，报生源所在省级教育行政部门。②生源所在省级教育行政部门进行审核，对符合跨省任教条件的，生源所在省与接收地省级教育行政部门沟通，确认接收地省级教育行政部门同意。生源所在省级教育行政部门审批同意后，送接收地省级教育行政部门核准。③免费师范毕业生跨省任教后，纳入接收省免费师范生管理。

二、免费师范生的就业情况

师范生免费教育就业政策的具体实施主要由各省级教育行政部门牵头负责落实，部属师范大学予以协作，确保每一位免费师范毕业生有编有岗。免费师范毕业生的就业实践表明，各省（自治区、直辖市）和各院校对免费师范生就业的实际操作规定既相似又不完全相同。总体而言，免费师范生的就业落实率远远高于同期高校毕业生的平均水平，其就业趋势和流向比较合理。

（一）各省（自治区、直辖市）免费师范毕业生的就业实施办法

免费师范生的就业受地方政府相关规则的约束与限制。各省（自治区、直辖市）对免费师范生就业工作都极为重视，通过组织领导地方相关教育行政部门、省级人力资源和社会保障部门、省级机构编制及省级财政部等部门，落实免费师范生的就业。但由于各省（自治区、直辖市）对国家政策理解不一，在具体执行过程中仍存在一定差异，具体表现在各省（自治区、直辖市）对跨省就业、民办学校任教、农村支教、公招考试、兜底到县等重点环节的规定有所不同。

1. 就业途径

根据国家政策规定，对于免费师范毕业生采用双向选择和安置就业（也称兜底分配）两种途径来保障其工作岗位的落实，确保每个免费师范毕业生有编

① 2010年10月，教育部、人力资源和社会保障部等四部委会议要求，免费师范生在双向选择后没有被选中的，由生源所在省教育主管部门安排到县级以上学校任教。

有岗。双向选择的途径主要包括学校组织的双选会、地方省市组织的招聘会、单位专场招聘会，以及其他可能的途径。以西南大学免费师范生的就业途径为例，四川、重庆、云南、贵州、山西、湖北、陕西、黑龙江、吉林、辽宁、新疆、河南、江西、广东、北京15个省（自治区、直辖市）的毕业生主要通过校园招聘双向选择就业；上海、安徽、广西、海南、河北、福建、甘肃、青海、宁夏、内蒙古、天津、浙江、西藏、湖南14个省（自治区、直辖市）的毕业生主要通过省级双选会就业；山东、江苏2个省市的毕业生则主要通过地方招聘进行就业。

免费师范毕业生就业的基本程序大致如下：第一，省级机构编制部门落实免费师范毕业生就业的所需编制，省级教育行政部门制定免费师范生招聘方案，报当地人力资源和社会保障部门核准；第二，省级教育行政部门在其门户网站和大学生就业各相关网站上公布本省（自治区、直辖市）中小学教师岗位需求信息和当年免费师范毕业生信息；第三，省或市级以上教育行政部门统筹组织免费师范毕业生与用人单位进行自主、双向选择，各地用人单位或其主管部门负责组织免费师范毕业生的招考、体检、考核、公示工作；第四，各级人力资源和社会保障行政部门按规定办理免费师范毕业生进入审批等相关手续；第五，毕业前通过双向选择签订就业协议书的免费师范毕业生，其档案、户口等由培养学校直接迁转至用人单位及用人单位所在地户籍部门；毕业前未签订就业协议书的免费师范毕业生，其档案、户口等迁转至生源所在地省级或市级教育行政部门，由其会同有关部门统筹安排到师资紧缺地区的中小学校任教。其中，江西省要求毕业生统一参加选岗考试，通过竞争择优选岗的办法，落实回省任教具体学校和岗位，签订聘用合同；西藏生源毕业后须参加西藏教育系统内部组织的中小学教师双向选择考试，经考试未被录用的由教育厅同意调剂安排就业；其余省（自治区、直辖市）均规定免费师范毕业生不必参加公招考试，但是在具体执行过程中，云南、广西、重庆等省（自治区、直辖市）的部分区县，学生须参加公招考试，方能聘用。

《四川省免费师范生就业实施办法》规定，“教育部直属师范大学免费师范毕业生”到该省中小学就业实行公开考核招聘。（1）发布就业岗位信息。2011届四川省“教育部直属师范大学免费师范毕业生”的需求情况统计表，由各市（州）教育行政部门负责会同同级人事、机构编制、财政等部门于2010年11月25日前报省教育行政部门汇总，省教育行政部门汇总后及时在国家和我省大学生就业公共服务立体化平台等网站上发布。从2011年起，每年7月底前，省教育行政部门联系教育部直属师范大学第二年的四川生源“教育部直属师范大学免费师范毕业生”信息，并将第二年的四川生源“教育部直属师范大学免费师范毕业生”信息及时交各市（州）教育行政部门。各市（州）教育行政部门负责会同同级人事、机构编制、财政等部门，将本市（州）及所辖县（市、区）进行双向选择的岗位填入《四川省××年“教育部直属师范大学免费师范毕业生”需求情况统计表》，于每年的8月15日前报省教育行政部门汇总。省教育行政部门负责将汇总的全省招聘免费师范生岗位于每年9月5日前在国家和我省大学生就业公共服务立体化平台等网站上发布。(2) 考核和签订就业协议。省级教育行政部门于第二年的3月1日前指导各市（州）教育行政部门开展多种形式的供需见面活动，各市（州）教育行政部门具体负责组织所辖县（市、区）教育行政部门及招聘学校根据岗位需求信息采取多种形式与免费师范毕业生进行双向选择，考核合格的签订就业协议。3月5日前各市（州）教育行政部门负责将已与本市（州）签订协议的免费师范毕业生信息填入《四川省××年“教育部直属师范大学免费师范毕业生”就业岗位落实情况统计表》，报省教育行政部门。省教育行政部门3月15日前与教育部直属师范大学进行信息交换。通过双向选择未能签订协议的免费师范毕业生，由省级教育行政部门会同有关部门统筹安排到师资紧缺的中小学任教，仍未落实的，由生源地所在市（州）于5月30日前负责落实任教中小学校和工作岗位。未按规定完成免费师范毕业生就业任务的市（州），不得新进教师。

2. 跨省就业

跨省就业政策包括本省生源到外省就业（跨出）和外省生源来本省就业（跨入）两方面。除北京、上海、黑龙江、吉林、青海、甘肃6省（自治区、直辖市）对跨省就业没有明确规定，其余多数省均允许符合国家政策规定的免费师范毕业生到外省就业。譬如，河北省明确规定免费师范毕业生原则上回本省就业，有以下特殊原因的可申请跨省就业：①到省外边远贫困和民族地区任教；②大学在读期间，家庭搬迁至省外的，由迁入地户籍管理部门出具证明；③所学专业本省安排就业岗位困难的；④其他特殊情况确需跨省就业的。[①] 个别省还对外省生源到本省学校任教也作出了相应规定。例如，江苏省规定，外省生源免费师范生到江苏任教，须经省教育厅批准并按照接收地新教师公开招聘办法

① 河北省教育厅，人力资源和社会保障厅等．2011．河北省教育部直属师范大学免费师范毕业生就业实施办法．

招录。[①] 广西更是敞开大门，“欢迎有富裕生源的外省免费师范毕业生到广西工作，符合条件的外省毕业生到广西中小学任教享受区内生源同等待遇”[②]。陕西省规定，申请到外省就业的免费师范毕业生必须符合以下任一条件：①去边远贫困和民族地区任教；②上学期间家庭搬迁至高考生源地以外省区的（有相关证明的）；③省内安排就业岗位困难的；④在校期间表现优秀的（由培养学校与省教育厅商定）。对于外省生源来陕西就业的条件则有以下两条：①到陕西省内边远地区任教的；②上学期间家庭搬至陕西境内的（有相关户籍迁入证明）。[③] 湖北省规定，本省生源要求跨省或跨市（州）任教者，需经其就读的师范大学审核，提供就业单位及其所在省（自治区、直辖市）教育行政部门同意接受其就业并负责后续履约管理的确认函件，由省教育厅批准后，办理派遣手续。另外，外省生源免费师范毕业生要求来湖北省中小学就业的，应先在生源省省级教育行政部门办理同意跨省就业相关手续。[④] 广东省同样规定，外省生源的免费师范毕业生，毕业前通过广东省各级教育部门公开招聘途径与广东省中小学签订就业协议的，必须经生源地省级教育行政部门同意，并报广东省教育厅备案，由培养学校将派遣计划报广东省教育厅。[⑤] 海南省对于到本省就业的外省生源免费师范毕业生，不纳入海南生源免费师范毕业生管理范畴，也不享受相应待遇。[⑥] 贵州省规定，凡符合跨省就业条件，愿意支援西部到贵州省县级及县级以下（贵阳市除外）中小学（幼儿园）从事教学工作的，经用人单位同意接收的，参照本省免费师范毕业生办理相关就业手续。[⑦] 总体而言，各省（自治区、直辖市）的跨省就业政策力求体现对免费师范生的人性化管理，为免费师范生“进得来、出得去”，顺利就业提供保障。

3. 农村任教

与高就业率形成鲜明对比的是，免费师范生初次就业到农村任教的比例并不高。据人民日报记者调查，17 个省（自治区、直辖市）4821 名首届免费师范毕业生中，仅 4.1% 在农村学校任教。[⑧] 但遵循《就业办法》的规定，所有省

---

① 江苏省教育厅，人力资源和社会保障厅等．2011．教育部直属师范大学江苏生源免费师范毕业生就业工作实施办法．

② 广西壮族自治区教育厅，人力资源和社会保障厅等．2011．广西壮族自治区免费师范生就业实施办法．

③ 陕西省教育厅，人力资源和社会保障厅等．2011．陕西省关于师范大学免费师范毕业生就业实施办法．

④ 湖北省教育厅，人力资源和社会保障厅等．2011．湖北省免费师范生就业实施办法．

⑤ 广东省教育厅，人力资源和社会保障厅等．2011．广东省免费师范毕业生就业实施办法．

⑥ 海南省教育厅，人力资源和社会保障厅等．2011．海南省免费师范毕业生就业工作实施办法．

⑦ 贵州省教育厅，人力资源和社会保障厅等．2011．贵州省免费师范生就业实施意见．

⑧ 吴齐强，黄娴，银燕．2011-09-28．首届免费师范生去了哪里？人民日报，第 20 版．

（自治区、直辖市）均要求，到城镇（指县城及县城以上）学校工作的免费师范毕业生，在协议服务期内，由当地教育行政部门结合城镇教师支援农村教育工作统一部署，安排到对口支援的农村义务教育学校任教服务二年，具体时间和具体形式由任教学校和当地教育行政部门灵活安排。免费师范毕业生在农村学校任教服务期间，享受派出学校工资福利待遇。地方政府和农村学校要为免费师范毕业生到农村任教服务提供周转住房等必要的工作生活条件，派出学校要关心和支持免费师范毕业生到农村学校任教工作，尽量为他们的工作生活和专业发展提供帮助。各省（自治区、直辖市）对免费师范毕业生到农村任教的具体操作规定不一。譬如，山西省2010年颁布的《山西省免费师范生就业实施办法》规定，"免费师范毕业生要履行支教义务。到城镇学校工作的免费师范毕业生任教满4年后，由县级以上教育行政部门结合城镇学校教师支援农村教育工作，安排其到农村学校支教，每次一学期或一学年，累计支教服务2年，支教服务期间享受派出学校工资福利待遇。支教服务期满，绩效考核为称职及以上等次的免费师范毕业生，方可回到原派出学校"①。江西省同样规定2年的农村任教服务时间可以分为4个学期或2个学年分散进行。② 陕西省要求，经批准到中职、民办或其他无国家事业编制的中小学校就业的免费师范毕业生，由学校所在地人才交流中心负责免费师范毕业生的人事代理。若就业单位在县级以上城市，必须按规定履行到农村中小学校任教服务2年的义务，且用人单位须定期向教育厅报告其服务情况。③ 青海省规定，到城镇学校工作的免费师范毕业生到任后5年内，安排到辖区内的农村、牧区学校任教2年，以加强对免费师范毕业生的基层锻炼。④

为鼓励免费师范毕业生到艰苦边远地区任教，四川省特别规定："在艰苦边远地区工作期间，享受以下优惠待遇：从报到之日起执行定级工资；一、二类地区高定一级薪级工资，三类以上地区高定两级薪级工资，按国家规定享受相应的津贴补贴；毕业生评定专业技术职称和晋升七级及以下专业技术岗位，其任职年限提前一年，国家规定最低任职年限为一年的提前半年。支持艰苦边远地区、民族地区政府部门制定政策措施，吸引四川生源的免费师范毕业生到当地任教。鼓励国家确定的地震重灾区政府部门制定政策措施，扩大四川生源免费师范毕业生的招聘量，推动地震灾区学校的'软件'建设与'硬件'建设同

---

① 山西省教育厅，人力资源和社会保障厅等．2011．山西省免费师范毕业生就业实施办法．

② 江西省教育厅，人力资源和社会保障厅等．2011．江西省免费师范毕生生就业工作实施方法．

③ 陕西省教育厅，人力资源和社会保障厅等．2011．陕西省关于师范大学免费师范毕业生就业实施办法．

④ 青海省教育厅，人力资源和社会保障厅等．2011．青海省促进教育部直属师范大学免费师范毕业生就业工作方案．

步提升。"[①] 海南省对于到当地乡镇学校工作的免费师范毕业生试用期执行定级工资标准，试用期满薪级工资高定一档；在当地工作满5年后，所高定的工资予以保留，在正常晋升增资时不予撤销。[②] 宁夏回族自治区针对选择到艰苦地区工作的免费师范毕业生，可按照规定高定工资。[③] 上述规定充分体现了各地因地制宜制定政策鼓励免费师范生到农村支教，最大限度地让师范生免费教育政策惠及贫困地区、民族地区和边远地区。

（二）部属师范大学免费师范生的就业情况

1. 北京师范大学

北京师范大学2011届免费师范毕业生共470名，就业时均履行了三方协议，没有违约情况，极少量学生实现了跨省就业。[④] 2013届免费师范生781人，就业率为100%；就业去向均为签协议就业[⑤]；签约单位性质全部为初等、中等教育机构。其中多数学生在生源所在省份的地市级学校就业，少部分学生在省会城市学校和县级以下学校就业。[⑥]

2. 华东师范大学

华东师范大学2011届983名免费师范生的初次就业率为100%。[⑦] 2013届免费师范生1452人同样全部顺利就业，就业率为100%。免费师范毕业生从事教师职业的主要去向是中等、初等教育机构，就业整体态势较为稳定。[⑧]

3. 华中师范大学

2011年，华中师范大学2200名首届免费师范生100%实现就业。其中一半以上到边远地区，县及县以下中小学从教。[⑨] 2013届免费师范毕业生共有2272人，来自30个生源省份。截至2013年9月1日，已全部落实就业岗位，初次就业率为100%。2013届免费师范毕业生全部以协议形式就业。所有免费师范毕业生均按国家政策在教育系统就业。其中，到省会城市、直辖市市区就业的共223

---

① 四川省教育厅，人力资源和社会保障厅等.2011. 四川省免费师范生就业实施办法.

② 海南省教育厅，人力资源和社会保障厅等.2011. 海南省免费师范毕业生就业工作实施办法.

③ 宁夏毕业生网.2014届宁夏生源地免费师范毕业生在公开招聘原则下的双向选择工作公告.http://www.nxbys.com/News/4320134917511.html [2013-04-09].

④ 新华网.北师大首届470名免费师范生就业违约率为零.http://edu.163.com/11/0611/08/768LI6ER00293L7F.html [2011-06-11].

⑤ 指毕业生通过学校与用人单位签订就业协议书，领取就业报到证，到用人单位就业。

⑥ 北京师范大学学生就业与创业指导服务中心.2014. 北京师范大学2013届毕业生就业质量报告.

⑦ 上海教育新闻网.华东师范大学首届免费师范生全部都上岗.http://www.shedunews.com/zhaokaoaokaojiayou/gaokaoxinzhen/yuanxiaodongtai/2011/12/16/15486.html [2011-12-16].

⑧ 华东师范大学学生就业咨询服务中心.2014. 华东师范大学2013届毕业生就业质量报告.

⑨ 中国教育新闻网.华中师范大学免费师范生过半志愿服务边远基层.http://www.jyb.cn/job/jysx/201106/t20110620_438089.html [2011-06-20].

人，占总人数的 9.82%；到地市级城市就业的共 1139 人，占 50.13%；到县级地区就业的共 772 人，占 33.98%。派回生源省分配工作暂未反馈具体任教单位的共 138 人（含西藏、甘肃、云南等地要求直接派遣到省级教育行政部门分配工作的 49 人），占 6.07%。①

4. 东北师范大学

东北师范大学 2011 届 1524 名免费师范毕业生的就业率为 100%。2013 届本科毕业生共 3518 人。其中师范专业 2141 人②，就业率为 94.36%；非师范专业 1377 人，就业率为 87.22%。本科师范类签约派遣的毕业生为 1830 人，行业分布主要集中在基础教育系统。从区域流向的宏观状态上看，签约派遣毕业生主要集中在东北地区和沿海地区，与 2012 年相比，东北地区、沿海地区略有下降；西南地区、黄河中游地区、长江中游地区、西北地区有小幅上升；东北地区仍然是该校毕业生就业人数最多的区域（46.40%）；沿海地区的毕业生比例为 29.40%；中西部地区的毕业生比例为 24.20%。在“中部拓展、西部渗透”战略实施后，中西部地区毕业生就业比例连续 5 年稳步上升，目前已形成了以重庆、成都、包头、太原、郑州等经济相对发达城市为中心的市场集群，保障了免费师范生顺利就业。③

5. 陕西师范大学

陕西师范大学 2013 届免费师范毕业生总计 2866 人。截止到 2013 年 7 月 1 日，按照国家政策，全部落实就业单位。免费师范毕业生必须到中小学任教，故就业行业相对集中。陕西师范大学 2013 届免费师范生的西、中、东部生源比例分别为 70.59%、19.92%、9.49%（图 2-2）。由于政策规定免费师范毕业生原则上必须回生源所在省份就业，毕业生到西部就业的比例较高，达到 71.39%；到中部就业的比例为 18.49%；到东部就业的比例为 10.12%。其中跨省就业 158 人，占免费师范生总数的 5.51%。免费师范毕业生在省会、地级市，以及县级就业的比例分别为 22.40%、38.24%、39.36%。免费师范毕业生在县级就业比例较高与县一级生源规模大和县级教育系统能够直接提供编制有关。④

6. 西南大学

西南大学 2011 届免费师范毕业生共有 2877 人，约占全国首届免费师范毕业生总数的 30%，在 6 所部属师范大学中人数最多。首届免费师范毕业生分布在全校 15 个学院的 18 个专业；生源覆盖 26 个省（自治区、直辖市），尤其是西

---

① 华中师范大学学生就业工作处. 2014 华中师范大学 2013 届毕业生就业质量报告.

② 东北师大 2009 级师范专业中包括非免费师范和免费师范生，后者约 1571 人。

③ 东北师范大学学生就业指导服务中心. 2014. 东北师范大学 2013 届毕业生就业质量报告.

④ 陕西师范大学毕业生就业指导服务中心. 2014. 陕西师范大学 2013 届毕业生就业质量年度报告.

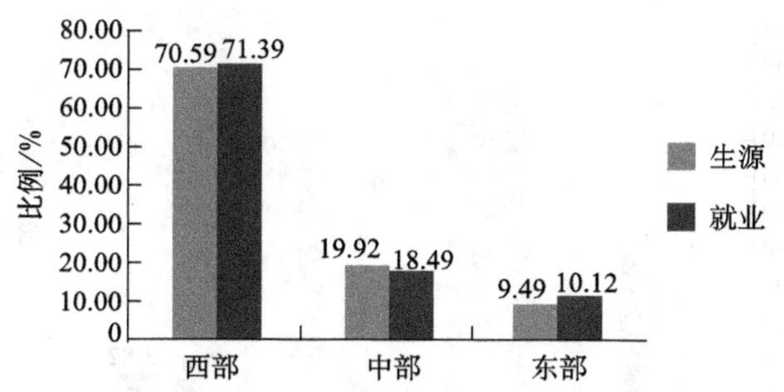

图 2-2　陕西师范大学 2013 届免费师范毕业生就业的区域流向

南地区三省一市有 1904 人，占 66.18%；男生 1112 人，占 38.65%，女生 1765 人，占 61.35%；城镇生源 1096 人，占 38.10%，农村生源 1781 人，占 61.90%，呈现出专业分布广、女生比例大、农村生源多、生源省份比较集中等特点。在首届免费师范毕业生的 2877 人中，通过双向选择签约就业的 2690 人，占 93.50%；安置就业 187 人，占 6.50%。免费师范毕业生在省会城市、地级市、县城，以及农村就业的比例分别为 21.66%、46.82%、26.97%、3.09%（图 2-3）。[①] 从区域流向看（图 2-4），仅 47 人在东部地区就业，占 1.63%；513 人在中部地区就业，占 17.83%；2317 人在西部地区就业，占 80.54%，较为理想地实现了服务于中西部教育的政策愿景。从省市流向看，西南大学 2011 届免费师范毕业生就业的 10 个主要省（自治区、直辖市）是重庆、四川、贵州、云南、江西、山西、河南、新疆、湖南和陕西。毕业生行业分布集中于基础教育系统，占总人数的 98.54%。其中，中学任教 2764 人，占 96.07%；小学任教 70 人，占 2.43%；幼儿园任教 1 人。除此之外，有 40 人到高等职业院校或其他教育机构任教，占 1.39%；2 人脱离教育系统到企业就业，占 0.07%。对西南大学首届免费师范毕业生生源地与工作单位所在地进行比较分析发现，仅有 4.96% 的免费师范生毕业后未返回生源所在省就业（即跨省就业）。在回生源省份就业的免费师范毕业生中，回到生源省、生源市和生源县的比例分别为 38.85%、36.76%、19.43%。其中山西、河南两省免费师范毕业生的省内流动率[②]超过了 50%。首届免费师范毕业生中有 142 人跨省就业，占 4.96%，其中跨省到沿海发达省份就业的只有 22 人，占跨省就业总人数的 16.67%。据了解，跨省任教的毕业生中多数因爱情而选择跨省就业，有 7 人为办理跨省就业手续而提前领取了结婚证书（严怡，张斌，2012，p. 16）。西南大学首届免费师范毕业生共有 15 人与生源省（自治区、直辖市）教育行政部门解除协议，其中 11

① 西南大学招生就业处. 2012. 免费师范生就业政策培训.

② 如果一名免费师范生到生源省内非生源区县所在地就业，这种情况称之为省内流动。

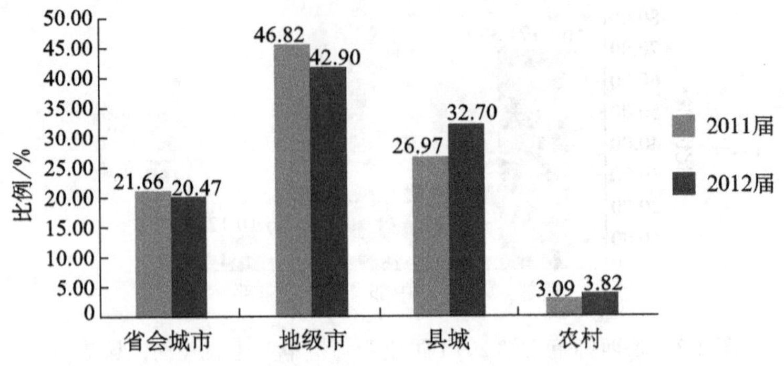

图 2-3　西南大学免费师范生就业的城乡结构

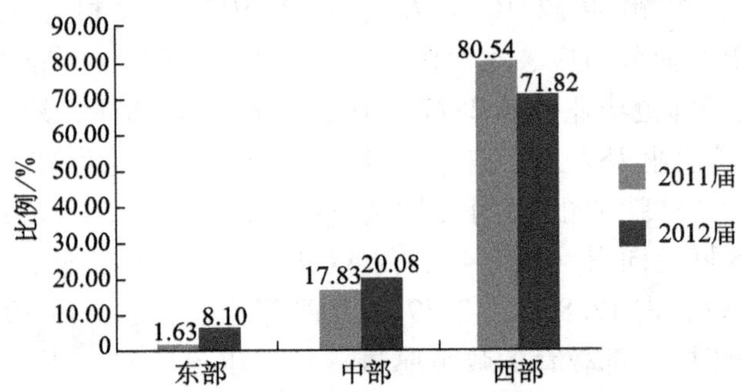

图 2-4　西南大学免费师范生就业的区域流向

人因为跨省任教而解约；另有 4 人毕业前与中小学签约，毕业后与生源所在省份教育行政部门解除了《协议》。①

西南大学 2012 届免费师范毕业生共有 2853 人，就业的行业分布为高中 77.08%、初中 17.11%、小学 4.31%、幼儿园 0.31%、中职 1.08%、其他行业 0.11%。毕业生到西部就业的比例为 71.82%，到中部就业的比例为 20.08%，到东部就业的比例为 8.10%。跨省任教有 141 人，占毕业生总数的 4.9%。另有 8 人解约，其中 5 人因为跨省任教而与生源地省级教育行政部门解约，有 3 人因为考研、参军和换行业而违约。西南大学 2013 届免费师范毕业生有 2900 人，另有定向西藏师范毕业生 23 人。② 其中有 139 人跨省任教，占毕业生总数的 4.79%；有 6 人因为跨省任教而解约，另有 1 人因到企业工作而违约。③

综上所述，按国家政策规定，免费师范毕业生必须到中小学任教，故行业

① 西南大学招生就业处. 2012. 免费师范生就业政策培训.

② 西南大学学生就业创业指导与服务中心. 2014. 西南大学 2013 届毕业生就业质量年度报告.

③ 西南大学招生就业处. 2013 免费师范生就业政策培训.

分布相对集中。另外，免费师范生以中西部生源为主，且原则上必须回生源所在省就业，因此毕业生到中西部就业的比例较高。总体看来，免费师范生毕业生就业的区域流向和行业流向既符合师范生免费教育的培养目标和办学定位，也符合国家的就业政策和就业导向，为中西部特别是经济欠发达地区和边远贫困地区输送了大量的优秀师资，极大地促进了中西部基础教育事业的发展。

第三章

师范生免费教育的培养模式

师范生免费教育政策是国家培养优秀教师和未来教育家的创新举措，体现了国家对教育的重视，也承载着社会对人才的希望。这要求6所部属师范大学实施师范生免费教育时，严格遵循党和国家的教育方针，牢固树立素质教育的理念，围绕培养和造就优秀教师和未来教育家的目标，力求改进以往师范教育的沉疴，寻求教育发展新的突破。西南大学作为师范生免费教育6所试点高校之一，自2007年以来坚持“以强化师范生职业理想教育为导向，以全面提高师范生素质和从教能力为核心，以教师教育创新平台项目建设为载体”的改革思路，同时结合西南地区教师教育实际和本校自身优势，全面推进师范生免费教育工作，探索综合大学办高质量教师教育的特色之路。

第一节　师范生免费教育的实施机制

西南大学成立于2005年7月，由原西南师范大学、原西南农业大学合并组建而成。[①] 合并后的西南大学是国家教育部直属重点综合大学，国家“211”工程重点建设学校。学校学科门类齐全，综合性强，特色明显，涵盖了哲、经、法、文、史、教、理、工、农、医、管11个学科门类。学校现有专任教师2600余人，在校学生近50 000人，其中普通本科生38 000余人，硕士、博士研究生10 000余人。2007年秋季入学开始，包括西南大学在内的6所部属师范大学试行师范生免费教育。截至2011年9月，西南大学共招收免费师范生14 000余人，是6所部属师范大学中招生人数最多的院校。

一、师范生免费教育的组织架构与指导思想

为有力推动师范生免费教育工作，西南大学成立了教师教育工作领导小组，

① 原两校毗邻而建，同根同源，发源于清光绪三十二年（1906年），在西南地区开中国新学的川东师范学堂，几经发展演变，遂成今日之西南大学。

负责教师教育发展规划的制定、统筹协调工作，组织实施学校教师教育创新平台建设、教师教育研究、宣传等工作。领导小组下设“师范教育管理办公室”（2011 年改制为教师教育学院），其再分设教师专业能力训练中心、教师教育课程资源中心教师教学发展中心，集管理、教学、研究、服务等职能于一体，统筹全校的教师教育工作（图 3-1）。

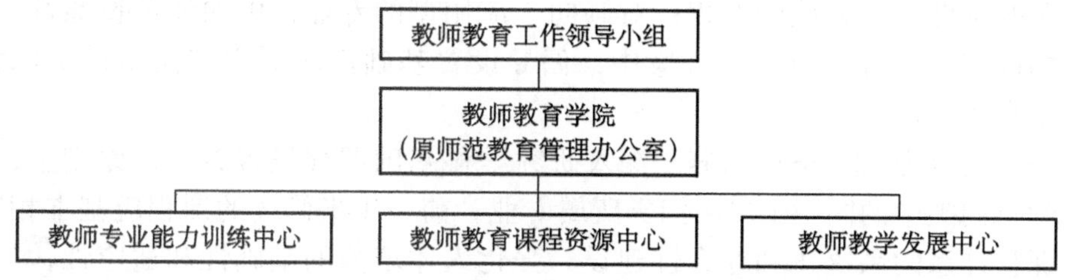

图 3-1　西南大师范生免费教育的组织架构

依据《实施办法》，学校于 2007 年公布了《西南大学关于制定师范专业培养方案的指导意见》，随后正式出台了《西南人学师范生免费教育培养方案》，作为师范教育的纲领性文件，对师范生培养工作进行了总体部署，特别是对师范生教育人才培养模式、教育管理模式创新进行了重点规划。2011 年新修订的《西南大学师范生免费教育培养方案》阐明西南大学本科师范专业培养的指导思想为：坚持“优先发展、育人为本、改革创新、促进公平、提高质量”的基本方针，坚持“各有所学，各得其所”的教育理念和素质教育的指导思想。注重学思结合、知行统一、因材施教，突出学生的综合素质培养和全面发展，着力培养学生的学习能力、实践能力和创新精神；实施通识教育基础上的宽口径人才培养，进一步优化课程体系和教学资源、创新教学组织形式、改革教学内容与教学方法；积极探索实施综合化与个性化相结合的人才培养模式，努力培养“人格健全、基础扎实、能力突出、素质全面、国际视野”的高素质人才。《西南大学师范生免费教育培养方案》还明确规定了本科师范专业培养的基本原则与要求，具体如下。①

（1）明确目标，优化结构。围绕“人格健全、基础扎实、能力突出、素质全面、国际视野”的人才培养目标，改革课程体系，构建通识教育课程、学科基础课程、专业发展课程和个性化课程“四位一体”的结构化课程体系。改革教学内容和教学方法，推行课程的精品化、专题化、小型化、多样化、综合化，强化教学内容的基础性、学术性、实用性；加强教学方式方法改革，大力推进启发式、参与式、研讨式、探究式教学。

① 西南大学教务处 . 2011. 西南大学关于制定 2011 级本科师范专业培养方案的指导意见 .

（2）分类教学，因材施教。继续实施分级、分类、分流教学，在实施通识教育课程、学科基础课程分级分类教学的基础上，不断增设提高性的通识教育课程，尽量满足不同类别学生的需要，并逐步实施专业发展课程的分级分类教学改革。根据学校的指导框架和专业建设类型与目标定位，学校制订相应的培养方案，实施分类教学、因材施教。对倾向于学术型的专业，在培养方案中更加注重基础性和研究性的课程；对倾向于应用型的专业，更加注重技能性、实践性的课程。在各专业培养方案中，倡导设置基础模块课程和应用模块课程，供学生自主选择。

（3）夯实基础，分段培养。深入研究学科基础课程设置方案，原则上，每一个学科门类中的同一个二级门类所属专业，前一年半修读的课程应基本相同；注重课程体系的系统化和综合性建设，强化人才培养的基础性和适应性，为学生的终身学习和职业发展打好基础。实施“1.5＋1.5＋1”分段式培养，切实做到各阶段培养重点突出、各环节之间有机联系，在基础知识、综合素质、专业素养等方面搭建良好的人才培养平台。

（4）强化实践，注重能力。进一步完善实践教学体系，建立由验证性、综合性和设计性实验组成的必做与选做相结合的开放性实验教学体系，鼓励独立设置实验课程。加强综合性课程设计、毕业设计（论文、作品）、实习、社会实践活动等实践教学环节。列入培养方案中的实验、实习、实践和毕业论文（设计、作品）等各实践教学环节累计学分（学时），以及人文社会科学类专业不少于总学分（学时）的15%，理工农医类专业不少于总学分（学时）的25%。

（5）发展个性，鼓励创新。减少必修课程学分和课内学时，增加选修课程学分和课外自主学习时间，使学生有足够的自主发展空间，要求选修课程学分达到总学分的25%以上，促进学生学习主动性和个性的发展。全面贯彻宽口径专业教育思想，在高年级灵活设置专业方向课程（选修），增强学生的社会适应能力和就业能力。建设网络课程和大学生自主学习资源，进一步培养学生的创新精神和自主学习能力。大力推进大学生科研计划和创业计划，鼓励学生参加各类学科竞赛、科技创作、社会实践、创业活动和相关的文化素质教育活动，并将学生自主创新学习获得的科研学分、技能学分、实践学分纳入培养方案。

二、师范生免费教育的培养目标与基本理念

西南大学充分发挥师范教育办学的传统优势和综合大学的资源优势，创新教师教育人才培养模式，坚持“一贯通、两并重、三突出”的师范生培养理念，即贯通从教信念教育，坚持学科性与师范性并重、理论性与实践性并重，突出

师范生综合素养、国际视野和扎根基层的教师风范，培养“专业基础扎实、专业技能突出、综合素质全面、人文修养深厚”的基础教育教师，全面提高教师教育人才培养质量。

（一）一贯通：坚定的从教信念

所谓“一贯通”，是指学校将从教信念教育“全过程化、全方位化、全员化”，引导免费师范生树立终身从教的坚定信念。

1. 针对免费师范生实施入学教育

从免费师范生进校，学校就开展一系列的入学教育主题活动。整个入学教育分两个阶段进行：第一阶段的重点是“12 个 1”职业理想教育，即编印一本《西南大学免费师范生学习手册》；举办一场题为“光荣的人民教师”的系列主题报告会；开展一次题为“光荣的人民教师”的主题演讲会；组建一个免费师范生社团——“未来教育家联盟”；开展一次免费师范生思想状况调研；组织一系列的主题导航讲座；观看一部教师主题电影；阅读一本有关教师职业的书；创办一份内部刊物《青春杏坛》；举办一次“我为何选择师范，如何学好专业”主题交流会；组织一次赴中小学的实地考察；撰写一篇入学教育感悟等；第二阶段主要突出专业思想教育、师德教育和学业指导。经过长达一个学期的师范生入学教育主题活动，使新生深切认识到国家实行师范生免费教育的重要战略意义，使其逐渐形成做一名人民教师的主体意识，增强人民教师的光荣感、责任感和使命感，明确学习目的，端正学习态度，激发学习动力，科学地规划大学学习生涯，尽快适应大学生活。

2. 开展“坚定从教信念”系列活动

为培养诚信履约、敬业乐教、素质全面、技能突出的优秀师范毕业生，西南大学于 2010 年 4 月下发《西南大学关于对 2007 级免费师范生开展“坚定从教信念、强化技能培训”教育教学活动的通知》［西校（2010）96 号］，划拨专门经费对免费师范毕业生进行从教信念教育和教学技能强化培训。各学院通过召开解读师范生免费政策和协议的专题会议，组织关于教师职业理想与师德的专题讲座，开设与中学优秀教师面对面的基础教育名师讲坛，组织国内外优秀教育影片展播和文学作品欣赏活动，举办“未来教师”主题演讲比赛和主题辩论会，开展“坚定从教信念”主题征文和论坛活动，举办实习生经验交流会，组织就业形象大使选拔和师范生学习、生活场景 DV 展示等，开展教具制作、墙报设计、校园摄影比赛，组织免费师范生走进农村学校和重点名校通过教育考察和实践体验等多种方式，开展一系列的“坚定从教信念”主题教育活动，加强对师范生的理想教育、责任心教育和感恩教育，巩固免费师范生的从教信念，为免费师范生乐于从教、终身从教奠定基础。

3. 加强就业指导与服务

本着早参与、早谋划的工作思路，西南大学构建了“全程化、个性化、多样化”的就业服务体系。实施“五个第一”，即落实“第一责任”，提高服务的有效性；抢抓“第一时间”，提高服务的及时性；捕捉“第一信号”，提高服务的针对性；做好“第一学问”，提高服务的科学性；关注“第一动力”，提高服务的创新性。此外，为深化就业指导，切实提高免费师范生的就业工作水平，西南大学特别开展了“六个一”工程，即建立一个免费师范毕业生数据库、组建一支免费师范生政策宣讲团、树立一批免费师范生就业典型、举行一系列就业座谈会、开展每周一次的个性化就业指导、与每个免费师范生谈一次心。学校还创造性地把职业生涯规划作为毕业设计来做，引导免费师范生破除认识误区，树立诚信意识，坚定成才信念，增强振兴基础教育的使命感和责任感，形成正确的就业思想导向。

（二）两并重：学科性与师范性并重、理论性与实践性并重

“两并重”特指基于学科性与师范性并重、理论性与实践性并重的理念，改革教师教育课程体系，坚持“学科专业教育”与“教师专业教育”的有机结合，坚持师范生“双专业”培养方向。

1. 优化师范专业课程体系

按照“学科性与师范性并重、理论性与实践性并重”的建设原则，西南大学全面修订师范生培养方案，优化课程体系，构建了由“通识教育课程”、“学科基础课程”、“学科专业课程”、“教师专业课程”、“实践教学环节”、“自主创新学习”六大模块组成的师范专业课程体系，以培养“专业基础扎实、专业技能突出、综合素质全面、人文修养深厚”的基础教育教师。

2. 加强师范生能力训练

西南大学专门针对免费师范生构建的教育教学能力训练课程体系，包括口语训练、书写训练、音乐基础训练、美术基础训练、心理教育训练、教育技术应用训练、课堂教学综合训练七门课程，并配套开发教材。学校划拨专项培训经费，专门开发教学技能测评系统，集中开展对师范生教育教学能力的强化培训，通过有效的操作性训练使师范生形成基本素养，获得基本技能，掌握基本方法，形成适应基础教育改革与发展需要的教育教学能力。

3. 强调教学实践育人

西南大学重视对免费师范生创新思维和实践能力的培养，强调教学实践育人：设立四年一贯的师范教育实践教学体系，由微格教学、教学观摩、教学见习、教育教学实习组成；设立创新实践学分，鼓励学生进行自主创新实践活动；将自主创新学习的运行实施与免费师范生学业导师制相结合，加强导师对学生

自主创新学习的指导；把自主创新学习与学科专业教育和教师专业教育相结合，引导学生围绕教育教学问题开展自主创新学习，为师范生成长为反思型、学习型、研究型、专家型的教师打下基础。

（三）三突出：综合素养、国际视野、扎根基层

“三突出”首先是提升免费师范生的综合素养。学校积极探索免费师范生的培养新途径，每年举办“基础教育名师论坛”，实施中外教育经典名著学习导航计划，以充分利用基础教育名师资源，努力培养使免费师范生人格健全、素养深厚、基础扎实、理念先进、技能优秀。2007 年底，学校成立了免费教育师范生社团组织——未来教育家联盟，编印了《青春杏坛》杂志，建设了教师教育网站，开展了各类主题教育、素质拓展活动。从 2008 年开始，学校每年定期举行师范生综合素质三大赛，即“师范生教学技能大赛”、“师范生演讲比赛”、“师范生才艺展示大赛”，促进师范生综合素质的提高。

其次是积极探索师范生国际化培养模式，选派优秀师范生赴海外交流学习。2009 年，西南大学与加拿大温莎大学签订师范生联合培养协议。经过层层选拔，每年选拔 20 名左右的免费师范生赴温莎大学教育学院海外学习三个月，其内容分为三部分：一是根据本专业学习温莎大学的相关课程；二是到当地中小学实习一个月，深入了解国外基础教育的先进经验；三是积极参加温莎大学和当地教育、文化部门组织的各项活动，展示中国学生的风采，传播中国文化。

再次是强调师范教育为基层服务，培养师范生的责任感、使命感。学校选派优秀师范生赴贫困山区义务支教，建立由多学科组成的综合实习小分队，在进行专门培训后，定期、定向、定量分派到选定的贫困山区中小学，每位学生顶替一名在岗教师的工作，形成独具特色、扎根基层的“顶岗支教”教育实习模式。

三、师范生免费教育的配套机制

为了进一步落实教育部直属师范大学师范生免费教育示范性举措，加大对师范教育的支持力度，推动教师教育改革发展，提高教师教育质量水平，培养和造就大批优秀教师和教育家，教育部于 2008 年在北京师范大学、华东师范大学、东北师范大学、华中师范大学、陕西师范大学、西南大学 6 所部属师范大学启动实施“教师教育创新平台项目计划”。承担“国家教师教育创新平台”建设任务后，西南大学相继出台了《西南大学教师教育创新平台建设计划》、《西南大学教师教育创新平台建设工作指南》、《西南大学教师教育创新平台建设项目管理办法》等文件，以科学发展观、建设人力资源强国和教育优先发展战略思想为指导，以促进教师专业发展为理念，以教师教育创新团队建设和教师教

育共享资源建设为基础，以改革和创新教师教育人才培养模式、提升师范生能力、促进未来优秀教师培养为重点，以立足西南、服务西部教师教育为特色，以期建立起高水平教师教育优势学科群，以及支撑国家教师教育创新平台的全国教师教育示范基地。

（一）“教师教育创新平台”建设的指导原则和目标①

西南大学“教师教育创新平台”建设以科学发展观、建设人力资源强国和教育优先发展战略思想为指导，切实贯彻党和国家的教育方针，以培养优秀教师和未来教育家为目标，改革和创新教师教育人才培养模式与管理模式，统筹、整合教师教育资源，提高教师教育质量，提升教师教育国际化水平，适应并促进基础教育改革和发展，引领西南地区教师教育发展，为国家制定教师教育政策提供科学依据，为全国教师教育改革发展作出贡献。

西南大学“教师教育创新平台”建设的总体目标是旨在创建一流平台，培育一流成果，建设一流团队，造就一流人才。即全方位地提升教师教育硬件设施和软件水平，强力推进教师教育改革和创新发展，打造高水平教师教育团队，提高教师教育质量，实现师范生免费教育人才培养目标，培养和造就大批优秀教师和未来教育家，更好地为基础教育服务。以平台建设为契机，进一步提高学校的综合实力和国际竞争力，引领西南地区教师教育发展，使我校成为国内一流的教师教育创新高地，创造世界教师教育闪光点。在突显教师教育平台区域性与校本性特色的基础上，西南大学“教师教育创新平台”预期实现以下五项基本目标。

（1）创新教师教育人才培养模式，促进免费师范生的培养，为培育未来优秀教师和教育家提供示范。

（2）强化教育基础理论和教育科学应用研究，不断扩大国际学术交流合作，更好地为培养造就优秀教师服务，为政府决策服务。

（3）建立教师教育优势学科群，加强教育类、心理类、学科教学法等教师队伍的建设，打造高水平的教师教育创新团队。

（4）推进教师教育优秀资源共享平台建设，形成西南地区教师教育资源平台示范中心。

（5）建设西南地区教师教育网络联盟——教师终身教育体系，引领西南地区教师教育与师范教育的改革与发展，形成服务地方基础教育的良好机制。

① 西南大学. 2008. 西南大学教师教育创新平台建设工作指南.

（二）“教师教育创新平台”建设的主要内容①

西南大学教师教育创新平台建设由6个主干项目和21个实施项目构成，简称“621工程”（图3-2）。

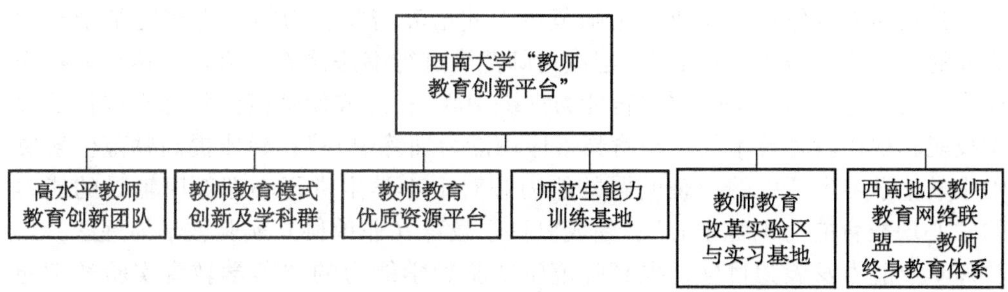

图3-2　西南大学教师教育创新平台“621工程”框架图

1. 高水平教师教育创新团队建设

其具体内容包括：建设引领教师教育创新改革的师范生思想品德教育团队、教育理论教学团队、学科教育教学（含实验教学）团队、师范生能力训练团队、教育教学实践指导团队、师范生导师团队、教师教育改革实验区学校教学团队等高水平的教师教育教学团队；建设引领教师教育创新改革与发展理论和实践的研究团队、西南地区教师教育数据库建设研究团队、中小学教师供求分析与师范生生源预测研究团队、西南地区教师能力发展与评估研究团队、西南地区教师教育发展政策与实施效益评估研究团队等高水平的教师教育研究团队；建设一支能有效确保“教师教育创新平台”顺利、高质、高效运行的教师教育管理团队。

2. 教师教育模式创新及学科群建设

其具体内容包括：改革和创新现有的教师教育人才培养模式，形成与时代发展、社会需要相适应的，特别是与西部经济、社会发展趋势相适应的教师教育人才培养模式；建立教师教育优势学科群（含教师教育理论、各专业学科教学法等）；构建包括本科、教育硕士、博士课程在内的教师教育课程体系，大力推进重点课程、示范课程、精品课程建设，以及优质教材、精品教材开发和特色专业点建设。

3. 教师教育优质资源平台建设

其具体内容包括：建成规模适度、内容丰富、功能齐全、方便快捷、服务优质的教师教育图书专馆；建成功能齐全、技术先进的教师教育网络系统、教

① 西南大学. 2008. 西南大学教师教育创新平台建设工作指南.

学支持系统和一批教师教育优质课程资源库，建设能充分满足学生自主学习需要的学习平台和学习资源库；在以上基础上，建设满足教育硕士自主学习需要的资源库，以支撑职前、职后一体化的教师终身教育体系。

4. 师范生能力训练基地建设

其具体内容包括：建成满足师范生人才培养需要、为师范生奠定基础艺术修养的“艺术养成训练中心”；建成对师范生进行书法修养、语言表达、人际交往沟通能力等方面训练的“语言能力训练中心”；建成使师范生熟练掌握传统教学技能和现代教育技术的“教育技术应用能力训练中心”；建成提高师范生解决中小学生学习生活中的心理问题的能力和对中小学生进行心理健康辅导的能力的“心理教育能力训练中心”；建成以科学教育（非单科）实验教学为理念，以教师专业能力发展为目标，提高师范生实验教学能力的“科学教育实验教学能力训练中心”；建成“课堂教学综合能力训练中心”，为师范生教学实习前提供类实战性综合能力训练。

5. 教师教育改革实验区与实习基地建设

其具体内容包括：重点推进重庆北碚、四川广安、贵州遵义、广西河池、云南文山5个教师教育改革实验区与示范实习基地建设；建设包括120所实习学校的30个常规实习基地，有效地解决西南大学每年近3000名免费教育师范生的顶岗实习问题；在实习基地的基础上，建设研习基地，进一步培养和提高师范生的教育研究能力。

6. 西南地区教师教育网络联盟——教师终身教育体系建设

其具体内容包括：建立可为全国共享的西南地区基础教育优秀教师教学案例库，包括小学优秀教师教学案例库、初中优秀教师教学案例库、高中优秀教师教学案例库、少数民族教育优秀教师教学案例库；构建职前、职后一体化的西南地区教师教育网络联盟——教师终身教育体系，引领西南地区教师教育发展；利用现代信息技术条件，建立教师教育远程教育平台，为全国特别是西南地区中小学教师的专业发展提供服务。

第二节　师范生免费教育的课程建设

以基础教育发展和课程改革的要求为导向，西南大学重新构建了师范专业的教师教育课程体系。按照“全面建设、突出重点、注重实效、保证质量”的建设原则，将所有课程整合为通识教育课程、学科基础课程、专业发展课程（包括学科专业课程和教师专业课程）、实践教学环节和自主创新学习六大类，实行模块化课程管理，其课程设置如表3-1所示。

表 3-1　西南大学免费教育师范生课程设置（2011 年）

课程性质				学分		开设单位	备注
通识教育课程	必修课			38			
	选修课	通识类		≥8		教务处	
		教师教育类	基础教育课程改革				
			当代世界教育改革				
			班主任工作				
			教育研究方法				
			现代西方教育理论				
			教学心理				
			青少年心理健康教育				
			课堂教学技术				
			教师美学				
			计算机辅助教学				
			中学生行为问题与矫正				
学科基础课程	必修课					各学院	
专业发展课程	学科专业课程	必修课				各学院	
		选修课	专业类				
			教师教育类	2			
	教师专业课程	教育教学理论课程必修课	教育学	3	9	教育学院	
			心理发展与教育	2		心理学院	
			××（学科）教育	2		各学院	
			××（学科）教学设计	1		各学院	
		教育教学能力训练课程必修课	口语训练	1	9		
			书写训练	1			
			音乐基础训练	1			音乐学专业不开设
			美术基础训练	1			美术学专业不开设
			心理教育训练	2			心理学专业不开设
			教育技术应用训练	2			教育技术专业不开设
			课堂教学综合训练				
实践教学环节	教育教学实习			≥8			
	课堂教学技能测试			3			
	毕业论文（设计、作品）			6			
	社会实践			1			
自主创新学习	科研学分、技能学分、实践学分			在总学分之外			
总计				150 ~ 170			

资料来源：西南大学 . 2011. 西南大学关于 2011 年本科培养方案的修订意见

一、通识教育课程

“通识教育”，又译为“普通教育”、“一般教育”，既是大学的一种理念，也是一种人才培养模式，其目标是培养“完整的人”（又称“全人”），即具备远大眼光通融识见、博雅精神和优美情感的人，而不仅仅是某一狭窄专业领域的专精型人才（陈向明，2008，p. 7）。西南大学按照素质教育的理念设置通识教育课程，目的在于通过本类课程的学习，使学生养成基本的科学、人文和艺术素养，训练科学的思维方法和学习方法，培养学生的伦理道德和价值判断能力、人际沟通与表达能力。

（一）通识教育必修课

通识教育课程分为通识教育必修课和通识教育选修课，其中马克思主义基本原理、毛泽东思想和中国特色社会主义理论体系概论、中国近现代史纲要、思想道德修养与法律基础、形势与政策、大学外语、军训和军事理论、体育、大学计算机基础、大学生职业发展与就业指导为必修课（表 3-2）。通识教育必修课程中大学外语、大学计算机课程实行分级教学，体育实行分类教学。通识教育必修课应要求修满 38 个学分。大学外语、大学计算机基础、体育等课程除必修课程外，还应开设一定的选修课程，保证 4 年教学不断线。

表 3-2　西南大学本科师范专业通识教育必修课程设置

<table>
<tr><th>课程名称</th><th>学分</th><th>周学时</th><th>考核</th><th>适用专业</th><th>开设学期及学院</th></tr>
<tr><td rowspan="2">马克思主义基本原理</td><td rowspan="2">3</td><td rowspan="2">3</td><td rowspan="2">考试</td><td rowspan="2">所有专业</td><td>3 学期（文科及部分理工科）</td></tr>
<tr><td>4 学期（部分理工科）</td></tr>
<tr><td>毛泽东思想和中国特色社会主义理论体系概论</td><td>6</td><td>3</td><td>考试</td><td>所有专业</td><td>3 学期（所有院系）
4 学期（所有院系）</td></tr>
<tr><td rowspan="2">中国近现代史纲要</td><td rowspan="2">2</td><td>3</td><td rowspan="2">考试</td><td rowspan="2">所有专业
（历史文化学院不开设）</td><td>1 学期（文科及部分理工科）</td></tr>
<tr><td>2</td><td>2 学期（部分理工）</td></tr>
<tr><td rowspan="2">思想道德修养与法律基础</td><td rowspan="2">3</td><td>4</td><td rowspan="2">考试</td><td rowspan="2">所有专业
（法学院只开思想道德修养）</td><td>1 学期（部分理工）</td></tr>
<tr><td>3</td><td>2 学期（文科及部分理工科）</td></tr>
<tr><td>形势与政策</td><td>1</td><td>3（6 周）</td><td>考查</td><td>所有专业</td><td>4 学期</td></tr>
<tr><td>军训和军事理论</td><td>2</td><td></td><td>考查</td><td>所有专业</td><td>1 学期</td></tr>
<tr><td>体　　育</td><td>4</td><td>2</td><td>考试</td><td>所有专业</td><td>1～4 学期</td></tr>
<tr><td>大学外语</td><td>16</td><td>4＋1</td><td>考试</td><td>所有专业</td><td>1～4 学期，分为初级、中级、高级、更高级教学</td></tr>
<tr><td>大学计算机基础Ⅰ</td><td>4</td><td>2.5＋1.5</td><td>考试</td><td>理、工、农、医、林、文科类专业</td><td>2 或 3 学期</td></tr>
<tr><td>大学计算机基础Ⅱ</td><td>3</td><td>2＋1</td><td>考试</td><td>体育、艺术各专业</td><td>2 或 3 学期</td></tr>
<tr><td>大学生职业发展与就业指导</td><td>1</td><td>1</td><td>考查</td><td>所有各专业</td><td>6 或 7 学期</td></tr>
</table>

资料来源：西南大学教务处 . 2011. 西南大学关于制定 2011 级本科师范专业培养方案的指导意见

（二）通识教育选修课

本科师范类专业增设“教师教育类”选修课，其目的是为了丰富师范专业课程资源，促进师范生教师专业发展。师范生从第 2 学期开始选课，到第 6 学期结束，根据各学院的具体规定和个人的兴趣爱好，从基础教育课程改革、当代世界教育改革、班主任工作、教育研究方法、现代西方教育理论、教学心理、青少年心理健康教育、课堂教学技术、教师美学、计算机辅助教学、中学生行为问题与矫正这11门课程中选择进行学习。“教师教育类”选修课至少要修满8个学分方可毕业。基础教育课程改革、当代世界教育改革、现代西方教育理论、教育研究方法等课程设置的目的，是让师范生开阔教育眼界、拓展教育视野、把握教育发展的动态和趋势，提高教育素养，特别是教育研究方法能够让师范生养成教育研究的意识和对教育理论与实践反思的态度，切实掌握教育研究的常用基本方法与操作技能，为形成和增进他们的教育研究的素质和能力打好基础。开设教学心理、青少年心理健康教育、课堂教学技术、教师美学、计算机辅助教学、中学生行为问题与矫正等一系列的课程，则是为了让师范生了解教学规律和受教育者的心理，掌握教学技能，有利于师范生教师专业化的快速成长。

“基础教育课程改革”课程简介

基础教育的质量关系到民族的千秋大业，关系到社会的发展进步，基础教育课程是学校教育的核心问题，是实施素质教育、保证教育质量的关键所在。

“基础教育课程改革”是教师教育课程系统中的一门重要的课程，是各专业学生接受教师教育的一门选修课程。本课程的主要内容包括：“二战”以来国际基础教育课程改革概览；我国新一轮基础教育课程改革概况；基础教育课程结构的调整；基础教育课程资源的开发利用；基础教育课程实施；发展性课程评价的构建；基础教育课程改革与教师专业发展等方面。

本课程的学习旨在帮助学生了解国内外基础教育课程改革的基本情况，把握当前基础教育课程改革的特点及趋势，能够对当前我国正在进行的基础教育课程改革有一个全面深刻的认识，养成关心思考基础教育课程改革的意识，学会运用有关理论来观察、分析、解决基础教育实践中的具体问题，能够开展课程与教学设计、实施、评价等相关工作，为今后胜任中小学教师工作奠定基础。

“当代世界教育改革”课程简介

建构教师教育新体制，改革教师培养模式，建构新型教师教育课程体系，是时代的要求，也是社会发展的需要。“当代世界教育改革”就是教师教育课程体系中的基本内容之一，通过这门课程的学习，可以比较全面地了解20世纪世界各国的教育改革，明晰21世纪教育改革的社会背景，把握当代世界教育改革的主要动态和基本走向。对于开阔教育眼界、拓展教育视野、借鉴国际经验、把握教改方向、提高教育素养具有积极的建设性意义。

本课将采用讲授与讨论相结合的方式进行，以期在理论方面，使学生比较全面地学习和了解20世纪世界各国的教育改革经验，把握当代世界教育改革的主要动态和基本走向。在能力和技能方面，使学生能够研究当代世界教育改革的宏观背景，世界各国教育改革的现状、经验与问题，综合比较各国教育改革的影响因素，把握教育改革的动态与发展趋势。

"班主任工作"课程简介

"班主任工作"课程研究班主任工作中所面临的诸多问题。它是一门综合性和实践性非常强的学科。本课程的教学目标是让学生系统了解和理解班主任工作的基本知识、基本原理和基本方法，能对班主任工作现象和问题进行深刻地、理性地分析，掌握班主任工作的规律、方法、原则等，初步形成一定的班级管理、教育能力；让学生认识到作为现代管理者所必须具备的各种管理素养，帮助学生形成现代班主任工作的理念，树立热爱教育事业的思想，关心未来教育事业的发展和为教育事业无私奉献的奋斗精神；培养学生在日常生活、学习、工作中分析解决各种教育问题的能力；让学生吸收了解本学科最新的科研成果及改革信息，初步形成研究班主任工作的科研意识和科研能力；提高学生愿做、能做、会做班主任工作的能力。

"教育研究方法"课程简介

在基础教育课程改革中，"专家走近教师，教师走近专家"，专家与教师的平等对话成为现实。"学校即研究室，教师即研究者"的教育理念得到普遍认同并得以实行。俗话说"磨刀不误砍柴工"，教育研究方法的科学性与可行性是教育研究工作取得实效的重要保障。"教育研究方法"课程立足于教育研究工作的实际，力求简单明了地回答"如何有效开展教育研究"这一问题。

通过本课程的学习，要求学生能够在学习教育基础理论的同时，深入了解教育研究的方法论，了解国外教育研究方法的动态，养成研究的意识和对教育理论与实践反思的态度，切实掌握教育研究的常用基本方法与操作技能，为形成和增进教育研究的素质和能力打下扎实的基础。本课程力求做到理论性、系统性、应用性与操作性的有机结合。教学方法以讲授式和案例分析为主，辅以讨论与研究方法的实际操作。

"现代西方教育理论"课程简介

本门学科主要是有选择性地介绍现代西方有影响的教育思想流派，

包括存在主义教育理论、结构主义教育理论、建构主义教育理论、新行为主义教育理论、发展性教育理论、多元智能教育理论、合作学习教育理论、掌握学习教育理论、全面和谐发展理论及后现代主义教育理论等。

在现代西方，各种教育理论派别林立，在教育思想或教育实践领域，都产生了大小不同的影响，有的甚至成为某个时期占主导地位的势力。学习本科的目的一方面是通过对现代西方教育理论流派的了解及分析比较，扩大眼界，把握现代国外教育理论发展的动向，批判地吸取或借鉴其中的成果或经验，并为建立有中国特色的社会主义教育理论体系服务；另一方面旨在帮助学生学会运用现代西方教育理论来观察、分析、解决教育实践中的具体问题，开展教学设计、实施、评价等相关工作，为学生今后从事中小学教育等工作奠定基础。

“教学心理”课程简介

教育教学活动中的心理现象及其规律是客观存在的。但过去的教育心理学主要在解决学生“如何学”的问题上积累了丰富的研究成果，而对于教师“如何教”的研究一直比较忽视。1969 年美国心理学家加涅提出“教学心理学”这一术语，1978 年美国教育心理学家格拉赛主编的《教学心理学进展》第一卷出版，标志着教学心理学作为一门独立学科的诞生。其后，许多知名的教育心理学家（如加涅、奥苏贝尔、格拉塞等）针对学校的真实课堂，深入研究教学情境中教与学的心理活动特点、规律和效应，推动了教学心理学的发展，使教学心理学成为当代教育心理学的一个重要分支学科和最具活力的研究领域。20 世纪 80 年代以后，随着全球进入信息化时代，教育者面临着如何才能教学生“学会学习”的紧迫问题，各国教育心理学家都不约而同地表现出了对“有效教与学以及参与教育者身心和谐发展”主题的关注。自此，以“教”为指向，把教与学作为一个相互作用的整体，以如何教才能有效促进学为中心的教学心理学研究，逐渐成为现代教育心理学内容体系的重要组成部分。

现代教学心理围绕“有效教促进高效学”这一主题，既关注知识和认知技能的掌握，又重视情感、需要、动机、人格等非认知因素的发展，更关注促进学生认知和非认知领域发展的教学设计的心理学原理与技术，探讨了基于心理学的教学理论、教学设计、教学策略及教学技术等，这些重要内容，为有效教与学提供了更为丰富的理论、策略和技术。对教师来说学习和掌握教学心理学的研究成果，对于认识、探索教学规律，发现、解决教学问题，提高教学效率，促进专业成长具有重要作用。

“青少年心理健康教育”课程简介

“青少年心理健康教育”课程作为师范专业教师教育的选修课程之一，既考虑到了教育改革对教师的素质要求，又考虑到了教师专业化发展的培养模式。本课程适应了21世纪教师教育改革和专业化教师培养需求，弥补了过去在教师培养中的课程设置单一、内容陈旧等不足，是大学生选择教师职业的重要课程之一，也是大学生加强自身健全人格塑造，提高自身素质，为今后开展丰富多彩、高效实效的素质教育的重要内容。大学生通过对该课程的学习，要能了解青少年心理健康的评价标准、影响心理健康的常见因素，理解青少年在自我塑造、适应、情绪、职业、网络、社会性等方面容易出现的问题及其教育训练方法，不断提高自己的认知水平，培养自我意识，以提高积极适应社会，发展自我的能力。

“课堂教学技术”课程简介

“课堂教学技术”是国家精品课程，重庆市精品课程，是一门连接教师教育理论与实践、教学科学与艺术的中介性教学行为综合训练课程。本课程主要教学内容有教学口语单向表达、教学口语双向交流、体态言语、板书言语、教学目标、概念操作、原理操作、举例操作、系统操作、重心操作，以及教学管理等操作规程和要领的讲解与训练。教学综合采用讲授法、案例教学法、活动教学、同伴教学、微格教学等传统和现代的多种教学方法，通过讲解教学行为技术构成的基本原理—对各教学行为技术分解并进行技术训练—学生微型教学—分析点评学生微型教学等教学环节，训练和提高本科师范生的课堂教学言语操作能力、教学逻辑操作能力、教学管理能力及其相应的教学评价能力，并产生对教学工作的兴趣、热情和责任感，以及对教师职业的神圣感、使命感。

“教师美学”课程简介

本课程的目的在于提高师范生自身的审美素质，了解按照美的规律教书育人，培养其丰富健康的思想感情，塑造完美的人格，强化教育的人文精神，从而提高师范生的基本人文素质。本课程通过对美的本质问题、美的形式问题、艺术问题、审美素质问题、美育问题等美学基本问题的讨论，以讲述、议辩及练习的方式，丰富美学知识，提高审美能力，使学生能够在教学和教育过程中自觉、有目的地参与创造美的实践并养成健康的审美情趣和生活方式，为真正落实德智体美全面发展的教育方针打下良好的基础。

“计算机辅助教学”课程简介

“计算机辅助教学”课程主要介绍计算机在教学工作中的应用，即用计算机帮助教师进行教学或用计算机进行教学。计算机辅助教学是计算机科学、教育学等多学科交叉形成的新型学科，代表着一种新型的教育技术和教学方式，是计算机应用于教育领域的主要形式之一。它具有自己逐步形成的理论和开发应用范畴，产生了一套专门的概念、教学模式、工作方法和技术。本课程侧重于掌握课件设计的科学方法，要求学生能根据具体的课程内容、教学对象进行合理的教学设计并熟练运用相关程序设计语言和课件写作软件实现课件的编制。

通过本课程的学习，学生可较全面地了解和认识计算机教育应用的基本概念和知识，能够运用学习理论和教学理论指导教学的设计、掌握课件开发的流程并进行课件的制作。学生除了学习课件编制工具的使用外，还要学习各种媒体素材获取处理的工具。上机实习是计算机辅助教学不可缺少的教学环节，学生要在理论的支持下进行实验操作。

本课程的核心知识包括：计算机教育应用基础、课件设计、媒体素材的制作与获取、动画制作基础、电子教案制作工具、多媒体课件写作工具、网络课件制作，以及多媒体与网络教学环境介绍。

“中学生行为问题与矫正”课程简介

学习问题及行为问题是中学生培养中的两大重要问题，其中行为问题尤其重要。而“中学生行为问题与矫正”课程正是解决这一问题的重要工具之一。“中学生行为问题与矫正”是一门技术性的应用心理学课程，是心理咨询与治疗技术中很重要的一个分支。这门课注重的是技术性，因此，让学生掌握其中的各种具体方法和技术及其应用就成了本门课程的重点和难点。本门课主要分为六大部分，即绪论、对中学生行为和行为改变的测量、中学生行为的基本原理、建立中学生新行为的方法、建立中学生期望行为和减少问题行为的方法、其他中学生行为改变方法。

二、学科基础课程和学科专业课程

师范专业按照学科大类设置学科基础课程和学科专业课程。

（一）学科基础课程

学科基础课程的设置理念是转变以过窄的专业为中心的培养模式，实施通识教育基础上的宽口径专业教育。为适应大类招生的需要，同时培养学生宽厚的综合素质基础，在设置课程的时候开始注重学科本身的特性，按照学科大类设置学科基础课程，目的在于加强对学生学科基础的训练。为了构建学生的学科知识体系，同时考虑到学生选课和选专业，以及排课的各方面情况，原则上学科基础课程应涵盖同一个学科门类中的二级类所属各专业，因此学科大类所涵盖的各专业的学科基础课程基本上是一样的。例如，西南大学文学院汉语言文学（师范）专业和汉语言文学（非师范）专业的学科基础课程均包括现代汉语、古代汉语、中国现当代文学、中国古代文学、外国文学、文学概论、基础写作、语言学概论、比较文学概论、书法、民间文学、中国文化概论、美学原理等，要求习得的学分同样为51学分。这些课程涉及汉语言文学专业的基本知识、基本理论和基本技能，以及与该专业有关的新成就、新发展趋势等，课程设置的目的在于让学生做到以下几点：第一，掌握语言的基本理论、汉语历史演变的基本规律和古代、现代汉语的基本理论、知识，具有扎实的语言功底和良好的语言应用能力；第二，掌握文学的基本知识和理论，具有比较宽广的知识面，具有较强的分析、讲解各类文学作品和认识、评价各种文学现象的能力；第三，熟悉各种文体，具有较高的写作水平，能熟练撰写各类文章，同时能阅读一般的汉语古籍等。

2011级汉语言文学（非师范）专业培养方案

一、培养目标与具体要求

专业定位：汉语言文学（非师范）专业，主要培养学术型人才：培养具备学科意识、专业研究能力和富于创新意识的研究型人才。

培养目标：培养适应政治、经济、文化、科技和社会发展的具备学科意识、专业研究能力和富于创新意识的研究型人才；具备先进的教育思想和高尚的道德修养，具有坚实的文艺理论素养、过硬的语言文学专业功底和语文教学的实践、研究和创新能力，具有比较宽厚的多学科知识背景，具有真挚的爱国情怀、广阔的社会视野、深厚的人文关怀精神，德、智、体、美全面发展；能胜任基础教育的语文教育教学及相关研究工作，能从事基础教育的有关管理工作。

具体要求：……

二、学期与学制

学期：每学年分为秋季、春季和夏季三个学期。夏季学期为选择性学期，不列入学期排序。学制：标准学制4年，学习期限为3~6年。

三、毕业学分与授予学位

毕业学分：169学分　授予学位：文学学士

四、专业核心课程

现代汉语、古代汉语、中国现当代文学、中国古代文学、外国文学、文学概论、基础写作、语言学概论、比较文学概论、书法、民间文学、中国文化概论、普通话、美学原理、中国古代文论、西方文学批评史、近代文学、海外华文文学。

五、课程结构及学分比例

课程类别		学分	比例/%	备注
通识教育课程	必修课	42	29.6	计算机技术信息类课程要求至少选一门
	选修课	8		
学科基础课程	必修课	51	30.2	/
学科专业课程	必修课	28	32	/
	选修课	26		
实践教学环节	学年论文	4	8.3	/
	毕业论文	9		
	社会实践	1		
自主创新学习	科研学分、技能学分、实践学分	/	/	在总学分之外

资料来源：西南大学教务处．2011．2011 级汉语言文学专业（非师范）培养方案

西南大学 2011 级汉语言文学（师范）专业培养方案

一、培养目标与具体要求

专业定位：汉语言文学（师范）专业，主要培养应用型人才，培养具备中文专业基础、综合素质高和教学技能强的优秀中学语文教师和教育工作者。

培养目标：培养适应政治、经济、文化、科技和社会发展的有较强教学能力的基础教育优秀语文教师和教育工作者；具备先进的教育思想和高尚的道德修养，具有坚实的文艺理论素养、过硬的语言文学专业功底和语文教学的实践、研究和创新能力，具有比较宽厚的多学科知识背景，具有真挚的爱国情怀、广阔的社会视野、深厚的人文关怀精神，德、智、体、美全面发展；能胜任基础教育的语文教育教学及相关研究工作，能从事基础教育的有关管理工作。

具体要求：……

二、学期与学制

学期：每学年分为秋季、春季和夏季三个学期。夏季学期为选择性学期，不列入学期排序。学制：标准学制 4 年，学习期限为 3 ~ 6 年。

三、毕业学分与授予学位

毕业学分：169 学分　　　授予学位：文学学士

四、专业核心课程

现代汉语、古代汉语、中国现当代文学、中国古代文学、外国文学、文学概论、基础写作、语言学概论、比较文学概论、民间文学、中国文化概论、美学原理。

五、课程结构及学分比例

<table>
<tr><th>课程类别</th><th>课程性质</th><th>学分</th><th>比例/%</th><th>备注</th></tr>
<tr><td rowspan="2">通识教育课程</td><td>必修课</td><td>38</td><td rowspan="2">27.2</td><td rowspan="2">计算机技术信息类课程要求至少选一门</td></tr>
<tr><td>选修课</td><td>8</td></tr>
<tr><td>学科基础课程</td><td>必修课</td><td>51</td><td>30.2</td><td>/</td></tr>
<tr><td rowspan="2">学科专业课程</td><td>必修课</td><td>16</td><td rowspan="2">21.3</td><td rowspan="2">/</td></tr>
<tr><td>选修课</td><td>20</td></tr>
<tr><td rowspan="2">专业发展课程（教师专业课程）</td><td>教育教学理论课程必修课</td><td>9</td><td rowspan="2">10.7</td><td rowspan="2">/</td></tr>
<tr><td>教育教学能力训练课程必修课</td><td>9</td></tr>
<tr><td rowspan="4">实践教学环节</td><td>教育教学实习</td><td>8</td><td rowspan="4">10.7</td><td rowspan="4">/</td></tr>
<tr><td>课堂教学技能测试</td><td>3</td></tr>
<tr><td>毕业论文（设计、作品）</td><td>6</td></tr>
<tr><td>社会实践</td><td>1</td></tr>
<tr><td>自主创新学习</td><td>科研学分、技能学分、实践学分</td><td>/</td><td>/</td><td>在总学分之外</td></tr>
</table>

资料来源：西南大学教务处 . 2011. 2011 级汉语言文学专业（师范）培养方案

（二）学科专业课程

学科专业课程是师范生教育必不可少的一部分。西南大学在设置这一部分课程的时候，本着精练、精简、严谨、创新的原则，将教育部培养优秀教师和未来教育家的要求紧密结合本校的专业实际，以学科基础课程为依托，加强了学科专业必修课程的设置与建设，同时合理设置学科专业选修课程，不但注重反映专业特点和培养目标，而且具有很强的灵活性。师范类和非师范类在学科基础课程设置上基本一致，但是二者在学科专业课程的设置方面存在一定的差异。以西南大学文学院汉语言文学（师范）专业和汉语言文学（非师范）专业为例：汉语言文学（师范）专业开设了基础写作、语言学概论、美学原理、中国文化概论、民间文学、比较文学概论共 16 学分的学科专业必修课程。这些课程设置的目的是拓宽免费师范生的学科知识面，增加他们在今后教学过程中对课本知识分析的深度和广度。相较之下，汉语言文学（非师范）专业的学科专业必修课程则在师范专业的基础上开设了普通话、书法、中国古代文论、西方文学批评史、近代文学、海外华文文学等共 28 学分的学科专业课程。这些课程更多的是锻炼学生的广阔思维能力，以及拓展学生的视野，确保非师范生毕业后无论是继续做研究还是踏入社会工作，都能具备不拘一格的思维形式，拓宽今后职业发展的领域。至于学科专业选修课程，汉语言文学（师范）专业和汉语言文学（非师范）专业可供选修的课程门类是一致的，共98门，但两大专业对所修学分的要求不同。例如，文学院汉语言文学（非师范）专业最少需要修满26学分才算合格；而文学院汉语言文学（师范）专业因为另外开设了教师专业课程，基于总学分的限制，学科专业学修课的最低学分要求是20个学分。总体上来说，学科专业课程选修课的开设具有种类多、涉及的内容全面而且灵活性强等特点。

三、教师专业课程

教师专业课程，是为各专业学生开设的有关教育教学理论、方法、技巧等培养教师职业素养和技能的课程，是解决未来教师“如何施教，怎样育人”问题的课程。这类课程体现了教师的职业特点，是教师教育区别于其他教育的重要标志，因此，它是教师教育课程体系中不可少的重要组成部分。教师专业课程的设置，应在满足学生自主学习和个性化发展需求的同时，强化师范生教育教学能力的专业化训练，使师范生在毕业后能够迅速适应教师职业，满足教师专业化发展的需要。为了在满足学生自主学习和个性化发展需求的同时，强化师范生的教师专业化训练，使师范生在毕业后能够迅速适应教师的职业需要和专业化发展需要，西南大学设置的教师专业课程体系由教育教学理论课程和教育教学技能课程两大模块构成（图3-3）。

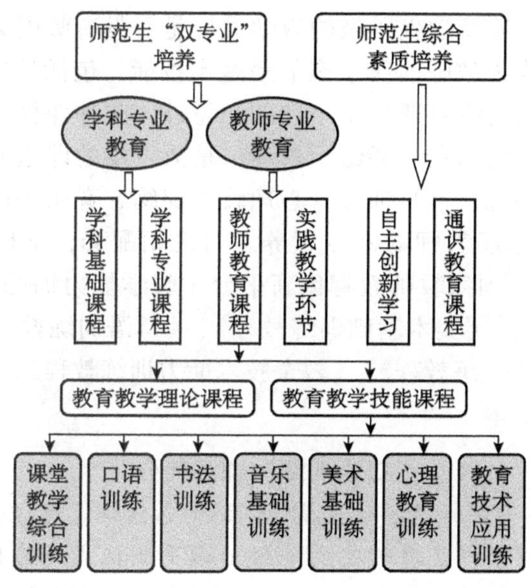

图3-3　西南大学师范专业课程结构图

（一）教育教学理论课程

教育教学理论课程主要由教育学、心理发展与教育、××（学科）教育、中学××（学科）教学设计4门必修科目构成，同时也包括《教师专业课程选修课指南》所指定的基础教育课程改革等11门教师教育理论选修课程。教育学、心理发展与教育是为了让免费师范生了解教育的一些概念和规律，以及学生的心理发展状况。作为教师只有对教育有更深入的了解，以及对受教育者的心理各方面有一个科学的把握，才能更好地去教。××（学科）教育和中学××（学科）教学设计是让学生更好地了解今后自己所教学科在教学方面所具有的特点，以及一些教学技能的使用，便于师范生在今后的教学方法中有所创新。

（二）教育教学技能课程

西南大学以“知行合一、能力为本”的理念为指导，突出实践技能的培养，专门开设了教育教学技能课程。教育教学技能课程主要包括口语训练、书写训练、音乐基础训练、美术基础训练、心理教育训练、教育技术应用训练、课堂教学综合训练等7门课程，均属于必修的范畴，要求修满至少9个学分。这些课程中以教育技术应用训练、课堂教学综合训练为主。其中教育技术是学生运用现代的技术和手段促进教学，提高教学绩效的一种能力，以学生的计算机操作能力为依托，其中也涉及学生所做的教学设计是否具有吸引力这方面；课堂教学综合能力是学生成为教师前所掌握的最基本技能，包括学生的教态，如何分配一堂课的时间，如何应对课堂中出现的小意外，此种课程学校多是让学生分组进行锻炼和评论，教师在一旁给予指导，是活生生的课堂演练而不仅仅是纸上谈兵。教师口语训练、书写训练、心理教育训练、音乐基础训练、美术基础训练等课程是为了拓展教师的专业素养。与之相配套，学校还组织编写并于2011年正式出版了“国家教师教育创新平台·教学能力训练系列教材”，包括《音乐基础训练教程》、《美术基础训练教程》、《口语训练教程》、《书写能力训练教程》、《心理教育训练教程》、《教育技术能力训练教程》、《课堂教学能力综合训练教程》一套7本。

“口语训练”课程简介

“口语训练”课程是师范生技能训练的必修课，通过普通话口语表达的教学和训练，以获取理想的普通话水平测试成绩为检测手段，以最终具备良好的口语表达能力为目标，按“理论—训练—测试—运用”的思路，重实践、重训练、重运用，培养师范生良好的语言素养和普通话口语表达能力。

“书写训练”课程简介

本课程以书写能力训练为中心，以针对性的技法训练为手段，以学生书写能力的形成为目的。以三笔字的能力训练为重点，尤其侧重技法分析与训练，试图通过短训使学生书写能力有较大的提高。

“音乐基础训练”课程简介

“音乐基础训练”课程以推广普及音乐知识、培养正确的音乐审美观念为目的，将音乐教育推广到非音乐专业的所有师范生的学习中；打破院系专业界限，形成以师范为特征的训练课程，为培养未来教育家所需要的多方面素质和工作能力作出贡献。

本课程以“分单元、分任务、重训练”的理念，以“感性体验为主”、“强化技能获取”的实用性训练方法，选择音乐中“基本的、常见的、实用的”内容培养学生的音乐基础能力，对非音乐专业的师范生进行音乐养成训练，以培养他们具有基本的音乐素质和初步的审美能力；为所有非音乐专业的师范生开启音乐艺术之门，埋下音乐艺术的种子。

“美术基础训练”课程简介

本课程结合教育部为提高免费师范生综合素质能力而开设的教育教学能力训练课程，“美术基础能力训练”是教师教育课程技能必修课，训练课程立足于用，最终追求是形成师范生的实际操作能力。本课程的适用对象为全校非美术专业的师范生，本课程训练师范生掌握将来从事中学教学必须掌握的最起码的美术基本技能，具体内容主要包括“美术基础知识”、“经典美术作品赏析”、“教学简笔画”、“校园摄影”、“墙报、海报”五个部分。通过对美术领域的相关基础知识与技能表现的训练，提升师范生的整体艺术（美术）修养。

“美术基础能力训练”课程旨在形成教学行为能力，其基本价值不仅在于使师范生“知道怎么做”，更在于使师范生“实际会做”，最终获得解决实际问题的实践操作能力，使师范生具备基本的美术素养。本课程不仅要使学生较为透彻地理解各能力训练课程的基本技术，更重要的是通过有效的操作性训练，使师范生获得科学教学的基本技能，最终形成开展实际教学工作的基本能力。为将来的从教工作做准备，能根据实际教学与工作需要设计简笔画、指导学生设计制作黑板报、校园海报、校园摄影等艺术活动的开展。

“心理教育训练”课程简介

本课程以实践环节为主，根据课程的性质、任务、要求及学习的对象，将课程内容分三个层次。第一个层次，通过讲授让学生了解基本的心理学知识，主要是中小学生常见的心理行为问题，以及甄别这些问题的心理学方法。第二个层次，教师主持开展团体辅导活动培养师范生的心理健康。第三个层次，学生主持开展团体辅导活动提高师范生的学生心理健康教育能力，经过多层次、多方式教学的全面训练后，使学生进一步巩固和加深对心理学基本知识的理解，了解中小学生常见的心理行为问题；能使用恰当的心理学方法（观察、会谈和问卷法）甄别和诊断中小学生的心理行为问题；掌握团体辅导活动的实施流程、注意事项，以及相应的设计思想，并能有针对性地开展心理辅导活动预防和矫正中小学生的心理行为问题。

“教育技术应用训练”课程简介

“教育技术应用训练”课程是师范专业教师教育课程的一门必修主干课程。本课程采用项目式训练的方式进行，课程将师范生应掌握的各种教育技术应用技能进行合理分解，每个技术或技能单元作为一个训练项目，实行理论与实践一体化的项目式训练和教学。通过项目式的训练，培养师范生在实际教学中合理有效应用技术辅助教学的实践能力，力求通俗易懂，突出实用性、实效性、针对性和简明性。学习这门应用性、操作性很强的学科，需要一定的心理学、教育学、美学及计算机基础。因此，应与计划中其他相关的教师教育类课程相互配合。

“课堂教学综合训练”课程简介

本课程具有综合性，是对各学科师范学生的课堂教学操作能力进行的综合训练；本课程具有操作实践性，是对师范生进行课堂教学操作规程与要领的科学系统训练。通过“课堂教学综合训练”课程，能为师范学生毕业后胜任教师工作奠定扎实的专业能力基础。通过本课程教学训练，使师范生能较为熟练地掌握课堂教学操作各个环节及操作技巧。能够比较自如、完整地上好一堂课，在教学逻辑操作上，具有教学目标操作能力，知识点与知识结构操作能力，教学言语逻辑能力；在教学过程逻辑操作上，能运用恰当的方法进行教学导入、教学重点揭示、强化、延伸和回归、检测操作；在教学言语操作上，能综合运用教学口语和教学体态言语进行教学信息的传达、交流，以及课堂双向互动操作，能熟练进行教学板书操作；在教学管理操作，能运用多样方法对学生进行行为管理和心理管理，能有效组织各类课堂活动。能在课前、课后、说课中对自我教学设计和教学效果进行回顾与反思，在听课后对他人的教学作出准确、客观的评价和分析。

四、实践教学环节

为培养学生对所学知识的综合应用能力、实践创新能力、社会实践能力，西南大学进一步强化了实践教学环节，构建由教育教学实习、课堂教学技能测试、毕业论文、社会实践等4年一贯的师范教育实践教学体系。为了提高实践教学的效果，西南大学一直致力于改革实践教学内容，改进实践教学方法，并采取多种渠道吸引高水平的教师从事实践环节的教学工作。在设置实践教学环节的过程中，按照集中与分散相结合的办法制订实践教学方案，不断去完善实践教学体系，加强各种形式的实践教学基地和实验室建设。

（一）教育教学实习

在师范生的培养过程中，实习是从学生到教师角色转变的重要环节，也是师范生实践性知识的主要来源，因此，任何学校都应对师范生的实习工作给予高度的重视。西南大学免费师范生的教育教学实习环节包括见习、校本研习、微格训练、实习等诸多方面，贯穿免费师范生本科学习的每个阶段。西南大学实施到中小学为期半年的实习制度，具体形式包括由学校统一安排的顶岗支教实习、混合编队集中实习，以及常规实习和分散实习等3种方式。顶岗实习支教和混合编队实习主要由学校教务处组织实施，常规实习及分散实习主要以学院组织实施、教务处指导监管的方式进行。实习时间按专业分两个学期轮流安排在大三下学期和大四上学期进行，通常为期一学期。实习地点主要安排在教师教育改革实验区及示范实习基地学校、长期以来形成良好合作关系的各中小学。学校安排专业教师负责学生实习的指导工作，并随时与实习学生取得联系，教务处组织相关人员到各实习点检查学生的实习情况。学生实习成绩包括试教（60%），试作（30%），其他（如教育教学调查研究、实习汇报总结、纪律等占10%），综合评定成绩由学生所在的学院完成，并录入教务系统。

1.“顶岗实习支教”①

“顶岗实习支教”是指具有师范专业的高校，在农村学校建立长期稳定的实习基地，通过选派师范生到农村中小学进行顶岗实习支教，选派教师进行实习组织指导，对基地农村中小学教师开展培训工作，来缓解农村学校师资不足，提高师范专业学生的多种能力，提高农村教师的业务素质，实现实习和支教一举多得效果的实习方式。其具体目标是：①提高实习学生的教育实践能力、协调能力、独立生活能力，提高教师的专业化水平。学生在实习基地全面地进行

① 西南大学教务处.2011. 西南大学“师范生顶岗实习支教计划”实施方案（西校［2006］155号）.

教育教学工作，积极开展课程开发与实施、教学设计与组织、学生教育与管理，促进理论与实践的紧密结合，有效地提高教育实践能力，增强教师的专业素质。②提高农村基地学校教师队伍的整体素质，改善农村基地学校教育教学状况，提高基地学校的教学质量。通过实习学生与所在学校教师开展教学研讨和高等学校对农村教师进行培训，促进农村教师更新教育理念，提高业务素质，从而提高农村基地学校的教育教学质量。③促进高校教师熟悉农村基础教育，增强为农村基础教育服务的意识和工作，提高高校教育的教学水平。高校教师特别是从事教师教育课程教学任务的教师，通过带领和指导学生实习，深入了解农村学校教育教学的实际情况，提高高等教育的针对性与实效性。④探索有效的教师教育人才培养模式，发展大学与中小学校的合作伙伴关系。通过“顶岗实习支教”，推动高等学校积极探索本科和本科后中学教师培养新模式，实现教育专业水平和学科水平同步提升。同时，形成一种农村学校积极为大学提供教育实习和教学改革实验的基地，大学为农村学校提供培训、教研、咨询等多样化的支持服务，以及大学与农村学校互相促进、共同发展的新机制。

“顶岗实习支教”的具体实施方式如下：第一，在农村贫困地区中小学校（主要指县以下的乡镇中小学校）建立“顶岗实习支教基地”。该基地在西南大学和当地教委（教育局）共同协商的基础上建立。原则上，每个基地县建立10所左右的顶岗实习支教基地，其中4～6所相对稳定，基地学校顶岗实习支教工作将纳入当地教育行政部门统一管理。基地提供全职的教师岗位，安排西南大学选派的顶岗实习支教学生的教育教学工作，并提供相应的教学条件和住宿、生活条件。第二，在西南大学建立“顶岗实习支教领导小组”，制订顶岗实习支教计划和实习指导与考核计划。学校设立专项“顶岗实习支教经费”，由教务处统一管理，专款专用。第三，学校每学期从三年级或四年级师范专业本科生中选派优秀学生，建立由多学科组成的综合实习小分队并进行专门训练，定期、定向、定量分派到“顶岗实习支教基地”，充分利用综合实习小分队多学科和西南大学充足的智力资源优势，以“顶岗实习支教基地”为中心建立社区学习中心，开展农村社会调查和咨询服务。

“顶岗实习支教”的实习时间为一学期，实习内容包括：①教学实习。包括备课、教学设计、听课、试教、评课、课后辅导、批改作业等环节，周学时为4～15学时；②班主任工作实习。要求实习学生制订班主任工作计划，做好日常的班级管理工作，组织学生开展班团活动，主持班会，做学生思想转化工作，对学生进行个别教育等；③教育调查和教育研究。实习生可以结合专业特点与实习学校需要、特点选题，也可以根据个人的兴趣选题进行教育调查和从事教育科研，鼓励学生跨专业合作撰写调查报告；④协助实习学校的教育教学改革。实习期间鼓励实习生多为实习学校办好事、办实事，如结合专业特点为教师开设备类讲座和信息技术技能培训，为实习学校制作课件、维修设备等；⑤每个队在当地开展文化科技赶场活动或文化科技推广主题宣传活动。实习结束后，在指导教师的组织下，做实习总结，写出个人自我鉴定，各队写出工作总结，召开座谈会，组织实习汇报展，认真总结经验并推荐优秀的实习生。

2. 混合编队教育实习①

"混合编队教育实习"是指由若干个师范专业的学生组成一支20人左右规模的实习队，到一所中等学校实习，并完全委托该校全面管理、全程指导实习工作的一种模式。混合编队教育实习由教务处联系落实实习接收学校，以及所需专业、人数后，通知相关学院。学院根据教务处通知，组织学习成绩优秀、综合素质较高的学生报名，并将名单报教务处，然后由教务处实验实习科指定两名同学担任每个混合编队实习队长和副队长，到教务处实验实习科领取相关实习材料，负责该队实习期间的日常工作。最后由教务处召开混合编队实习生动员会，并派送实习生去各实习点实习。

"混合编队教育实习"的过程按照如下阶段进行：①见习阶段。实习第一周进行，主要任务是了解实习学校和任课班级，听原任教师的课、备课、试讲。②实习阶段。实习的第二周开始进行，全面展开各项实习，具体内容包括教学实习、实习班主任工作、教育调查和教育科研、参与学校的教育教学改革。③小组总结阶段。实习最后一周进行，每位学生写出工作总结或专题总结和个人自我鉴定，各队写出工作总结，召开座谈会，听取实习学校的意见。实习生返校后，各学院组织师生听取学生教学汇报课。

2010年，西南大学派出2007级免费师范生参加顶岗支教实习410人，涉及12个学院的15个专业，分布在贵州、四川和重庆等地的9个县市和新疆和田师范专科学校；同年派出2007级免费师范生523名，混合编为24个队进行实习，涉及9个学院的12个专业，分布在西藏、广西、贵州、四川、重庆的24所中学。其中西藏（拉萨北京中学、拉萨江苏中学）有两个编队20人。除了"顶岗实习支教"和"混合编队实习"两种模式，西南大学第三种实习方式即学院安排的常规实习和分散实习，这种实习方式更像是混合编队的其中一个小分队，可以把它归结为混合编队的教育实习模式。无论是分散实习还是集中实习，无论是"顶岗支教实习"还是"混合编队实习"，整个实习过程是让师范生完成从学生到教师的角色转变的非常重要的一环，为他们将自身所学的知识付诸实践提供了一个很好的平台。师范生在实习的过程中以教师的身份参与教育教学、开发与实施课程、教学设计与组织、学生教育与管理等工作，在此过程中，将所学的理论知识与实践紧密结合，教师专业素质不断得到提高。

---

① 西南大学教务处. 2007. 西南大学混合编队教育实习模式实施方案.

（二）其他实践教学环节

除了教育教学实习，西南大学师范生的实践教学环节还包括课堂教学技能测试、毕业论文、社会实践等。课堂教学技能是免费师范生在今后从教中所必须具备的技能，它包括课堂教学的思维能力、表达能力与组织管理能力；教师课堂教学的设计、评价能力；教师课堂教学的研究能力等，是教师完满完成教学任务的必备素质之一。为了提高免费师范生的课堂教学能力，同时对他们的教学技能给予科学的、及时的反馈，西南大学开发了师范生课堂教学能力综合测评系统这一网络平台。通过学生上传相关材料、专家对材料进行测评，以此方式了解学生的课堂教学能力和水平，并指出学生在课堂教学技能方面不足之处，提出建议，提高他们的反思能力和教学水平。毕业论文（设计）应主要结合教育教学实习进行，安排不少于8周的时间，计8学分。社会实践的目的在于，让免费师范生能够体会当今社会发展的需求，活动设计相对较灵活，代表性如“未来教育家联盟”组织的暑期边远地区义务支教活动。总体而言，实践教学环节是让免费师范生完成从学生到教师的角色转变的非常重要的一环，为免费师范生将自身所学的知识付诸实践提供了一个很好的平台。

五、自主创新学习

自主创新学习（含读书活动、创新实践）是学生在教师的指导下，完成个性化发展的重要途径。西南大学设立自主创新学习课程并设立创新实践学分，其目的一方面是为学生的自主创新提供一个平台，另一个方面是鼓励学生的自主创新学习。自主创新学习的运行是与师范生学业导师制结合起来实施的，意在加强导师对学生自主创新学习的指导，但是导师只能起到辅助的作用，学生是主体，在教师的指导下主要由学生自主完成。目前，西南大学在自主创新活动这一模块上，各学院都有自己的特色，但是基本上都是将自主创新学习与学科专业教育和师范教育结合起来，引导学生围绕教育教学问题开展自主创新学习，这在一定程度上为师范生成长为反思型、学习型、研究型、专家型教师夯实了基础。譬如，读书活动要求免费师范生在广泛阅读学科专业类书籍、综合百科类书籍的基础上，尽可能多地阅读教育教学类书籍，同时结合自主创新学习和教育教学研习，倡导和激励师范生研读教育名著。

为加强本科生创新能力培养，西南大学制定了《西南大学本科生科技创新基金管理条例》、《西南大学教学实验室开放管理办法》、《西南大学学生参加全国大学生挑战杯竞赛、数学建模竞赛和电子设计竞赛工作管理办法》等制度，鼓励师范生积极参与创新能力培养的相关活动，并将创新活动纳入实验实践教学体系，建立创新学分认定办法。学校通过设立大学生创新基金，举办“师范生课堂教学技能大赛、师范生演讲比赛、师范生才艺展示大赛”三大活动，积极组织师范生参加挑战杯、数学建模、东芝杯·中国师范大学师范专业理科师范生教学技能创新实践大赛等知名大赛，大力提升了师范生的创新意识和创新能力。

师范生课堂教学技能大赛

为了加强培养师范生的教师基本素质，强化课堂教学技能训练，全面提高师范生的综合素质，活跃校园文化，营造优良的育人氛围，为师范生全面发展提供一个展现自我的平台，西南大学举办了师范生课堂教学技能大赛。该活动包括初赛、教学技能培训讲座、小学校见习、复赛、决赛几个环节，其中初赛的目的是择优，一是由15个师范生培养学院自行组织本院比赛。比赛形式和选拔标准由学院决定，比赛内容涵盖师范生的专业理论、人文精神素养、教学技能（包括三笔字、口语、计算机技能）这几方面，比赛后各师范学院和未来教育家联盟各推荐2名学生参加学校复赛。在复赛之前，参赛选手需要参加一个专家对教学技能技巧进行培训、互动问答的讲座，之后由学校组织到小学校进行一段时间的见习。复赛分小组比试，由选手抽签决定分组。主要比试的是课堂教学（书写板书）、教案制作（手写）、现场书写毛笔字的能力，其中课堂教学的时间分布是：自我介绍和即兴演讲3分钟，课堂教学12分钟。教学内容为参赛选手所学专业的现行中小学学科（包括语文、英语、数学、历史、地理、政治、物理、化学、生物等）课本内容，其次要求选手提交详细的手写版教案，由评委进行打分。然后选手需在规定的时间内进行钢笔字和毛笔字的书写。最终根据选手的钢笔字、毛笔字成绩和复赛成绩，每组总成绩的前2名选手进入决赛。决赛在多媒体教室进行，比赛的内容是说课、课堂教学、PPT展示。最后学校会给予表现优秀的学院和个人奖励，比赛前3名选手在同等条件下由学校优先推荐到国外知名大学学习一学期。（资料来源：西南大学教务处.2011. 西南大学关于举办第三届课堂教学技能大赛的通知）

师范生演讲比赛

为了锻炼师范生的口头表达能力，提高师范生的演讲技能，为教师综合能力的培养奠定基础，弘扬爱国主义精神，培养学生的爱国情操，使其确立师范生终身从教，献身于祖国教育事业的理想信念，西南大学决定在师范生中开展一系列的坚定从教信念的演讲比赛。该活动由初赛和决赛两个环节组成，其中初赛的目的是择优，由15个师范生培养学院自行组织本院比赛。比赛形式和选拔标准由学院决定，以及比赛的内容是当届演讲比赛的主题，比赛后由各学院推荐1名学生，未来教育家联盟推荐2名学生参加学校决赛；在决赛中，参赛选手进行主题演讲，时间为7分钟，选手可运用多媒体等辅助媒介。比赛结束后，学校会对表现突出的学院和个人给予奖励，竞赛前2名选手在同等条件下由学校优先 推荐到国外知名大学学习一学期。（资料来源：西南大学教务处.2011. 西南大学关于举办第三届师范生演讲比赛的通知）

师范生才艺展示大赛

为了培养和提高师范生的才艺技能，拓展师范生的教师基本素质，促进师范生德智体美全面发展，为我校师范生搭建展示才艺的文化平台，展现师范生积极向上的精神风貌，西南大学举办师范生才艺展示大赛，活动的主题是师范生的“才艺”和“师韵”，比赛由两个部分组成，第一部分是集体才艺，由15个承担师范生培养的学院推荐集体节目进行比赛；第二部分是个人才艺，由获得集体比赛前五名的学院推荐的选手进行才艺比赛。在集体才艺比赛这个环节，由15个承担师范生培养的学院各推荐1个节目参加比赛，比赛以晚会的形式呈现，每个学院选送3人以上的集体节目，节目时间为6～8分钟，类型包括舞蹈、声乐、语言（朗诵、相声、小品、情景剧等），节目内容要求健康向上且符合晚会主题，能够充分展示师范生的专业特色。最后由评委现场打分，评出集体奖。而在个人才艺比赛这个环节，由15个承担师范生培养的学院各推荐1名选手参加比赛，集体节目进入比赛前五名，选手方可取得参赛资格，并且要求选手必须参与集体节目表演，同时准备2～3项不同的才艺参与比赛，单项节目时间为2分钟。最后由评委现场打分，评出前三名。最后根据比赛结果奖励优秀学院和个人，其中设个人表演奖3名，获得西南大学公费派遣到国外知名大学学习一学期的机会。（资料来源：西南大学教务处.2011. 西南大学关于举办第三届师范生才艺展示大赛的通知）

第三节　师范生免费教育的资源开发

为了给免费师范生打造全方位、多样化的学习平台，西南大学积极整合教师教育资源，依托教育部“教师教育创新计划”项目，创建了有利于免费师范生专业能力发展的三个“中心”，即教师教育课程资源中心、能力训练中心、教师教学发展中心。三个“中心”是三位一体、相辅相成的，共同服务于教师教育。此外，西南大学还开发构建了西南地区一流的教师教育数字化资源平台、国内先进的教师专业能力训练平台、国内首创的教师课堂教学能力综合测评平台，以及“五个协同”的教师教育培养合作平台。

一、教师教育数字化资源拓展

西南大学“教师教育课程资源中心”依托国家教师教育创新平台建设项目，主要承担教师教育数字化资源建设，包括西南大学特色资源等（图 3-4），是教师教育职前、职后一体化培养的重要资源保障和后台支撑。该中心通过自主开发、合作共建、精品引进等多种方式，建设了一批多层次、立体化的优质教学资源，可以满足师范生培养和中小学在职教师教学设计、教学实施、教学研究、教学评价等各种需求。

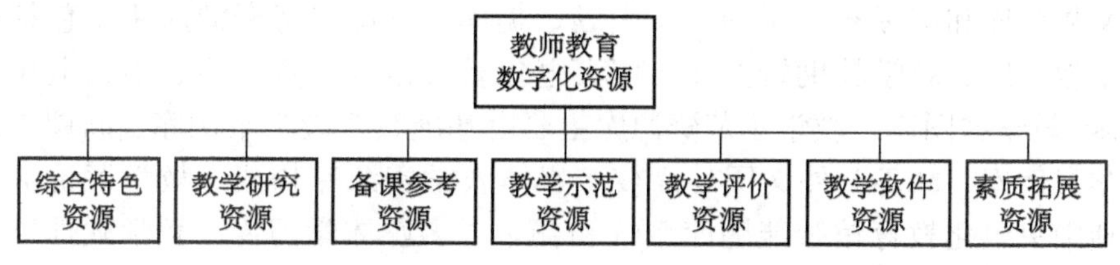

图 3-4　西南大学“教师教育数字化资源”结构图

（一）综合特色资源

西南大学自主开发的教师教育综合特色资源，主要包括西南地区教师教育数据库、西南大学开放资源学习网、西南大学精品课程网、西南大学计算机基础课程学习中心和西南大学视频课程信息网。

西南地区教师教育数据库由教师教育学院与西南民族教育与心理研究中心合作建立，是一个以教师教育模式、培训案例、项目建设为核心要素，建立集资料收集、信息共享、政策支撑、职前实践、在职培训等功能为一体的数据库，旨在全面地把握西南地区教师教育的状况和问题。西南地区教师教育数据库主要包括西南地区教师教育信息数据库、学生异动信息库、教师教育课程库、教师教育案例库、教师教育研究文献库、中小学信息可视化导航等数据库，以及教师教育政策、教师成长案例、教师流动信息、中小学发展规划、中小学学生发展、顶岗实习 6 个新闻栏目，充分反映了西南地区的教育生态和教师教育现状。

西南大学开放资源学习网汇集了学校优秀的网络教学资源，并免费向校内外开放，主要涵盖了开放资源、推荐课程、名师名家、交流论坛、联盟高校等项目板块，很大程度上丰富了学习的内容。

西南大学精品课程网涵盖了西南大学国家级、重庆市级及校级精品课程、双语示范课程等内容，读者可以在网上观摩学习。

西南大学计算机基础课程学习中心可以帮助用户全面系统的了解和学习有关计算机的基础知识和运用。

西南大学视频信息网集师元讲堂、基础教育名师论坛、中小学课堂实录、网易公开课、中国大学公开课于一体，是西南大学面向全国的视频公开课程信息网。

（二）教学资源

教学资源库包括教学研究资源库、备课参考资源库、教学示范资源库、教学评价资源库和教学软件资源库。教学研究资源库主要来源于中国基础教育期刊全文数据库和国际教育系列全文专题数据库。备课参考资源库主要包括中小学电子教材库、教学辅助资源库、中央电化教育馆教学资源库、中央电化教育馆 Flash 教学挂图库。教学示范资源库主要由基础教育教学案例库、新课程多媒体教学案例库、MeTeL 外文国外高校多媒体教学资源库构成。教学评价资源主要包括中央电化教育馆智能题库系统和新东方多媒体学习库。教学软件资源目前包括仿真物理实验室、数理平台、仿真化学实验室、几何画板、MindMap 等，该资源库还在进一步开发中。

（三）素质拓展资源

素质拓展资源主要涵盖网上报告厅和超星名师讲坛。爱迪普森“网上报告厅”包括“前沿”视频数据库和“网上报告厅”制作系统，既提供大量的权威学术报告，又提供了制作本校视频报告的平台。“前沿”视频数据库主要包括：学术报告（包括“理工系列”、“经管系列”、“党政系列”、“文史系列”等内容），学术鉴赏，精品课件。超星视频邀请国内众多知名专家学者、学术权威，将他们多年的学术研究成果制作成视频。视频库包括文学、艺术、历史、考古、法律、哲学等数十个社会学科，涉及近百个学术研究课题。目前，已经推出7个系列专题，涉及文学、艺术、历史等学科，内容丰富，结构完整。今后还将陆续推出哲学、法律等学科专题，满足用户更多的需求。

二、教师专业能力训练平台搭建

为了进一步强化训练师范生的教育教学能力，保证其实习前即已初步掌握教学技能，缩短工作后新入职上岗适应期，奠定其优秀教师和教育家品质，西南大学根据培养方案，从教师专业能力训练基地和教师课堂教学能力综合测评系统两条线，着力搭建教师专业能力训练平台。

（一）教师专业能力训练基地

教师专业能力训练基地是以提升教师教育能力为目标的专业机构，成立于2007年。2011年10月，该基地获批“重庆市高等学校实验教学示范中心”。该基地通过层序性、系统性、专业化的训练，促进教师教育专业能力的提升，实现教师教育“职前培养—入职培训—职后研修”一体化培养。

教师专业能力训练基地搭建了课堂教学在线观摩平台，至2013年已建成教学在线观摩教室18间，其中14间分布在西藏、广西、四川、贵州、云南、重庆6省（自治区、直辖市）的实验基地学校。课堂教学在线观摩平台具有快捷、直观、方便、高效的特点。通过搭建课堂教学在线观摩平台，实现师范生与中小学一线教师的互动交流，帮助师范生在线观摩重点中小学课堂教学实景，实时开展教学见习、教学观摩、教学研究等活动，这对于促进师范生提高课堂观察能力和实际执教能力，都将起到非常重要的作用。

西南大学还搭建了微格教学（microteaching）训练平台，在教师教育学院师元楼设立有31间微格教室，供各类型的课程微格教学使用。微格教学通常又被称为“微型教学”，它是由美国斯坦福大学艾伦（D. Allen）教授等创立的一种利用现代视听设备（摄像机、录像机等），专门训练学生掌握某种技能、技巧的小规模教学活动。微格教室是在装有电视摄像、录像系统的特殊教室内，借助摄像机、录像机等媒体，进行技能训练和教学研究的教学环境，一般用于师范院校的学生和在职教师教学技能训练的模拟教学活动。为方便师范生和教师使用，教师专业能力训练基地专门开发了微格教室自主预约系统，并将微格教室录播系统与课堂教学能力综合测评系统有效对接，除此之外，西南大学还建成了11 000平方米的师范生能力训练基地，并优化配置用于能力训练的各种基础设备和设施。目前，已建成口语基础能力训练中心、书写基础能力训练中心、音乐基础能力训练中心、美术基础能力训练中心、教育技术应用训练、心理教育能力训练中心、课堂教学综合能力训练中心7个教师专业能力训练中心。化学、物理、生物3个师范生实验教学能力训练（分）中心也即将建成，以专门训练师范生演示实验、讲解实验和指导中小学生完成实验的基本能力。

（二）课堂教学能力综合测评系统

西南大学为了构建师范生教学技能“训练—测试—反馈—提高”的有效机制，形成“以测促训”的训练模式，学校依托“教师教育创新平台”建设，研制了师范生课堂教学技能测评系统。系统借鉴高考网上评卷的做法，由学生上传教学设计、课件设计、教学视频和教学反思等材料至测试平台，再由各省市基础教育领域的教师与西南大学从事相关学科教育的教师共同组成测评专家进行实时评分，最终得出对师范生教学技能的客观评价。课堂教学能力综合测评系统通过“训练—测评—反馈—提高”的模式提升师范生的课堂教学综合能力，其特点在于：①有由高校专家与基础教育名师组建而成的专家库；②测试项目覆盖教学全过程；③测评结果科学、客观、公平（表 3-3）。为了便于师范生积极参与并有效地使用课堂教学能力综合测评系统，教师教育学院特意编写了《西南大学师范生课堂教学能力综合测评系统学生用户手册》，并对 2011 届部分毕业进行了试点测评。为了提高师范生参与自各专业培养方案，将课堂教学技能测试作为必要环节纳入“实践教学环节”课程板块，给予 3 个必修学分，进一步强化对师范生的教学技能训练。

三、教师教育创新实验区与国家级教师教学发展示范中心建设

为了免费师范生培养师资队伍，特别是学科教育学师资队伍整体素质的提高，西南大学通过实施教师教育人才引进计划、教师教育在职人员培训计划和学科教育博士人才培养计划三大计划来建设教师教育师资团队，并通过国家“教师教育创新西南实验区”和“教师教学发展示范中心”建设，形成“五个协同”[①] 的教师教育区域发展模式。

（一）教师教育创新实验区

教师教育创新实验区是教育部和财政部重点资助的教师教育创新平台建设项目的重要组成部分，是落实国务院师范生免费教育政策，培养长期、终身从教的优秀教师和未来教育家而设立的基础性建设工程，是开展教师教育改革实践研究、强化师范生实践技能、服务基础教育的重要平台。西南大学教师教育创新实验区（以下简称实验区），以教师专业化为核心，坚持合作共建、互利互促的原则，建立“高校-地方政府-中学”联合体，探索教师职前、职后一体化教育实验，建设一批教师教育创新实验示范基地，成为教师教育改革和服务西南基础教育的重要基地。

实验区建设的总目标是，通过建立以“教育实习与社会实践、合作研究与

① 注：“五个协同”是指，第一，“校-地”协同，包括成立西南地区高师协作会和重庆市教师教育研究中心；第二，“校-校”协同，西部地区高校提供教师培训服务，推进区域教师发展；第三，“校-所”协同，与培训机构开展项目合作；第四，“校-企”协同，与企业共享共建资源；第五，“国际”协同，开展教师教育的国际交流与合作。

表 3-3　西南大学师范生课堂教学能力综合测评标准

测评内容构成及权重（师范生教学能力基本构成）	测评材料（学生提交的教学能力证明材料）	测评点	具体测评指标（专家测评时的具体评价指标）	
			基本规格要求	权重
1. 教学设计与教案撰写能力（备课与教案撰写）(0.20)	教案详案 1 份（从所学专业对应的中小学学科课程中选择课题）	结构	教案构成完整，要素齐全，格式规范，陈述清楚	0.05
		目标	教学目标定位合理、具体明确、表述准确	0.20
		内容	教材分析合理，内容点选择正确，重难点确认合理；内容点内涵准确，解析清楚、透彻	0.30
		过程	教学过程的基本环节完整，教学进程的安排合理	0.20
		方法	基本教学方法选用合理有效，灵活多变，协同、互补	0.25
2. 教育技术应用能力（课件设计与制作）(0.10)	电子课件 1 份（与上面所撰写的教案匹配，根据教案设计并制作）	信息	呈现方式适当，能够根据教学信息类别、学生年龄及学习心理特点选择适宜的信息呈现方式，图文选用合理、准确、规范	0.25
		逻辑	信息层次清楚，逻辑清晰，避免“迷航”	0.25
		版面	排版合理，信息可辨度高，版面清爽	0.20
		运行	课件有交互性，运行设计合理，播放顺序符合教学逻辑	0.30
3. 教学实施能力（上课）(0.60)	20 分钟模拟教学录像（根据以上教案及课件，实施模拟教学或实习课实况录像）	言语	包括口头言语和体态言语。要求口齿清楚，表达流畅，用普通话；教态自然大方，教学气氛良好	0.10
		思路	教学思路清楚，教学主线明朗，教学重心清晰	0.20
		知识	内容点准确，讲解科学合理，解析清晰、透彻，难点突破有力	0.25
		方法	探究式教学，互动交流意识强，对学习思维启发、引导有力，促进学生发现学习；教学手段选用合理，多种方法手段配合协调	0.35
		过程	教学进程推进合理有序，教学基本环节完整	0.10
4. 教学评价能力（说课评课与教学反思）(0.10)	说课、评课与教学反思实录（自我课后书面说课稿）	表达	陈述清楚，表达流畅；评说的基本内容全面，重点突出，详略得当	0.05
		思路	评说思路清晰，教学各因素间的关系把握清楚	0.25
		评析	评价客观、恰当，分析具体明确，不笼统、不含糊	0.25
		问题	对教学设计及实施（包括课件设计及其运用）中存在的问题找得准确，分析清楚、透彻	0.25
		对策	能够针对问题提出建设性的教学改进策略，对策合理有效	0.20
*教学个性、特色与创新（附加 0.10）	—		任一方面或某一环节、某一因素（在基本合理有效前提下）特色鲜明、新颖独特、富有个性和创新性	

注：总分为 100 + 10 分。测评结果（总成绩与 4 + 1 单项成绩）根据各具体测评点的测评结果由系统依权重逐级加权、自动生成

*表示附加项

资料来源：西南大学教师教育学院. 2013. 西南大学师范生课堂教学能力综合测评标准

成果推广、生源选拔与就业促进、教师专业发展与教育咨询服务”等为主要内容的多功能综合性教师教育创新实验区，以见习、研习、实习为重要内容的师范生实践基地，以高校、地方、示范基地学校共同管理的合作模式，构建起高

校、地方和示范基地学校互助共赢的教师教育培养新体系，引领和服务西部地区基础教育的改革和发展，实现“高校-地方-中学”三位一体共建共赢的教育发展目标。实验区建设的具体目标包括以下几方面。

（1）根据教师教育改革要面向基础教育、服务基础教育、支持基础教育、引领基础教育的方向和目标，在高校与地方和基地中学之间建立长期、稳定、广泛的合作关系。

（2）打通高校师范生培养目标与地方师范人才规格需求之间的渠道，构建高校、实验区和示范基地密切合作的教师教育培养新体系：其一，共同承担师范生本科阶段的培养，共同承担师范生就业后的职业提升培训，以及学历提升教育，实现师范生职前、职后教育一体化；其二，突出示范基地“见习、研习、实习”三类实践有机结合的特征，强化师范生的教师专业化训练，实行师范生实践技能一站式培养；其三，加强高校与地方在招生与升学等工作上的衔接，以及在师范生教育实习与就业促进等工作上的对接，建立招收优质师范生、拓宽师范生就业渠道的长效机制。

（3）发挥高校的教育高地作用和实验区与示范基地的创新实践功能，进行高等师范教育和基础教育教学改革的合作研究和成果推广。

（4）根据基础教育的发展和课程改革的需要，将师范生教育实习与支教紧密结合起来，支持基地中学培养优秀教师，支持基础教育。

在实验区建设中，西南大学以教师专业化为核心，坚持合作共建、互利互促的原则，不仅把实验区示范基地学校作为师范生实习、见习、研习基地建设，而且将其作为共同培养优秀教师和未来教育家的合作伙伴予以支持。为此，学校实施了创新实验区“2332”发展计划，包括：两个建设（实验区网络远程视频教育系统建设、实验区教学信息化示范学校建设）；三个培训（实验区教师培训、实验区管理干部发展培训、实验区兼职教师培训者培训计划）；三个服务（实验区学校发展服务、实验区教师教育改革与创新及师范生实践教学研究及成果推广服务、学科教育教师中小学实践服务）；两个比赛（国家教师教育创新西南实验区教师教学技能比赛、国家教师教育创新西南实验区师范生教学技能比赛）。2008～2012 年，西南大学已建成 10 个教师教育创新实验区，40 个示范实习基地学校，覆盖西藏、新疆、贵州、四川、云南、广西、重庆等 7 省（自治区、直辖市），涵盖省会城市、普通地级市、县级市、省会市辖区、普通市辖区等各层次地区。

（二）国家级教师教学发展示范中心

西南大学秉承 100 多年的办学传统，一向重视高校教师的师德修养和教学能力提升。1981 年和 1982 年，教育部在原西南师范大学先后建立了教育部西南教育管理干部培训中心和教育部西南高校师资培训中心。学校于2009年10月建立了高校教师教学发展中心。该中心在西南大学教师教育工作领导小组的领导下开展工作。2012年，该中心获准首批国家级教师教学发展示范中心。

学校将该中心定位为西南大学的直属机构，是学校教师教学能力发展和提升的专门机构。其主要任务是高校教师的培训、教学改革、教学研究、教学交流、教学质量评估和教学咨询服务等。该中心下设办公室、教学资源部、教师培训与咨询部、教学改革与评价部、教学研究与交流部。该中心积极探索并构建了校、院两级教师教学发展管理体制和“学校-学院”、“校内-校外”、“国内-国外”等培训相结合的运行机制；秉持“教学能力与学术能力并重、系统培训与自主发展并重”的教师教学发展理念，整合学校优势资源，初步建成独具特色的教师教学能力训练平台和优质教学资源平台；充分利用学校的优质教师资源，组建了高水平的管理与技术服务团队、培训与咨询服务团队；创新教师专业发展模式，多形式开展教学培训、教学改革、教学评估、教学咨询与服务，取得了显著的成绩。

该中心集“统筹、管理、培训、研究、服务”等职能为一体，具体的工作职责包括：第一，统筹教师教学发展。统筹校内教师教学发展工作，负责学校教师教学发展工作规划、制度建设、活动组织、课程设计、评估咨询等工作；协调联系区域内各有关高校，促进区域内教师教学发展协同创新机制的形成，为区域内教师教学发展中心工作经验的交流搭建信息渠道与共享平台。第二，开展教师教学培训。组织新进教师、研究生助教岗前教学基本技能培训；在职教师教学发展培训；公共基础课教师业务技能培训；副教授能力提升培训；推进教师培训工作常态化、制度化。第三，开展教学改革研究。设立“西南大学教育教学改革专项基金”，针对教育教育过程中的难点问题、热点问题，组织教师进行教学研究，并对优秀成果加以宣传和推广。第四，开展教学评估与咨询。逐步构建以学生、专家、教师共同参与的、三位一体的教学评价体制，对教师教学质量进行检查和评估；定期组织教学名师、教学能手开展专题研讨和咨询，建立和完善教学沙龙制度；组织教学观摩活动。第五，建设优质的教学资源。建立国际领先、国内一流的高水平微格训练平台、课堂在线观摩平台；建设教师教学发展中心网络示范平台；搭建名师视频教学平台；建立优秀的教学案例、教学素材和先进的数据库资源。第六，示范与推广优秀的教学成果。该中心立足于西南大学，面向西部兄弟院校，向西部其他高校介绍和推广教师教学发展中心的经验、模式，开展教师培训、教学评估与咨询、信息资源共享等。

该中心整合西南大学师范教育的百年积淀和教育学、心理学多学科的综合优势，2009～2012年，培训校内教师近4000人，为西南地区培训教师近10 000人，已形成一支由教学能力培训专家团队、教学改革研究专家团队、教学咨询服务专家团队、教学评价专家团队、专业发展指导专家团队组成的教学培训与服务团队，以及一支结构合理、精干高效的管理与技术团队。

综上所述，为探索师范生免费教育试点示范和教师教育改革创新的经验，西南大学通过建立师范教育工作的组织保障，出台师范教育的纲领性文件，加强师范生的职业理想教育和职业生涯规划，构建科学的师范生培养课程新体系，积极探索师范生国际联合培养创新模式，重视师范生的能力训练，扎实推进师范生就业工作，拓展立体、丰富的师范生数字化资源，搭建西南地区教师教育资源共享平台，进行特色专业、重点课程建设，打造高水平的教师团队和加强教师教育理论研究，构建了师范生职前、职后的一体化教育模式，形成了自身举办高质量师范教育的特色之路。

第四章

师范生免费教育的调查研究

为了给加强和改进师范生免费教育提供科学依据和决策参考，“师范生免费教育政策的价值分析”课题组在前期文献研究、开放式问卷调查和初测问卷的基础上，以西南大学2007级免费师范生为被试进行了正式的问卷调查。调查采用分层抽样的方法，调查对象分布在西南大学12个师范专业，并在考虑总体的性别构成、家庭收入、家庭住址等因素的基础上设计了配额抽样，充分考虑了样本的典型性和代表性（表4-1）。调查工具为自编的问卷，主要采用李克特五

表4-1　问卷调查内容维度划分

内容	维度			问卷中的题目、题项
	一级	二级	三级	
政策认知	政策选择	政策目的		1
		报考动机		2、4-1、4-2
	政策认可度	政策方案认可度	权利	3-1、7、8、9、10、11、13
			义务	3-2、3、4、6、5、12
		政策效果认可度	个体	4-3、4、5、6、7
			整体	4-8、9、10、11、12
	政策满意度	高校培养方案		5
		政府机构职责履行		6
学校状况	学习动力	学习兴趣		7-1
		学习目标		7-2
	学习策略	刻苦努力		7-3、4
		反思实践		7-5、6、7
	学习效果	知识技能		7-8、7-11
		道德品质		7-9、10、12
职业认同	从教信念			8-1、8-2
	就业意向	就业去向		8-3、8-4、8-5
		就业压力		8-6、8-7
	职业期望	职业规划		8-8、9
		职业认知		10
		职业目标		11

注：题项4-5、4-6、8-2、8-3为反向计分

点量表（Likert scale）进行设计。问卷内容分为两大部分：第一部分是“个人基本情况”；第二部分是正式问卷，包括政策认知、学习状况、职业认同3项内容（附录一）。此次调查共发放问卷1500份，实际回收问卷1388份，其中有效问卷1151份，问卷回收率为92.5%，有效率为82.9%。问卷回收后，用SPSS 19.0统计软件对其进行信度和效度检验。政策认知、学习状况、职业认同的主成分分析KMO值分别为0.929、0.933、0.791，Bartlett's球形度检验的Sig.值均为0.000，说明问卷具有良好的结构效度；内部一致性检验Cronbach's α系数分别为0.911、0.895、0.873，表明问卷具有较好的信度指标，能够可靠、稳定地反映被试的实际认知水平。

问卷调查的基本情况，如表4-2所示。

表4-2　问卷调查对象基本情况统计表

项目	类别	人数	百分比/%	项目	类别	人数	百分比/%
性别	男	464	40.3	家庭居住地	城镇	477	41.4
	女	687	59.7		农村	674	58.6
	合计	1151	100.0		合计	1151	100.0
父亲学历	小学及以下	241	21.9	母亲学历	小学及以下	343	29.8
	初中	412	35.8		初中	423	36.9
	高中、中专	322	28.0		高中、中专	279	24.2
	大学专科	117	10.2		大学专科	68	5.9
	大学本科	57	5.0		大学本科	35	3.0
	硕士、博士研究生	2	0.2		硕士、博士研究生	3	0.3
	合计	1151	100.0		合计	1151	100.0
父亲职业	工人、商业、服务人员	204	17.7	母亲职业	工人、商业、服务人员	128	11.1
	企业领导、管理人员	70	6.1		企业领导、管理人员	54	4.7
	农民、打工者	540	46.9		农民、打工者	618	53.7
	机关、事业单位干部	72	6.3		机关、事业单位干部	32	2.8
	一般职员、文员、秘书	19	1.7		一般职员、文员、秘书	65	5.6
	公检法、军人、武警	14	1.2		公检法、军人、武警	7	0.6
	专业技术人员（如教师、医生）	58	5.0		专业技术人员（如教师、医生）	43	3.7
	私营或个体劳动者	121	10.5		私营或个体劳动者	107	9.3
	自由职业者、其他	53	4.6		自由职业者、其他	97	8.4
	合计	1151	100.0		合计	1151	100.0
家庭经济状况	非常贫困	60	5.2	大学期间每月消费	≤400元	95	8.3
	比较贫困	387	33.6		401～800元	709	61.6
	中等	634	55.1		801～1000元	270	23.5
	比较富裕	65	5.6		1001～1999元	56	4.9
	非常富裕	5	0.4		≥2000元	21	1.8
	合计	1151	100.0		合计	1151	100.0

第一节　免费师范生的政策认知

“政策认知是人们对政策系统和政策过程的认知、判断和评价，是认知者、被认知者和情境等因素交互作用的心理过程，是人们对政策系统功能、作用、结构、关系等的认识。”（张国庆，1997，p. 48）作为师范生免费教育政策的主要目标群体，免费师范生对政策的认知及其在实践中对政策的态度和行为是影响政策执行效果的重要因素之一。此次调查研究主要从政策选择、政策认可度和政策满意度三个维度来考察免费师范生的政策认知状况。

一、免费师范生的政策选择

问卷主要从免费师范生对政策目的的认知和报考动机两个方面来考察他们的政策选择。在进行问卷设计时，除政策目的和报考动机两道题目采用开放式提问外，其余题目均采用社会调查和心理测验等领域最常使用的李克特五点量表进行计分，即用一组与主题相关的问题或陈述组成，来表明被调查者对某一事物的态度、看法、评价或意向。（Likert，1932，pp. 1-55）

（一）免费师范生对师范生免费教育政策目的的认知

教育政策的价值取向历来有着“公平”和“效率”之争，师范生免费教育政策也不例外。《实施办法》对师范生免费教育政策的性质和目的有着明确的阐述，即“这个具有示范性的举措，就是要进一步形成尊师重教的浓厚氛围，让教育成为全社会最受尊重的事业；要培养大批优秀的教师；要提倡教育家办学，鼓励更多的优秀青年终身做教育工作者”①。“三个就是要”明确表明了国家试行师范生免费教育政策的目的在于“重教”和“从教”，即鼓励优秀人才长期从教，培养优秀教师和未来的教育家，就价值取向而言，更侧重于“效率”维度。然而本次调查通过前期的开放式问卷和访谈发现，绝大多数免费师范生认为，我国之所以在高校并轨20年后出台师范生免费教育政策，更多的是基于“教育公平”、“农村导向”的考量，即旨在弥补欠发达地区师资的不足，促进教育均衡发展。鉴于此，调查问卷特意考察了2007级免费师范生对师范生免费教育政策目标的认知情况，结果如表4-3所示。5个选项中免费师范生对“鼓励优秀高中毕业生报考师范专业，培养和造就大批未来优秀教育家”这一政策目标的认同程度最高；其次是“弥补农村地区师资不足，促进农村地区教育事业发展”；

① 国务院办公厅. 2007. 国务院办公厅转发教育部等部门关于教育部直属师范大学师范生免费教育实施办法（试行）的通知.

再次是“形成尊师重教的氛围，让教育成为全社会最受尊重的事业”；对“资助贫困生上大学”的认同程度最低。可见，免费师范生对政策目标的认知与国家的相关规定基本一致，但仍存在“多元”的价值取向。

表 4-3　题目“您认为国家出台《实施办法》的目的是？”的描述统计分析

选项	频数	有效百分比/%
形成尊师重教的氛围，让教育成为全社会最受尊重的事业	195	16.9
鼓励优秀高中毕业生报考师范专业，培养和造就大批未来优秀教育家	533	46.3
弥补农村地区师资不足，促进农村地区教育事业发展	296	25.7
资助贫困生上大学	48	4.2
实施“科教兴国”战略	79	6.9
合计	1151	100.0

为了进一步探究免费师范生政策目的认知多元化的成因，课题组对被试的性别、家庭居住地、家庭经济状况等因素进行了差异性分析。卡方检验的结果表明，不同家庭居住地的被试对政策目标的认知不存在显著性差异；不同家庭经济状况的被试对政策目标的认知则存在显著性差异，具体表现为家庭经济状况较为贫困的被试更趋于认同“弥补农村地区师资不足，促进农村地区教育事业发展”，家庭经济状况中等的被试更偏向于认同“鼓励优秀高中毕业生报考师范专业，培养和造就大批未来优秀教育家”；家庭经济状况较为富裕的被试则更认同“形成尊师重教的氛围，让教育成为全社会最受尊重的事业”。

任何一项教育政策的制定，都是为了解决一个具体的教育问题。免费师范生对政策目的认知的多元倾向，意味着政策设计存在着价值取向的整合问题，即核心价值不明确。所以，师范生免费教育政策面临的难题之一即在于，这一兼具两项或多项目标的政策“有可能因为要面对的对象不同，完成的任务不尽相同，以及培养的目标与方式不同，最终导致政策目标失真，政策内容迷失重心，而在具体操作上陷入迷茫的境界”（吴遵民，刘芳，2008，pp. 83-89）。要从根本上解决这一难题，政策目的的确立应该避免没有重点地全面撒网。师范生免费教育政策应围绕“培养和造就大批优秀教师和未来教育家”这一核心政策价值，实现教育资源的合理配置，提高管理效能和教育实践主体的积极性，以期降低政策代价，防止政策失真、失效（周琴，2013，p. 61）。

（二）免费师范生的报考动机

表 4-4 显示了此次问卷对免费师范生报考动机的调查结果。首先，1151 名被试中有 440 人是基于“免除学费、住宿费并补助生活费，减轻家庭经济负担”而报考免费师范生的，所占比例（38.2%）在 5 个选项中最高；其次，有 265 人因为“热爱教育事业，有志于从教”而报考，所占比例为 23.0%；再次，有

221 人选择“毕业后有编有岗，就业有保障”，所占比例为 19. 2%；此外有 118 人乃“稀里糊涂地报考”，所占比例为 10. 3%；最后是“遵从他人（父母、教师等）的劝导”而报考，有 107 人，所占比例为 9. 3%。值得一提的是，题项“免费师范生是我报考的第一志愿”均值为 3. 73，得分较高，有 35. 2% 的被试选择了“基本同意”，32. 7% 的被试选择了“非常同意”（附录 2-1）。但题项“我在报考时，对师范生免费教育政策有足够的了解”均值为 3. 00，得分较低，仅 15. 2% 的被试明确表示“基本符合”或“非常符合”，说明免费师范生报考时带有一定的盲目性。

表 4-4　题目“您为何报考免费师范生?”的描述统计分析

选项	频数	有效百分比/%
热爱教育事业，有志于从教	265	23. 0
免除学费、住宿费并补助生活费，减轻家庭经济负担	440	38. 2
毕业后有编有岗，就业有保障	221	19. 2
遵从他人（父母、教师等）的劝导	107	9. 3
稀里糊涂地报考	118	10. 3
合计	1151	100. 0

关于免费师范生的报考动机，陕西师范大学的一项调查研究显示：从关联性而言，免费师范生的三大报考动机依次是免费、实现教师理想、就业有保障；从强弱而言，免费师范生的报考动机依次是就业有保障、免费、实现教师理想（李高峰，2011，p. 24）。2009 年，“全国师范生免费教育政策实施认同度调查”发现：农村户口的孩子更多出于经济原因而报考；免费师范生家庭收入越低，经济因素对学生报考免费师范生动机的影响越大；父母受教育程度越低，经济因素对学生报考免费师范生动机的影响越大（姚云，董晓薇，2009，pp. 45-50）。西南大学的另一项调查也表明：经济因素是许多免费师范生报考的最主要原因，其次是就业前景（谢丽娜，2011，p. 9）。另据一项针对某部属师范院校 2007 级免费师范生入学时所做的调查研究所示，52% 的学生选择免费师范生专业的首先理由是“家庭经济困难”，23% 是“教师具有稳定的经济来源和良好的社会地位”，只有 25% 的学生首选“成为优秀的教师和教育家能更好地实现人生价值”①。上述研究理论与本次调查的结果基本一致：被试之所以选择成为免费师范生，受经济因素和就业保障的驱动较为明显，其报考动机带有一定的功利性。

为了进一步揭示免费师范生报考动机功利性的成因，课题组对被试的性别、家庭居住地、家庭经济状况等因素进行了差异性分析。卡方检验的结果表明，

① 姜澎. 2010-04-28. 免费师范生冰火两重天 明年第一批学生将毕业，专家建议适时完善政策确保师资质量. 文汇报，第 8 版.

不同性别、不同家庭居住地、不同家庭经济状况的被试其报考动机存在显著性差异，具体表现为：①男生比女生更倾向于受“两免一补”的吸引而报考免费师范生；②家庭居住地为农村的免费师范生更容易基于经济因素而报考；③家庭经济状况较为贫困的被试更倾向于因为“免除学费、住宿费并补助生活费，减轻家庭经济负担”而报考。相比之下，家庭经济状况中等和比较富裕的被试受经济因素的影响明显较小，但前者更偏向于因“毕业后有编有岗，就业有保障”而报考。课题组还对被试的报考动机和大学期间的月消费水平的关联性进行了分析，发现每月消费额度在400元以下的被试中，有64.2%的人因“两免一补”而报考免费师范生，其比例远远高于其他月消费水平大于400元的被试（表4-4）；基于“两免一补”而报考免费师范生的440名被试中，有13.9%的人大学期间月消费额度少于400元，61.8%的人月消费额度为401～800元。这也从另一个侧面印证了免费师范生的报告动机受经济因素的影响较为明显。

师范生免费教育政策以“两免一补”、“安置就业”作为制胜筹码，旨在提高社会对教师职业的关注度，吸引优秀高中毕业生就读师范专业，鼓励优秀大学生毕业从教。但从上述调查研究的结果来看，师范生免费教育能否吸引优秀学子报考师范专业令人生疑。事实上，在全国高校普遍实施收费和自主择业的情况下，“两免一补”等优惠待遇对于中西部欠发达地区的学生具有较大的吸引力。如前所述，2007年6所部属师范大学首批招收的10 737名免费师范生中，来自中西部20个省（自治区、直辖市）的生源占90.8%，其中西部生源占58.0%，农村生源占60.2%。西南大学本身地处西南，作为2007年招收免费师范生人数最多的高校，其农村生源比例更是高达67.7%。从表4-1中也可以看出，此次调查的1151名被试中有57.4%来自农村，94.6%来自中等以下收入家庭（其中39.2%来自贫困家庭）。因此，本次调查结果显示，有半数以上的被试乃出于经济和就业的考虑而报考免费师范生，有其特定的原因。值得深思的是，如果免费师范生选择接受免费师范教育的最初和最大动机不是出于对教师职业与教育事业的情感共鸣，而是将其作为缓解家庭经济压力和就业的权宜之计，那么师范生免费教育政策“吸引优秀高中毕业生就业师范”，进而“培养和造就大批未来优秀教师和教育家”的政策初衷就有可能成为镜中花、水中月。鉴于此，进一步完善师范生免费教育政策，应当着重从如何将免费师范生的外部激励转化为内在需要来加以思考，避免国家资源的浪费，防止政策预期收益遭受巨大的风险。

二、免费师范生的政策认可度

政策认可度主要是指免费师范生对师范生免费教育政策方案和实施成效的认可程度。免费师范生的政策方案认可度主要基于免费师范生对《实施办法》

中具体内容的评价来予以分析。政策实施成效认可度则从个体和整体两个方面来予以考察。统计分析的结果显示，免费师范生的政策满意度总均值为 3.53，表明免费师范生对师范生免费教育政策方案和实施成效总体“比较认可”。

（一）免费师范生对政策方案的认可度

政策方案认可度由 13 个题项组成，用 SPSS19.0 软件统计后得出总均值为 3.71，表明免费师范生对师范生免费教育的政策方案整体持“基本赞同”的态度①，但对“权利”和“义务”的态度差异明显。相比较而言，免费师范生对政策赋予其的权利的认可度较高（均值为 4.07），而对政策规定的义务的认可度则明显偏低（均值为 3.35）。② 譬如，“免除学费、住宿费并补助生活费”，“确保每一位到中小学任教的免费师范生有编有岗”，“用人学校与毕业生在需求岗位范围内进行双向选择”，“在协议规定服务期内，可在学校间流动或从事教育管理工作”，“非师范专业优秀学生在入学 2 年内可转入师范专业”，“可按照学校规定在师范专业范围内进行二次专业选择”，“毕业生考核符合要求的，可录取为教育硕士专业学位研究生”等题项的均值都高于 3.8，表明被试“非常赞同”上述政策规定。而诸如“入学前签订协议，承诺毕业后从事中小学教育 10 年以上”，“毕业生一般回生源所在省份中小学任教”，“到城镇工作的免费师范毕业生，应到农村义务任教 2 年”，“毕业未履行协议的，应退还已享受的免费教育费用并缴纳违约”，“省级教育行政部门负责履约管理，并建立免费师范生的诚信档案”等题项的均值皆未低于 3.8，态度倾向为“基本赞同”。其中得分最低的题项是“毕业前及在协议规定服务期内，一般不得报考脱产研究生”，均值为 2.79，标准差达到 1.234，选择“赞同”和“不赞同”的被试比例分别为 33.3% 与 44.5%，另有 22.1% 的被试选择“不确定”，表明免费师范生对此项政策规定的争议较大，认可度较低。

为了进一步揭示免费师范生政策方案认可度的影响因素，课题组对被试的性别、家庭居住地、家庭经济状况等因素进行了差异性分析。t 检验和方差分析的结果表明，不同家庭经济状况的被试，其政策方案认可度不存在显著性差异；不同性别、不同家庭居住地的被试，其政策方案认可度存在显著性差异。具体

---

① 在李克特五点量表中，将各题得分累加后即可得出态度总分，它反映了被调查者对某事物或主题的综合态度。量表总分越高，说明被调查者对某事物或主题的态度越积极。在社会调查中，人们常常更关心被调查群体的平均社会意向或态度，此时需将所有被调查者的量表总分累加后求平均值，后者即为该群体对某事物的平均意向。同样，均值得分也有相应的划分，0～1.2 为“非常不认可（满意、符合）”，1.3～2.5 为“较不认可（满意、符合）”，2.6～3.8 为“基本认可（满意、符合）”，3.8～5.0 为“非常认可（满意、符合）”。

② 对两者的均值进行独立样本 t 检验，求得 $p=0.000\leqslant 0.05$，差异有统计学意义。

表现为：①女生对于政策方案的认可程度明显高于男生，两者的差异主要体现在对权利相关内容的评价上；②农村生源对政策方案的认可程度明显高于城市生源，差异主要体现在对义务相关内容的评价上。

深入分析，免费师范生对政策方案的认知呈现出“重权利，轻义务”的倾向，有以下几方面的原因。首先是不同政策主体有不同的价值诉求。就师范生免费教育政策而言，与政策直接相关的利益群体主要包括《协议书》规定的三方（省级教育行政部门、培养高校和免费师范生）。单就免费师范生而言，面对公共利益与个人利益之间的博弈，需要作出自身的价值选择。例如，政策规定毕业后从事中小学教育10年以上，但82.50%的免费师范毕业生认为年限偏长，希望服务年限改为5年左右（严怡，张斌，2012，p.16）。由于免费师范生在相关政策议题上缺乏话语权力，处于相对弱势的地位，故他们自嘲“协议就是卖身契”，由此产生了不满和抵触情绪，强调权利而忽视义务，实乃在所难免。其次是政策误读。师范生免费教育政策于2007年在6所部属师范大学试行，公众对于新政策的了解是一个渐进的过程。作为首届招收的免费师范生，此次调查的被试报考时对政策的了解程度总体偏低，这也是他们政策认知模糊、政策评价矛盾的主要原因之一。有研究发现，部分免费师范生对政策了解得不够，从而对政策中的违规惩罚性条款，如“免费师范生违约要退还费用并交纳违约金政策”，以及“10年服务期内不能报考脱产研究生”的合理性产生质疑，认可度偏低（姚云，董晓薇，2009，pp.45～50）。在此次调查中，课题组将政策方案中较具争议性的内容，如“从教10年”、“回生源地就业”，“到农村任教两年”，“不得报考脱产研究生”，“违约赔偿”，“记入诚信档案”等题项与政策的了解程度进行了相关分析，发现两者呈正相关。也即是说，免费师范生对政策的了解程度越低，对争议性政策内容尤其是违规惩罚性条款的认可度就越低，反之则较高。前期的开放式问卷和访谈调查还发现，部分免费师范生对政策条款的理解存在偏差。例如，“到城镇工作的免费师范毕业生，到农村义务任教2年”的政策规定，不少免费师范生理解为毕业后必须先到农村任教2年，担心就此“扎根农村”，因此对此条款的认同程度偏低。另外，关于报考研究生，许多免费师范对教育硕士的性质和内容缺乏了解，认为专业硕士的文凭不如学术型硕士“过硬”，因此对相关政策方案的争议性较大。最后，政策制度设计的局限性也影响了免费师范生对政策的认可程度。在前期访谈中，当问及“您对师范生免费教育政策有何评价？”时，不少免费师范生表示：“政策总体是好的，但还有细节需要完善，尤其是政策规定不够人性化。如必须回生源地任教，这样就导致有些省份免费师范生没有对口岗位，有些省份的生源又不够。”……“还有不允许跨省就业，免费师范生的婚恋问题就受到影响，不够人性化”。由此看来，师范生免费教育政策在具体实施过程中应避免一刀切，并出台灵活而人性化的配套措施，确保免费师范生“进得来、出得去、留得住”。

（二）免费师范生对政策实施成效的认可度

统计结果显示，政策实施成效认可度的所有题项总均值为3.35，表明免费师范生对师范生免费教育政策实施成效的总体评价比较积极。其中，对政策个体效应的认可度均值为3.25，有52.1%的被试认同“我为自己是一名免费师范生而感到自豪”；51%的被试表示“假如再给一次机会，我还会选择成为免费师范生”；54.8%的被试认可“作为一名免费师范生，我对自己的发展前景很乐观”。反向题“我曾经考虑过违约”和“师范生免费教育政策限制了个人的发展”，经反向计分后均值分别为3.14和2.71，表明免费师范生对个人选择和发展所持的态度相对积极和肯定。而将“师范生免费教育基本达成了政策预期目标”，“师范生免费教育政策有必要继续推行”，“首届免费师范生就业形势总体令人满意”，“首届免费师范生的综合素质基本达标”等题项的得分汇总，求得的政策整体效应认可度的均值为3.45，表明被试对师范生免费教育政策整体效应的评价同样趋于积极和肯定。为了进一步揭示被试对师范生免费教育政策实施成效的认知倾向，课程组对政策实施成效的个体认可度和整体认可度进行了差异性分析。独立样本t检验的结果表明，两者差异显著，具体表现为被试对政策整体效应的评价明显高于政策个体效应。

为了深入分析免费师范生政策实施成效认可度的个体差异，课题组对被试的性别、家庭居住地、家庭经济状况等因素进行了差异性分析。t检验和方差分析的结果表明，不同性别、不同家庭居住地的被试其政策实施成效认可度不存在显著性差异；不同家庭经济状况的被试其政策实施成效认可度存在显著性差异，具体表现为家庭比较富裕的被试，其认可度明显高于家庭相对贫困的被试；两者的差异主要体现在对政策整体效应的评价上。究其原因，贫困家庭学子的政策诉求较多，政策期望也更高，容易与政策实施成效形成明显的反差，因此导致被试对政策实施整体成效的评价相对略低。

师范生免费教育政策出台伊始，就引发了社会各界的激烈争论。诸如“师范生免费教育回原籍就业、不允许脱产考研等政策规定是否限制了个人的发展”，“师范生免费教育政策是否妥当推广至地方院校”，“免费师范生的培养质量是否达标”等质疑的声音此起彼伏。鉴于师范生免费教育政策推行的时间尚短，其实施成效有待进一步监测和长期追踪。但仅从此次问卷调查的结果来看，被试（免费师范生）对政策实施效果的评价比较积极，对后续政策调整与个人发展的期望也比较乐观。这在一定程度上也印证了师范生免费教育政策实施的成效，基本符合预期的政策目标。

三、免费师范生的政策满意度

政策满意度主要是指免费师范生对师范生免费教育实施过程和结果的满意程度。问卷设计时，主要从对高校培养工作的满意度和对政策相关部门职责履行的满意度两方面来予以衡量。统计分析结果显示，被试的政策满意度总均值为3.52，表明免费师范生对高校培养工作，以及对政府部门职责履行“基本满意”。

（一）免费师范生对高校培养工作的满意度

对于免费师范生的培养，高等院校承担了重要的职责。师范生免费教育政策之所以仅在6所部属师范院校试行，正是期望这6所国内顶尖师范大学可以根据自身的特色进行教师教育的改革与创新，充分利用和创造各种优越的学习条件，为培养未来优秀的教师和教育家作出努力。如何培养免费师范生，既是改革和加强教师教育的重要机遇和突破口，也是能否较好地落实这一政策的主要环节。① 因此，6所部属师范大学能否培养出基本功扎实、专业素养合格、从教信念坚定的优秀师范生，是社会各界共同关注的焦点。

前文政策实施成效认可度中的题项“首届免费师范生的综合素质基本达标”的均值为3.56，表明被试对本科教育的结果“基本认可”。那么他们对高等院校培养工作的满意程度又如何呢？调查结果显示，免费师范生对高校培养工作满意度的总均值为3.53，表明免费师范生对高校培养工作的评价为“基本满意”。所有题项的得分差异不大，其中得分相对较高的题项是“提供充分的教育见习、实习机会”，“教学设施齐备”，“学习资源丰富、师资优良”，“重视免费师范生道德品质的提升”，“知识和技能的培养基本到位”，“提供了广泛的社会实践机会”；得分略低的题项有“课程设置与教学策略科学合理”，“积极开展教师教育的改革与创新”，“关注我们的心理健康，提供心理辅导”，“配有专门的机构或教师指导我们进行职业生涯规划”。鉴于此，6所部属师范大学对免费师范生的培养应从课程设置的合理性、教师教育改革创新、职业生涯规划指导、心理健康教育等方面寻找新的突破。

为了进一步揭示免费师范生对高校培养工作满意度的影响因素，课题组对其与被试的性别、家庭居住地、家庭经济状况等因素进行了差异性分析。t检验和方差分析的结果表明，不同性别、不同家庭居住地、不同家庭经济状况的被试，其满意度不存在显著性差异；而被试其满意度存在显著性差异，具体表现为家庭经济状况相对贫困的被试，其满意度明显低于家庭经济状况中等和较为

---

① 续梅．2007-05-23．教育部有关负责人解读师范生免费教育政策．中国教育报，第1版．

富裕的被试，且家庭经济状况越贫困，其对高校培养工作的满意度越低。

（二）免费师范生对政府部门职责履行的满意度

对于师范生免费教育政策的落实，国家和各省（自治区、直辖市）的相关政府机构部门也承担着一定的责任和义务，包括是否及时发布岗位需求信息；是否组织了免费师范生专场招聘会；是否提供优质的就业机会，确保有编有岗；政策宣讲是否及时到位，是否公开透明；是否为免费师范生的继续教育和长远发展创造条件，等等。此次调查统计分析结果显示，免费师范生对政府职责履行的满意度总均值为3.50，表明免费师范生对其持基本满意的态度。其中，得分最高的题项是“组织了免费师范生专场招聘会”（均值为3.79）；得分最低的题项是“完善免费师范生准入和退出机制”（均值为3.26）。另外，题项“为免费师范生的继续教育和长远发展创造条件”的均值为3.28，得分也相对较低。题项“对师范生免费教育政策的宣讲及时到位”，有近半数的被试（42.2%）选择“完全没做到”、“基本没做到”或是“不确定”，说明相关部门对该项职能的履行仍有缺漏。课题组对该题项与“我在报考时，对师范生免费教育政策有足够的了解”进行了相关分析，发现两者呈显著正相关（相关性为0.230），说明政策宣讲不到位正是免费师范生对政策了解程度偏低的主要原因之一。总体而言，政府各级相关部门在政策规定的范围内基本履行了自己的职责，但创设性的举措并不多见。免费师范生希望国家能够进一步调整和完善师范生免费教育政策，期待政府能够为他们的继续教育和长远发展提供机会和创造条件。10年协议期间，各级政府的教育行政、人事、编制、财政等有关部门要做好免费师范生的接受和调配、管理、监督等工作；免费师范生所服务的中小学要负责对他们进行教学评估和考核等工作。此外，各级政府部门也应该积极主动地为免费师范生的长远发展创设环境和提供资助，为“培养造就优秀教师和教育家”提供制度保障。

为了进一步揭示免费师范生对政府部门职责履行满意度的个体差异，课题组对被试的性别、家庭居住地、家庭经济状况等因素进行了差异性分析。t检验和方差分析的结果表明，不同性别、不同家庭所在地、不同家庭经济状况的被试，对各级相关政府部门职责履行的满意度均不存在显著性差异。

课题组还对被试的政策认可度和政策满意度进行了相关分析（表4-5），发现两者呈显著正相关。具体表现为：政策方案认可度与政策实施成效认可度两者呈显著正相关；高校培养工作满意度与政策实施成效认可度两者呈显著正相关；政府部门职责履行的满意度与政策实施成效认可度两者呈显著正相关。这表明，高校培养工作的落实情况与政府部门职责的履行程度，对师范生免费教育政策的实施成效有着重要的影响与制约。两者的工作越到位，免费师范生对政策实施成效的评价也越高。而免费师范生对政策实施成效的评价越高，其对政策方案的认可度也越高。

表 4-5　免费师范生政策认可度和政策满意度的相关分析

项目			政策认可度			政策满意度		
			政策方案	政策成效	总体	高校培养	政府职责	总体
政策认可度	政策方案	Pearson 相关性	1	0.458 **	0.858 **	0.368 **	0.374 **	0.419 **
		显著性（双侧）		0.000	0.000	0.000	0.000	0.000
		N	1151	1151	1151	1151	1151	1151
	政策成效	Pearson 相关性	0.458 **	1	0.850 **	0.539 **	0.511 **	0.593 **
		显著性（双侧）	0.000		0.000	0.000	0.000	0.000
		N	1151	1151	1151	1151	1151	1151
	总体	Pearson 相关性	0.858 **	0.850 **	1	0.530 **	0.517 **	0.591 **
		显著性（双侧）	0.000	0.000		0.000	0.000	0.000
		N	1151	1151	1151	1151	1151	1151
政策满意度	学校培养	Pearson 相关性	0.368 **	0.539 **	0.530 **	1	0.568 **	0.886 **
		显著性（双侧）	0.000	0.000	0.000		0.000	0.000
		N	1151	1151	1151	1151	1151	1151
	政府职能	Pearson 相关性	0.374 **	0.511 **	0.517 **	0.568 **	1	0.884 **
		显著性（双侧）	0.000	0.000	0.000	0.000		0.000
		N	1151	1151	1151	1151	1151	1151
	总体	Pearson 相关性	0.419 **	0.593 **	0.591 **	0.886 **	0.884 **	1
		显著性（双侧）	0.000	0.000	0.000	0.000	0.000	
		N	1151	1151	1151	1151	1151	1151

注：** 表示在 0.01 水平（双侧）上显著相关。相关系数的绝对值越大，表明两个变量间的相关程度越明显

第二节　免费师范生的学习状况

师范生免费教育政策实施以来，免费师范生在校期间的学习状况一直是人们关注的焦点。有研究发现，免费师范生学习状况整体态势良好，大部分学生的学习态度积极向上；但仍有部分免费师范生在学习上存在着一些不容忽视的弊端和消极现象，比如，学习目标不明确、逃课现象泛滥等（李晓娟，孙楚航，2011，pp. 57-60）。鉴于此，课题组从免费师范生的学习动机、学习策略，以及学习效果三方面，来考察他们总体的学习状况。统计分析将各题项汇总后求得总均值为 3.78，表明免费师范生整体的学习状况良好。

一、免费师范生的学习动机

人的行为动机常常取决于内驱力和外在诱因的相互作用。学习动机（learning motivation）是推动学生进行学习活动的内在原因，是激励、指引学生学习的

强大动力。它并非某种单一的结构，而是由各种不同的动力因素组成的整个系统，包括学习的需要，以及为满足需要而形成的学习目标，还有学习兴趣、爱好或习惯等。师范生免费教育政策自实施以来，人们对免费师范生的学习动机一直存在争议：有人认为免费师范生在就业保障的前提下，学习动机会减弱；也有人认为免费师范生肩负着光荣的使命，其学习动机会增强。事实究竟如何？课题组从学习兴趣和学习目标两个维度，对免费师范生的学习动机进行了调查。统计结果显示，免费师范生学习动机的总均值为3.68，表明免费师范生对自身学习动机的评价趋向于积极。

（一）免费师范生的学习兴趣

兴趣是一个人倾向于认识、研究获得某种知识的心理特征，是可以推动人们求知的一种内在力量。学习兴趣则是指与学习活动密切相关的一种相对稳定持久的动机取向、个人倾向或个人偏好。它伴随着求知的动机、理智的情感和积极主动的学习态度。在学习活动中，学习兴趣主要起着导向和推动的作用。鉴于免费师范生的特殊性，课题组主要考察了他们的专业学习兴趣。在问卷调查中，题项“我喜欢自己的专业”均值为3.67，表明免费师范生对自己所学的专业有一定的兴趣，但兴趣并不是十分浓厚。造成免费师范生对专业学习缺乏兴趣的原因很多，其中一个重要的原因就是把“专业”与“职业”等同，把学习兴趣与就业需求挂钩，并非基于自身发展的长远需要而学习。

为了揭示免费师范生学习兴趣的个体差异，课题组对被试的性别、家庭居住地、家庭经济状况等因素进行了差异性分析。t 检验和方差分析的结果表明，不同性别、不同家庭所在地、不同家庭经济状况的被试其学习兴趣均不存在显著性差异。课题组还对不同专业被试的学习兴趣进行了方差分析，同样也不存在显著性差异。由此可见，激发免费师范生的学习兴趣应从满足个体内在的需要着手。例如，创设真实的问题情景，加强实践教学环节，激发师范生学习的热情，满足其个体专业发展的需要。除此之外，6所部属师范大学师范生免费教育的招生专业也需要进一步调整，要依据基础教育改革的现实需要，进行科学合理的专业设置。对于《实施办法》中明确规定的“免费师范生可按照学校规定在师范专业范围内进行二次专业选择”，也要更加灵活和人性化地践行，尽可能避免学生因缺乏专业学习兴趣而严重削弱学习动力，进而影响学习效果的情况出现。

（二）免费师范生的学习目标

学习目标，是指学生进行学习所要达到或实现的结果。只有树立明确的学习目标，才能产生强烈的学习动机，保持高度的学习自觉性。因此，学习目标作为产生和维持学习动机的重要因素，对学习活动起着至关重要的导向作用。

前期有研究发现，免费师范生的学习目标不够明确，由此导致免费师范生的学习缺乏足够的动力。该研究还指出，免费师范生学习兴趣缺失、学习目标不明确，最根本的原因是没有就业压力（鲁克亮，刘琼芳，2009，pp. 91-92）。而在此次调查中，题项“我的学习目标明确”均值为3. 68，表明免费师范生并不认为自己缺乏明确的学习目标。而题项“作为一名免费师范生，我没有就业压力”均值为2. 95，标准差为1. 181，得分偏低，表明免费师范生对此问题的看法存在较大争议。为了验证学习动机（学习兴趣、学习目标）和就业压力的关系，课题组进行了相关分析。结果发现：①被试的学习兴趣和学习目标呈显著正相关。也就是说，免费师范生对所学专业越感兴趣，其学习目标就越明确。②被试的学习兴趣和就业压力无明显相关性。③被试的学习目标和就业压力呈正相关。也即是说，免费师范生的就业压力越大，其学习目标越明确，学习动机也更强烈。

为了揭示免费师范生学习目标的个体差异，课题组对被试的性别、家庭居住地、家庭经济状况等因素进行了差异性分析。t 检验和方差分析的结果表明：①不同性别的被试其学习目标存在显著性差异，女生的学习目标更为明确；②不同家庭所在地的被试其学习目标不存在显著性差异；③不同家庭经济状况的被试其学习目标存在显著性差异，具体表现为与家庭非常贫困和家庭较为富裕的被试相比，家庭经济状况中等的被试其学习目标更为明确。课题组还对被试的报考动机进行了差异性分析，结果发现不存在显著性差异。这在一定程度上表明，免费师范生的报考动机对其具体的学习目标不存在直接的影响。

由于免费师范生入学前即签订了《协议书》，明确毕业后从事中小学教育工作 10 年以上，有人提出他们的学习目标应是相对明确而单一的。然而前期的访谈发现，免费师范生的学习目标呈现出多元化倾向。不过，通过学习提高自身素质、促进个人发展，仍是免费师范生最主要的学习目标；通过学习来展现自己的能力、获得他人认同的带有功利性、社会性的目标定向则处于次要地位。因此，在实际的教育工作中，培养机构更应该积极引导、强化免师生已有的这种目标定向，引导免费师范生形成具有内驱力的学习目标，促使学习活动本身成为学习者所追求的乐趣。

二、免费师范生的学习策略

什么是学习策略（learning strategy）？学者们从不同的研究角度，使用不同的研究方法，提出了各自不同的看法，至今仍没有达成统一的认识。有的学者认为，学习策略指具体的学习技能，诸如复述、想象和列提纲等；有的学者认为学习策略指较为一般的自我管理活动，诸如计划、领会、监控等；有的学者则认为学习策略指组合几种具体技术的复杂计划。综合上述观点，本次问卷调查所谓的学习策略，就是指学习者为了提高学习的效果和效率，有目的、有意识地制订的有关学习过程的复杂方案。学习策略是一个多层次多维度的心理结构，是个体在有效学习的条件下，所产生的思维技能，外在表现为有效学习的程序、方法、技巧及调控方式等。换句话说，学习策略虽是内隐的认知调控的，但能够通过外在表现进行测量。

基于前期访谈的发现，课题组将免费师范生的学习策略大致分为“刻苦努力”和“反思实践”两种类型。统计分析的结果显示，免费师范生学习策略的总均值为3.85，所有题项中仅“我的学习是有计划、有步骤进行的”一项（均值为3.66）得分低于3.8。这表明免费师范生努力学习相关知识和技能，并积极参加教育教学实践和各种社会实践活动，通过在学习实践中不断进行反思、不断改进，以达成知识和技能的积累，提高自己的综合素质，但在科学地制订学习计划方面稍显不足。而已有研究证明，制订科学合理的学习计划，可以促进良好学习习惯的养成，提高学习效率，确保学习目标的顺利实现。为此，培养机构应督促免费师范生养成制订并认真执行学习计划的良好习惯。

为了揭示免费师范生学习策略的个体差异，课题组对被试的性别、家庭居住地、家庭经济状况等因素进行了差异性分析。结果发现：①不同性别被试的学习策略存在显著差异，女生优于男生；②不同家庭所在地和不同家庭经济状况的被试其学习策略均不存在显著差异。课题组还对不同报考动机的被试的学习策略进行了差异性分析，结果发现差异显著，具体表现为：基于“乐于从教”报考的被试与因为“就业保障”报考的被试差异显著，前者的得分明显高于后者；因“两免一补”优惠政策报考的被试其学习策略的得分，明显高于因“就业保障”稀里糊涂报考的被试。

为了深入分析免费师范生学习策略的影响因素，课题组将其与被试学习的内驱力（学习动机），以及外部的学习环境（高校培养工作）进行了相关分析。结果发现：①被试的学习兴趣与学习策略之间呈正相关，即免费师范生的学习兴趣越浓厚，就会越注重学习策略；②被试的学习目的与学习策略之间呈正相关，即免费师范生的学习目标越明确，越注重有计划、有步骤的学习；③被试的学习兴趣与高校的培养工作呈正相关。譬如，“高校培养工作满意度”测评中的题项“提供充分的教育见习、实习、社会实践机会”与免费师范生“学习策略”测评中的题项“注重参加教育教学、社会实践活动”（均值为3.95），“我积极参加各种社会实践活动，提高自己的综合能力”（均值为3.91）存在高度的一致性。可见，高等院校的培养方案对免费师范生的学习策略有着直接而显著的影响。

三、免费师范生的学习效果

对学生学习效果的评价方法主要有量化评价和质性评价。而作为一名准教师，对免费师范生学习效果的评价应与教师专业素养密切联系起来予以考量。2012年9月，我国教育部指定并印发《幼儿园教师专业标准（试行）》、《小学教师专业标准（试行）》及《中学教师专业标准（试行）》，将教师专业标准划分为专业理念与师德、专业知识、专业能力三个维度。鉴于此，本次调查主要通过自我评价的方式，从上述三方面内容来考察免费师范生的学习效果。

统计分析的结果显示，免费师范生学习效果的均值为3.82，表明被试对自身学习效果的总体评价非常积极而肯定。在所有题项中，得分最高的题项是“我具备教师应有的职业道德素养”（均值为3.94），其次是“我具备良好的心理品质”（均值为3.84），再次是“我掌握了教师必备的教学技能与技巧”。（均值为3.81）和“我能独立从事教育、教学的科研工作”（均值为3.77）。题项“我的专业知识基础扎实”均值为3.76<3.8，得分最低，表明被试对此项内容的自我评价稍感不足。

为了揭示免费师范生学习效果的个体差异，课题组对被试的性别、家庭居住地、家庭经济状况等因素进行了差异性分析。结果发现：①被试的学习效果存在显著的性别差异，女生优于男生；②不同家庭所在地和不同家庭经济状况的被试其学习效果不存在显著差异。课题组还对不同报考动机的被试的学习效果进行了差异性分析，结果发现差异显著，具体表现为：基于“乐于从教”报考的被试与受“两免一补”优惠政策吸引而报考的被试，学习效果差异显著，前者的得分明显高于后者；报考动机为“两免一补”的被试与报考动机为“就业保障”的被试差异显著，前者的得分高于后者。

为了深入分析免费师范生学习效果的影响因素，课题组将其与被试内在的学习动机、学习策略，以及外部的高校培养工作进行了相关分析。结果发现：①被试的学习动机与学习效果之间呈正相关。如果学生对自己所学专业有兴趣，学习目标明确，就会持续地、专心致志地钻研，从而提高学习效率、增强学习效果。②被试的学习策略与学习效果呈正相关。③高校培养工作与被试的学习效果呈正相关。事实上，学校的学习环境和培养方案对学生的学习起着至关重要的作用。尽管本次调查发现，被试对高校培养工作的整体评价比较满意，但也不乏有待改进之处。6所部属师范大学的师范生免费教育应进一步加强教学设施的齐备性、学习资源的丰富性、师资的优良性、课程设置的合理性等，营造良好的学习氛围，促使免费师范生努力学习，让其学习效果事半功倍。更为重要的是，免费师范生在校期间不能仅仅满足于单纯的知识积累，更重要的是要培养和提高自己获取知识的方法和能力，即如联合国教科文组织所倡导的那样“学会学习”。

第三节　免费师范生的职业认同

职业认同是指个体对于所从事职业的肯定性评价。教师职业认同是教师对其职业及内化的职业角色的积极的认知、体验和行为倾向的综合体，它是教师个体的一种与职业有关的积极的态度。作为未来的人民教师，免费师范生处于教师职业生涯的准备阶段。他们对教师这一职业的认同程度，直接关系到个人的专业发展和师范生免费教育政策目标的实现。课题组主要从教信念、就业意向和职业期望三方面，来考察免费师范生的教师职业认同感。问卷调查将各题项汇总后，求得“免费师范生的职业认同”的总均值为3.43，表明免费师范生对教师职业持“基本认同”的态度。

一、免费师范生的从教信念

信念，是指人们坚信自己所干的事、所追求的目标是正确的，因而在任何情况下都毫不动摇地为之奋斗、执著追求的意向动机。免费师范生的从教信念是教师职业信念（occupational belief）的一项具体表征。所谓职业信念，是指个体认为可以确信并愿意作为自身行动指南的认识或看法。教师职业信念是教师在对自己所从事的职业有了一定认识的基础上，在教师劳动价值方面所产生的坚信不疑的态度（王卫东，2000，p.9）。从一定意义上说，教师职业信念是人们从事教师职业的重要动机之一。特别是当一个人对于教师的劳动价值尚未完全认识清楚的时候，教师职业信念就成为其赖以从事教育活动的支柱和指南。而当其具备了坚定的教师职业信念之后，这种信念就会对其教师职业生涯产生深远而稳定的影响，在一定程度上决定着其教师专业发展的方向性和稳定性。反之，如果教师缺乏坚定的教师职业信念，其就难以真正地热爱教育事业，从而导致其工作缺乏主动性、积极性和创造性。

本次问卷调查结果显示，题项“我有志于终身从教”均值为3.50，有53.2%的被试选择“基本符合”或“非常符合”，有34.0%的被试选择“不确定”，仅12.9%的被试选择“基本不符合”或“非常不符合”；反向题“我希望毕业后从事其他行业”均值为3.12（得分越高表明被试越不认同该题项），有23.7%的被试选择“基本不符合”或“非常不符合”，有32.5%的被试选择“基本符合”或“非常符合”，有43.8%的被试选择“不确定”。这表明，免费师范生普遍愿意从事教师职业，但其从教信念具有一定的不确定性和未成熟性。前文对免费师范生报考动机的调查显示，比例最高的选项是“免除学费、住宿费并补助生活费，减轻家庭经济负担”（38.2%），其次才是“热爱教育事业，有志于从教”（23.0%）。而临近毕业时，有志于从教的免费师范生比例提升至53.2%。这说明，经历4年的本科学习之后，许多免费师范生报考时懵懂的教师职业信念变得更加明确和坚定了。

为了揭示免费师范生从教信念的个体差异，课题组对被试的性别、家庭居住地、家庭经济状况等因素进行了差异性分析。独立样本 t 检验和方差分析的结果显示：①不同性别的被试其从教信念存在显著性差异，具体表现为女生的从教信念更为坚定；②不同家庭居住地的被试其从教信念差异显著，农村生源的从教信念均值明显高于城市生源；③不同家庭经济状况的被试其从教信念无显著性差异；④不同报考动机的被试其从教信念存在显著性差，具体表现为基于“乐于从教”而报考的被试，其从教信念明显高于因为其他原因而报考的被试。

不可否认，“两免一补”的优惠待遇对于免费师范生有很大的吸引力。但如果仅仅因为经济因素而从教，教师职业就变得更像一种谋生手段，而不是一种专业。乐于从教、终身从教的职业信念，才是激励免费师范生学习和实践的最根本动力。免费师范生肩负着开拓中西部基础教育的重大责任，如果没有坚定的职业信念，没有为教育事业献身的精神，没有自己的理想追求，必然会失去从教的热情，进而影响教育质量，不利于学生的健康成长。鉴于此，部属师范大学应加强对免费师范生的教师职业信念教育，引导免费师范生树立高尚的职业理想，坚定其终身从教的信念。这样才能确保“培养和造就大批优秀教师和教育家”的政策目标的实现。事实上，个体的职业倾向并非固定不变的，而是随着对自身和职业的了解的加深而不断变化的动态过程。免费师范生在从教信念方面的改变恰恰说明了帮助学生逐步了解自己的职业倾向，明确自己在社会中的定位非常重要。

二、免费师范生的就业意向

就业意向是个体在职业选择中表现出来的比较模糊的、浅层次的需要，具有一定的不稳定性和不确定性。受到动机强度的影响，就业意向有可能发展成为实际的就业行为。有学者对首届免费师范毕业生的就业意向进行了调查，发现：①免费师范毕业生的城乡就业意向，选择大城市的占42.8%，选择中小城市的占46.6%，选择城镇的占8.7%，选择农村的仅有2%；②免费师范毕业生就的区域就业意向，41.9%的人选择东部地区，26.7%的人选择中部地区，31.4%的人选择西部地区，区域分布总体比较均衡；③免费师范毕业生的职业倾向，居于首位的是教学岗位，占31.9%（付义朝，付卫东，2011，p.145）。为了验证免费师范生的就业意向与实际的就业去向，课题特进行了问卷调查，结果如下。

（一）免费师范生的就业状况与就业选择

问卷调查于2011年5月进行，首届免费师范生基本已落实就业岗位。课题组对被试的就业状况进行了调查。统计分析结果显示，所有被试均已落实就业岗位，整体就业状况比较理想。绝大多数免费师范生回到生源所在地的省份从事中小学教育工作，但在农村任教的人数远远少于预期。

1. 农村任教

题项“我愿意到农村地区工作”均值为3.17。其中，有50.1%的被试选择“基本符合”或“非常符合”，有26.2%的被试选择“基本不符合”或“非常不符合”，有33.7%的被试选择“不确定”。这表明部分免费师范生愿意为农村教育发展贡献自己的力量。然而从免费师范生实际的就业去向来看，1151名被试中在城镇任教的有1055人，占91.7%；在农村任教的仅94人，占8.2%。其中，来自城镇家庭的477名被试中，有15人到农村就业，城乡流动率为3.1%；来自农村家庭的674名被试中，有595人到城镇就业，城乡流动率为88.3%。师范生免费教育出台伊始，其“农村任教”的政策规定就曾引发了社会各界激烈的争论。访谈发现，免费师范生对该条款的态度也比较复杂，一方面认为自己应该承担更多的社会责任，愿意到农村支教；另一方面又担心艰苦边远地区交通信息闭塞、环境恶劣，会影响自身的进一步发展。事实上，我国之所以在高校并轨10年后再次推行师范生免费教育，旨在吸引优秀人才长期从教，从而培养和造就一大批优秀教师和教育家。到农村任教2年的政策规定，既是为了支援农村教育，提高农村学校的办学水平；也是为了锤炼和锻造免费师范生，丰富他们的工作经验。对此，免费师范生应提高认识，结合自身未来的发展道路作出理性的选择。相关政府部门也应进一步完善制度设计，确保免费师范生“农村任教服务2年”的政策规定得以贯彻落实。

2. 跨省任教

题项“我愿意回到生源省份任教”均值为3.71，其中有66.7%的被试选择“基本符合”或“非常符合”，有19.2%的被试选择“不确定”，仅14.1%的被试选择“基本不符合”或“非常不符合”。这表明在工作地点的选择上，免费师范生对回原籍就业并不十分抵触。事实上，遵循国家政策要求，绝大多数省（自治区、直辖市）对免费师范毕业生的跨省就业进行了严格把制，因此真正实现跨省任教的免费师范生比例并不高。以西南大学2011届免费师范毕业生为例，共有132人跨省就业，占总人数的4.6%。其中跨省到沿海发达省份就业的有22人，占跨省就业总人数的16.67%。据调查，跨省任教的毕业生中多数因爱情而选择跨省就业，有7人为办理跨省就业手续而提前领取了结婚证书。尽管跨省任教不易，免费师范毕业生在本省范围流动的比例却较高。例如，西南大学首届免费师范毕业生省内就业的平均流动率为38.85%。其中，山西、河南两省籍免费师范毕业生的省内流动率超过50%。较高的省内就业流动率说明，免费师范毕业生双向选择就业的主动性较高，相关政策的落实也比较到位（严怡，张斌，2012，p.16）。

3. 工作性质

统计分析结果显示，1151名被试中有95%按《协议书》的规定，毕业后主要从事中小学教育工作，其中高中任教的比例高达70.3%、初中任教的比例为20%、小学任教的比例为4.7%。另有5%的被试或到幼儿园、高职和其他教育机构任教，或暂未确定就业去向。在已落实就业单位的被试中，有91.9%的人从事学科教学工作，有7.3%的人从事教育行政或科研工作，专业对口率超过90%。

问卷调查中，免费师范生的就业状况统计，如表4-6所示。

表4-6 问卷调查免费师范生就业状况统计

就业状况		人数/人	比例/%
工作所在地	城镇	1057	91.8
	农村	94	8.2
就业途径	双向选择	965	83.8
	地方分配	126	10.9
	公招考试	41	3.6
	其他	19	1.7
学校类型	高中	809	70.3
	初中	230	20.0
	小学	54	4.7
	其他	58	5.0
工作性质	学科教学	1058	91.9
	教育行政	64	5.6
	教育科研	20	1.7
	其他	9	0.8

为了深入分析免费师范生就业选择的个体差异，课题组对被试的性别、家庭居住地、家庭经济状况等因素进行了t检验和方差分析。结果发现：①不同性别被试的就业选择有显著性差异，男生到农村任教的意愿明显高于女生；②不同家庭居住地的被试，其就业选择存在显著性差异，农村生源回原籍就业和到农村任教的意向更为明确；③不同家庭经济状况的被试，其就业选择存在显著性差异，具体表现为家庭较为贫困的被试，到农村任教的意愿明显低于家庭较为富裕的被试；④不同报考动机的被试，其就业意向存在显著性差异，具体表现为相对于其他报考动机的被试，基于“乐于从教”而报考免费师范生的被试到农村任教的意愿更为强烈。

（二）免费师范生的就业压力与就业满意度

1. 就业压力

免费师范生入学前即签署《协议书》，承诺毕业后回生源地所在省（自治区、直辖市）从事中小学教育10年以上。《实施办法》规定，生源所在地省级政府相关部门应确保每一位免费师范毕业生有编有岗。因此，不少人认为与普通高校毕业生相比，免费师范生的就业压力小很多。事实果真如此吗？题项“作为一名免费师范生，我没有就业压力”均值为2.95，得分偏低；标准差为1.181，其中有38.6%的被试选择“基本符合”或“非常符合”，有37.9%的被试选择“基本不符合”或“非常不符合”，有23.5%的被试选择“不确定”。这说明，尽管被试对就业压力的看法存在个体差异，但“确保有编有岗”并不意味着免费师范生就没有就业压力。“双向选择”+“安置就业”的就业方案，赋予了免费师范生在一定范围内自由选择的权利和可能性，由此带来了就业压力，促使他们良性竞争。问卷调查了免费师范生的就业途径，结果发现通过双向选择实现就业的被试有878人，占调查总人数的83.6%；通过地方保底分配就业的免费师范生有117人，占总调查总人数的11.1%；通过公招考试和其他方式就业的免费师范生人数分别为37人和18人，所占比例为3.5%和1.7%。

为了进一步探讨免费师范生就业压力的个体差异，课题组对被试的性别、家庭居住地、家庭经济状况等因素进行了差异性分析。独立样本 t 检验和方差分析的结果显示：①不同性别被试的就业压力差异显著，男生的就业压力远远大于女生；②不同家庭居住地的被试，其就业压力无明显差异；③不同家庭经济状况的被试，其就业压力显著性差异，具体表现为家庭较为贫困的被试其就业压力明显高于家庭较为富裕的被试，且家庭越贫困就业压力越大。

2. 就业满意度

题项“我对目前签约的工作感到满意”均值为3.56，其中有62.1%的被试选择“基本符合”或“非常符合”，有22.1%的被试选择“不确定”，仅15.8%的被试选择“基本不符合”或“非常不符合”，表明免费师范生对自己的就业情况“基本满意”。这一调查结果与另一项针对西南大学首届免费师范毕业生的调查结果基本一致。该项调查显示，9.93%的免费师范毕业对就业状况表示“很满意”，46.94%的人选择“比较满意”，32.29%的人表示“一般满意”，另外还有7.85%和2.99%的人分别表示“不太满意”和“不满意”。该研究还发现，免费师范毕业生的就业满意度与免费师范毕业生的就业区域、就业岗位、行业、就业层级及自身期望、能力评价与实际现实遭遇有密切关系（严怡，张斌，2012，p.16）。为了验证此论点，课题对被试的性别、家庭居住地、家庭经济状况、就业地点、就业途径、工作形式等因素进行了差异性分析。独立样本 t 检验和方差分析的结果显示：①不同性别、不同家庭居住地的被试其就业满意度不存在显著性差异；②不同家庭经济状况的被试其就业满意度差异明显，具体表现为家庭较为贫困的被试，其就业满意度明显高于家庭较为富裕的被试，且家庭越贫困就业满意度越高；③通过双向选择和公招考试就业的被试，其就业满意度显著低于通过地方保底分配就业的被试；④被试的就业满意度不存在明显的学校类型差异和工作性质差异。

为了深入分析影响免费师范生就业满意度的因素，课题组对其与政策满意度进行了相关分析，结果发现两者呈正相关。这表明，高校培养工作的落实情况和政府有关部门职责履行的程度，对免费师范生的就业满意度有着直接的影响。鉴于此，师范生免费教育应着重加强免费师范生的就业指导，及时发布岗位需求信息，组织专场招聘会，不仅要确保免费师范生有编有岗，更要提供优质的就业机会，避免优质教育资源和人才资源的浪费。

三、免费师范生的职业期望

师范生免费教育政策的逐步实施，使得社会各界对免费师范生的未来发展给予了极大的关注，其中，免费师范生的职业生涯规划被提到了空前的高度。立足现实，如何引导免费师范生做好职业生涯规划，合理安排大学 4 年的时间，全面发展自己，为以后的教师生涯做准备，是当前师范生免费教育所面临的一个现实的课题。课题组主要从意识、目标、行动三方面来考量免费师范生的职业期望。将所有题项汇总后求得均值为 3.78，表明免费师范生对从事教师这一职业有着较为明确而积极的发展愿望。

（一）发展目标

题项“我对教师专业发展有着明晰的认识”均值为 3.64。而题项“我将来会成为一名优秀的人民教师”均值为 3.98，得分较高，表明免费师范生对自身的教师专业发展有着极高的期望和自信。如前所述，《实施办法》中明确规定，实施师范生免费教育政策的目标就是为了“培养和造就大批优秀教育家”，免费师范生对自身职业发展的目标定位正好与之相对应，这在一定程度上有助于确保政策目标的实现。

为了深入分析免费师范生的发展目标的个体差异，课题组对被试的性别、家庭居住地、家庭经济状况等进行了 t 检验和方差分析。结果发现：①不同性别、不同家庭居住地和不同家庭经济状况的被试，其对教师专业发展的认知和目标无显著性差异；②不同报考动机的被试存在显著性差异，具体表现为因“乐于从教”而报考的被试，其得分明显高于其他报考动机的被试。换句话说，免费师范生的从教信念越坚定，其教师专业发展的目标也越明确。

（二）职业规划

所谓职业规划，即指职业生涯规划，“是指个人结合自身情况、眼前的机遇和制约因素，为自己确立职业方向、职业目标，选择职业道路，确定教育计划、发展计划，为实现职业生涯目标而确定行动方案及实施”（夏雷震，2007，p. 180）。免费师范生对教师专业发展有着相对明确的认知，但“成为一名优秀教师”这一目标的实现，还有赖于行动的支撑。题项“我对自己的职业生涯有着明确的规划”均值为3. 65，表明免费师范生对从事教师职业有着自身的方向、目标和计划。然而访谈发现，免费师范生对职业生涯规划的相关知识和技能的掌握并不充分。为了探究原因，课题组对高校培养工作中的相关题项，如“配有专门的机构或教师指导我们进行职业生涯规划”与免费师范生的职业生涯规划进行了相关分析，结果呈正相关，表明高校培养的具体方案和工作落实情况，对免费师范生的教师专业发展有着至关重要的影响。换句话说，若高校对免费师范生的个体发展缺乏科学的、专业的指导，必然导致免费师范生的教师专业发展和职业生涯规划出现意识淡薄、知识和技能匮乏等问题。为此，高等院校应当革新培养方案，成立专门的机构，切实落实导师制，加强对免费师范生教师专业发展和职业生涯规划的指导。

另外，值得一提的是，题项“我打算在职攻读教育硕士”均值为3. 82，有68%的被试选择了“基本符合”和“非常符合”，仅9. 3%的被试选择了“非常不符合”和“较不符合”，另有22. 8%的被试表示不确定。题项“我有脱产攻读研究生的意向”均值为3. 27，约有43. 5%的被试选择“基本符合”或“非常符合”。上述统计分析结果表明，免费师范生对接受继续教育进一步深造有着强烈的需求。尤其是男生，他们有着比女生更为强烈的升学意愿。究其原因，访谈时有免费师范生提及：“毕业后竞争激烈，执教10年期间知识更新速度快，如果不继续深造，很容易在竞争中遭淘汰。”不过，对于“鼓励和支持免费师范生在职攻读教育硕士专业学位”的政策规定，不少被试认为在职攻读研究生容易分散精力，压力大、难度高。因此，许多免费师范生明确表示，希望国家政策能够有所调整，允许报考脱产研究生，真正为促进其终身学习和教师专业发展创造条件。

众所周知，教师职业认同是从事教师职业的心理基础，是教师情感最持久的原动力。作为一名“准教师”，免费师范生的职业定位很明确，关键是如何让免费师范生对此产生发自内心的认同，树立坚定的从教信念，最终得以“长期从教”、“终身从教”。一般认为，免费师范生的职业认同，是内外因素综合作用的结果。师范生免费教育政策通过签订三方协议的形式，确保免费师范生毕业后从事中小学教育工作10年。但协议仅仅是一种外部约束力量，并不能真正激发免费师范生内在的教师职业认同感。免费师范生职业认知的主体是自身，体现的是一种自主性，所以个人因素是影响其职业认同的重要因素之一。为了揭示免费师范生职业认同的影响因素，课题组特进行了差异性分析和相关分析。结果显示，不同性别、不同家庭居住地、不同家庭经济状况的免费师范生，其职业认同不存在显著性差异；而免费师范生的报考动机、政策认知和学习状况，对其职业认同有着直接的影响。鉴于此，政府、高校和免费师范生个人三方应协同努力，形成育人合力，力求将外在的政策措施和高校培养策略转化为免费师范生个体内在的信念，真正提升免费师范生的职业认同感。

第四节　结论与建议

师范生免费教育政策自2007年开始实施，鉴于政策推行的时间尚短，难以对其实施成效作出定论。仅此次问卷调查的结果来看，总体情况良好，具体表现为免费师范生对政策方案和政策实施成效的认可度较高；对高校培养工作和政府机构职责履行的满意度较好；对自身学习状况的评价比较肯定；对教师职业认同趋于积极。但也存在一些问题，譬如，免费师范生的报考动机功利化的倾向；免费师范生的政策认知存在一定的误区；免费师范生对于政策所代表的公共意志与自身个体发展之间的冲突存在顾虑；免费师范生学习策略的科学性和计划性有待提高；免费师范生的从教信念有待增强。鉴于此，如何使免费师范生基于对教育事业内在的价值认同和情感共鸣而立志成为一名优秀教师和教育家，并积极主动地投身于教育事业，是师范生免费教育政策进一步完善和调整应予以关注的问题。

一、顶层设计，完善政策机制

实行师范生免费教育政策，是继中央实行义务教育保障机制后，为促进教育发展和教育公平采取的又一项重大举措，也是加强改革教育，促进教师队伍建设的一项示范性举措。为了充分发挥师范生免费教育政策的“示范”和“导向”的作用，国家自2007年《实施办法》颁布后，又陆续出台《就业办法》(2010年)、《在职攻读教育硕士办法》(2011年)、《关于完善和推进师范生免费教育的意见》(2012年)等文件，对师范生免费教育政策作出补充、调整和改进。但在政策实施过程中，又不断出现新的冲突与新的问题。为此，师范生免费教育政策的制度设计仍需进一步完善。

所谓顶层设计，原是一个工程学概念，本义是运用系统论的方法，从全局的角度，对某项任务或者某个项目的各方面、各层次、各要素统筹规划，以集中有效资源，高效、快捷地实现目标。顶层设计是对一项工程“整体理念”的具体化。顶层设计旨在实现理念一致、功能协调、结构统一、资源共享、部件标准。为此，一要体现顶层的决定性。顶层设计是自高端向低端展开的设计方法，核心理念与目标都源自顶层，因此，顶层决定底层，高端决定低端。二要体现整体关联性。顶层设计强调设计对象内部要素之间围绕核心理念和顶层目标所形成的关联、匹配与有机衔接。三要具有实际可操作性。设计的基本要求是表述简洁明确，设计成果具备实践可行性，因此，顶层设计成果应是可实施、可操作的。就师范生免费教育而言，大致可分为入学、培养、就业、继续教育4个阶段，其政策机制包括准入机制和退出机制、奖励机制和惩罚机制、就业机制和升学机制等构成要素。遵循顶层设计的基本理念，师范生免费教育的制度设计应紧密围绕“三个就是要”的政策目标，进一步调整、完善相应的政策机制。

（一）准入机制和退出机制

现行师范生免费教育的准入机制以“直接招生”为主，以“入学后选拔”为辅。而“直接招生”主要依据高考成绩选拔考生，难以对免费师范生的从教信念和其他素质进行全面的考核；相对而言，“入学后选拔”可在一定程度上对其予以弥补。因此，师范生免费教育的“入口”招生环节，在采取提前批次录取为主的直接招生方式、择优选拔热爱教育事业、有志于长期从事、终身从教的优秀学生的基础上，教育部积极倡导各部属师范大学根据自身的实际情况，在相关省（自治区、直辖市）设立自治招生考核点，加大自主招生力度，增加面试环节，重点考察学生的职业理念与信念，以及职业能力。同时，教育部要加大“入学后选拔”力度，适当调整“直接招生”与“入学后选拔”的比例，增加后者的招生人数；进一步明确转入条件、办理程序等相关规定，让真正乐教、适教的优秀学生转为免费师范生。此外，教育部还要统筹协调各省（自治区、直辖市）免费师范生需求计划，加大师范生免费教育政策的宣传力度。

师范生免费教育政策不仅要完善准入机制，还应建立、健全动态灵活的退出机制，设计更符合伦理、更加人性化的违约赔偿机制。教育部应要求各部属师范大学在每学年末对免费师范生进行动态评估，对达不到培养标准和要求的免费师范生，调整到非师范专业，不再享受免费待遇，并向所在学校退还“两免一补”费用。同时，对于不适合从事或不愿从事教师职业的免费师范生，可通过一定的程序和规则允许其退出师范生免费教育。

（二）就业机制和升学机制

在师范生免费教育的就业方面，要提高免费师范生的自主选择性。首先，适当放宽对就业地域的限制，改“回生源所在地省份就业”为“回生源所在地区域就业”。所谓生源所在地区域就业，是指根据各省（自治区、直辖市）的经济、教育发展水平，将全国划分为若干区域，每个区域内各省（自治区、直辖市）的经济、教育水平大体相当，免费师范毕业生可以在生源所在地区域内进行就业，如在“西南四省（区）一市”区域范围内进行双向选择。生源所在地区域就业，既可以促进教育均衡发展，又可在一定程度上缓解免费师范生就业编制结构性缺失的难题。其次，适当调整履约服务年限。调查研究表明，免费师范生普遍反映10年从教服务期限太长。而从教师专业发展的阶段来看，新手教师成长为熟练教师，一般需要5年左右的时间。这5年是个人教学工作最满意和很有成效的时间，离职率相对较低。鉴于此，免费师范生的从教服务期限规定在5～10年比较合理。再次，搭建全国性的免费师范就业信息平台，拓宽就业信息渠道。免费师范就业的相关信息主要包括：①免费师范生就业政策信息，指中央及省（自治区、直辖市）党政机关等有关就业工作的方针、政策、规划、部署、措施等信息，如《实施办法》。②各地学校人才需求信息，主要是指那些地区、部门、行业间人才余缺，促进人才供需平衡和合理流动的信息。③免费师范生就业咨询信息，主要是指职业指导专家等权威人士就当前职业选择方面存在的普遍性问题发表的评价、咨询及提出建议的信息。④有关免费师范生就业的具体信息，主要是指学校具体状况，如学校的工资待遇、工作条件，以及晋升、培训等的可能性等具体情况，通过对不同学校的具体信息的对比和筛选，免费师范生可以选择更加适合自身发展的学校。在此过程中，政府要发挥主要的调控作用，各部门要统筹协调，确保信息能够准确、及时地传递给每一位师范生。正是鉴于信息对称对免费师范生就业指导的重要意义，教育部教师工作司专门搭建了网络平台——“教育部免费师范生就业服务网”（http://sfs.ncss.org.cn/）。该网站包括“政策公告”、“职位需求”、“就业指导”等栏目，专门为免费师范生就业提供信息咨询与指导服务。

对于免费师范生的继续教育，应允许表现优异的免费师范生报考脱产研究生，让免费师范生享有与其他师范生同等的教育权利。2012年颁布的《关于完善和推进师范生免费教育的意见》已明确规定：“支持免费师范毕业生专业发展。符合条件的免费师范毕业生可免试在职攻读教育硕士专业学位和与教学相关的学术性硕士学位。免费师范毕业生工作满一学期后，个人提出攻读硕士学位申请，经任教学校考核合格并批准，培养高校根据任教学校考核结果和本科学习成绩，通过综合考核后录取。符合条件的免费师范毕业生在职培训纳入中小学教师国家级培训计划。”从免费师范生的专业发展和高层次教师的现实需求角度看，可以探索选拔优秀且合适的免费师范生在完成本科教育后，继续攻读全日制学术型硕士、博士，甚至出国深造。

二、优化人才培养方案，创新人才培养模式

面对新时期，迎接新挑战，6 所部属师范大学应结合学校自身的实际情况，吸收国内外先进的教师教育理念，优化人才培养方案，构建新型教师教育课程体系，创新人才培养模式，为学生综合素质的提高及个性化学习和发展提供条件。

（一）优化人才培养方案

师范生免费教育政策的回归，为教育部直属师范大学明确自身办学定位提供了理性的思路，即学校在向综合化、研究型、高水平大学目标的奋进过程中，要始终坚持教师教育的特色。部属师范大学要在深入研究教师教育发展趋势，认真总结多年来人才培养改革实践经验的基础上，结合学校自身的战略目标和培养理念，来改革师范生免费教育培养方案。例如，北京师范大学围绕“以教师教育为主要特色的综合性研究型大学”的战略目标，切实贯彻“厚基础、宽口径、高素质、强能力”的人才培养理念，正确处理知识、能力、素质的关系，结合学科特点和专业特色，不断调整和改革师范免费教育专业的人才培养方案。又如，西南大学始终坚持“以人为本，学术立校”的办学理念，明确以人才培养为根本，以学科建设为龙头，以科技创新为支撑，以队伍建设为保障，以服务社会为宗旨，促进学校全面、协调、可持续发展的办学思路，定期每 2 年对人才培养方案进行调整和优化。部属师范大学要坚持以社会需求为导向，通过调研评估，对相同或相近的专业进行整合，对基础薄弱的专业进行归并，对就业困难的专业停招或减招；认真分析各专业在社会、经济、科技发展中的地位和作用，以及各学科专业的学分制教学计划存在的问题；借鉴国内外一流大学同类专业人才培养的成功经验，充分听取毕业生和高年级学生的意见；根据生源质量、师资水平、办学条件和毕业生的走向等实际情况，准确定位，明确本专业人才培养目标、基本规格要求及课程体系，保证教学计划的科学性、完整性、权威性。

（二）构建新型教师教育课程体系

部属师范大学要围绕提高学生的学习能力、实践能力和创新能力，全面改革课程体系、教育模式和教学方法。第一，以提高学生的综合素养为核心，构建具有特色的通识教育课程体系。借鉴国内外通识教育的先进经验，结合自身实际，精心构建具有特色的、由必修课程和选修课程有机联系的通识教育课程体系；拓展学生的视野，发展批判性思维，提高其人文与科学素养，加强国情意识、创新意识、责任意识的培养，并满足学生个性化发展的需求。第二，以

拓宽和强化学生的学科专业基础为核心，精心设计学科基础模块课程。根据人才培养目标，结合学科特点及其发展趋势，设计学科基础课程。学科基础课程设置应打破学科壁垒，加强学院之间的沟通与合作，加强学科之间的交叉与融合，科学合理地规划与建设相关学科的基础课程，拓宽学生的学科专业基础；根据学科专业主干知识体系架构，以及学科发展方向，进一步优化课程设置及课程结构，构建能充分体现加强基础知识、基本理论和基本技能的学科基础课程体系。第三，以促进学生专业和个性化发展为核心，构建学科专业课程。根据学科发展，科学地设置专业必修课程，注重教学内容的更新和教学方法手段的改革，在课程中融入学科前沿、研究方法、学术论文写作指导等内容，坚持教学与科研相结合，加强研究性教学，切实提高学生的创新思维和科研能力。增加并确保能开设的专业选修课程门数，并提高选修课在专业课程修读要求中的学分比例，满足学生的个性需求，体现因材施教、分流培养的原则。第四，以促进教师专业发展为核心，构建教师专业课程。根据教育部出台的《关于大力推进教师教育课程改革的意见》和《教师教育课程标准（试行）》的相关要求，教师专业课程始终坚持以教师专业发展为核心、以终身学习为导向，加强对教师专业课程内容和结构的开发与研究，提高教师专业课程与基础教育的契合度。第五，以培养学生的创新精神和实践能力为核心，强化实践教学环节。根据专业特点，制订相应的实践教学实施方案，提高实践教学在教学计划中的学时（学分）比重，加强对学生创新精神和实践能力的培养。高度重视实践教学在人才培养中的作用，根据学科专业特点，大力推进实践教学改革，不断完善基础实践教学、专业实践教学、综合实践教学三层次有机结合，并辅之以各类课外实践活动的实践教学体系。加强实习基地建设，推进实践教学内容、方法与模式的改革。鼓励和引导学生积极参与各级各类科研项目、学科竞赛，以及社会实践等活动。

（三）创新人才培养模式

部属师范大学应围绕全面实施素质教育和基础教育课程改革对教师能力的要求，大力开展教育教学改革，创新人才培养模式。首先，要建立、健全免费师范生培养“导师制”，鼓励学生自主创新学习和研究。将自主创新学习和研究的运行实施与师范生学业导师制相结合，加强导师对学生自主创新学习和研究的指导；把自主创新学习和研究与学科专业教育和教师专业教育相结合，引导学生围绕教育教学问题开展自主创新学习和研究，为师范生成长为反思型、学习型、研究型、专家型教师打下坚实的基础。其次，要构建“政府-高校-中小学”的合作伙伴关系，构建师范大学、地方政府与中小学校共同培养师范生的新机制。部属师范大学要选择一批县（区）开展教师教育改革创新试点工作，加强实习基地学校建设，探索研究成果转换和人才培养的实效机制，以回馈社会，服务基层。再次，要加强教育教学理论与教学实践的结合，使学生树立先进的教育理念，具备从事基础教育、实施素质教育的能力，切实保证免费教育师范生的培养质量，为其成为优秀教师和未来教育家打下坚实的基础。最后，要继续开展教师教育创新平台建设，推进教师教育内涵的发展，探索优秀教师培养的新模式，全面提高教师教育的质量。

三、专业引领，拓宽发展路径

师范生免费教育作为推进教师教育体制改革与发展的一项示范性举措，要始终坚持教师专业引领，不断拓宽教师教育发展途径，努力为我国基础教育培养优秀教师，造就杰出的教育家。

（一）强化教师职业信念

免费师范生的职业认知具有不稳定性。这种不稳定性往往容易导致职业信念和职业倾向的改变。对于高校培养免费师范生来说，是个挑战，同时也是个机遇。只要学校加以正确的引导，创造合适的条件，学生通过自我剖析之后，对自己的职业选择和职业生涯规划进行调整，最终一定能促使他们形成稳定的职业认知。首先，要把开展教师职业理想教育作为师范生免费教育的重要内容，贯穿到专业学习中。但是需通过职业理想教育激发学生对教师职业的热爱，要注意讲求方式，不能一味地实施空洞的说教，人格魅力的感化和置身于实际情境的体验具有更大的教育意义。其次，要通过各种途径加强对免费师范生职业信念的培养。倾听师范生对职业的困惑，有针对性地帮助他们解决认识上和实践上的难题，并根据反馈情况不断改进和加强教育工作，以增强他们从事教师职业的光荣感、使命感和责任感，引导师范生树立崇高的职业理想和坚定的职业信念。教师职业信念教育贯穿于培养全过程，在培养过程中多方位地营造热爱教育事业、做教师光荣的文化氛围，加强师范生的职业理想和师德教育，培育其未来教师的光荣感、责任感和使命感。通过培养教育，使学生树立先进的教育理念，热爱教育事业，具有长期从教的职业理想，为将来成为优秀教师和教育专家打下牢固的根基。再次，要引导免费师范生进行科学的职业生涯规划。遵循优秀教师、未来教育家的发展之路，强化对免费师范生的职业生涯规划指导，引导学生树立崇高的理想，明确发展目标和路径，激发其学习动力。

（二）协调公共意志与个人意愿

免费师范生的个人意愿与政策所体现的公共意志之间必然存在着冲突和矛盾，如免费师范生的流动意愿与政策规定回生源地任教之间的冲突；免费师范生的升学意愿与政策规定“不得报考脱产研究生”之间的矛盾。为了协调公共意志与个人意愿，一方面应引导免费师范生重塑自身内在的价值观，引导其选择正确的发展方向和确立理性的奋斗目标，最大限度地削减有限的个人理性选择。如何引导免费师范生重塑自己的价值观？第一，帮助他们分析当前的教育形势，正视自身目前的选择，教会他们处理由于“参照群体”影响引起的焦虑、不满和不安，以积极、乐观的态度面对当前；第二，帮助他们制定各阶段适宜的、达到抱负水平与追求的目标，并且提供成功的经验，鼓励他们克服障碍，以强烈追求成功的动机，去逐步完成设定的人生目标；第三，辅导他们与其他群体建立良好、和谐的人际关系，以促进其自我观念的发展和自我价值的实现；第四，对他们进行信仰教育，增强他们的社会责任感和奉献精神，培养其提高法律意识，强化权利与义务对等观念等。

另外，还要从提升外在的社会价值能力着手，提高免费师范生政策的链接性和长效性。当前，免费师范生的价值期望较高并呈上升趋势，从而使其有限的个人理性选择增加。在这一过程中，提升免费师范生的社会价值能力是一个重要因素。首先，建立科学合理的“链条关系”，在实际操作过程中，免费师范毕业生与用人单位之间在专业需要上可能会出现较大的供求矛盾，所学知识与就业市场脱节，这势必会影响到他们的社会价值能力。为此，必须明确培养单位、省级教育行政部门和中小学的“链条关系”，真正优化培养过程，力求做到用人单位和毕业生之间实现双赢。其次，在政策内容上要不断完善，确保他们的集体利益与个人利益实现最优化配置。温家宝同志在首届免费师范生毕业典礼上曾提到，要在搞好试点的基础上，认真总结经验，研究和解决存在的问题，加快落实和完善配套政策，让更多的优秀毕业生下得去、留得住、干得好。调查显示，免费师范生对现行政策规定的从教年限、工作待遇保障、继续深造等方面的期望有一定的提升诉求。从长远来看，如果政策在这些方面能够给予调整，那么对每个免费师范生来说，将是能够奠定个人理性选择最优化的心理基石。

（三）整体一贯设计，促进教师专业发展

一项职业的吸引力更多地体现为其能否为就业者未来发展提供支持，如果就业者未来发展受到限制或者没有好的发展平台，即使提供免费教育，也不会有人愿意投身到这个行业中来。免费师范生政策是新形势下采取的一项创新性的举措，其初衷是培养优秀人民教师和未来教育家，为此需要不断拓宽免费师范生的发展路径，引导并促使其实现教师专业发展。教师专业发展在本质上是教师个体在整个专业生涯中，依托专业组织，通过持续的专门训练，逐步习得专业知识和技能，提高自身的专业素质，实施专业自主，表现为专业道德的成

长过程。显然，教师专业发展具有“未完成性”，是一个不断完善的过程，需要终身地进行专业学习。免费师范生的教师专业发展具有高度的“未成熟性”。实际上，免费师范生自毕业开始履行协议，不是师范生免费教育的终结，而是新的开始。虽然师范生免费教育政策为免费师范毕业生的专业发展提供了继续攻读在职教育硕士的路径，促进其进一步的专业发展，但此举是远远不够的，无法实现师范生免费教育政策确立的培养优秀教师和未来教育家的远景目标。鉴于免费师范生毕业后还将从事中小学教育工作10年以上，师范生免费教育的改革需要探索和建立教师教育职前、职后一体化机制，促进教师专业的长远发展。

师范生免费教育政策关注免费师范生的专业发展，通过制定和完善政策为免费师范生未来的专业发展开辟一条新的道路，这既是政策调整的一个突破口，也有利于实现免费师范生的个体发展和当地教育质量的提高双赢。总而言之，师范生免费教育政策只有在教师专业发展和终身教育理念的宏观指导下，立足于免费师范生的个人成长和教育事业的整体发展，长期规划，尽可能整合各方资源，平衡国家、社会、师范院校、师范生个人和家庭的利益诉求，才能实现培养优秀教师和未来教育家的初衷。

四、整合教育资源，加强质量监控

为了吸引优秀高中毕业生就读师范专业，鼓励优秀大学毕业生从教，中央财政按照每年生均1.2万元的标准划拨师范生免费教育的专项补助经费。如何确保“培养造就优秀教师和教育家”这一政策目标的实现，是社会关注的焦点。为此，在完善入学、培养、就业、继续教育4个阶段相应政策机制的同时，也应整合多方教育资源，加强对师范生免费教育的过程监控和质量评估。

首先，从动态的角度去理解师范生免费教育政策，把它看作是一个制定、执行、完善的过程。在政策实施过程中，教育部和部属师范大学要不断对其进行科学的、深度的论证与检验，并深入基层进行调查研究，广泛征集免费师范生、中小学教师，以及相关利益者的意见与建议，使师范生免费教育政策拥有良好的实践基础，来保障其实施质量。

其次，构建科学合理的教师教育标准化体系，对师范生免费教育定期实施质量评估。教师教育标准化体系包括教师专业标准、教师教育机构标准、教师教育课程标准、教师教育质量评估标准等。师范生免费教育旨在培养造就优秀教师和未来教育家。为此，有必要贯彻落实《教师教育课程标准》、中小学《教师专业标准》等，定期评估部属师范大学实施师范生免费教育的质量，尤其是要对免费师范生的专业态度、专业知识、专业技能进行评估。

再次，设立专门的质量监督机构，建立问责制度，使其贯穿于师范生免费教育的全过程。例如，设立专门的“教师教育质量监控中心”，统筹、指导和实施对师范生免费教育的质量监控，检查和评估教师教育创新平台的工作情况。“教师教育质量监控中心”的主要任务和职责包括：细化、落实上级教育行政部门对教师教育质量管理的政策和规定，检查、督促有关教师教育质量管理工作的落实情况；对师范生免费教育和教师教育创新平台实施过程进行监控，定期或不定期地对其进行检查和评估；统筹、指导教师教育机构对教师教育质量进行科学的管理；开展和组织对教师教育质量监控问题的研究，为教育行政部门提供教师教育质量管理政策咨询和技术支持。“教师教育质量监控中心”应聘请各类教育专家，组成教师教育质量监控专家组，承担教师教育质量监控的指导、检查、评估和咨询等工作，为教师的专业成长和发展提供更多的便利。

最后，整合教育资源，搭建全国性的数据库，探索建立教师教育质量监控管理的长效机制。在现有的免费师范生签约管理平台的基础上，利用计算机和互联网技术为各省（自治区、直辖市）教育厅和部属师范大学提供登陆平台，集成免费师范生学籍信息、签约信息、派遣信息、攻读教育硕士信息等，方便各相关部门查找相关信息，另外，要及时通过信息交流平台发布政策运行成效，使社会公众积极参与监督。实施“全国教师教育网络联盟计划”，促进“人网”、“天网”、“地网”及其他教育资源优化整合，一方面有效保障师范生免费教育政策的实施，另一方面进一步加强对师范生免费教育政策质量的监控。

第五章

师范生免费教育的质性研究

教师专业发展是一个多侧面、多等级层次的发展过程，体现在观念、知识、能力、专业态度和动机、自我专业发展需要意识等不同层面。鉴于此，师范生免费教育应着力激发免费师范生内在的“学习动机”，使其树立坚定的“从教信念”，培养其敏锐的“实践反思”能力，鼓励其进行科学合理的“职业选择”。课题组运用质性研究的方法，对免费师范生的学习动机、教育教学实践、从教信念和就业选择进行考察，旨在对免费师范生的成长历程进行整体的、关联式的考察，从而为促进免费师范生的教师专业发展提出建议。

第一节　免费师范生的学习动机

影响免费师范生学习的因素复杂交错，其中学习动机起着支配性的作用。有人质疑免费师范生的报考动机是受“两免一补”和“就业保障”等优惠政策的吸引，担心免费师范生的学习动机不纯，学习动力不足。为了验证此假设，课题组以“入学后二次选拔”的免费师范生为考察对象，通过质性研究探讨其学习目的、学习策略和学习效果，以期真正揭示免费师范生内在的学习动机。与“提前批次直接录取”的免费师范生相比，“入学后二次选拔”不存在“稀里糊涂报考”的可能性，其选择成为免费师范生的目的性更强，更有助于考察其内在的学习动机。

一、研究设计

（一）研究内容

学习有广义和狭义之别，广义的学习包括人类的学习和动物的学习，指人和动物在生活过程中获得个体行为经验的过程；狭义的学习，指学生的学习，即学生在学校中以间接经验的形式掌握前人经验的过程（邵瑞珍，1997，p. 48）。鲍尔（Bower）和希尔加德（Hilgard）认为，学习是个体在特定情境下由于联系或反复经验而产生的行为或行为潜能的比较持久的变化（陈琦，刘儒德，2006，p. 47）。学习动机是直接推动学生进行学习的内驱力。一个学生是否想要学习，为什么而学习，学习的努力程度、积极性、主动性等直接影响学习活动及其效果。免费师范生的学习动机可以分为内部动机和外部动机。内部动机是指由个体内在需要引发的动机，如学生的求知欲、学习兴趣、学习目标等。外部动机是指由外部诱因所引发的动机，这种动机不在学习任务本身，而是在学习活动之外，如他人的鼓励和肯定、社会导向等。内部学习动机和外部学习动机的划分不是绝对的，而是相辅相成、相互转化的。内部动机较为持久且强烈，外部动机的作用较弱而短暂。外部学习动机受外在诱因的影响，是随着外部条件的变化而变化的，因而与内部学习动机相比，其具有较强的指向性和较大的可变性。诱因发生了变化，外部学习动机的强度也随之变化，如果得不到及时、有效的调节，则有可能影响学习效果。

基于上述对学习动机的分析，以及研究的需要，研究将着重从学习目的、学习策略和学习效果三个方面来综合考量免费师范生的学习动机。

（二）研究方法

质的研究方法，是“以研究者本人为工具，在自然情景下采用多种材料收集方法对社会现象进行整体性研究，适用归纳法分析资料、形成理论，通过与研究对象互动对其行为意义建构获得解释性理解的一种活动”（陈向明，2000，p. 12）。课题组采用目的性抽样中的同质性抽样方法①，确定了两位研究对象，即笑笑和阿杰（遵循研究伦理，叙述中将隐去被访者的真实姓名而代之化名）。研究主要通过非正式交谈、开放式访谈和现场观察收集资料。每次访谈的时间约为 1 小时。研究者选择安静舒适的环境，征求被访者的同意后进行现场录音，同时记下被访者的表情和形体动作，以及其对方法的反思。访谈结束后，立即对录音进行逐字逐句的整理。笑笑和阿杰的正式访谈分为两次。第一次访谈主要了解了两位被访者转专业成为免费师范生的原因，以及他们对教师职业和教师专业发展的认识；第二次访谈围绕笑笑和阿杰本科 4 年的学习生活经历展开，着重探讨了其“学习动机”。正式访谈结束后，有需要进一步了解的问题主要通过手机、电子邮件和 QQ 等网络即时通信工具进行非正式交谈。

二、被访者的故事

“被访者的故事”主要是根据访谈对象的个人陈述整理而成的，所以用“故

① 即选择一组内部成分比较相似（同质性比较高）的个案进行研究。这么做的目的是对研究现象中某一类比较相同的个案进行深入的探讨，因而可以集中对这些个案内部的某些现象进行深入的分析．（陈向明．2000．质的研究方法与社会科学研究．北京：教育科学出版社：107．）

事”来描述。为了再现整个研究过程，研究者采用第一人称“我”，便于读者了解研究者对被访者的态度和看法。

（一）笑笑：梦想的羽翼

笑笑，女，河南洛阳人，访谈时为某部属师范大学外国语学院2007级英语教育专业的免费师范生。笑笑身材娇小，每次见面时衣着整洁大方，言语之间给我（研究者A）的印象是性格温和、为人热情、个性直爽，同时又是一个积极自信、怀有一颗感恩之心的女孩。我认识笑笑是通过其朋友介绍的。

1. 学习目的：自我实现

笑笑从小就立志从教，自述其学习目的是为了“自我实现”。“小时候写作文‘我的理想’，我总是写想当老师，然后我还想去那个山清水秀的地方支教。”据笑笑讲述，“小学三年级、四年级有两个老师，师范刚毕业，去我们学校教学，他们也是刚毕业，对我们特别好，可能是受他们的影响吧，就想当老师了”。笑笑认为自己的性格也很适合从教，因为“跟学生相处很开心，教学过程中帮学生解决一些问题，或帮助他们成长一点，就很有成就感”。怀有教师梦的笑笑，2006年第一次高考时填报的志愿都是师范类院校，却不幸落榜。2007年第二次高考，笑笑再次填报了某部属师范大学的免费师范生，因分数不够未被提前批次录取。考虑到“入学后可以转为师范专业”，笑笑又报考了同一高校的园林园艺专业，并被录取。大一下学期，当得知可以通过“入学后二次选拔”转入师范专业时，笑笑毫不犹豫地提交了申请，并最终如愿以偿，成为一名英语教育专业的免费师范生。

2. 学习策略：学习共同体

转专业后的学习生活，笑笑遭遇到了前所未有的困难。“刚转过来那会儿，感觉什么都不会。特别是听力，感觉跟他们（其他同学）差距很大，……挺郁闷的。”“我觉得和他们（其他同学）最大的区别就是，基础没有他们扎实。因为人家在第一学期都学过了，我们转过来以后才开始学，已经落后了……”最初，笑笑感到很无助，也找不到可以帮助自己的人，因为“老师教那么多班，他没心思管这么多闲事”，“与其他同学的交流特别少”，唯一的方法就是“比其他人花的时间更多、更努力，补上落下的课”。后来笑笑改变了学习的策略，一是主动融入所属的学习群体，二是积极参与实践活动。为了更好地和班里其他同学交流学习，笑笑“积极申请调宿舍，与同班其他人住一起，这样就可以一块儿练习”。此外，“大二的时候参加的活动比较多，像‘5·12’大地震后的‘爱与奉献’演讲比赛，还有运动会什么的。我觉得参加的活动多了，就和身边人熟悉了。还有大三，和其他班合办团日活动，参加表演节目、唱歌等，主动争取与其他同学合作的机会，这能在一定程度上帮助自己从实践中多方面地学习”。

3. 学习效果

关于专业学习，笑笑最初与其他同学的差距主要在听说方面。经过一年半的努力学习，“到大三时语言学习上的差距就没有了，因为差距就是听力和口语。我考完专四，成绩跟他们（其他同学）都一样。现在大四更觉得没什么差距了，目前自己的专八也通过了”。笑笑的学习成效主要体现在以下几方面：首先是专业知识与技能。笑笑说：“上教学法的时候，每个班都有讲课小组，每周都组织讲课。一个学期下来，我讲了 3 次，通过老师的指导，还有和同学们的交流、合作，我充分运用教育学知识，挺锻炼教学能力的。”再经过大三下学期的教育实习，笑笑的教学能力提高显著，“尤其是对课堂的驾驭能力，比如，课堂管理、课堂设计，因为是独立担任英语老师”。其次是反思性实践。笑笑在相互学习、交流中，不断对教育理论，以及自己的教学实践进行反思。在教育实习的时候，遭遇到理论和实践脱节的问题。但笑笑说自己“每节课的教案后面都有反思一栏，自己都会认真填写。再加上课后和其他英语老师的交流等，经常思考自己的不足及长处。反思对自己的促进比较大”。再次是合作意识。笑笑谈到：“零课时阅读、学科教学法，还有大三的翻译课，都是小组合作学习，……让我感受到合作的重要性。”此外，在教育实习时，“作为副班主任，和班主任的沟通比较多，合作也较多，比如说，去学生宿舍查寝，跟着学生跑早操，做课间操等。我经常向班主任请教班级管理的经验，合作管理班级，非常受用”。

（二）阿杰：生存的选择

阿杰，男，四川省绵阳市人，原就读于某部属师范大学政治与公共管理学院 2006 级行政管理专业，2007 年转入思想政治教育专业，成为一名免费师范生。阿杰是毛遂自荐成为本研究的访谈对象的。

1. 学习目的：生存的压力

为何转为免费师范生？访谈发现，阿杰的家境十分贫寒，“两免一补”和“就业保障”是他转入免费师范生专业最主要的原因。如他自述；“我大二都读完了才转专业，原因有这么几个：第一是因为行政管理专业不好找工作；第二个原因是家庭。我父母年龄很大，而且家里很贫穷，读免费师范可以缓解下经济压力。”当问及“你喜欢教师这个职业吗”时，阿杰的回答是：“转专业的时候自己真的很不成熟，现在也不知道是该庆幸还是后悔。工作是有了，但是我想这个工作对很多免费师范生来说，特别是对我来说，以后的压力更大一些。”……“前一段时间我在我们年级的 QQ 群里面说，现在的老师还不如去当农民工。很多人反驳我，他们觉得农民工的地位不高。但我觉得农民工赚的钱并不比老师赚得少，甚至还多，而且也不一定很辛苦。”虽然没有正面回答问题，但从谈话中可以明显看出阿杰对教师职业的认同度和热情并不高。

2. 学习策略：被动消极

因为家境贫寒，阿杰大学期间做过很多份兼职，如推销数码产品、做旅游代理，因此在学习上投入的时间和精力比较少。阿杰坦陈，自己在学习上并不努力，“就是考试之前背一背，过了就行”。当兼职繁忙的时候，阿杰经常逃课，即使是待在教室里，“大多时候都是上网啊，看小说、聊天什么的，最经常的就是发呆”。当问及“为促进教师专业发展，你最关注哪方面”时，阿杰认为实践最重要，“因为我们实践太少了。理论还是要联系实践的，理论脱离了实践就没用了。比如，我们学过一门教师教育的通修课‘班主任工作’，这个听起来就很有用。但没有经过实践，我现在还很难领会它的用途”。尽管认可实践的重要性，但学校组织的“免费师范生的三大赛”（即师范生课堂教学技能大赛、师范生演讲比赛、师范生才艺展示大赛）阿杰基本都没有参加。总体看来，阿杰的学习态度是比较消极的。

3. 学习效果

阿杰的学业成绩在班级中处于中下水平，其自述：“我的成绩在男生中算好的，但我从来没得过奖学金。上学期我看了一下成绩，我在我们班好像排第 47 名。”访谈时，阿杰已签约回原籍所在县担任一所中学的政治教师。但对于将要从事的教师职业，他并没有具体的规划，而是抱着走一步看一步的态度。事实上，直至毕业前 4 个月，阿杰才通过普通话二级甲等测试，刚刚达到教师资格认定的基本条件。当问及其是否愿意终身从教？阿杰说：“不是所有的老师都把一生奉献给了学校。比如，我实习的那个中学的老师，他在外面办厂什么的，就是把老师当作副业来做的。我应该也会，有可能同时做，但还是要有机会。”阿杰还表示，他很怀疑自己的大学生活是否有价值。这也是他毛遂自荐成为访谈对象的主要原因，他期望通过与人交流解答自己内心深处的困惑。

三、思考与建议

质的研究发现，免费师范生的学习动机受多种因素的影响，大致可分为内部因素和外部因素。内部因素主要包括学生个体内在的需要、发展目标、年龄、性格特征、兴趣爱好及价值观等；外部因素主要指学生所处的家庭、学校、社会环境等。在上述两则案例中，笑笑之所以转专业成为免费师范生，主要是出于对教师职业的热爱。受“乐于从教”这一内在动机的驱动，笑笑以积极的情感和意志面对学习过程中遭遇到的种种问题，通过实践活动不断积累经验和获取知识，对自己的发展道路有着清晰的规划，期望能够进一步实现自我价值。而阿杰的学习动机明显受外在因素的影响更多，其转入免费师范专业的主要原因是“两免一补”和就业保障。与笑笑相比，阿杰的学习比较消极被动，学习效果也不甚显著。因此，对于免费师范生的学习和成长，在强调内部因素作用的同时，也不能忽视外部因素的影响。

奥苏贝尔（D. P. Ausubel）的成就动机理论指出："一般称之为学校情境中的成就动机，至少应包括三方面的内驱力决定成分，即认知内驱力、自我提高的内驱力以及附属内驱力。"（陈琦，刘儒德，2009，p. 216）认知内驱力是一种要求了解和理解的需要，要求掌握知识的需要，以及系统地阐述问题并解决问题的需要。自我提高的内驱力并非直接指向学习任务本身，而是把成就看作是赢得地位与自尊心的根源。附属内驱力，是一个人为了保持长者们（如家长、教师等）的赞许或认可而表现出的把工作做好的一种需要。对于免费师范生来说，可以通过合理运用实践策略、激励策略和合作策略，从认知内驱力、自我提高的内驱力，以及附属内驱力三方面着手，以激发学生的认知内驱力、自我提高的内驱力及附属内驱力，从而提高学生的学习效果。

（一）强化教育教学实践，激发免费师范生的认知内驱力

免费师范生的认知内驱力或学习兴趣，不是天生的，主要是通过自身的实践活动而获得的。从学习心理学的角度而言，学生只有认识到学习的价值与意义，并在学习活动中体验到乐趣，才会激发其学习的动力。换句话说，学习兴趣是激发学生学习内驱力的重要因素。而兴趣又是建立在需要的基础之上的。当个体的需要与兴趣相一致，又伴有积极的情绪体验时，就会产生积极的认知，从而对个体的活动起到促进作用。因此，基于个人需要而产生的学习兴趣往往会发展成为学习活动的内在动机，对学习活动具有维持作用。质性研究发现，免费师范生单纯的专业爱好并不能完全、直接转化为学习兴趣。他们更倾向于在教育教学实践中去体验、去培养、去强化。在访谈中，当问笑笑和阿杰"你觉得通过怎样的方式能够更有效地促进你的专业成长"时，笑笑说"实践，肯定是实践"，阿杰也认为实践在专业发展中最重要。因此，师范生免费教育过程，加强实践性环节便显得十分重要。例如，组织学生体验教学活动理论，增加学生试讲机会，重视对学生基本技能的训练。通过教育教学实践，免费师范生能够接触到真实的教育情境，有助于其培养兴趣，产生积极的认知，树立自我实现的学习目标。正如案例中的笑笑，她在讲课小组，以及教学实习的过程中，通过与老师和同学的合作、交流，不仅促进了自身实践能力的提高，也培养了合作意识与反思能力，不断获得自我满足和自我实现，进一步坚定了自己的职业理想。

（二）选择性激励，激发免费师范生的自我提高内驱力

为了促使师范生在特定的岗位上积极参与，提升其自我提高内驱力，应构建选择性激励机制。所谓的"选择性激励"，即选择性地对个体进行激励，而不

是对所有成员不加区别地激励。奥尔森（M. Olson）认为，“选择性激励”可以驱使集团中的理性个人采取有利于集团的行为，能有效地抑制个人在集团中搭便车的行为（曼瑟尔·奥尔森，1995，p. 44）。“选择性激励”包括积极性的和消极性的两种不同形式。前者是通过奖励参与行为示范，诱导其他人采用相同的行为；后者则是通过惩罚不承担集团行动成本和不行动者，以便对其他人起到警示作用。对于免费师范生，除了“两免一补”、“就业保障”等物质激励以外，还应该从精神层面进行激励，如信任、荣誉等。师范生免费教育的制度设计应将免费师范生的学业表现与其未来的发展联系起来，如对学习成绩优异的免费师范生给予“海外交流”或攻读学术型研究生的机会，或对各方面表现优异的免费师范生予以推荐就业，等等。此举可以有效地激励免费师范生的学习热情。必要的惩罚措施则能够矫正部分学习态度消极、意志消沉的免费师范生的学习状态。对于表现不佳或者学术成绩不达标的学生，可以解除协议，使其不再继续享有免费师范生教育的优惠政策等。此外，对免费师范生进行定期考核，建立一种良性的退出机制，给予免费师范生一定的学习压力，也有助于增强其自我提高驱动力。

（三）构建学习共同体，激发免费师范生的附属内驱力

学习共同体是指由学习者与助学者（包括教师、专家、辅导者和家长等）共同构成的学习团体。学习共同体的成员具有共同的目标，他们分享各种学习资源，进行相互对话、交流和沟通，分享彼此的情感、体验和观念，共同完成一定的学习任务，通过共同活动形成相互影响、相互促进的人际联系，并对这个团体具有很强的认同感和归属感。质性研究发现，免费师范生的人际关系，同学、师生之间的交流协作，以及周围人群的学习状况对他们的学习动机有着显著的影响。而转专业免费师范生“进入角色”较晚，面临的问题更多，因此更需要加入到学习共同体，获得帮助。以笑笑为例，她刚转专业时内心很无助，却又找不到有效的途径与其他同学和老师深入交流，这使得她一度很沮丧。阿杰的情况也基本类似，因为无法融入班级学习群体，感觉很孤单。因此，通过小组合作学习等形式构建学习共同体，在免费师范生所在的班级、学院创造各种有利的条件和学习环境，有助于将外在刺激转化为内在动机，提高免费师范生的附属内驱力。此外，还可以支持免费师范生以共同的爱好、志向、兴趣等为基础，以友谊和感情为支撑，在宿舍、班级、学院、学校自发形成的非正式组织的学习共同体，营造一种相互学习、取长补短的学习氛围，促使免费师范生找到群体归属感，形成良好的学习风尚，提高其学习的积极性。

第二节　免费师范生的教育教学实践

基础教育课程改革对教师提出了新的要求，诸如“反思型教师”、“创新型教师”、“专家型教师”等理念逐渐进入公众的视野。反观高等师范教育，一直未能切实解决教师教育理论与实践脱节，以及师范生实践性知识欠缺等问题。鉴于此，在推行师范生免费教育的基础上，教育部于2009年启动实施了“教师教育创新平台项目”，明确提出了“创新教师培养模式”、“强化教育实践环节”等改革设想。为了验证改革的初步成效，课题组采用质的研究方法，针对免费师范生的教育教学实践展开研究，重点讨论了如何培养免费师范生的反思性实践能力。

一、研究设计

（一）研究内容

“实践是检验真理的唯一标准。”2001年，我国开始在基础教育领域推行课程改革，致力于使传统的课程与教学体系实现以“综合性”、“实践性”和“研究性”为特点的整体转型。“教师教育回归实践”现已成为国际教师教育领域广泛流行的时代性语言，成为凝聚教育改革力量的标志和口号之一。“师范生免费教育政策”作为引领我国教师教育变革的示范性举措，如何促进免费师范生获取实践性知识是一个值得深究的问题。在此背景下，教育教学实践作为师范生实践性知识获得的主要途径，进入了课题组研究的视野。所谓教育教学实践，泛指一切以增进师范生实践性知识的活动。其中，教育实习是师范生教育教学实践的核心环节。《教育大辞典》中将教育实习界定为：各级各类师范院校高年级学生到实习学校进行的教育教学专业实践的一种形式，包括参观、见习、试教、代理或协助班主任工作，以及参加教育行政工作等（顾明远，1998，p. 773）。从上述定义可以发现，教育实习包含师范生、指导教师、中小学校，以及教育教学实践活动等要素，其方式是高校和中小学协同指导，其内容包括参观、见习、试教、代理或协助班主任工作，以及参加教育行政工作等，其目的在于加强师范生理论联系实践，促使其专业成长。美国学者泽兹纳（Zeichner）曾总结了世界范围内对教育实习的三种理解倾向：师徒制、理论运用于实践、反思性实践。① 师徒制将教育实习比作手工作坊中的师傅带徒弟，由有经验

① 李光玉．2013．我国部属师范大学教育实习状况的调查研究——基于2012年教育实习实地调查．长春：东北师范大学硕士学位论文：4.

的教师向实习生示范授课的过程、管理班级的方法，实习生进行学习和模仿；理论运用于实践将教学实习看作是将大学所学的教育教学理论知识运用到中小学教学实践中，用理论知识来指导自身的实践行为；反思性实践将教育实习看作是一种反思性实践活动，认为师范生对教学的理解与改进来自于对自身经验的反思。质的研究拟立足于“反思性实践”理论，通过对免费师范生进行深度访谈，以“免费师范生如何通过教育教学实践获得实践性知识”为主线，分析了诸如实践性知识的构成要素有哪些，影响实践性知识形成的因素有哪些，通过哪些实践活动获得实践性知识等问题，旨在探讨如何为师范生构建综合性的实践平台，以培养出符合基础教育改革与发展需要的反思性实践教师。

（二）研究方法

本研究采用的是目的性抽样（purposive sampling），即根据研究目的选择有可能为研究的问题提供最大信息量的样本（陈向明，2000，p. 104）。为了探讨免费师范生的教育教学实践，将研究对象限定为2007级免费师范生。初选了12位不同专业的免费师范生，通过非正式访谈对其进行了解，最终确定了生物教育专业的男生小泉和物理教育专业的女生小夏作为正式研究对象。

收集材料的方法是开放式访谈、非正式交谈和现场观察。每次访谈的时间大约为1小时。访谈时在征求被访者的同意后进来了录音，并时记下被访者的表情和形体动作以及自己对方法的反思。访谈后立即对访谈录音进行逐字逐句的整理。此后基于对访谈资料整理以及撰写研究报告的需要，又通过短信、电话以及QQ聊天等形式补充收集了资料，深入了解访谈对象。除此之外，还向被访者收集了他们参加“师范生课堂教学技能大赛”的教案、实习日志等相关资料，用以佐证被访者的言语。

二、被访谈者的故事

（一）小泉：破茧成蝶的蜕变

与小泉的初次见面，他似乎显得有些紧张，但是仍然面带微笑，展现出友好。他给我（研究者B）的最初印象是比较内向，言语不多。本以为其不善言辞，但在随后的访谈中发现，小泉为人沉着冷静、思路清晰，具备较好的语言表达能力。因此，整个访谈显得顺利又轻松。

我们通过访谈了解到，小泉是“误打误撞”报考了免费师范生。“我报考的时候出现了一个错误，没理解‘提前批’的意思，随便填了志愿，结果就被录取了。本来是打算复读的，都回原来的高中报名了，但还是犹豫了一下，阴差阳错地来了。”小泉认为自己是一个性格腼腆，站上讲台就脸红的人，加上被录取的专业并不是自己的第一志愿，而是被调剂到并不擅长的生物专业，因此，小泉认为自己难以胜任教师这份职业。这种担忧使得小泉整个大一上学期都在考虑是否要转专业，基本上每天都处于茫然的状态，浑浑噩噩地度过，根本没法安心学习。直到有一天，“转什么转，就教生物吧！”这个念头在脑海里突然闪现，小泉自述“似乎松了口气”。这一秒钟的决定，使他摆脱了一直以来的纠结，开始为“做一名合格的生物老师”而努力。

1. 勇敢的第一步

大一上学期，因为没有明确的学习目标，无论是学习还是实践活动小泉都是消极应对。作出破釜沉舟的决定后，小泉迅速调整自己的心态，改变学习策略，努力缩短差距。因为基础差、起点低，除课堂学习外，小泉还会花更多的课余时间自学，并积极参加实践活动。小泉所在的院系为提高免费师范生的教学技能设置了一系列的实践活动。第一，“三笔一话”训练。从入校之日起就要求学生每周练习毛笔字、钢笔字和粉笔字，并定期交与老师审阅。小泉最初练习“三笔一话”或许是出于完成任务的被动心态，但久而久之就成了一种习惯，并且喜欢上了这份“任务”。第二，“讲故事”。从大一下学期开始，先以小组为单位，在小组成员内部讲故事；然后以班级为单位，在所有同学面前讲故事。小泉回忆起自己第一次讲故事的情形：“第一次参加班里讲故事的集体活动，内心挣扎了很久，担心讲不好怎么办？告诉自己没什么大不了的，但还是紧张。快上讲台了，前一分钟腿就软了。接连试了三次，都没能站上讲台。第四次责骂自己，再上不去，还是男人吗？最后还是硬着头皮，豁出去了。虽然只是一个简单的故事，但我提前准备了好几个小时，把故事内容背下来，并反复练习。结果第一次站在讲台上，那么多人注视，实在太紧张了，刚说两句就忘词了。台下听众看着我，我看着他们，大脑里一片空白。大约过了一分钟，脑中闪现出结局，就草草把结局说了。”这次经历虽然并不算成功，但小泉克服了自己的胆怯，第一次站上讲台，对他而言是一次莫大的鼓励。此后经过多次讲故事练习，小泉不会再站上讲台就脸红，逐渐形成了良好的台风，锻炼了自己的语言组织能力和表达能力。第三，“试讲”。从大二下学期开始，班级组织试讲活动，先从说课开始，进而讲课。在老师的指导下，师范生们对 PPT 的制作、课堂导入、提问技巧、引导和启发学生思考等整个课堂教学的所有环节分别训练；掌握了所有环节后，每个学生在班级内进行讲课演练，每周到微格教室练习，录下自己讲课的全过程，根据自己的表现进行反思和改进。说课锻炼了小泉课堂教学的设计能力，讲课则将这种能力真实地呈现出来。

2. 实习中的蜕变

教育实习是师范生过渡到准教师的关键环节。小泉的教育实习，由“初生牛犊不怕虎”的信心满满到经历挫败后的反思，由模仿别人到形成自己的教学风格，实现了蜕变。下文将节选小泉实习日志中的部分内容，呈现他在教育实习中的经历与转变。

1）与学生相处

实习第一天，怀揣着满腔的热情，信心满满地开始真正的实习生活。“今天起了个早，不，是从今天开始都要早起了，好久都没起这么早了。一大早我就得和班上的同学见面，放心吧，我已经早早准备好了讲些什么。可是，站在讲台上的那一刻，我什么都忘了，心里面就想到赶快说完。结果下课后有学生来问我叫什么，这才发现：我忘记自我介绍了。”

实习第二天，发现学生并没有把实习老师当回事，心里不免多了些挫败感，但还是积极寻找解决的方法——感化学生。“晚上在办公室，班上一位女同学进来了，走到我的跟前张口就来‘喂，喂，刘老师在吗？’听到她的‘喂，喂’，一股劲儿的不爽，心想这些家伙太不听话了，纪律太差了，马上就回了个‘你叫谁呢？不会叫老师吗？叫老师！’（其实这一招也是跟别人学的）当时我的语气有点重，似乎吓到她了（她眼睛都湿润了，也不敢看我），一个字也不说。这时我也不知道我做得对不对，安慰了她两句就让她走了。经过这次，我才了解和学生交流真是一门学问，特别是作为一名老师要和学生相处融洽真的好难。在和他们接触的过程中，我发现我们的距离太远了。我太不了解他们这个年龄的娃娃了，我们缺少太多的共同语言了。”

与学生交往的能力是作为一名优秀教师不可或缺的能力，小泉同学通过实习前两天的体验，开始反思如何与学生沟通、交流，最终决定采取“以情动人”的策略，通过记住每一位同学的名字，拉近与学生的距离，进而以朋友的身份融入其中，得到了同学们的接纳和尊重。

我让班长把座次表给我写了一份，晚自习我用了一节课来将他们的人和名字对上号（心想一开始就能够叫出他们的名字，他们一定很高兴才对）。我早早问好他们的寝室，决定晚上去寝室一探究竟。晚上，我一到寝室，他们表现得很惊奇的样子，当我叫出离我最近的学生的名字时，他更是惊喜，“哎呀，老师你真是太好了，居然记得我的名字”，听到他的这句话我长长地松了一口气。心里面也似乎有一种说不出的舒畅（那是我来到这个学校第一次感到如此轻松）。回想起来，现在还是同样的愉快，也许这是我的“第一步”吧，迈向老师的第一步，希望这小小的一步能够给我勇气，让我继续在教师的“行业”里不断前进！

2）教学组织和班级管理

实习第五天，观摩初中的生物课堂教学，对教师产生了敬意。“上午第五节课听周老师的生物课，终于让我见识了一下什么叫‘霸道的’课堂纪律，学生并不重视生物课，而且讲话声音几乎压过老师。我终于明白初中生物的确不好教啊，初中生物老师更是难当啊。一下课我不由自主地对朋友说‘打死我也不教初中’。真为这些老师心寒，不过他们的勇气和毅力不得不让我钦佩。面对如此的学生和学习环境（主要是学习生物），他们依然在不懈地追求着自己的教育理想，依然在为改进教学方法而专心研讨，即使一点小小的歧义都会费尽心思地琢磨。但是再细细想想，现在的学生就是这样，这便是十三四岁的初中生。适应他们是教师的责任，必须通过不断地更新教育方式来适应学生，让学生尽可能地获得知识。”

小泉通过换位思考，为学生的叛逆找到了合理的解释。这并非纵容学生，而是在理解和正视学生不足的基础上对症下药，找到合理的解决方法。

第二天，我在开始讲课之前先对学生予以了鼓励和表扬。“老师们都说我们班的同学最乖、最听话了，你们说是不是啊？今天是不是也该向我们展示一下你们到底是不是最乖、最听话呢？”果然，这样的开场似乎奏效了。接下来，我尽量用所讲内容调动学生的每一根神经，吸引学生的注意力，并且穿插课堂提问，提问以简单为宜，目的是给学生以信心，让其积极参与课堂互动。

3）教学技巧

实习第十三天，我独特的讲课风格，赢得了学生的肯定和好评。“一开始还真有一点不适应站在这个真正的讲台上，到后来还稍微好一些。讲蜜蜂的生殖时，我居然能把蜜蜂说成‘蜂子’。‘同学们你们知道在一个蜜蜂家族里有几种蜂子吗？’话语刚落我就知道这下完了，同学们听后就捧腹大笑，就连坐在后面的指导老师都笑得‘人仰马翻’。还有，讲嫁接时，在黑板上画了一个仙人球嫁接仙人掌的模式图。这些家伙硬说我画的是萝卜。顺便我就顺着他们的意思越画越像萝卜……一节课下来，学生和听课的老师都笑傻了。不过我发现，这些娃娃还挺喜欢听我讲课的，说我太幽默了（其实我不是故意的），一下课就有同学问‘老师你下节课什么时候上啊？’这给了我很大的鼓励。”

良好的语言表达能力是教师应具备的重要素质，所谓语言表达，不仅仅是语言的标准程度，还在于与学生的交流、沟通的效果。小泉用学生能理解的方言，营造了亲切感和幽默感。学生在欢乐的氛围中学到了知识，达到了教学目的。尽管小泉的简笔画没有达到很标准的程度，以至于画出的模式图被学生误认为是萝卜，但他并没有急着否认和辩解，而是将错就错以此讲解，给予学生更加深刻的印象。这充分体现了小泉合理运用教学方法和手段的能力，以及敏锐的教学思维。

小泉大学4年的学习，实际上是摒弃自卑，树立自信的过程。他由刚入学时的迷惘与自卑，成长为一名自信、自强的准教师，整个过程中教学实践和教育实习的作用功不可没。每一次小小的尝试，如5分钟的课堂演讲、10分钟的讲故事，都成为他经验累积的过程。教育实习更使他得以体验真实的课堂。尽管面临了种种困难，但小泉都一一克服了，最终形成了自己独特的教学风格，并赢得了学生的好评，开始享受当老师带来的快乐和成就感。

（二）小夏：在实践中反思，在反思中成长

小夏是一名个性开朗的女孩，善于言谈，但措辞谨慎，讲究有理有据。她在校期间参加了很多实践活动，如“师范生三大赛”等，获得了许多奖项。这些实践活动帮助小夏收获了自信，也培养了她的综合素质。

1. 讲课比赛：优秀教师的第一步

高考填报志愿时，小夏的理想是当一名英语教师，后来却被调剂到了物理教育专业。遗憾难免，但经历过迷茫和困惑之后，小夏迅速调整了心态，开始向着成为一名合格的物理教师的目标奋进。她始终坚信自己能成为一名优秀的人民教师，努力学习、积极实践，不断反思改进，从而促进了自身的专业成长。其中，参加“师范生课堂教学技能大赛”是小夏迈出的第一步。据小夏自己回忆，“第一次讲课是在班上吧，那是讲课练习，说实话我自己感觉有一点点失败。因为其他同学都没有怎么练习，相比之下大家觉得我可能还算比较好的。但说实话我紧张惨了，冒了一身的冷汗，说话也不流畅，语言也不紧凑，逻辑可能还有点问题，板书也不规范，存在很多问题”。“大二的时候，第一次参加正式的讲课比赛，结果进入复赛之后就没戏了，挺受打击的。不过复赛时发现大三的学长们好厉害啊！那些选手无论是台风，还是语音语调、板书、讲课的逻辑思路，以及对教材的熟悉程度都是我学习的榜样。”通过总结经验与教训，再到大三参加讲课比赛的时候，小夏已经有了充分的准备。“上大三之后的那段时间，正是我们参加各种比赛的黄金期，因为已经有了经验的积累，知道该怎么去做。当时参加了第二届‘师范生课堂教学技能大赛’，结果获得了校级三等奖。”

2. 社会实践：提升综合素质

小夏在上大学期间参加了很多社会实践活动。这些活动对提高她的综合素

质起到了不可磨灭的作用。“大一刚进校我就参加了自律委员会。我其实很喜欢参加各种社团活动，后来由于竞选上了班长，时间安排不开，所以自律委员会那边我只做了一个月就辞掉了。在4年的大学生活中，我参加的社会实践活动或社团活动还是挺多的，师范生的三大赛我都参加了。其中第一届‘师范生才艺展示大赛’，我和同学搭档表演一个小品，最后进入了决赛。学院组织的歌手大赛我也参加过。”当问到“参加这些社会实践活动最大的收获是什么”时，小夏说：“这是一个过程，先苦后甜的过程。比如说，我竞选班委，就要让同学信任你，让同学能够接受你，其实这个过程是比较曲折的。然而当所有同学都能信任你时，这过程又是一个非常甜美的享受，我觉得。”小夏在担任班长期间，负责班级的日常事务，经常与老师、同学们交流、协调。在这个过程中，小夏逐渐培养了与人沟通、交流、合作的能力，从而为将来走向教师工作岗位做了很好的铺垫。

3. 教育实习：坚定从教信念

教育实习是免费师范生成长的重要转折点。经过实习的历练，小夏说自己变得成熟了。“学院本来是把我分配到南开中学去实习，我当时是南开中学物理组实习组长之一。后来玉林中学打电话给我们院书记说要两个人过去实习，学院就把我和A同学调过去了。所以说我相当于实习了两个学校。”经过两个不同学校的实习，小夏明显感觉到了自己的进步，尤其是可以在真实的课堂教学情境中充分展现之前，通过讲课比赛培养锻炼出来的技能技巧，称得上是厚积薄发。“我觉得大学里面学的物理知识，基本上我拿到高中去的话，很多根本就用不上，初中就更用不上了。但大学里学的这些课程肯定有很大的帮助。毕竟教给学生一滴水，老师自己就得有一桶水。而且关于教育教学方面的知识还是很有用的。”

在教育实习之前，小夏希望把教师这份工作做踏实了、做好了，希望自己在教书育人的过程中，既锻炼自己，也让学生受益。在教育实习中，小夏收获了快乐和满足，更加坚定了她想当一名优秀教师的愿望。她说：“当老师挺好的，我坚定走这条路。为什么这样讲呢？去南开中学实习的时候我跟的那个班是高一。那些学生刚开始还不太接受我这个实习老师。但是经过两三天的接触，我发现那些孩子们其实都挺好的。看上去跟我们一样大，甚至比我们成熟，但是当他们老远看到你叫‘老师好’时，我就觉得有一种说不出来的幸福。不论你走到哪里，学生都会跟你打招呼，我觉得真的有一种幸福感。还有一些收获可能就是在玉林中学的时候了。在那边带的是初中，初二的一个老师是我的实习指导老师，是一个资深的老师，教学非常不错。从物理教学的角度来讲，他有难得的课堂风趣幽默，而且是自然流露，不是矫揉造作。他的课堂逻辑思维非常严密，语言非常简洁。我跟着这位老师学到了很多东西。他给予了我很多指导，包括他对我提出的一些建议和看法。受他的影响，我也在摸索自己的教学风格。虽然还不成熟，但是其他同学的评价是：‘精神饱满，热情四射，声音比较洪亮，抑扬顿挫，比较能吸引学生的注意力’。”

三、思考与建议

真正意义上的教师专业发展，不是基于行为主义基础之上的教师能力本位的发展，而是基于认知情境理论的“实践智慧”的发展，即强调教师自身的课堂教育经验，以及对经验的不断反思。教师从事教学除了具备坚实的专业理论和有关教育科学的知识外，还应该具备有个人特色的教育风格、教学智慧等实践性知识，需要教师在教育教学实践过程中不断积累。作为免费师范生，小泉和小夏的成长历程有很多相似之处，其中最显著的就是教育教学实践对他们的积极影响。教育教学实践给他们提供了丰富自己和提升自己的机会。通过教育教学实践，小泉和小夏积累了实践性知识，并在反思中不断成长。这是一个长期的、循序渐进的过程。

（一）夯实理论基础，建构理论型实践性知识

有学者将实践性知识分为理论型实践性知识、技能型实践性知识和智慧型实践性知识三种形态。理论型实践性知识，是指教师在教育教学过程中，对某些明确的规则、程序、方法和策略的理解、解释与模拟运用，如对备课、课堂教学和班级管理等原则和方法的理解和模拟，即是关于“知道应该怎样和为什么要这样做”的知识和技能（赵颜俊，2010，p. 44）。免费师范生主要通过理论学习获得理论型实践性知识。因此，师范生免费教育要打破传统的课程框架结构，依据培养目标和基础教育课程改革的需要，构建新型教师教育课程体系。免费师范生的课程设置，既要合理安排学科专业教育，又要突出教师专业教育；既要拓宽师范生的专业基础，又要强化师范生的专业技能，力求将师范性与学术性相结合。此外，还可以通过以下途径加强免费师范生对实践性知识的理论学习：第一，专家型教师经验的传授和总结，即通过讲座、专题研讨会等形式传授专家型教师教学经验，并鼓励师范生对经验进行结构化和系统化的总结，以促使其个人体会和理论知识的建构；第二，开展案例教学，即在有关课程的教学中，通过穿插案例的做法，使学生产生身临其境之感，逐渐掌握实践性知识；第三，加强微格教学，通过录像资料使学生对自己的表现进行反思和纠正，从而积累实践性知识。

（二）强化实践性教学环节，建构技能型实践性知识

技能型实践性知识，是在理论型实践性知识的基础上发展起来的，是比理

论型实践性知识更为复杂的实践性知识，既涉及理论模式，又涉及实践模式。技能型实践性知识是关于“能教”的实践性知识，如“三字一话”，以及组织课堂的技能、口语技能、科学课实验技能、组织班会技能、组织兴趣活动技能等（赵颜俊，2010，p. 46）。技能型实践性知识主要通过系统学习、模仿、反复练习的方式获得，教育实习、见习或研习是获得此项知识的最有效途径。例如，小泉通过“讲故事”，“试讲”等实践活动，逐步摆脱了自卑的阴影；进而在教育实习中认真总结与反思，不断改进，最终赢得了学生和老师的肯定。小夏也通过参加讲课比赛等实践活动，不断提升自己的综合素质，努力使自己成为一名优秀教师。因此，创新免费师范生的培养方案，需要加强实践性教学环节。例如，西南大学通过积极推进实验教学示范中心、实验平台、实习实践基地、人才培养模式创新实验区建设，充分发挥实验教学示范中心和人才培养模式创新实验区在培养学生实践能力方面的重要作用；构筑了研究型课堂教学、创新型自主学习和服务型基层实践“三位一体”的创新实践教学系统；构建了素质教育“雨僧计划”和科学探究“光炯计划”两大计划，搭建起研究性教学、自主性学习、创新性实验三大学术文化平台，建立了“雨僧”讲坛、“光炯”实验班、科技创新基地、创新实验计划、科技创新基金、科技文化节、科技文化竞赛、创新实践学分等八大项目载体，探索了以“顶岗实习支教”和“顶岗实习支农”为主体的基层实践模式，有效地促进了师范生实践能力和社会适应能力的提升。

（三）在实践中反思，获取智慧型实践性知识

智慧型实践性知识，是指教师依据实际对象和具体的教育教学情境而迅速作出准确的判断，并及时调整教育教学行为的知识（赵颜俊，2010，p. 48）。智慧型实践性知识属于“内隐性知识”，需要教师在教育教学实践中自主建构，并通过体验和感悟的方式来获得。其中，“反思”是智慧型实践性知识生成的关键所在。“反思性实践”则是教师专业发展的重要基础。美国心理学家波斯纳（G. J. Posner）认为，在教师专业发展中，“经验 + 反思 = 成长”，并指出没有反思的经验是狭隘的经验，至多只能形成肤浅的知识，如果教师仅仅满足于获得经验而不对经验进行深入的思考，那么他的发展将大受限制。[①] 智慧型实践性知识的积累需要教师具有较强的自我反思意识与能力，经历更多的反思性实践活动。如果教师在真实的教育教学情景中，能够自觉地把教育教学实践中的各种问题作为反思的客体对象，通过实践—反思—再实践的过程，获得对教学行为、教学知识经验和教师职业角色的体验和认知，从而不断积累专业知识和技能，

---

① 姜美玲 . 2006. 教师实践性知识研究 . 上海：华东师范大学博士学位论文：18.

必将推动教师专业化水平的不断提高，加快实现由一个不成熟的新手教师向成熟的专家型教师的转变。从质的研究来看，小泉和小夏的成长历程也印证了这一点。必须强调的是，智慧型实践性知识需要在长期的实践活动中不断体验、感悟和反思。因此，免费师范生应在本科 4 年学习的基础上，在今后的实际教学工作中善于发现问题，反思和解决问题，同时继续深造，进行有针对性的学习，实现持续性的专业发展。

第三节 免费师范生的从教信念

师范生免费教育，旨在鼓励和吸引更多的优秀青年从教，从而培养造就大批优秀教师和教育家。国家鼓励免费师范生毕业后长期从教、终身从教。为此，《实施办法》规定，免费师范生在校学习享受“两免一补”的优惠政策，毕业后则需履行到中小学任教 10 年的义务。上述权利和义务以“协议书”的形式予以了约定。但免费师范生是否乐于从教，能否长期从教、终身从教，究其根本，不在于外部条件的制约，而与免费师范生是否具有坚定的从教信念密不可分。因此，如何培养免费师范生坚定的从教信念，将国家及社会的期望内化为自身的责任，使其成长为优秀教师，进而回报社会，是值得探讨的问题。

一、研究设计

（一）研究内容

从教信念是教师职业信念的主要构成要素。从心理学角度来说，信念是主体对于自然和社会的某种理论、思想坚信无疑的看法。它是人们赖以从事实践活动的精神支柱，是人们自觉行动的激励力量。信念一旦确定之后，就会给主体心理活动以深远的影响，决定个人行为的原则性、坚韧性。教师职业信念是教师在教育教学情境与历程中，对教育教学工作、课程、学生及学习等相关因素所持有且信以为真的观点，其范围涵盖教师的教育教学实践经验与生活经验，构成一个互相关联的系统，从而指引教师的行为（Pajares，1992，p. 62.）。作为教师在教育实践中所信奉的准则，教师职业信念不应该是一个只在职后阶段才被重视和讨论的概念，它是个人于长期生活经验、文化背景及相关教育影响下所逐渐产生的概念系统。因此，教师职业信念的形成，是不断发展和演变的过程，大致可分为职前与职后两个阶段。免费师范生作为一名“准教师”，正处于教师专业发展的职前阶段。他们需要在这一阶段初步构建良好的教师职业信念，这是决定免费师范生未来教师专业发展的关键所在。

（二）研究方法

本研究采取个案研究的样式，即“采用各种方法，收集与研究问题相关的资料，对单一个体或一个单位团体做深入细致的研究的过程”（陶保平，黄河清，2005，p. 186）。研究对象最初采用“机遇式抽样”，即根据当时当地的具体情况进行抽样；随后采用了“目的性随机抽样”，即按照一定的研究目的，对研究现象进行随机抽样。研究者先随机抽取了 6 位不同专业的免费师范生，通过访谈了解其从教信念。最终将珍珍与书显作为正式的研究对象，原因在于两人在访谈中表现出对教师职业的热爱，并立志于终身从教。研究者希望能通过进一步访谈，探究两人如此坚定的从教信念缘何而产生。

在正式访谈之初，为了最大限度地赢得被访者的信任，研究者对研究的内容和方法进行了说明，并着重强调了研究的保密原则，力争使他们认同研究的科学严谨性。这一举措为此后的深度访谈奠定了基础，得到了两位被访者最大限度的配合，访谈时他们坦陈了自己内心深处的真实感受。研究采用开放式访谈、非正式交谈（除录音之外的闲聊）和现场观察（主要观察在访谈过程中对方的情绪反应）的方法收集资料，其中以开放式访谈为主。鉴于正式访谈有时无法透知研究对象的真实想法，因此还通过阅读 QQ 空间日志等一些辅助方式收集资料。访谈之前设计了访谈提纲，提纲中所列的问题均为开放式问题。在征得访谈对象的同意以后，对访谈的全过程进行了录音。对访谈对象进行了多次的非正式交谈和两次正式访谈。每次交谈之前，都和访谈对象预约选择他们认为合适的时间和地点，原则是安静，没有人打扰。在访谈过程中，研究者很少打断被访者的谈话，尽量使其自由发挥，避免误导；同时不断用口头语言或者身体语言表示我在认真倾听，以鼓励对方尽可能最大限度地挖掘内心深处的东西。对于倾听过程中发现的新问题，再进一步追问。访谈结束后，研究者把访谈录音逐字逐句地整理出来，对于没有录音的非正式交谈的内容会原汁原味地记录下来。对于访谈过程和访谈之后的反思，以备忘录的形式记录下来。

二、被访者的故事

整个研究过程主要采用“故事”与“分阶段”的方式来呈现，以便使读者更清晰地了解访谈对象教师职业信念形成的整个过程。基于访谈者的不同特点，下文对珍珍与书显描述的侧重点也会有一定的差异性。

（一）珍珍：坚定无悔的选择

珍珍就读于某部属师范大学英语教育专业，是一名免费师范生。对于专业学习，珍珍有着浓厚的兴趣，成绩优秀，曾多次获得奖学金。此外，珍珍还担任过班级学习委员、协会干事，以及学生会编辑部记者等职务，具有较强的社会活动实践能力。珍珍在第一次正式访谈中就表露出对师范生免费教育政策给予她的优惠待遇的感恩之心。她多次用“信念”一词来表达自己希望成为一名优秀教师的愿望，希望以自己的实际行动来回报社会。针对这一特点，我（研究者 C）又进行了第二次访谈和数次非正式交谈，来进一步了解珍珍教师职业信念的形成历程。

1. 入学教育：教师职业信念的萌芽

珍珍在高考填报志愿时并没有什么明确的职业意向，更多是由于家庭的原因和他人的劝导而报考了免费师范生。以下是珍珍的原话：

> “报的时候没有太强的职业意识，高中生大部分没有这样的职业概念。对教师职业也谈不上喜欢或不喜欢。我们家亲戚有一些是做老师的，觉得女孩子当一名老师不错。听从了他们的意见，然后就报了这个学校。”对珍珍而言，“师范生免费教育政策就像春天一样，暖透人心。……我是单亲家庭，父亲早逝，家境困难。这个政策不仅给予我上学的机会，而且给予我就业机会，工作也会相对稳定，可以维持基本的生活，这也是我成为师范生的一个主要原因”。

其思想的第一次转变是在进入大学后。学校举办的一系列活动，如举办免费师范生的座谈和论坛，以及组织观看教师的感人影片，潜移默化地影响着珍珍，使她逐渐意识到自己是一名“师范生”，是一名“准教师”。譬如，学校组织的一次演讲比赛“心中有了崇高的梦想——做一名优秀的人民教师”就对珍珍影响颇深，她至今仍记忆犹新。珍珍的日记中有这样一段描述：“犹记得，大一时，三尺讲台上，那场‘树万世之师表，铸不朽之师魂——免费教育师范生反思教育之演讲大赛’。那时的我们，不是教师，却更似教师。带着一份憧憬，带着一分期待，带着些许的稚气，我们走上了那承载着希望与信念的讲台……这些诗一般的演讲题目完美地诠释了我们心中那个美好而崇高的梦想——做一名优秀的人民教师。今时，我们为中华之崛起而读书；明日，我们为中华之崛起而教书。身为首届免费教育师范生，我们注定有着一份信念，一份责任。”

2. 实践活动：坚定从教信念

大二时，珍珍参加了更多的实践活动，在活动中更深刻地感受到了作为一名免费师范生的责任，更坚定了自己的选择。

> 犹记得，大二时，重庆的街头，“筑诚信之基，洒青春热血”的那场声势浩大的团日活动。那是我们在用行动践行着青春的承诺。向市民发放师范生免费教育相关政策的宣传单，耐心地为他们解释国家政策的意旨及相关细节，邀请市民在展板上留言……那每一句话语，那

> 举手投足间的每一个动作，都透露着对我们的期望……不论是我们的选择，还是我们的被选择，君子一诺，我们无怨无悔。

研究表明，教师职业声望和社会地位的高低，会直接对教师职业选择，以及教师职业信念的形成和稳定产生一定的影响。从珍珍上述的描述中可以看出，市民们对教师这一职业的尊敬、钦佩及期望，使她更加坚定了自己的从教信念。另外，活动过程中对师范生免费教育政策的具体讲解，也加深了珍珍自身对政策的认识。当问及珍珍对师范生免费教育政策的看法时，她是这样描述的："师范生免费教育政策给我们的优惠还是很多的。具体到学校，就像分宿舍，和非免费师范生相比，尽量给我们分条件相对好一点的，让我们享受好一点的待遇。真挺感谢这样的政策，日后真的需要好好工作，回报社会吧！"短短几句话，充分表达了珍珍作为政策受益者的价值观和人生观。她将国家给予的政策优惠和希望内化为自身的责任。这对于其从教信念的树立，起着至关重要的作用。

3. 教育实习：破茧成蝶

珍珍所在的高校十分重视对免费师范生专业素质的培养。学校在教育实习之前专门开设了一系列相关的课程，如"学科教学法"、"班主任工作"等；除了理论学习，还为学生提供了微格教学、课堂观摩、模拟讲课的机会。然而，理论再怎样精辟入理，虚拟课堂再怎样惟妙惟肖，仍无法使珍珍完全摆脱"师范生"的印记。直至大三下学期的教育实习，才促使她开始真正以"教师"的角色来定位自己，使其更加坚定了自己的从教信念。

> 经过大学三年的磨砺，对教师这一职业是越来越喜欢，兴趣越来越浓，实习之后感触越来越深，平时上课学的一些理论知识，比如，教学法及其他知识，因为都是一些理论知识没有实践，也不可能很好地理解。三个月的实习，我明白了理论与现实的结合需要我们和学生的磨合。这是一个过程，过去了，就是一个完美的句号。看着学生由刚开始上课时的紧锁眉头到现在的跟着我的讲课思路点头微笑，我们看到了自己的进步。听着学生很感伤地哭着说，舍不得我们走，我们惊讶地看到自己对于他们的影响竟然已经如此之深，受宠若惊。那一刻，我们清晰地感觉到，自己已经破茧成蝶，由一名学生蜕化为一名教师。

学生对珍珍的留恋和好评，使她内心得到了一定的满足，促使她更想成为一名能满足学生需求的好教师。这也就是所谓的教师职业期望，是教师职业信念的影响因素之一，即教师按照合理、恰切的角色期望进行角色践行，会获得比较高的评价，使他们的一定需要得到满足，有利于他们形成更加坚定的从教信念。

4. 履行协议：回报社会

时间转瞬即逝，2011 年到来。对于 2007 级免费师范生而言，是他们履行协议、兑现承诺的时候。就珍珍而言，她也曾经彷徨过、犹豫过、怀疑过，但最终她履行了自己的诺言，回到原籍所在省份签订了工作协议。签订就业协议后，珍珍更加坚定了自己的从教信念。她由衷地感谢师范生免费教育政策给予其上学的机会、工作的机会，为此她决定履行《协议书》，回报社会。在她的一篇日记中这样写道：

> 记得当我听到，十年一纸卖身契……这样的言语时，我的内心翻涛滚海，隐隐地担心起自己的未来。然而，当那一点一滴来自国家，来自学校的关怀，传到我们的学习，以及生活的方方面面时，我们终于还是庆幸地笑了。我们庆幸，在其他的大四学生还在焦头烂额地为工作而烦恼时，我们已经在政策的保护下找到了自己的归属。免费师范生就业的绝对优先权，就业岗位的县级以上的要求……之前的种种担忧，种种忐忑，终于在拿着就业协议时，彻彻底底地消失了。曾一度惴惴不安，不敢面对的找工作这一过程，竟然在重重保护下，如此顺利地完成了。

（二）书显：我的教师梦

皮肤黑黑的、个子高高的、镜片厚厚的是书显给我的第一印象。第一次见面，他就很热情地介绍了自己：河南兰考县人，父母都是农民，家庭经济状况比较贫困。当介绍自己的名字时，他笑着说："学姐，你知道我为什么叫书显吗？是因为我妈妈觉得什么东西都可以通过书本显现出来的。知识很重要，这是妈妈告诉我的。"书显对教师职业的热爱和期望是促使我（研究者 C）再次跟他接触的主要原因。与珍珍相比，他在成为一名免费师范生之前已具有朦胧的"从教信念"。在访谈中，他一再强调之所以选择报考免费师范生，虽然有父母意愿和家庭经济因素的影响，但最主要还是受初中某位老师的感染。他说的一句话让我印象很深刻："做一个优秀的老师，能够影响一群人，那是莫大的荣耀。"

1. 播种：我也要做一个能影响一群人的优秀教师

职业信念的形成是一个漫长的过程，会随着人的不断成长而发生变化。但在成长的历程中，一定会有一些事、一些人深深地影响了你，在你心里悄悄埋下梦想的种子。书显说，一路走来，有很多事，他觉得是人生中的转折点；有很多人，给了他很多的启示。他说："爸爸、妈妈其实也希望家里能出个老师，因为教师社会地位高，受人尊重。但是爸爸又觉得男孩子当老师太过清贫。"当我问“你是从什么时候开始喜欢教师这个职业的”时候，他的眼里闪过一丝笑意，然后说：“我上初中的时候，受一位老师的影响很深。虽然她并没有做什么特别惊天动地的事情，但我就是从那个时候开始喜欢教师这个职业的。”初中时书显的成绩并不是很理想，第一年没能如愿考上高中。复读期间，书显勤奋刻苦，但是由于之前中考失败的经历，他并不是很自信。在进入考场之前，那位老师这样鼓励他：“书显，加油，你一定行的。”书显在描述当时的情景时还说了这样一句话：“她的眼里全是坚定，她很漂亮。虽然现在很多事情都忘记了，但是我一直记得她当时的样子。”听到这席话，书显在心里对自己说：“以后也要做一个像她一样优秀的老师。一个好的老师，能影响一群人，那是莫大的荣耀。”从那时那刻开始，想成为一名优秀教师的愿望，就像一颗期望的种子，深深地埋在书显的心里。

2. 发芽：师范生免费教育政策是我实现梦想的舞台

访谈话题逐渐转移到高考报志愿。书显是在学校的展览板上看到关于免费师范生的招生信息的。用他的话说：“免费师范生政策是一个很好的政策。”之后，他通过网络、周围的老师进一步了解了该政策，如“免学费、住宿费、补助生活费”，“毕业后有编有岗”，“从教 10 年”，等等。书显回家跟父母说了自己了解到的情况，父母非常支持，一是可以减轻家庭负担；二是家里可以出一个老师，受人尊敬；三是书显自己也想当老师。因此，在高考报志愿的时候，书显第一志愿就报考了免费师范生。对于《协议书》中规定的从教义务，书显认为，既然免费师范生享受了政策优惠，就应当履行相应的义务。他还说：“免费师范生成就了我的教师梦，选择了我就不后悔。”在他看来，师范生免费教育政策不仅减轻了其家庭经济负担，还为他搭建了一个实现“教师梦”的平台。或许是出于对成为一名优秀教师的强烈愿望，书显还谈到师范生免费教育政策的诸多不足之处，如“当初报考的时候，想获得一个学习更多知识的机会。所以当看到农林与师范相结合的培养方式的时候就报考了这所高校。来到之后才知道，学习农林知识的机会几乎没有”。“免费师范生政策颁布的初衷是培养未来优秀教师。但是在培养模式方面与其他师范生并没有太大的区别。大学毕业找工作，发现平时班上成绩很优秀的人找的工作还不如平时学习成绩不好的。我想这也是需要反思的地方。”“关于就业，各个省份对免费师范生政策的理解太过狭隘，比如，对回生源地的理解的偏差造成很多学生就业很困难。”“免费师范生政策是为了鼓励毕业生到最需要他们的地方去，但是国家并没有相应地提高待遇，这也是需要反思的地方。”书显表示：“当然，任何一项政策都不可能是完美的。师范生免费教育政策也确实有需要改进的地方。”他期待师范生免费教育政策能够为更多热爱教育事业的人提供平台，让他们的教师梦能够成真。

3. 开花：学高为师，身正为范

当问及“什么样的老师才是一名好老师”时，书显是这样回答的：“首先，一个好的老师应该要热爱自己的职业，热爱自己的学生。其次，用一句话来概括，一个好的老师应该是学高为师，身正为范。”他认为一个好的老师必须要热爱他的学生，要经常与学生交流，关心学生的学习和生活，做学生的知心朋友。他说：“在未来的工作中，能做到这两点（关心和热爱学校），我就觉得很满足了。”当再问及“你是如何为成为一名优秀的人民教师做准备”时，他说：“所谓学高才能为师，就是说教师应该具备渊博的知识。认识到这一点，除了专业知识，我也常常看一些其他学科的书籍，比如，历史、地理等。”他还谈道：“各科的知识需要平衡，虽然我的专业成绩在班上不是数一数二的，但是也不会处于下游。”回顾4年大学生活，他觉得最大的缺憾就是实践机会并不是很多。正因为如此，教育实习对他的触动尤其明显。访谈的时候，他特意带来了一个本——实习时学生给他写的留言本，当中记录了他在实习时的很多故事。在整个访谈过程中，他在讲述实习经历的时候表情尤其生动，话也特别多。

4. 结果：我会在未来的教师路上走得更远

在访谈过程中，每当提及毕业找工作时，书显就显得比较激动。从他黑黑的脸上我看到了庆幸和满足。他说：“对目前所签的工作很满意，因为它几乎是开封最好的高中。”“找工作面试的时候，有一个老师问我：‘你能忍受教师工作的清贫和单调吗？’当时我是这样回答的：‘如果我收获了学生的爱，那就是值得的’。”当问及“对未来的工作有怎样的规划”时，他回答：“首先，当然是要虚心向有经验的老师学习，经常向他们请教，让自己尽快适应岗位并在工作方面有很好的表现。其次，要经常与学生交流，尽量与学生打成一片，这样能够促进自己的教学。再次，凭着我对教育事业的满腔热情，我一定能够在教师路上走得更远。”

三、思考与建议

基于不同的家庭背景和成长经历，珍珍与书显报考免费师范生的初衷不同。但本科4年的学习，使他们都具备了坚定的从教信念。质的研究发现，影响从教信念形成的主要因素有政策的保障；学校的培养；个人的反思建构。鉴于此，师范生免费教育可以从以下三方面着手，来培养免费师范生坚定的从教信念。

（一）制度保障，树立从教信念

师范生免费教育政策，旨在培养优秀的人民教师和教育家。作为外部保障，合理的政策制度设计，能够激励免费师范生树立坚定的终身从教信念。“两免一补”、“保障就业”等政策规定，在一定程度上可以缓解学子的经济压力和就业压力，从而使其安心学习。珍珍与书显正是因为享受了政策的优惠待遇，才得以实现自己当教师的梦想，从而更是怀揣着一颗感恩的心，立志献身于教育事业，回报社会。不过，为鼓励免费师范生“乐于从教”、“长期从教”，甚至是“终身从教”，师范生免费教育政策还需要进一步调整，完善相关的配套措施，保证其教师职业生涯有良好的发展前景，从根本上解决免费师范生的后顾之忧。例如，充分保证用人单位和免费师范生的双向选择，在此基础上切实落实“有编有岗”的政策规定；改善欠发达地区学校的薪资待遇和工作环境，结合各地区的具体情况，制定免费师范生从教岗位薪资待遇细则；对中西部农村地区任教的免费师范生，在进修、评职、薪资等方面予以补偿性优惠待遇；制定专门的考核和评价机制，设立专项基金对工作绩效突出的免费师范生给予奖励；为免费师范生的继续教育创造条件，搭建在职进修、培训、读研的平台。只有这样，才能真正吸引更多的优秀毕业生进入教师行业，让他们安心地从事教育事业，同时实现自身的发展。

（二）专业引领，坚定从教信念

学校教育是免费师范生教师专业发展的外部推动力量，对于引导他们形成积极正确的教师职业信念，起着至关重要的作用。因此，学校需要全面了解与审视免费师范生的内心世界，采取有针对性的措施，引导免费师范生树立坚定的从教信念。第一，加强对师范生免费教育政策的宣讲，促使他们正确理解国家师范生免费教育政策的内涵和意义，使其拥有崇高的从教使命感。第二，开展有特色的职业信念教育，如学习先进教师的典型事迹等，并让这种教育贯穿于整个大学生活，切实提升免费师范生对教师职业的认同感、责任感和使命感。第三，塑造“尊师重教”的校园文化氛围，让免费师范生充分认识到教师职业的神圣和崇高。由于免费师范生的日常生活是浸润在由同学和老师等构成的社会文化情境中的，他们的信念会受到这一情境中的价值观、期望，以及理念等的影响，因此，建构一种蕴涵着变革价值的“隐形课程”可以使学生受到潜移默化的影响，从而加强其自我反思、调整和修正的能力。第四，根据免费师范生的培养目标合理设置课程，凸显对教师职业信念的培养。具体包括：①根据免费师范生的认知特点，突破单一课程模式的局限，着力建设教师教育学科群，加强学科之间的交叉与融合，重点突出教师教育特色，打造人才培养中其他专业没有的“特质”；②将“反思性实践”等融入课程学习中，利用小组合作学习、课题研讨等活动，让免费师范生养成反思的习惯，促进免费师范生更深刻地理解教师职业信念与具体的教学行为之间的关系，同时帮助其认识到教育教学过程中应该做什么及为什么这样做，从而使其形成正确的教师职业信念体系；③积极组织免费师范生利用周末和寒暑假深入基层农村开展各种支教支农活动，安排他们参加农村中小学顶岗实习，在实践中增强他们对农村和基础教育的感情，提升其教师职业意识。第五，加强对免费师范生教师职业生涯规划的指导。立足于教师专业发展的需求，对免费师范生予以个性化的指导，引导他们树立起“乐于从教”、“终身从教”的职业信念和成长为“优秀教师与未来教育家”的职业理想。

（三）知行合一，反思建构从教信念

教师职业信念是基于自身认识与体验所形成的。无论是政策制度的保障还是学校专业的引领，都是促进免费师范生树立终身从教信念的外部因素。外因必须通过学生自身的内因起作用。因此，形成坚定的从教信念，有赖于学生自身的努力。首先，教师职业信念是以科学理性的教育认识为基础的，拥有扎实的通识知识、学科专业知识与教育专业知识，才能深刻地洞察且顺利地解决教育教学实践情境中的问题，从中发现教育规律。所以，免费师范生自身要加强理论学习，在个人的学习体验中建构从教信念。其次，在掌握理论知识的基础上，免费师范生还必须把知识运用于教育教学实践，通过积极参加见习、研习、实习等活动，培养自己的理性思维与反思批判能力，根据学习的需要超越原有的教育认识与体验，建构新的教育认识和体验，勇于尝试与变革，形成个性化的教育经验，从而坚定自己的终身从教信念。

第四节 免费师范生的就业选择

所谓职业选择，是指人们从自己的职业期望、职业理想出发，依据自己的兴趣、能力、特点等自身素质，从社会现有的职业中选择一种适合自己的职业。对于免费师范生而言，他们未来所从事的职业是确定的。依据2010年5月教育部出台的《就业实施办法》，“免费师范毕业生一般回生源所在省份中小学校任教，履行国家义务。鼓励毕业生到边远贫困和民族地区任教”。因此，免费师范生的职业选择更确切地说是“就业选择”，是在“教师”职业范围内对就业地点、就业单位等的选择。2011年5月，首届免费师范生即将毕业。他们何去何从？他们是否真正履行了从教义务？对于“回原籍就业”、“农村支教2年”等政策条款，免费师范生是何态度？针对这些疑问，课题组以2007级免费师范生为研究对象，通过质的研究探讨他们在就业过程中遭遇的问题与抉择，以期对师范生免费教育政策的进一步调整作出些许思考。

一、研究设计

（一）研究内容

《实施办法》、《就业办法》、《协议书》等对免费师范生的就业选择作出了种

种约定和限制。那么与一般意义上的大学生相比较，免费师范生的就业选择是否具有一定的特殊性？为了回答此问题，质的研究主要从就业意向和就业状况两个方面来考察免费师范生的就业选择。就业意向是个体在职业选择中表现出来的比较模糊的、浅层次的需要，具有一定的不稳定性和不确定性，受到动机强度的影响，有可能发展成为实际的就业行为，也可能没有发展成实际的就业行为（朱启臻，1996，p. 103）。免费师范生的就业意向受多方面因素的影响，其与最终的就业状况存在一定的因果联系。免费师范生的就业状况涉及就业途径、就业地域、就业单位，以及是否违约等诸多问题。这都是质的研究拟重点考察的内容。

（二）研究方法

资料收集的方法主要采用的是文献法、正式访谈、非正式交谈和网络交流。文献资料收集主要是通过查阅期刊、书籍、浏览网上资料，根据研究需要收集相关资料，以便对研究对象进行深入分析。正式访谈有两次，一次大约40分钟。访谈之前特向被访者说明了研究的目的、内容、发放及相关事宜。访谈时在征得同意之后，用录音笔记录下了访谈内容，并用笔记下了被访者的表情和形体动作及对话要点。访谈结束后立即对录音进行逐字逐句的整理。非正式访谈是在与研究对象的日常接触和交流中进一步了解相关信息，并及时整理后形成了自己的思考和想法。网络交流则是在被访者不方便接受面谈时采用的一种辅助交流渠道。

本研究选取2007级免费师范生作为研究对象，主角有小武、小小和行之三人。其中小武是经别人介绍而认识的，善于表达和倾诉，对话积极性很高，谈到某些话题时滔滔不绝，说话也比较有条理，整个访谈氛围很轻松随意。行之是在课题组开展的免费师范生征文活动中认识的。她是个健谈、乐观、无所畏惧的女孩，所以访谈过程也非常顺利。与小小结识的时间则相对较早，日常接触和交流也比较多，是最早确定下来的被访者。三位被访者都真实地讲述了自己的故事。

二、被访者的故事

（一）小武："被就业"的挣扎

小武，原籍湖南。认识小武之初，他刚从外地找工作后返回到学校。在这以前，小武曾数次远赴深圳、成都等地寻找工作。眼看提交就业协议的规定的期限就快到了，小武还奔波于各种招聘会，努力寻找自己满意的就业单位。他说："我还在挣扎，我要努力在规定的期限内找到自己满意的学校，我不想被就业。"他还说："其实有很多学校愿意和我签约，但我却不愿意去那些学校。而我自己想签的学校却又不愿意和我签约。”我（研究者D）曾反复多次询问他所谓的“满意”确切指什么？为什么在大学生就业形势如此严峻的形势下，他还多次拒绝和学校签约？通过多次访谈，我大致理解了他所指的“满意”，是指能展现自己的才华，机会多，发展空间大。

小武来自农村，却不愿意再回到农村工作。他说：“我觉得到农村不能施展自己的才华。可能说的比较现实，在农村的话确实学生不够，像我们那里一个班才十几个人，教起来没有一点成就感。要到那种人多的地方才能施展自己的才华。在农村的话，有很多东西施展不出来，学的很多东西用不到”。最后一次访谈时，小武谈到自己已经被分配回原籍所在的一所县级中学。也就是说，如果小武最终未能通过双向选择签订工作，毕业后就要去这所中学任教，但他对这种分配并不满意。正式访谈结束后不久，小武回到原籍继续找工作。他频繁地更新网络主页，毫无保留地呈现出对自主择业的强烈欲望，以及遭遇到的现实困境。他说：“要是挣扎后的最终结果还是被就业，至少我已经很努力地去争取过。”最终，在毕业前夕，小武通过网络告诉我，他与原籍湖南省的一所市级中学签订了就业协议。我很为他感到高兴，同时询问他对这所学校满意吗？他的回答是“非常满意”，因为这是他自己努力争取得来的。

《实施办法》中的“回原籍就业”、“安置就业”等政策规定，本意是希望确保免费师范生都能履行从教义务，但却造成了部分免费师范生“被就业”的尴尬。小武在他自己所谓的“被就业”过程中一直极力挣扎。他不满足于找到一份工作，而是希望通过自主选择找到更适合自己的工作。最终，他取得了成功，签约了自己满意的学校，主动掌握了自己的命运。

（二）小小：爱情的童话

根据《实施办法》的政策规定，免费师范生入学前要与高校和生源所在地省级教育行政部门签订《协议书》，原则上一般回生源所在省份的中小学任教。但是，如果不同省份的两个免费师范生在大学期间相遇、相爱，最终毕业时还能走到一起吗？

小小是一名河南籍的免费师范生。每个女孩都拥有属于自己的美丽爱情童话，小小也不例外，她在大学里收获了一份属于自己的爱情。大三下学期，去新疆顶岗支教的日子里，小小结识了“他”，一名重庆籍的免费师范生。他们彼此在工作、学习、生活上互相鼓励、相互帮助、共同进步，了解逐渐加深，感情也日益坚实。访谈中可以明显感受到这段感情带给小小的开心和快乐。但童话始终是童话，再美的爱情童话也要回归现实。实习结束返校后，小小说同学们都对她突如其来的爱情表示疑惑。“明明都快大四了，为什么还要谈恋爱呢？”“不在同一个省，就不应该选择在一起”。小小说：“相识之初，我们就知道对方是来自不同的省份。实习期间，我们都没有谈及此事。但是彼此内心很清楚，迟早要面对‘回原籍就业’这一问题。既然很多事情无法避免，那就先顺其自然，该面对的时候再去面对。我们不是在逃避，只是不想让这些不快影响我们当时的开心。”现在看来，这些开心快乐的背后却隐藏着些许纠结甚至是悲伤。毕业临近，分别在即，已签订就业协议的小小却满腹忧愁，甚感困惑，“或许最初就不应该开始（谈恋爱)，现在也就不会有这些烦恼了”。短短数月，小小的情绪如过山车般，随着双方就业状况的变化而起伏。期间，她甚至曾考虑过一起到新疆工作，“但这样就是毁约，不诚信，我们也不愿这样做”。重庆籍免费师范生专场招聘会召开之后，小小曾觉得有了新的希望。因为她听说四川、重庆两个省的免费师范生可以互跨。紧接着，河南省在2011年2月也举办了免费师范生专场招聘会，明确说明允许特殊情况的外省免费师范生到河南省就业。几经商议后，“他”决定为了小小去河南工作，并很快就与一所市属中学达成了就业意向。令人深感遗憾的是，“他”并没能如愿签约。因为按跨省就业政策规定，外省免费师范生到河南就业，必须要先出具培养院校和原籍所在省级教育行政部门的同意证明，否则就不能签订正式的就业协议。但培养院校和原籍所在省级教育行政部门却又表明必须先签订正式的就业协议，才能出具同意跨省的证明。如此，小小他们陷入了一个死循环中：不签协议就不出证明，不出证明就签不了协议。最终“他”无奈放弃了去河南就业，签约了重庆的一所高中。

毕业前夕，《教育部办公厅关于免费师范毕业生就业相关政策的通知》颁布，规定“对确有特殊情况的免费师范毕业生，经培养院校、生源所在和接收地省级教育行政部门批准，可申请跨省任教”。文件中列出的“特殊情况”包括：①志愿到中西部边远贫困和少数民族地区中小学任教的；②在学期间，父母户口迁移至省（自治区、直辖市）外的；③已婚需要迁移到配偶所在地中小学任教的。据调查，小小所在高校的首届免费师范毕业生中有142人跨省就业，占总人数的4.96%。其中多数因爱情而选择跨省就业，甚至有7人为办理跨省就业手续而提前领取了结婚证（严怡，张斌，2012，p.16）。不过小小说：“我们暂时不会选择结婚，因为未来还有太多变数。”访谈的最后，小小不由地感叹：“要是我们一方不是免费师范生该多好!”

（三）行之：“定向西藏”的迷茫

行之是一名“定向西藏”的免费师范生，毕业后将直接被派遣到西藏工作，工作地点和工作单位由西藏教育厅安排，服务期限不少于15年。因此，尽管和其他免费师范生一样享受着“两免一补”的优惠政策，行之却要履行不一样的义务，规划不一样的未来。为此，行之深感孤单和迷惘。大三下学期教育实习，行之毫不犹豫地选择了去西藏。这次教育实习对行之来说，是一次刻骨铭心的经历，更是一次重大的转折。西藏高原的艰苦条件让行之对教师职业有了全新的认识。用行之自己的话说，“在西藏我真正体验到了什么叫奉献。来到西藏的人们，无论是出于何种原因，都认真坚守自己的工作岗位，勤勤恳恳，任劳任怨。通过实习，大家更深刻地体会到了国家推行免费师范生政策的意义——为农村、偏远山区培养优秀教师和教育家。……实习生活结束了，我们没有一个人因为条件的艰难而退出，相反我们在这样的环境中不断改变着自己。……我也在这样一个环境中慢慢找到了自己的价值和快乐”。

由于之前实习的学校急缺任课教师，行之在实习结束后不久又一次进藏，成为一名代课教师，担任一门主科的教学任务。这次支教使行之更坚定了“定向西藏”的决心。“我感觉自己的心灵在那里被净化了，我很期待毕业到那里去工作。”直至毕业前夕，行之仍不知道自己最终会被西藏教育厅派遣到什么地方、什么样的学校任教。但她表示，不管好坏，她都会坚持下去。两次赴藏实习支教的经历，让行之更加深刻地认识到自己作为一名免费师范生所肩负的责任，从一开始对未来的迷茫无助，到最后的期待与兴奋，行之变得自信、乐观，并且坦然接受“定向西藏”的就业安排，因为这是她自己的选择。如行之所言：“或许，人会受到命运的安排，但我要自己决定这条路要怎么走。”

三、思考与建议

上述三则案例中，小武在他自己所谓的“被就业”过程中一直极力挣扎。他不满足于找到一份工作，而是希望通过自主选择找到更适合自己的工作，期望能够进一步实现自我价值。来自河南的小小，因为跨省就业政策的限制，使童话般的爱情不能圆满落幕。作为定向西藏免费师范生的行之，曾经对未来充满了迷茫和无助。但两次赴藏实习支教的经历，使行之认识到了自己作为一名免费师范生的责任，开始变得自信、乐观，并且坦然接受了“定向西藏”的就业安排。质的研究发现，免费师范生的就业选择受多种因素的影响，主要包括个人、学校、社会三个层面。学校旨在培养出优秀的教师；学生希望通过自主选择更好地实现其人生价值；国家则期望免费师范生等推动地方教育事业的发展。如何整合多维度的目标，兼顾各方利益，是师范生免费教育政策进一步完善和调整必须考虑的问题。

（一）优化就业政策，赋予学生选择的权利

现行的免费师范生就业政策如跨省就业、服务年限、退出机制等方面还存在一定的不完善之处，需进一步优化。

第一，适当放宽跨省就业的条件限制。国家应该适当放宽免费师范生跨省就业的条件限制，每个省在《就业办法》精神的指导下，根据本省教育发展的

需要，以及提供岗位的多少，结合学生个人意愿和职业发展需求，可以允许跨省就业或者放宽跨省就业的条件。放宽跨省就业政策的限制，有利于提高免费师范毕业生的求职积极性，降低求职成本，提高求职成功率。

第二，适当调整履约服务年限。享受政策优惠与履行从教义务是一个统一体，但师范生免费教育的就业政策也应具备一定的灵活性和选择性。调查表明，绝大部分免费师范生认为“毕业后从事中小学教学 10 年以上”的服务期限太长。因此，相关部门可制定灵活多样的免费师范生就业政策，实现权利与义务的对等。例如，设立 4 年“一免一补”服务期 5 年，4 年“两免一补”服务期 8 年和 4 年“两免两补”服务期 10 年等多类别的有特色的政策方案。[①] 免费师范生可以根据自身情况和发展需要选择相应的类别。此举既赋予了免费师范生更多的选择，同时也节约了国家的培养成本，实现了教育资源的优化配置。

第三，细化和完善退出机制。师范生免费教育政策的初衷是要鼓励优秀青年从教，培养大批优秀教师，形成尊师重教的浓厚氛围，但并非所有的免费师范生都适合做教师。因此，应进一步细化和完善师范教育免费教育的退出机制。为避免重复计划经济时期“定向培养、定向分配”的误区，在高校毕业生普遍自主择业的制度环境下，一方面应对免费师范毕业生的就业选择进行适当约束；另一方面也要充分认可和尊重免费师范生自主选择的合理性，增加其择业的自由度，不能简单地用“违约赔偿”的惩罚机制替代更为科学合理的退出机制。

（二）加强就业指导，提升就业服务工作成效

作为免费师范生的培养单位，高校的就业指导对免费师范生进行合理的就业选择起着至关重要的作用。因此，高校应从以下几方面着手，提升就业指导与服务工作的实效。

第一，深化校地合作。在基于免费师范生就业政策的基础上，培养高校可与各省教育厅建立常态化的联络机制，确保第一时间获取各省就业政策和信息，并第一时间向学生解读，同时，还可以通过与各地人社局、人才市场等政府机构合作，将免费师范毕业生的就业市场分为各生源省省级教育行政部门市场、各市州县（区）教育局市场和中小学市场，通过走访、发函、电话、网络等途径与所有生源省省级教育行政部门加强联系，并建立地市级教育局数据库和用人需求较多的基础教育单位数据库，为免费师范生就业提供岗位信息和招聘资源。

第二，加强职业规划教育。学校可在依托就业指导课程的基础上，辅之以政策解读讲座、沙龙座谈、教育实习、咨询辅导等多重形式，进一步强化学生

① 邓廷云 . 2012. 免费师范生就业政策问题研究 . 重庆：西南大学硕士学位论文：43-44.

的职业信念，明确自身定位和职业目标。其中可特别提出和鼓励免费师范生到西部、基层建功立业，使其积极调整心态，坚持诚信履约，为祖国尤其是中西部地区的基础教育事业奉献终身。

第三，构筑就业服务体系。学校应建构全程化、专业化、个性化的就业服务机制，优化校、院两级就业工作体系，切实提高就业指导水平。同时，还应建设网络平台、个性化指导基地、校园媒体等平台，为免费师范生提供及时的岗位信息。完备的就业信息服务体系，有利于加强免费师范生的就业信息服务和从教技能训练，使其在就业竞争中获得先机。

（三）促进专业发展，实现人职匹配

帕森斯（F. Parsons）1909年在其所著的《职业选择》一书中，明确提出了职业选择的三步骤：第一，自我了解，个人要了解自己的能力倾向、兴趣爱好、价值观和人格特质等；第二，获得有关职业的知识，包括信息的类型（职业的描述、工作条件、薪水等）、职业分类系统、职业所要求的特质和因素；第三，整合有关自我与职业世界的知识。帕森斯的理论强调：在作出职业选择之前，首先是要评估个人的能力，因为个人选择职业的关键就在于个人的特质与特定行业的要求是否相配；其次，要进行职业调查，即强调对职业进行分析，包括了解相关职业的发展动态，熟悉职业对人才的要求，参观工作场所，与工作人员进行交谈；最后，要以“人职匹配”作为职业选择的最终目标。所谓“人职匹配”，是指人的能力与岗位要求的能力完全匹配。这种匹配强调的是“适合”，最优的不一定是最匹配的，最匹配的才是最优的，二者的匹配使人的能力发挥得最好，岗位的工作任务也完成得最好。帕森斯认为只有这样，人才能适应工作，并且使个人和社会同时得益（陈社育，2003，pp. 21-23）。鉴于此，免费师范生要加强专业学习，坚定从教信念，提升专业素养。

第一，加强专业学习，提升综合素质。个人选择职业的关键就在于，个人的特质与特定行业的要求是否相配。对于免费师范生而言，职业已经“被定向”，因此求学期间应依据教师专业发展的要求加强专业学习，使自己具备从事教师职业的专业知识、专业技能与专业理念。学校也应当以培养卓越的优秀教师为目标，根据免费师范生的成长情况不断调整和完善培养方案，力求使师范性和学术性并重。此外，学校还应强化对免费师范生文化素养、信息技术素养和科研创新能力的培养，开展思维拓展训练，提高他们的综合素质。

第二，丰富教育实践，树立职业信念。为了增强免费师范生的社会责任感和教育使命感，高校应开展一系列的教育实践活动，如举办说课大赛、教育教学技能大赛、教案设计评比等活动，同时通过教育见习、研习、实习的活动，促使免费师范生将自己所学的理论知识运用到实际的教育教学工作中，在实践

中反思和成长。丰富的教育实践活动有助于提升免费师范生对教师职业的荣誉感和成就感，进而更加确定自己的人生价值与目标，帮助他们树立起良好的教师职业信念。

第三，完善继续教育政策，促进终身学习。《实施办法》中规定，免费师范生毕业后要从事中小学教育工作至少10年。因此，毕业任教并不意味着免费师范生的学习生涯就此结束。政府应对免费师范生的在职进修和继续教育作出长远的合理规划，确保实现培养优秀教师的目标。随着从教经验的积累和持续性学习，免费师范生作为一名教师的自我效能感也会逐渐加深，发展的方向和目标也会更加明确，有助于实现个人能力与社会需求的“匹配”。

第六章

师范生免费教育的比较研究

比较研究是根据一定的标准，对两个或两个以上有联系的事物进行考察，寻找其异同，探求普遍规律与特殊规律的方法。在教育部师范生免费教育政策的示范作用下，各省（自治区、直辖市）已纷纷推行地方性师范生免费教育政策。而国外也不乏与师范生免费教育政策相近或相似的教育改革举措，如美国的"教师教育资助项目"，澳大利亚的"为澳大利亚而教"项目。本章拟对师范生免费教育政策与地方性师范生免费教育政策、"教师教育资助项目"，以及"为澳大利亚而教"项目进行比较研究，旨在开阔视野、启迪思路，为师范生免费教育政策的进一步调整提供依据。

第一节 地方性师范生免费教育政策

2007 年，《实施办法》颁布后，在 6 所部属师范大学的示范作用下，各省（自治区、直辖市）也开始因地制宜，结合自身的实际情况，制定并逐步实施地方性师范生免费教育政策。截止到 2014 年，全国已开展或准备开展师范生免费教育的省（自治区、直辖市）约有 20 个，包括上海、广东、湖南、甘肃、云南、贵州、江苏、海南、天津、新疆、河北、山西、陕西、江西、四川、重庆、宁夏、北京、内蒙古、吉林。下文将分别对新疆和河北的地方性师范生免费教育政策进行详细阐述，并对其他省（自治区、直辖市）的地方性师范生免费教育政策进行概况性介绍；再与教育部推行的师范生免费教育政策进行比较，以期为构建一个中央与地方相互协作的师范生免费教育体系提供启示与建议。

一、新疆的师范生免费教育政策

新疆地处西北边陲，属少数民族聚居地区。由于历史原因，新疆经济欠发达，农村教师的数量，以及教师教育的专业化、一体化水平与东部发达地区相比存在很大差距。少数民族教育基础薄弱，"双语"教学面临着一些新的矛盾和困难，其中最突出地表现为中小学少数民族“双语”师资数量缺乏、汉语水平低、汉语教学能力低的“一缺二低”现象。特别是在南、北疆一些典型的“少、边、穷”地区，双语教师“下不去、留不住”的现象十分普遍，严重阻碍了当地双语教育推进的步伐。2010年，全区学前和中小学少数民族在校生达到294.2万人，其中接受双语教学和“民考汉”的学生119.87万人，少数民族教师总数为14.96万人，其中少数民族双语教师4.96万人，从双语教育普及的整体情况来看，双语教师的比例远远低于双语学生的比例。2010年，中央召开新疆工作座谈会，明确提出到2012年学前和中小学合格双语教师达到55%以上，2015年达到85%以上，2020年达到建立一支数量和质量满足需要、持续发展的双语教师的教育发展目标（冯跃武，2012，pp. 197-199）。基于这一背景，2010年新疆维吾尔自治区政府颁布了《新疆维吾尔自治区对疆内师范生实行免费教育的管理方法》（以下简称《管理办法》）。在前期实施的基础上，2012年又对《管理办法》进行了修订，重点对师范生免费教育政策的培养模式和招生规模进行了改革和调整。

（一）政策目标和培养模式

2010年颁布的《管理办法》提出，“自2010年起启动免费师范生培养计划，每年在自治区内招收6000名免费师范生，自治区财政全额承担这项计划的所涉费用”①。在免费师范生培养计划中分为非定向就业和定向就业两种培养模式，其中以非定向模式为主体；6000名招生计划中4900名属于非定向就业的免费师范生计划，其余1100名属于定向就业的免费师范生计划（冯跃武，2012，pp. 197-199）。其中定向就业的免费师范生计划也称为“双语”教师特培计划，是新疆2007年为了从根本上解决南疆四地州农村中小学合格“双语”教师短缺的困难，每年定向招收一定数量专科层次学生进行免费培养，毕业时定向到南疆四地州乡镇中小学就业；而现将其纳入到免费师范生培养计划之中。这一政策的实施，旨在积极吸引和鼓励品学兼优的学生报考师范专业，以培养全区学前和中小学合格师资为目标，以服务和满足全区农村学前和中小学“双语”教学为重点，培养和造就一支高素质的师资队伍，为基础教育的改革发展奠定基础。

2010~2011年，新疆的师范生免费教育实行“免费培养、自主择业”和“免费培养、定向就业”的“双轨制”培养模式。与“免费培养、自主择业”相比，“免费培养、定向就业”的培养模式政策吸引力不强，一定程度上导致了后者整体生源质量不高，学生报考积极性不够，计划难以足额完成，农村双语

① 新疆维吾尔自治区政府办公厅.2010. 新疆维吾尔自治区对疆内师范生实行免费教育的管理办法.

教师“招不满、下不去、留不住”的问题依然存在。鉴于此，新疆维吾尔自治区政府于2012年修订《管理办法》，决定将“双轨制”合并为“免费培养、定向就业”的“单轨制”，统称为“定向培养免费师范生计划”。这一政策调整使师范生免费教育真正体现了按需培养、学用一致的目的，进一步增强政策的针对性和实效性，加大政策的吸引力，推动自治区内贫困偏远地区解决农村双语教师短缺问题，促进全区“双语”教育事业健康协调发展。

（二）招生

依据新疆维吾尔自治区政府2010年颁布的《管理办法》，免费师范生招生计划面向自治区内的所有考生。凡是热爱祖国教育事业，有志于服务基础教育事业，并在政治上合格的高中毕业生都可报考免费师范生。其中，“定向就业的免费师范生计划要优先招收定向就业地（州、市）的生源，优先招收‘双语’教学重点推进地区的生源，即南疆四地州（喀什、和田、克州和阿克苏地区）和北疆三地州（伊犁哈萨克自治州、塔城、阿勒泰地区），以及9县市（尉犁、和静、若羌、吐鲁番、托克逊、伊吾、巴里坤、温泉、木垒）为主的考生，优先招收农村地区、边远贫困地区的考生，以招收汉语言、民考汉和‘双语’班学生为主。”① 同时，该计划也指定由新疆师范大学、喀什师范学院、伊犁师范学院、昌吉学院、和田师范专科学校和新疆教育学院6所院校承担6000名本、专科免费师范生的培养任务。而关于招生计划的本专科层次、学科专业、招生语种等方面的需求，则由各地（州、市）教育局提出，自治区教育厅根据各地的实际情况和师范类院校的办学能力统筹安排。其中，“定向就业的免费师范生计划由相关地教育及人力资源和社会保障部门共同提出，并严格根据定向就业地的实际需求进行安排”②。在免费师范生录取上，实行本、专科零批次录取；自治区招生办严格按照考生的志愿、分数进行投档；承担培养任务的院校在自治区招生办提供的符合条件的考生范围内，按程序择优录取。在入学时，定向就业的免费师范生须与培养院校、定向就业地教育行政部门签订由自治区教育、人社部门统一制定印发的《特培生教育协议书》。而不签订协议者，将取消其入学资格。在入学后，定向就业的免费师范生不能申请调整学校和专业。另外，政策对有志于从教并符合条件的非师范专业优秀学生，在入学两年内，可在自治区教育厅核定的计划内转为免费师范生。

2012年，新疆维吾尔自治区政府基于现有的10 000人左右的师范生培养规模，结合各地（州、市）2015年之后双语师资补充需求，同时考虑一方面尽量

① 新疆维吾尔自治区政府办公厅. 2010. 新疆维吾尔自治区对疆内师范生实行免费教育的管理办法.

② 新疆维吾尔自治区政府办公厅. 2010. 新疆维吾尔自治区对疆内师范生实行免费教育的管理办法.

不冲击自治区机关、事业单位人员“凡进必考”的就业政策，另一方面避免因“定向培养免费师范生计划”规模过大可能出现的招生不满、影响师范院校办学的问题；决定在其免费师范教育政策改革中，“定向培养免费师范生计划”招生规模暂定为3000人（本科1700人，专科900人，中师400人），后续可根据执行情况进行适当调整，而培养院校由原来的6所增加到12所，它们分别是疆内7所高校（新疆师范大学、喀什师范学院、伊犁师范学院、昌吉师范学院、新疆教育学院、新疆职业大学和和田师范专科学校），4所中师学校（新疆幼儿师范学校、巴州师范学校、喀什师范学校、伊犁师范学校）和疆外山东理工大学。① 其招生专业涵盖学前和中小学各门课程所对应的相关专业。另外，自治区在“定向培养免费师范生计划”每年3000人的招生规模之外，根据各地职业教育教师补充的需要，依托新疆大学、新疆农业大学、新疆工程学院和天津职业技术师范大学等院校新增500名“中职”定向培养免费师范生；同时，根据各地特殊教育师资补充的需要，依托新疆师范大学新增80名“特教”定向培养免费师范生，其参照“定向培养免费师范生计划”执行。②

2013年，新疆维吾尔自治区持续实施2012年改革后的师范生免费教育政策。但为了满足今后一个时期边远贫困地区农村学校对高学历层次、高素质教师的需求，自治区在培养免费师范生中只分为本科、专科两个培养层次，其培养任务分别由新疆师范大学、喀什师范学院、昌吉师范学院、伊犁师范学院、新疆职业大学、新疆师范高等专科学校、和田师范专科学校7所疆内院校和疆外山东理工大学承担。③

（三）就业

非定向就业的师范生毕业后可在全区范围内自主择业，也可考研、出国深造；自治区鼓励非定向就业的免费师范生从事教育事业。而定向就业的免费师范生毕业后按规定“由定向就业地州教育行政部门安排至当地乡镇中小学或幼儿园就业，并保证在乡（镇）中小学工作5年以上。履约期限内，定向就业的免费师范生不得再与其他任何单位建立新的人事关系和聘用关系”（冯跃武，2012，pp. 197-199），也不得报考脱产研究生。未按协议履行义务的毕业生，要按规定退还已享受的免费教育费用，并缴纳违约金，同时记入诚信档案，公布违约记录。

---

① 新疆维吾尔自治区教育厅. 2012. 新疆维吾尔自治区2012年推进师范生免费教育改革相关政策解答.

② 新疆维吾尔自治区教育厅. 2012. 新疆维吾尔自治区2012年推进师范生免费教育改革相关政策解答.

③ 学聚网. 2013. 2013年新疆维吾尔自治区定向培养免费师范生教育相关政策解答. http://www.xjzsks.com/gaokao/a/20130531/39297.html [2013-05-31].

（四）保障措施

依据《管理办法》，新疆的免费师范生培养计划在自治区政府的领导下，成立由自治区组织部、发改委、财政厅、人社厅、教育厅、编办、各地（州、市）教育部门和承担培养任务的院校组成的自治区免费师范生工作领导小组。领导小组各成员单位按照各自的分工并履行其职责，加强部门间的协调，确保免费师范生培养计划的顺利实施。各地也要参照自治区建立相应的工作机制，分解并制订所在地（州、市）和县（市、区）免费师范生定向培养需求计划，按照各自的职责，做好各项免费师范生培养计划的制订工作。而承担免费师范生培养任务的院校要紧密结合自治区基础教育改革发展的实际需求，特别是推进“双语”教学工作的需要，进一步明确培养目标，调整课程体系，突出实际教育教学能力的培养训练，提高免费师范生的“双语”教学能力。同时，各院校要让免费师范生均留出一学期以上（不超过一年）的时间，前往地（州、市）的农村乡镇学前和中小学教育机构实习支教。由此，各级各相关部门相互协作共同保障这一政策的顺利实施，以期达到预设的效果。

同时，自治区也设立了免费师范生培养计划的专项资金，全额承担免费师范生在校期间的学费、教材费、住宿费和实习支教等相关费用。每生每年的经费补贴额度为4700元（按每生每年平均学费3500元、教材费400元、住宿费800元计算）。[①] 其中，非定向就业的免费师范生按规定享受国家困难学生助学金。定向就业的免费师范生在校期间，可申请奖学金，并全部享受高校助学金。免费师范生培养计划实行动态管理，对学业成绩不合格、有违反学生学籍管理规定的学生及时予以淘汰。

新疆师范生免费教育政策的推行，是基于自治区内教师教育资源不均衡、教育整体质量有待提升、贫困偏远地区学前和中小学师资匮乏、双语教师数量不足等具体实际情况来制定和实施的。此政策自2010年实施以来，有力地增强了自治区内师范院校办学的吸引力，稳定了生源数量，得到了社会的广泛赞誉。但在探索实践中，也存在一些问题，主要是“双轨制”培养模式不利于其中“免费培养、定向就业”培养模式的发展，最终导致农村学校师资短缺问题依然存在。因此，自治区内各级政府相关部门于2012年起根据其实施效果对政策进行不断改革与调整，使师范生免费教育政策真正成为一项政府的惠民政策，促进全区教育事业健康发展。

---

① 新疆维吾尔自治区政府办公厅．2010．新疆维吾尔自治区对疆内师范生实行免费教育的管理办法．

二、河北省的师范生免费教育政策

2011年6月8日，河北省为切实贯彻落实《河北省中长期教育改革和发展规划纲要》，进一步营造尊师重教的浓厚氛围，培养大批优秀教师，鼓励更多优秀青年终身从事教育事业，正式出台《河北省省属师范院校师范生免费教育实施办法（试行）》（以下简称《河北省免师实施办法》），决定从2011年新生入学起，在河北师范大学开展师范生免费教育试点工作。河北师范大学作为河北省推广师范生免费教育的唯一试点院校，也随即制定了《河北师范大学师范生免费教育实施办法》（以下简称《河北师大免师实施办法》），将从语文、数学、外语、音乐、体育、美术及物理7个专业招收200名免费师范生，其中音乐、体育、美术、物理4个专业各20人，语文、数学、外语3个专业各40人[①]；被录取的免费师范生将采取独立管理的方式，进行独立编班和独立培养。

（一）招生

依据《河北省免师实施办法》和《河北师大免师实施办法》等相关政策文件，报考河北师范大学的免费师范生须参加普通高校全国统一招生考试，实行提前批次录取，择优选拔热爱教育事业，有志于长期从教、终身从教的优秀高中毕业生。在入学时，免费师范生须与就读学校和生源地市级教育行政部门签订相关协议，承诺毕业后在河北省县以下（含县城）从事中小学教育工作10年以上，并在毕业前及协议规定服务期内，一般不得报考脱产研究生。对于不签订协议者，将取消其入学资格。同时，试点高校有志从教的非免费师范专业优秀学生，在入学两年内经个人申请，学校审核，符合条件的，可在省教育厅核定的计划内转为免费师范生，其可按照学校规定在师范专业范围内进行二次专业选择。免费师范生学制4年，其中半年在中小学校实习；在校学习期间将免交学费、住宿费，并补助一定的生活费，所需经费由省级财政安排。

（二）就业

免费师范毕业生就业按照“双向选择优先，组织安排为辅”的原则安排落实任教学校，不再参加教师公开招聘考试。各市级教育行政部门负责组织用人学校和毕业生在需求岗位范围内进行双向选择；通过双向选择未落实就业单位的，由生源所在地市级教育行政部门根据县以下中小学师资需求状况统一安排就业。各市、区、县级政府及有关部门要统筹规划，做好接受免费师范生的各项准备工作，确保每一位免费师范生有编有岗，各地要在有空编（包括利用自

① 河北省教育厅.2011. 河北省教育厅关于在河北师范大学开展师范生免费教育试点工作的通知.

然减员空出编制）的中小学优先安排免费师范毕业生，必要时可由省机构编制部门设立周转编制。免费师范毕业生作为就业单位的正式教师，与其他公办教师享有同等待遇。同时，市级教育行政部门建立师范生履行义务诚信保障体系，负责履行管理，并建立免费师范生的诚信档案，公布违约记录，并记入人事档案。确有特殊原因不能履行协议的免费师范生，需报省级教育行政部门批准。免费师范毕业生如未按协议从事中小学教育工作的，还要在违约处理决定公布后1个月内，一次性退还其所享受的免费教育费用，并缴纳该费用50%的违约金，超过时限须按每天1‰的比例支付滞纳金。[①] 免费师范毕业生在协议规定服务期内，可在省内县以下中小学间流动或从事学校的教育管理工作。

（三）培养模式

关于免费师范生的培养实施，河北师范大学切实贯彻落实省政府及各有关部门的政策精神，并根据基础教育发展和课程改革的要求，精心制订免费师范生教育培养方案，设计了“2.5+0.5+1”模式，对免费师范生进行培养。所谓“2.5+0.5+1”模式，是指先用两年半的时间系统学习专业课程和教师教育模块，用半年的时间到基层中学顶岗实习，最后一年进一步拓展和提升从教技能和综合素质。[②] 依据这一模式，学校构建了由公共教育、专业教育与教师教育三大模块组成的课程体系。同时，学校在学科建设、人才队伍建设、课程设置、教学科研条件保障等方面向师范生免费教育倾斜，优化资源配置。例如，在课程设置方面，把“教师综合素养教育”的特色课程贯穿在本科职前教育全过程中，采用联合式培养的模式，使免费师范生能够聆听到来自不同学院的一线导师讲授的相关课程，使学生获得心理、人文、体艺、组织能力、终身学习能力、礼仪、生活技能、师德等方面的素养。在教学实施方面，学校选派高水平的教师担任课程教学，建立免费师范生“双导师”制度，由学校学科教育导师和来自中学的兼职导师担任，为学生提供从课程学习到教学实践的全程指导。免费师范生4年学习期满，各项考试考核合格，可获得毕业证、学位证，由河北省教育厅颁发教师资格证书。另外，依据《河北师范大学免费师范生协议书》来看，免费师范生在4年的学习过程中，可享受其他非义务性奖学金；同时规定哪些情况下学校可以解除协议和学生自行终止协议，对学生违约情形也作出了规定。

---

① 杨建荣.2013.省属师范大学实施师范生免费教育的对策研究.南昌：江西师范大学硕士学位论文：27.

② 新华网.2011.河北师大今年试点师范生免费教育，招200名免费生.http://news.xinhuanet.com/local/2011-06/22/c_121568790.htm［2011-06-23］.

学校为免费师范生的继续教育和长远发展创造条件。免费师范毕业生可以申报教育硕士专业学位研究生，经考核符合要求的学生，予以录取。在对其教育硕士培养过程中，学校为他们设计有针对性的、高质量的在职学校课程，并通过远程教育、假期集中面授等方式提供学习支持。最后，为通过论文答辩的学生颁发硕士研究生毕业证书和教育硕士专业学位证书。另外，学校主动关心免费师范毕业生的成长，提供长期跟踪服务，促进他们终身学习，尽快成长为优秀教师。

自 2011 年河北省实施省属师范院校免费师范生政策以来，河北师范大学作为河北省推广师范生免费教育的唯一试点院校，积极开展师范生免费教育工作。至 2013 年 3 年已录取音乐、体育、美术、物理、语文、数学、外语 7 个专业共 600 名优秀免费师范生。每年招收人数一直保持在 200 人，而报考师范生的人数却翻倍增加，如 2011 年报考免费师范生人数为 1100 人，2012 年报考人数为 2300 人。[①] 数据表明，河北省考生对于报考免费师范生的热情非常高，非常愿意享受省属师范院校免费师范生政策。该政策在实践过程中蓬勃发展，积极推动河北省教育事业实现自身的中长期战略目标。

三、其他省（自治区、直辖市）的师范生免费教育政策

上海市为加强本市中小学师资队伍建设，于 2008 年起在上海师范大学开展师范生免费教育试点工作。学校每年面向全市高考考生招收 100 名免费本科师范生，并根据社会实际需要，有针对性地招收语、数、外和小学教育、学前教育等紧缺专业。2012 年扩大招生规模到 200 名，此政策现已连续推行 6 年。考生一般需要经过笔试、面试等环节最终确定录取。在入学时，免费师范生须与培养学校和上海市教育厅签订协议，承诺毕业后在本市从事中小学教育 10 年以上，其中选择到城镇学校工作的应先到农村义务教育学校任教服务 2 年。在校期间，免费师范生免交学费、住宿费（每生 4 年共计 5 万多元），补助生活费，并可享受奖学金，所需经费由上海市财政安排。[②] 在毕业时，全市各级各相关部门要确保每一位免费师范毕业生有编有岗，允许其在协议规定服务期内可在区域内流动。而未履行协议的免费师范毕业生应退还已享受的费用，缴纳违约金，并记入个人诚信档案。此外，2012 年学校为了培养真正的“卓越教师”，采用

---

① 杨建荣．2013．省属师范大学实施师范生免费教育的对策研究．南昌：江西师范大学硕士学位论文：27.

② 解放网——新闻晨报．2008．上师大恢复招收免费生，毕业后须任教农村 2 年．http：//www. CCTV. com/［2008-02-29］.

"高标准、高学历、高比例"的"三高模式"[①]。另外，还选拔优秀学生直接进入本硕连续学习阶段，采用"4+2"培养模式（4年本科+2年硕士），实现本科与硕士教育阶段的对接。

广东省为鼓励高校毕业生到农村从教，提高本省农村学校教师队伍的整体水平，于2008年起实施高校毕业生到农村从教上岗退费政策。此政策面向省内全日制普通高校应届及暂缓就业的本、专科毕业生，以及省外全日制普通高校应届及暂缓就业的广东省生源本、专科毕业生。凡符合上岗退费政策的高校毕业生按有关程序被录用为公办在编教师后，与县教育行政部门签订到农村学校任教服务期限5年的协议，并在协议规定的服务期内，不得从事教育行政管理工作和报考脱产本科生、研究生，但可在农村学校间流动。然后其任教一年退还一年费用（退费年限：本科4年，专科3年；退费标准：每生每年6000元）[②]，所需经费由广东省财政承担。

湖南省为本省师资薄弱的小学定向培养本科小学教师，于2008年起在湖南第一师范学院开展师范生免费教育试点工作。学校每年面向全省高考考生招收500名免费师范生[③]，现已连续招生6年。在入学时，免费师范生须与市州教育局签订协议，承诺毕业后回县城或农村乡镇小学任教8年以上[④]，并在学习期间不得转学校或专业，在毕业前及协议规定服务期内，不得报考脱产研究生（可报考在职硕士专业研究生）。在校期间，免费师范生免交学费、住宿费，适当补助生活费，并享受奖学金，所需经费由湖南省财政安排。在毕业时，全省各级各相关部门要确保每一位免费师范毕业生有编有岗。而未履行协议的免费师范毕业生要按规定退还已享有的免费教育费用，并缴纳违约金。

甘肃省为改善农村中小学师资队伍结构、提高其整体素质，于2008年起对从省属高校毕业到农村学校任教的师范类本科毕业生实行以奖代补政策，补助其大学4年的学费和住宿费（每生每年约5000元）。[⑤] 此外，非师范类毕业生取得教师资格证书后到农村任教，也可享受此政策。甘肃省计划每年招聘5000名农村中小学教师。此外，2011年甘肃省启动教育体制改革试点，指定西北师范

---

① 中国教育在线 . 2014. 2014 年上海师范大学将招收 200 名免费师范生 . http://gaokao.eol.cn/ [2014-03-14].

② 中央政府门户网站 . 2008. 广东实施高校毕业生赴农村支教"上岗退费"政策 . http://www.gd.gov.cn/govpub/xwfbh/fbh/200712/t20071219_38252.htm [2008-04-10].

③ 星辰在线——长沙晚报 . 2008. 2008 年湖南定向培养 500 名本科免费师范生 . http://www.sina.com.cn [2008-06-12].

④ 中国新闻网 . 2013. 湖南实行免费师范生招生政策 . http://www.midchina.xinhuanet.com/ [2013-06-05].

⑤ 中国教育新闻网 . 2008. 甘肃省推进师范生免费教育试点工作 . http://www.jyb.cn/cm/jycm/beijing/zgjyb/1b/t20080119_138212.htm [2008-1-19].

大学为免费师范生培养院校。但因西北师范大学资金不足，推迟一年招生。[①] 2012 年，甘肃省与天津市合作启动“9 + 3”藏区免费中等职业教育项目，即在 9 年义务教育的基础上，对藏区各民族青少年提供 3 年的免费中职教育。该项目每年招生 500 名免费中职师范生，计划招收 3 年，累计培养 1500 名藏区学生，实施期限 5 年；同时，对在兰州内中职学校就读的藏区学生免除学费、住宿费、书本费，并补助生活费、医疗保险费、体检费等杂费。在就业方面，免费中职师范毕业生实行市场引领，双向选择，自主择业。此外，天津滨海新区政府出资 2000 万元支持该项目实施；天津职业技术师范大学每年也为甘肃省“双联”贫困县培养 50 名定向免费中职师范生。[②]

云南省为鼓励高校毕业生到边疆贫困县乡镇中小学从事教育事业，于 2008 年起在云南师范大学开展师范生定向就业免费教育试点工作。学校从就业入手，师范类毕业生如果与学校和县级教育行政部门签订协议，承诺到边疆贫困县乡镇中小学任教 8 年以上，就可免除大学 4 年的学费、住宿费，并一次性获得 5000 元就业安家费（每生共计 2.5 万元）。据了解，云南省在第一年师范生免费教育试点，总投入 63.3 万元，补助 25 位云南师范大学毕业生到边疆贫困县乡镇中小学任教。[③]

贵州省铜仁市根据自身处于大西南贫困山区的地理环境，农村中小学教师匮乏，教育质量难以保证，于 2010 年起在铜仁学院开展师范生免费教育试点工作。学校每年在全省招收 200 名本科免费师范生，现已连续招生 4 年。在入学时，免费师范生须与铜仁市教育局和铜仁学院签订协议，承诺毕业后到各县（市、特区）从事 10 年中小学教育工作。[④] 在校期间，免费师范生免交学费、住宿费，并补助生活费，所需经费由铜仁市财政安排。此外，贵州省凯里市为解决黔东南地区师资力量短缺，以及贫困学生较多的问题，于 2011 年起在凯里学院开展师范生免费教育试点工作。学校每年在全市招收 200 名本科免费师范生，现已连续招生 3 年，所培养的免费师范生基本上回黔东南地区的 16 个县市的学校任教。[⑤]

---

① 西部商报 . 2011. 西北师范大学“免费师范生”推迟至明年招生 . http：//edu. 163. com/11/0908/22/7DFCK95D00294JD9. html ［2011-09-08］.

② 天津教育报 . 2012. 甘肃-天津“9 + 3”藏区免费中职师范生项目启动 . http：//www. tj. xinhuanet. com/tjcampus/2012-10/20/c_ 113436989. htm ［2012-10-20］.

③ 杨建荣 . 2013. 省属师范大学实施师范生免费教育的对策研究 . 南昌：江西师范大学硕士学位论文：27.

④ 金黔在线——贵州都市报 . 2010. 铜仁学院招收 200 名免费师范生 . http：//www. gog. com. cn ［2010-07-07］.

⑤ 贵州招生考试网 . 2011. 凯里学院 2011 年招免费师范生 200 个名额 . http：//www. gzzsw. com. cn/Html/Gaokao/201106/8101. html. ［2011-06-01］.

江苏省鉴于本省幼儿师资队伍性别结构矛盾突出，男教师稀缺的状况，于2010年起以培养幼儿园男教师为切入点，实施免费幼儿师范男生政策。此政策2010年计划从全省初中毕业男生中选拔300名学习5年制幼儿师范专业，由南京市幼儿高等师范学校、苏州市幼儿高等师范学校和徐州市幼儿高等师范学校负责培养，而实际招收297人；2012年扩大招收规模到600人。[①]在入学时，免费师范生须与录取学校和所在省辖市教育局签订协议，承诺毕业后回生源地从事幼儿园教学工作不少于5年[②]，在协议规定服务期间内，一般不得脱产参加高层次学历教育（鼓励在职进修高层次学历）。在校期间，免费幼儿师范男生免交学费、住宿费，并对家庭经济苦难学生补助生活费（每生每年1万元），所需经费由江苏省财政安排。在毕业时，全省各级各相关部门要确保每一位免费师范毕业生有编有岗。未履行协议的免费师范毕业生要按规定退还已享有的免费教育费用，缴纳违约金，并记入个人诚信档案。

海南省为促进本省中等职业教育的发展，于2010年与天津市合作培养免费中职师范生，指定由天津职业技术师范大学培养，学校每年招生30人，现已持续招生3年。在入学时，免费中职师范生须与培养学校和海南省教育局签订协议，承诺毕业后回海南省辖区内中等职业学校从事教育工作不少于8年。[③] 在校期间，免费中职师范生免交学费、技能培养费和住宿费，补助生活费（每生每年1万元）；同时，学生最终完成教育教学计划，达到培养方案，就可获得本科毕业证书和学士学位证书、教师资格证书和中级以上的国家职业资格证书。

山西省为促进本省中小学师资队伍建设，于2012年起在山西师范大学开展师范生免费教育试点工作。学校每年面向本省高考考生招收500名免费师范生，设立13个专业[④]，现已持续招生两年。在入学时，免费师范生须与培养学校和生源所在市的教育行政部门签订协议，承诺毕业后从事中小学（包括职业中学基础课）教育教学工作10年以上；而到市和县城学校工作的免费师范毕业生在服务期内，由当地教育部门安排到农村义务教育学校任教2年[⑤]，并在毕业前及协议规定的服务期内，不得报考脱产研究生。在校期间，免费师范生实行单独编班，单独培养；免交学费、住宿费、教材费，并补助生活费；优秀免费师范

---

① 扬子晚报. 2012. 江苏：2012年将扩大师范生免费教育试点. http：//gaokao. eol. cn/ [2012-01-19].

② 江苏省教育厅等. 2011. 江苏省免费师范生试点办法.

③ 中央政府门户网站. 2010. 海南与天津将联合培养“免费中职师范生”. http：//www. gov. cn. [2010-07-05].

④ 中国教育在线. 2012. 2012年山西省计划招录500名免费师范生. http：//gaokao. eol. cn/ [2012-06-15].

⑤ 中国教育在线. 2012. 2012年山西省计划招录500名免费师范生. http：//gaokao. eol. cn/ [2012-06-15].

生可享受奖学金。

陕西省为提高基层幼儿园教师水平，于2013年起在陕西学前师范学院开展学前教育师范生免费教育试点工作。学校计划2013年招收400名学前教育免费师范生，其中本科200名，专科200名；2014年招收600名，其中本科400名，专科200名，2015年招收本科专业800名。在入学时，免费师范生须与培养院校和生源所在市（区）的教育行政部门签订协议，承诺毕业后回县（区）以下幼儿园从事幼儿教育工作10年以上。[①] 在校期间，学前教育免费师范生免交学费、住宿费，并补助生活费；优秀免费师范生可享受其他非义务教育性奖学金，所需经费由陕西省财政安排。而经考察，不符合从事幼儿教育的免费师范生，入学一年可按规定程序调整到非师范专业。在毕业时，全省各级各相关部门要确保每一位免费师范毕业生有编有岗。而未履行协议的免费师范毕业生要按规定退还已享受的免费教育费用，并缴纳违约金。

江西省为促进本省中小学师资队伍建设，于2013年起在江西师范大学开展本科师范生免费教育试点工作，并享受教育部直属师范学校政策待遇。学校每年招收1000名免费师范生，招录采取高考录取和中途选拔两种模式，其中高考录取约500人。[②] 在入学时，免费师范生须与培养学校和生源所在地市级教育行政部门签订协议，承诺毕业后回生源地中小学（幼儿园）任教10年，并在协议规定的服务期内，一般不得报考脱产研究生。在校期间，免费师范生免交学费、住宿费，并享受其他学生同等待遇。同时，学校建立动态进出机制，通过高考录取的免费师范生，如果认为自己不适合当教师，可以退出免费师范生计划；其他在校生愿意从事教师工作的，经考核可转为免费师范生。

四川省为满足农村义务教育学校教师特别是“汉藏”双语教师的需求，于2013年起实施师范生免费教育政策，每年培养免费定向师范生2000名，其主要从每年全省高考生中招录，培养以本科为主，辅之以少量的专科。初步预计，每人共需培养成本9.2万元，所需经费由四川省财政安排，而优秀学生还可享受非义务性奖学金。[③] 在毕业时，免费师范生按协议到边远农村基层学校任教一定的期限，同时，全省各级各相关部门要确保每一位免费师范毕业生有编有岗。而未履行协议的免费师范毕业生要按规定退还已享受的学费、住宿费和生活补助，并缴纳违约金。

重庆市为缓解农村小学师资力量匮乏、人才流失严重的现状，于2013年起

① 陕西省教育厅. 2013. 陕西省学前教育免费师范生试点工作实施办法.

② 中国教育在线. 2013. 江西试点本科免费师范生，学费和住宿费全免. http：//gaokao. eol. cn/ [2013-05-27].

③ 中国教育在线. 2013. 四川每年定向培养2000名免费师范生支援民族地区. http：//gaokao. eol. cn/ [2013-04-24].

实施市属师范院校师范生免费教育政策，每年面向全市招收700名免费本科师范生（文科360名，理科340名），指定由重庆师范大学、重庆文理学院、重庆三峡学院、长江师范学院和重庆第二师范学院培养，并采取“3+1”的培养模式（3年本校教学，1年教师进修学院学习）。在入学时，免费师范生须与培养院校和所在区县（自治县）的教育行政部门、人力社保部门签订农村小学全科教师培养使用相关协议，承诺毕业后回生源地农村小学从事教育事业不少于6年。① 在校期间，免费师范全科生免交学费、住宿，并补助生活费。在毕业时，免费师范全科生按事业单位招聘工作人员要求，经考核合格被招聘为农村小学全科教师。

宁夏为促进全区师资队伍建设，于2013年起在宁夏师范学院开展师范生免费教育试点工作，计划每年招收100名免费师范生（汉语言文学专业35名，数学与应用数学专业35名，英语专业30名），初步确定4年试点期限。在入学时，免费师范生须与培养院校和自治区教育厅签订协议，承诺毕业后在宁夏从事中小学教育工作10年以上。② 自治区财政设立宁夏区内免费师范生计划专项资金，全额承担免费师范生在校期间的学费、教材费、住宿费和生活补助费（每生每年1万元）。在毕业时，全区各级各相关部门要确保每一位免费师范毕业生有编有岗。而未履行协议的免费师范毕业生要按规定退还已享受的费用，并缴纳免费教育费用50%的违约金，并记入个人诚信档案。

另外，北京一直以来对所属高校师范生实行免收学费并发放补贴的政策。内蒙古于2007年起每年安排2000万元民族教育专项补助金，优先对蒙古语授课师范类专业实行免费教育。③ 吉林于2014年启动省属免费师范生项目，计划招生500名免费师范生，着力培养农村中小学教师。④

四、地方性师范生免费教育政策的比较与启示

（一）教育部与地方性师范生免费教育政策之比较

在教育部师范生免费教育政策的引导下，各省（自治区、直辖市）也积极制定并实施师范生免费教育政策。一方面，各省（自治区、直辖市）从不同程

---

① 中国教育在线. 2013. 重庆市属5所高校将招收700名免费师范全科生. http://gaokao. eol. cn/[2013-06-22].

② 中央政府门户网站. 2013. 宁夏回族自治区计划试点招收免费师范生100名. http://www. gov. cn[2013-06-25].

③ 新华网. 2007. 内蒙古每年安排民族教育补助资金2000万元. http://www. nmg. xinhuanet, com[2007-11-13].

④ 中国教育在线. 2014. 2014年吉林启动招收500名省级免费师范生项目. http://gaokao. eol. cn/[2014-01 27].

度上借鉴了教育部师范生免费教育政策的做法和内容；另一方面，又根据自身的实际情况，因地制宜地在政策共性的基础上彰显特色。

1. 政策目的

无论是教育部师范生免费教育政策还是地方性师范生免费教育政策，其初衷都是为了加强师资队伍建设，解决师资短缺尤其是优秀教师匮乏的问题。但从具体的政策目标来看，两者略有所区别。2007 年 3 月，温家宝同志在政府工作报告中指出，之所以在 6 所部属师范大学实施师范生免费教育，“就是要进一步形成尊师重教的浓厚氛围，让教育成为全社会最受尊重的事业；就是要培养大批优秀的教师；就是要提倡教育家办学，鼓励更多的优秀青年终身做教育工作者”。显而易见，“培养优秀教师和未来教育家”是教育部师范生免费政策实施的终极目标。地方性师范生免费教育政策则更多是基于自身教育发展面临的实际问题而制定与实施的。例如，新疆、四川的师范生免费教育政策是基于边远地区中小学师资匮乏，特别是双语教师紧缺的现实问题而制定的；陕西是为了提高基层幼儿园教师水平，因此仅针对学前教育专业开展师范生免费教育试点工作；江苏鉴于本省幼儿师资队伍性别结构矛盾突出，男教师稀缺的状况，师范生免费教育试点选择以培养幼儿园男教师为切入点；云南、甘肃、贵州、重庆、海南等地是为了解决农村师资力量匮乏、人才流失严重的现状而制定其师范生免费教育政策的。因此，就政策的价值取向而言，教育部师范生免费教育政策是在提升质量的基础上兼顾公平；地方性师范生免费教育政策则是在力求教育均衡发展的基础上兼顾效率。

2. 政策对象

依据政策实施的范围，地方性师范生免费教育政策大致可分为两类：一类是免费师范生政策仅限于单一的院校试点，包括上海、湖南、云南、河北、山西、陕西、江西、宁夏均是在本省（自治区、直辖市）内实行单一院校师范生免费教育政策，旨在通过试点，建立制度，积累经验，逐步扩展。另一类是在本省（自治区、直辖市）内多所院校推行免费师范生政策，有代表性的如江苏、新疆、四川、重庆、北京、内蒙古等地。其中新疆不仅指定疆内院校培养免费师范生，还与疆外山东理工大学合作培养免费师范生。鉴于政策实施范围的差异，师范生免费教育的对象也有所不同。教育部师范生免费教育政策仅在 6 所部属师范大学试行，但其招生对象面向全国，适当向中西部倾斜，不分生源地均通过普通高校全国统一招生考试提前批次录取。而地方性师范生免费教育政策的招录对象一般仅限于当地考生，招录的批次有本科师生、专科生，甚至还有中师生，生源结构与层次更彰显出了地域特色。

3. 免费教育

顾名思义，“免费”是教育部师范生免费教育政策和地方性师范生免费教育政策共同的特质。两者均实行免交学费、住宿费，补助生活费的资助政策。免费师范生在校期间还可以享受其他奖学金。教育部师范生免费教育政策实行入口免费，即免费师范生入学时即享受“两免一补”的优惠待遇，中央财政基本按照每年生均1.2万元的标准安排师范生免费教育的专项补助经费。相比较而言，地方性师范生免费教育政策的资助政策更为灵活多样。北京、上海、湖南、江苏、河北、新疆等地与教育部师范生免费教育政策一样实行入口免费政策；云南、广东、甘肃等地则实行出口免费政策，即师范毕业生到岗后逐年返还“两免一补”的费用。例如，广东实行高校毕业生到农村从教上岗退费政策；甘肃实行师范类本科毕业生到农村学校任教的以奖代补政策。此外，地方性师范生免费教育政策所需的经费由各省（自治区、直辖市）的政府财政自行安排，资助的额度相对较低。例如，新疆设立免费师范生培养计划的专项资金，全额承担免费师范生在校期间的学费、教材费、住宿费和实习支教等相关费用，每生每年的经费补贴额度约为4700元。

4. 就业政策

与教育部师范生免费教育政策相同，地方性师范生免费教育政策也采用服务期制度，建立违约制度和诚信档案，包括要求免费师范生入学前必须与培养院校和本省（自治区、直辖市）教育部门签订相关协议，承诺毕业后到特定教育岗位上服务一定的年限，否则取消其入学资格；免费师范毕业生要按协议履行从教义务，一旦违约将退回其所享受的费用，缴纳违约金，并记入个人诚信档案；各地、各级、各相关部门要确保每一位免费师范毕业生有编有岗。

教育部的师范生免费教育政策规定“免费师范毕业生一般回生源所在省份中小学任教”，“到城镇学校工作的免费师范毕业生，由当地政府教育行政部门结合城镇教师支援农村教育工作，安排到农村学校任教服务2年”；而地方性师范生免费教育政策如新疆、广东、湖南、甘肃、云南、贵州、陕西、四川、重庆等地均明确要求，免费师范毕业生须到乡镇农村任教。相对而言，地方性师范生免费教育的“农村导向”更为显著。另外，在义务从教的时间方面，地方性师范生免费教育政策要求的服务期限相对较短。例如，广东为5年，江苏、新疆的服务期限是5年以上，重庆为不少于6年，海南、湖南、云南的服务期限为不少于8年。

（二）地方性师范生免费教育政策的比较与启示

正如2011年6月温家宝同志在北京师范大学首届免费师范生毕业典礼上所言，“经过4年的不懈努力和探索，师范生免费教育试点工作取得了重要进展和显著成效。部分地方也开展了师范生免费教育试点工作。但中央与地方仍需在搞好前期试点的基础上，认真总结经验，研究和解决存在的问题，加快落实和完善配套政策；并逐步在全国推广师范生免费教育政策，鼓励地方发展师范生免费教育，支持各地方师范院校采取定向招生、免费培养的办法，为农村培养骨干教师"①。此外，2012 年颁布的《关于完善和推进师范生免费教育的意见》进一步规定，"逐步在全国推广师范生免费教育政策。鼓励支持地方结合实际选择部分师范院校实行师范生免费教育，为农村中小学和幼儿园培养大批下得去、留得住、干得好的骨干教师。各地可探索实行公费培养、学费补偿和国家助学贷款代偿等多种免费方式。地方师范生免费教育具体办法由省级人民政府制定，所需经费由地方财政统筹落实"。鉴于此，有必要具体从以下三方面着手，构建起一个中央与地方相互协作的、立体的师范生免费教育体系。

1. 构建自上而下与自下而上相结合的政策联动机制

教育政策是对教育价值的权威性分配，它涉及各个阶层的不同利益主体，关系到整个社会的和谐、稳定与发展。因此，教育政策的制定者在制定关系民生的政策时，一定要慎重严谨，必须深入群众，广泛开展调查研究，听取群众的意见与建议，反复论证调整，在发挥现有的自上而下集中决策优势的基础上，灵活运用自下而上的政策制定方式，充分调动基层与地方参与决策的积极性，促进教育政策更加科学和民主。在政策制定后还要开展政策评估，判断政策的可持续性及是否需要修正和完善。鉴于教育部和各地方实施的师范生免费教育政策，对我国未来的教师教育变革起着举足轻重的作用，中央和地方对政策进行跟踪调整和评估反馈，以求更好地实现政策制定的最初目的。同时，中央和地方在政策实施过程中应相互借鉴、相互促进、相互支持。在实施地方性师范生免费教育政策的过程中，中央要给予其政策支持；在落实国家师范生免费教育政策的过程中，地方要给予其实践支持。这样共同建构起一个中央与地方相互协作的师范生免费教育政策联动机制。

2. 构建中央与地方按比例分担的财政投入机制

教育部实施师范生免费教育政策是一项示范性举措，目前只惠及 6 所部属师范大学，受益的师范生人数有限。这对于从根本上解决欠发达地区师资短缺的问题，全面提高农村中小学教师队伍的素质，促进教育公平和教育均衡发展所发挥的作用相对有限。实质上，众多的地方性师范院校才是实施师范生免费教育政策的重点、中心和着力点。相对于教育部直属师范大学而言，地方性师范院校毕业生到农村基层幼儿园、中小学工作就业的比例更高。他们真正支撑着农村地区和贫困地区基础教育事业的发展。然而受区域经济发展不平衡和地方性财政投入有限的影响，省（自治区、直辖市）属师范院校的发展受阻，从

① 光明日报 . 2011. 温家宝总理在北师大首届免费师范生毕业典礼的讲话 . http：//news. sctv. com/gnxw/szyw/201106/t20110620_ 713091_ 2. shtml［2011-06-20］.

而影响了当地的教师队伍建设和教育质量的提高。鉴于此，在财政经费上，中央可适当给予地方性师范生免费教育政策一定的支持，建立起中央与地方财政按比例分担的财政投入机制，不能单靠各省（自治区、直辖市）的地方性财政支出。中央与地方要明确自身职责，根据免费师范生培养人数比例进行财政投入，给予地方性师范院校更多的经费资助，吸引和鼓励地方性师范院校的学生投身于农村基础教育事业。

3. 构建中央与地方相互协作的培养层次结构体系

教育部和地方性师范院校目前实施的师范生免费教育基本涵盖了专科、本科、研究生三级层次结构。但在实际实施过程中，6 所部属师范大学和各地方性师范院校并没有从教育事业长远、整体发展的利益出发，明确各自的培养层次结构，容易导致部分层次免费师范生供过于求，其他层次免费师范生供不应求的情况发生，从而不利于6 所部属师范大学和地方性师范院校长远、整体、协调的发展，无法真正发挥自身在政策实施过程中的实际价值。鉴于此，6 所部属师范大学和各地方性师范院校要明确自身在师范生免费教育政策实施过程中所处的地位与作用，从教育事业长远、整体发展的利益出发，构建符合自身又兼顾整体的免费师范生培养层次结构。同时，教育部要积极领导6 所部属师范大学和各地方性师范院校，统筹全局、明确分工，建立起一个中央与地方相互协作、统筹安排的师范生免费教育培养层次结构体系，使所培养的免费师范生能够真正合理有效地促进农村地区和贫困地区基础教育事业的发展。

第二节 美国的“教师教育资助项目”①

20 世纪 90 年代中期以来，受教师职业社会地位低下等各种因素的影响，美国中小学教师流失严重，教学专业领域出现了教师数量短缺和教育质量低劣的双重危机。由此，美国“教师教育资助项目”（Teacher Education Assistance for College and Higher Education Grants Program）孕育而生。“教师教育资助项目”是一个旨在培养优秀师资，为美国境内师资紧缺的学校输送优秀教师的项目，与我国现行的师范生免费教育政策有着诸多相似之处。下文拟对“教师教育资助项目”进行介绍，以期为我国实施的师范生免费教育政策提供一定的启示与借鉴。

① 注：本节内容主要由贺红风根据其硕士学位论文《美国“教师教育资助项目”研究——兼与我国师范生免费教育政策比较》（西南大学，2013 年）修改而成。

一、“教师教育资助项目”的实施机制

（一）项目宗旨

“教师教育资助项目”是在美国财政吃紧、教师质量低下、贫困地区贫困学校紧缺、学科师资匮乏等背景下，由国会通过立法的一个在全国试行的法案项目。它源自2007年美国国会通过的《大学学费减免与入学法案》（*College Cost Reduction and Access Act of 2007*）。《大学学费减免与入学法案》中涉及各类为大学生而设的奖学金和助学金，如“高等教育入学奖”（Grants to Students in Attendance at Institutions of Higher），“佩尔奖学金”（Grants Pell），“教师教育资助项目”等。不同的资助项目针对不同的学生，其目的也不尽相同。美国教师呈现出严重的结构性短缺，尤其是学科性短缺（如数学、科学、外语、双语教育、特殊教育、阅读等）和区域性短缺（如城市贫困学校和农村学校），故“教师教育资助项目”的重点也放在这两个方面。作为《大学学费减免与入学法案》的一个重要组成部分，“教师教育资助项目”的宗旨是围绕着提高职前教师的教育质量，为美国师资严重短缺的学校培养优秀教师，尤其是培养紧缺学科的教师。《大学学费减免与入学法案》明确规定，“教师教育资助项目”的目的在于“提供高质量的教师准备及其专业发展的相关服务”，“为师资短缺的学校和紧缺学科培养优秀教师”。

（二）项目资助的对象与经费

“教师教育资助项目”的资助对象可以划分为以下三种类型：一是本科或同等学力的在校大学生。此类对象只要达到一定学术标准，即可申请获得每学年4000美元的资助，其在校期间所获资助总额不得超过16 000美元；二是在校研究生，达到预设学术标准的申请人可获得每学年4000美元的资助，其在校时间所获资助总额不得高于8000美元；三是在职进修生（仅限定于从事教育行业的在职人员），其在达到一定学术标准的基础上，所获得的资助金额根据其在校修习课程的比例相应地有所增减，即以修习课程的学分为基础来设定资助金额。总的来说，“教师教育资助项目”的资助额度是依据学生在校修习的课程，以及学习时间的比例而定的。如果受资助者同时还获得了其他联邦资助或学生贷款，其所能获得的资助总额不能超过学费总额。

“教师教育资助项目”的申请人必须是美国公民或是合法的非美国公民。每位申请者都必须填写一份“免费申请联邦学生资助协议”（Free Application for Federal Student Aid）。申请人的学业成绩被视为能否申请成功的决定性因素。根据联邦教育部的规定，申请人的学业成绩必须满足以下要求：①学生必须学习

与教学相关的课程并且达到合格标准，“学位课程平均绩点[①]必须保持在3.25以上，或是国家标准化大学入学考试成绩在75分（百分制）以上。如果学生是一年级学生（如本科大一或是硕士研一），则根据该学生在前一阶段学习中的平均成绩进行考查”。②学生必须在毕业之前完成从事教育职业所需的课程，以及教学所需的其他技能。除了申请人的学业成绩，联邦教育部并未对其他附加条件予以过多关注。由此来看，联邦教育部的主要目的是从优秀学生中选拔一些热爱教育行业的人，并把他们培养成未来的合格教师。不过已获得资助的学生每年必须提交报告文件反馈信息，以确认他们将履行《教师教育资助服务协议》（*TEACH Grant Agreement to Serve*），（以下简称《服务协议》）所规定的从教义务。管理机构将对申请人进行资格审查和年度复核，以确定是否对其予以资助。[②]

（三）项目规定的义务

“教师教育资助项目”的资助对象在提交申请后必须与联邦教育部签署一份《教师教育资助服务协议》。协议的主要内容包括：①获得资助的学生在完成学业后，“在8年内必须完成4个学年（即8个学期）的教学义务，且必须到师资短缺地区去承担紧缺学科的全职任课教师”。②受资助的学生可根据美国教育部每年颁布的《年度全国师资缺乏地区名单》（*Department of Education's Annual Teacher Shortage Area Nationwide Listing*），自主选择学校以完成《服务协议》规定的从教义务。受资助的学生可以选择的紧缺学科有数学、外语、科学、双语教育、特殊教育、阅读或其他联邦政府、州政府或教育机构批准的有文件证明的紧缺教学领域。[③] ③针对每年教育服务完成的情况，受资助者要以表格的形式将签过字的雇用证明文件提交给主管官员。④“《服务协议》内容是受资助者必须履行的义务，具有法律约束力。”受资助者若不能完成《服务协议》规定的内容，或者受资助者不能保持其学业成绩达标，其已获得的所有资助将被转为“斯塔福联邦直接贷款”（Federal Direct Unsubsidized Loan）计算本息。资助一旦被转为“斯塔福联邦直接贷款”就不再有机会转变为“教师教育资助”。[④]

二、“教师教育资助项目”的保障机制

“教师教育资助项目”的实施，得到了美国社会各界包括行政、法律、经济等领域的广泛支持。项目的辅助性文件，以及承担项目实施中的培养任务的学

---

① 平均成绩（grade-point-average，GPA），按4分制计算。

② U. S. Senate. 2009. College Cost Reduction and Access Act（H. R. 2669 [110th]）[2009-06-22].

③ U. S. Congress. 2009. College Cost Reduction and Access Act（H. R. 2669 [110th]）[2009-06-22].

④ TEACH Grant. 2011. TEACH Grant Program. http：//www. fafsa. ed. gov/fotw0405/help/r2t4-faq00. htm [2011-04-09].

校与培训机构也是对项目最有力的支撑力量。实施机构、管理机构与监督机构共同参与到“教师教育资助项目”的实施过程中，构成一个完整的循环体系，确保项目的实施及其成效最优化，以培养出高水平、高质量的教师。

（一）经费支持

“教师教育资助项目”的有效实施，是建立在美国联邦政府强有力的财政支持基础之上的。美国教育部的联邦学生资助办公室（Office of Federal Student Aid）负责提供经费资助与过程监管。根据“教师教育资助项目”申请人的合格数量，联邦学生资助办公室将在开学前拨付给高等院校，以及其他培养机构85%的资助经费。这些资金将在新学年一开始就直接发放给合格的受资助学生。这种直接支付（direct payment）方式是“教师教育资助项目”的一大特点。为确保项目实施的初衷得以实现，联邦学生资助办公室对资助经费的使用范围作出了规定：仅限于交付学费或其他的教育费用，不能用于购买房屋或租住房屋等。联邦学生资助办公室将采用对资助经费银行账户进行监控的方式，来确保经费的合理使用。同时，通过网络公布“教师教育资助项目”的资助人数与经费，借助社会公众的力量来监督实行。

（二）政策保障

为了确保“教师教育资助项目”的顺利实施，美国联邦政府首先在法律上对其予以保障。《大学生学费减免法案》是一个建立在《高等教育法》基础上的修订案。而“教师教育资助项目”作为该法案的一个组成部分，受到联邦法律的保障与制约。除此之外，美国联邦政府还制定了一系列辅助性政策文件，以确保“教师教育资助项目”的顺利实施。例如，《教师教育资助服务协议》明确规定了受资助者需要履行的义务，“具有很强的法律保障与制约的能力”①。另外，联邦教育部每年颁布更新的《年度全国师资缺乏地区名单》，也是“教师教育资助项目”的重要支撑文件。受资助者可从《年度全国师资缺乏地区名单》中选择任一学校完成4年的从教义务。师资短缺学校的评估是每年一次，因此《年度全国师资缺乏地区名单》并非固定不变，其更新与公布对受资助学生毕业后选择合适的学校并完成教学服务义务具有非常重要的意义。这有助于“教师教育资助项目”维系一种动态的良性发展。

① Anonymous. 2011. TEACH Grant. http：//www. fafsa. ed. gov/fotw0405/help/r2t4-faq00. htm [2011-04-09].

（三）咨询服务

“教师教育资助项目”采取了多种措施，如通过网络、印刷广告等各种宣传途径向申请人发布相关信息，目的在于让申请人充分了解项目的具体内容及申请条件。此外，“教师教育资助项目”还对申请人提供参与前和参与后的专业辅导咨询。此类辅导咨询有两种方式：一是通过联邦教育部的专门网站进行咨询；二是通过申请人所在培养机构的咨询部门进行咨询。专业辅导咨询的主要内容包括服务协议、义务服务和资助转变为贷款三个方面，目的在于让申请人进一步明确相关的权利与义务。只有当申请人真正了解“教师教育资助项目”的内容与宗旨之后，他才能主动参与项目并健康成长，实现为师资短缺学校培养优秀教师的预设目标。

（四）合作伙伴

“教师教育资助项目”能否取得成效，很大程度上依赖于受资助者的培养机构（主要是高等院校），因此，美国联邦教育部非常重视与高校的协作。参与“教师教育资助项目”的各大高校通过与各界协调，为学生提供周到的培训服务，为项目的目标实现奠定了基础。培养机构为学生提供广泛的临床型教学实习，这是职前教师必须在入职前做好的准备之一；同时，为参与该项目的学生提供“教学法或是其他教学方面的课程，包括少数民族学生的学业表现和教学理论与实践上的指导”；在教学技巧与策略的辅导上，则为教师提供高级指导与支持。[①] 但由于地理位置、民族分布、经济发展等的差异，培养机构的校际差异一直存在，这也导致参与“教师教育资助项目”的高校在遵循联邦教育部相关要求的基础上呈现出各自的特点。

明尼苏达州华尔登大学（Walden University）的莱利教育管理学院（The Riley College of Education）每年招收37 000名学生，其网络教育在教育界在线注册量中排名第一。遵循联邦教育部的宗旨，结合明尼苏达州教育教学的现状，莱利教育管理学院从实际出发实施“教师教育资助项目”，有针对性地解决本地区的紧缺学科师资不足的问题。因此，申请“教师教育资助项目”的学生必须满足以下条件之一：①经明尼苏达州认定许可的特殊教育项目，这些项目都只限于K-12（幼儿园至高中）的教育；②明尼苏达州认证的授予教育文学硕士（Master of Arts in Teaching）的教师教育项目，包括早期儿童教育和K-12的特殊

① U. S. Senate. 2009. College Cost Reduction and Access Act（H. R. 2669［110th］）［2009-06-22］.

教育。③明尼苏达州特许条例中规定的教师培训项目，如6年级前的初级阅读与文学、数学；5～8年级的数学；8年级的科学；12年级的特殊教育。

三、“教师教育资助项目”的实施成效

“教师教育资助项目”自2008年7月1日实施至今，全美国范围内提供教育学位的1400多个教师培养机构中，有935所高校培训机构参与了此项目，努力为高质量“未来教师”的专业发展创造良好的环境。[①] 但自2008年经济危机之后，美国联邦政府决定削减财政支出，首当其冲的就是美国庞大的高等公共教育系统。美国教育部计划通过拨款的调整，来整改已有的各项资助项目。从“奥巴马政府2013年高等教育与科学财政预算表”（Details of Obama’s Fiscal 2013 Budget for Higher Education and Science）可以看出，“教师教育资助项目”从2012年实际拨款41 000 000美元到2013年预算的11 000 000美元，削减了近3/4。[②] 究其原因，主要在于以下两点：一是参与“教师教育资助项目”的受资助者只有20%能继续保持优异的成绩和资格获得奖学金；二是尽管“教师教育资助项目”在实施过程中对学生的学业成绩有着非常严格的要求，但对于培养机构在项目的成效上缺乏监督手段，对毕业生工作后的教学表现是否能达到有效课堂的标准也缺乏检测。

事实上，“教师教育资助项目”的实施成效不佳并非完全出人意料。前期已有大量的教师教育资助项目因其自身质量问题无法继续运营下去，或是无法达到预设成效而难以继续获得国家财政的拨款。譬如，早在2006年，美国国会曾创建了“学术竞争资助”（Academic Competitiveness Grants）和“科学与数学人才引进与保留资助”（Science and Mathematics Access to Retain Talent Grants）两个财政资助项目，为那些专业为数学或科学的佩尔奖学金获得者提供额外的支持，吸引他们毕业后去往“高需求区域”（areas of national need）从教。然而项目实施的结果表明，上亿的奖学金也无法吸引高质量的教师到高需求地区从教。“教师教育资助项目”如今也面临着类似的局面。对于一份没有什么名望又需长时间身处艰苦环境的工作而言，不超过16 000美元的补偿性资助是远远不够的，除非受资助的学生一开始就有着强烈的去高需求地区服务的愿望。因此，在联邦财政预算越来越严峻的情况下，备受关注的“教师教育资助项目”可谓面临

---

① Federal Student Aid. 2010. TEACH Fact Sheet. http：//www. FederalStudentAid. ed. gov ［2010-12-20］.

② U. S . government. 2011. Details of Obama’s Fiscal 2012 Budget for Higher Education and Science. http：//chronicle. com/article/Details-of-Obamas-Fiscal-2012/126372 ［2011-02-15］.

着巨大的挑战。

四、“教师教育资助项目”的比较与启示

（一）“教师教育资助项目”与师范生免费教育政策之比较

美国实施的“教师教育资助项目”与我国的师范生免费教育政策同为21世纪职前教师教育资助与培养的改革举措，有许多相似之处，如在政策目标上都旨在为师资紧缺的地区和学校培养优秀师资，促进教师资源均衡配置，进而提高教育质量，实现教育公平；在政策内容方面，两者都采取“经费资助+服务协议”的形式。但在受资助者的入学、就业、继续教育、违约等问题上，两者也存在着较大的差异。

1. “教师教育资助项目”与师范生免费教育政策的相似之处

“教师教育资助项目”与师范生免费教育政策均通过国家层面自上而下实施，其制度设计在诸多方面有相似之处。

首先，两者都旨在实现师资的均衡配置。“教师教育资助项目”作为美国联邦奖学金之一，旨在解决美国教师资源配置严重的结构性短缺（主要是学科性短缺和区域性短缺）问题，鼓励和资助优秀毕业生到师资匮乏的薄弱学校从教。因此，“教师教育资助项目”的《服务协议》中明确规定，受资助者毕业后必须到薄弱学校作为全职教师从事紧缺学科的任教服务4年（8个学期）。我国自2007年开始在教育部直属师范大学实行的师范生免费教育政策，招生方案明确向中西部倾斜，并鼓励免费师范毕业生到贫困地区、边远地区任教。《就业协议》规定：“免费师范生入学前与学校和生源所在地省级教育行政部门签订协议，承诺毕业后从事中小学教育10年以上。到城镇学校工作的免费师范毕业生，应到农村义务教育学校任教服务2年。”这一制度设计充分体现了师范生免费教育政策的“农村导向”，即旨在改善西部农村义务教育优质师资匮乏问题，从而促进教育的均衡发展。

其次，两者都重在培养优质教师。“教师教育资助项目”与师范生免费教育政策均通过资助，招募有志于从教的优秀学生，为其提供专业化的教师教育，使他们具备相应的学科知识和教育教学技能，同时具有自我决策和建构的能力，并通过终生学习的方式成长为一名优秀教师。师范生免费教育政策率先在6所部属师范大学试行，目的在于集中优质的教育资源，实现“培养造就优秀教师和教育家”的政策目标。而“教师教育资助项目”要求受资助者每年的学业成绩平均绩点保持在3.25分（4分制）或是75分（百分制）以上，以此保证准教师的培养质量。可见培养高效而优质教师是“教师教育资助项目”与师范生免费教育政策共同的目标指向。

2. “教师教育资助项目”与师范生免费教育政策的主要差异

“教师教育资助项目”与师范生免费教育政策在入学资格、就业去向、继续教育、违约责任等方面有着不同的规定。“教师教育资助项目”中的受资助者是在进入大学详细了解相关信息后，自主决定是否要参与这个项目，享受其优惠条件并履行相应的义务。倘若之后的学习不达标，或是对自己的选择有所怀疑，联邦教育部或受资助者均可以通过将教师教育资助经费转为“斯塔福联邦直接贷款”来终止项目资助。受资助者毕业后的去向一般划分为三类：按协议要求就业、继续教育、违约从事其他行业。按协议就业的受资助者，可在毕业后 8 年内根据美国教育部每年颁布的《年度全国师资缺乏地区名单》，自主选择学校以完成协议规定的 4 年从教义务，服务时间和就业去向相对宽松和自由。受资助者若选择继续接受教育，4 年从教义务可延期完成；继续教育期间还可根据自己的需要再次申请“教师教育资助项目”，由此需要履行双倍（8 年）的义务服务。相对而言，师范生免费教育政策对受资助对象的就业去向、继续教育、违约责任等方面的限定更为严苛。首先，要求免费师范生毕业后必须直接就业，不得报考脱产研究生，任教满一学期后才可申请免试在职攻读教育硕士；其次，规定免费师范生须回到生源地所在省（自治区、直辖市）从教 10 年，期间需到农村任教服务 2 年；再次，免费师范生若毕业从事其他职业，不仅需要缴纳资助经费 50% 的违约金，还会被记入诚信档案。由于师范生免费教育的违约成本较高，受资助者的个体自主选择受到了相当程度的限制，不少免费师范生戏称《协议书》为“卖身契”。

（二）“教师教育资助项目”的启示

美国的“教师教育资助项目”与我国的师范生免费教育政策有诸多相似之处。结合我国教育实际，参考美国“教师教育资助项目”的有益经验，对解决我国师范生免费教育政策在实施过程中面临的诸多问题有着重要的启示和借鉴意义。

1. 拓宽信息渠道，明晰政策认知

无论是“教师教育资助项目”还是师范生免费教育政策，只有当受资助者真正了解项目的内容与宗旨之后，他才能主动参与到项目中并积极寻求发展，从而确保实现培养优秀教师的政策预设目标。事实上，信息不对称带来的误读和阻隔，已成为师范生免费教育政策实施过程中的一个突出问题。譬如，相当一部分免费师范生报考时的“盲目性”和“从众性”，导致对师范生免费教育政策缺乏了解，或者曲解和误解，由此产生抵触情绪。鉴于此，首先，政府相关部门要充分利用现代媒体，立体地对师范生免费教育政策进行宣讲，同时以平等的身份与利益相关者进行对话，让其清楚地认识到自身的权利与义务。其次，部属师范大学也应对本校采取的特殊政策和创新性措施进行重点宣传。例如，开辟免费师范生教育网页，开通热线电话，举办专场招生咨询活动，建立优质生源基地学校，印发宣传材料，为广大考生和家长做好咨询服务。最后，免费师范生也要拓宽信息渠道，提高自身认识，综合考虑各方面因素，慎重作出选择。这样才是真正地对自己、对他人、对社会和国家负责。

2. 调整政策方案，完善制度设计

借鉴“教师教育资助项目”的有益经验，师范生免费教育政策应进一步完善其准入、退出和激励机制，增强制度设计的灵活性。首先，师范生免费教育的现行准入机制以“直接招生”为主、“入学后选拔”为辅。而“直接招生”存在着一定的弊端，不利于报考学生在短时间内全面了解政策，也不利于培养学校对其进行全方位的考核。相对而言，“入学后选拔”在一定程度上弥补了“直接招生”的不足，更有利于选拔有志于从教的优秀学子。鉴于此，教育部和部属师范大学要根据实际情况，适当调整“直接招生”与“入学后选拔”的比例，增加后者的招生人数。其次，科学合理的奖励措施，如部属师范大学的“海外交流”项目，可以激发免费师范生的学习热情。师范生免费教育的制度设计还可以将免费师范生的学业表现与其未来发展联系起来，如对学习成绩优异的免费师范生予以攻读学术型研究生的机会，或对各方面表现优异的免费师范生予以推荐就业。必要的惩罚措施则能够矫正部分学习态度不端正、消极懒惰的免费师范生的学习状态。对于表现不佳或者学业成绩不达标的学生，可以解除协议，使其不再享受师范生免费教育的相关优惠政策。《协议书》中明确约定了由于身体原因、违纪、违约等情况下解除、终止协议，以及相应违约金的支付。但一方面由于其过于强调免费师范生的违约责任，一定程度上忽略了免费师范生的个人意愿，限制了其自由选择；另一方面，《协议书》中约定的50%的违约金惩罚性质过于明显，容易引发受资助者的抵制情绪。对此可以参照美国“教师教育资助项目”的做法，将免费师范生已享有的“两免一补”资助转化为按期支付利息的国家贷款，从而将政策设计中原有的“违约惩罚”改为“退出补偿”。对于学习成绩优秀且升学愿望强烈的免费师范生，则可以通过延期服务的方式鼓励其继续深造，但须在规定的时间内履行从教义务。此举更有利于提高师范生免费政策的认可度，激发其学习热情，坚定其从教信念。

第三节　“为澳大利亚而教”项目①

进入21世纪，澳大利亚陆续出台了一系列政策和措施来补充贫困地区的师资，发展农村地区的教育，如劣势学校计划（the disadvantaged schools program,

① 本节内容主要由罗娴根据其硕士学位论文《“为澳大利亚而教”项目研究》（西南大学，2013年）修改而成。

DSP）、乡村地区计划（country areas program，CAP）、优先学校计划（priority schools programs，PSP）等。其中“为澳大利亚而教”（teach for Australia，TFA）是由澳大利亚的政府部门和私立企业共同支持的一个独立的、不以营利为目的的向贫困地区输送优秀师资的项目。它以澳大利亚每一个儿童，特别是贫困地区儿童都有平等接受教育的权利为理念，旨在招募、选拔、培训各专业未取得教师资格的优秀人才自愿到有需要的学校（特别是贫困边远地区和土著居民地区）任教两年，通过向当地输送优秀师资来改善教育困境、提高教育质量，最终实现教育公平。鉴于澳大利亚幅员辽阔，区域人口分布、经济文化发展不均衡，我国的发展状况与之类似，下文拟对“为澳大利亚而教”项目进行介绍，以为我国补充农村地区师资、实现基础教育均衡发展和教育公平提供一定的启示与借鉴。

一、“为澳大利亚而教”项目的产生背景

“为澳大利亚而教”项目的产生有其特定的国内、国际背景，既基于对国内教育现实状况的考量，又有国际教育改革与发展潮流的推动。

（一）国内教育发展不均衡的现实状况

澳大利亚曾隶属于英国殖民地，其教育制度、体系等深受英国的影响。在发展过程中，它借鉴了欧美国家的办学思想和经验，逐步形成了具有本国特色的基础教育体系和二元化办学体制（牛道生，2004，p. 2）。此外，澳大利亚还是一个移民国家。据2006年的人口统计报告，澳大利亚原住民后裔仅占国民总数的31.13%。[①] 多元文化社会的特质，以及教育分权制等因素在一定程度上影响了澳大利亚教育的均衡发展。其中东南部沿海地区经济发达，教育发展相对较快；内陆地区的教育发展速度则相对缓慢。20世纪90年代后，“城市取向”的教育政策导致城市和农村、发达地区和贫困地区的孩子在教育环境、教育资源等方面的差距日趋增大。为了解决这一现实问题，20世纪末，澳大利亚联邦政府新制定的多元文化教育政策规定：不论任何性别、种族、经济状况和宗教信仰的学生，都可以得到同等发挥他们潜能的机会。但是和其他澳大利亚人相比，原住民的教育状况依旧难以令人满意，低入学率、高辍学率和低成就等一系列教育问题突出。2006年，经济合作与发展组织（Organization for Economic Co-operation and Development，OECD）的“国际学生评估项目”（Program for International Student Assessment，PISA）结果显示，澳大利亚40%的土著居民学生未能达到语文、数学与科学测评的最低标准（Gray，Beresford，2008，p. 202）。

---

① Australia Bureau of Statistics. 2007. 2006 Census Table：Australia. Canberra：ABS：6.

2007 年，《澳大利亚未来的学校》调查报告指出，“与城市学生相比，欠发达地区学生完成 12 年学校教育的比率要低 7%，某些偏远地区这一差距可达 17%”①。教育发展不均衡是澳大利亚的现实状况，改善弱势群体教育的不利状况，实现教育公平，成为澳大利亚教育改革的重要议题。鉴于高质量的教师队伍，对确保每个澳大利亚儿童都有最好的受教育机会来说至关重要，2008 年 11 月澳大利亚前联邦教育部部长朱莉娅·吉拉德（Hon J. Gillard）正式宣布，联邦政府与各州及自治区政府签署《全国提高教师质量合作伙伴协议》（*Improving Teacher Quality National Partnership Agreement*），共同投入 5.5 亿澳元用于教师质量改革，以吸引优秀人才加入教师队伍，增强教师的知识技能和防止优秀教师流失（罗爽，2010，p. 7）。“为澳大利亚而教”项目正是《全国提高教师质量合作伙伴协议》中旨在补充欠发达地区师资、提高教学质量的子项目之一。

（二）“为世界而教”行动的推广

“为澳大利亚而教”的产生与“为世界而教”（Teach for All）行动的推广有着直接的联系。“为世界而教”启动于 2007 年，其理念源自 1990 年诞生的“为美国而教”（Teach for America）。该项目由温迪·卡普（W. Kopp）发起，旨在鼓励和吸引优秀大学毕业生到欠发达地区的薄弱学校任教两年，改善当地的师资状况，进而提升教育质量。“为美国而教”项目实施 20 多年来，不仅为美国欠发达地区的学校输送了大量优秀教师，而且为教育界和国家培养了一批有社会责任感和领导能力的青年，得到了社会各界广泛的支持和认同，还开创了教师培养新路径，为世界各国提供了经验和借鉴。正是跟随“为美国而教”项目的步伐，英国于 2001 年设立了“教学优先方案”（Teach First），旨在吸引一批优秀的大学毕业生去“富有挑战性的学校”任教两年，以缓解欠发达地区师资短缺的问题，改善薄弱学校的教学质量，从而提升基础教育的整体水平，最终实现教育公平。“教学优先方案”的真正意蕴在于体现出教师职业应优先于其他职业发展；教学是应当被优先考虑的培训内容和工作选择；鼓励优秀毕业生从事任何其他工作之前先从事教学工作，两年后再选择继续任教或转向其他行业。与“为美国而教”项目一样，英国的“教学优先方案”也取得了积极的成效。两者的成功实施引起了世界范围内的关注，为各国解决欠发达地区师资不足问题创造了良好的开端。

在此背景下，2007 年“为美国而教”项目、“教学优先方案”与其他基金会合作，启动了“为世界而教”项目，渴望帮助其他国家建立和开展类似的欠

---

① The States and Territories. 2007. The Future of Schooling in Australia. Queensland: Australia Federalist, : 10 12.

发达地区师资补充与援助项目。“为世界而教”是一个国际非营利性组织，旨在通过向贫困地区输送师资来为世界上所有学生提供平等、优质的教育，同时为世界教育改革提供动力。为了实现这一目标，所有的组织成员国向社会公开招募各学科的优秀毕业生到贫困地区任教两年，并为这些志愿教师提供岗前培训和支持，树立起青年一代作为教育改革领导者的观念。“为世界而教”的成员组织都用相同的方法缓解各个国家的教育公平问题。同时，鉴于各组织成员国的资金和成员都是独立的个体，其互相交流经验，从各国的具体实施中获得启示，最终促进共同发展。“为世界而教”行动的所有资金都是通过企业或个人捐赠，以及政策拨款来资助的。① 基于全球化的理念和本土性的实践，各个国家的成员组织依据“为美国而教”和“教学优先方案”的项目模式，构建适应本国实际情况的行动机制。截止到2014年6月，已有34个来自不同国家的成员组织加入到“为世界而教”行动中，包括2008年启动的“美丽中国”（Teach for China），在全世界范围内拥有超过11 000名志愿教师。② “为世界而教”的成员组织，如表6-1所示。

表6-1 “为世界而教”的成员组织

组织名称	国家	成立年份	组织名称	国家	成立年份
为美国而教	美国	1990	为巴基斯坦而教	巴基斯坦	2011
教学优先方案	英国	2001	为哥伦比亚而教	哥伦比亚	2011
青年学校（Youth to School）	爱沙尼亚	2006	为日本而教	日本	2012
为智利而教	智利	2007	为立陶宛而教	立陶宛	2012
为印度而教	印度	2007	为比利时而教	比利时	2013
为澳大利亚而教	澳大利亚	2008	为厄瓜多尔而教	厄瓜多尔	2013
美丽中国	中国	2008	为墨西哥而教	墨西哥	2013
德国教学优先方案	德国	2008	新西兰教学优先方案	新西兰	2013
可能的任务（Mission Possible）	拉脱维亚	2008	为尼泊尔而教	尼泊尔	2013
为黎巴嫩而教	黎巴嫩	2008	为菲律宾而教	菲律宾	2013
为阿根廷而教	阿根廷	2009	为卡塔尔而教	卡塔尔	2013
以色列教学优先方案	以色列	2010	为南非而教	南非	2013
为马来西亚而教	马来西亚	2010	为泰国而教	泰国	2013
为秘鲁而教	秘鲁	2010	为孟加拉国而教	孟加拉国	2013
为奥地利而教	奥地利	2011	为瑞典而教	瑞典	2013
为保加利亚而教	保加利亚	2011	为罗马尼亚而教	罗马尼亚	2014
为西班牙而教	西班牙	2011	为斯洛伐克而教	斯洛伐克	2014

资料来源：Teach for All. 2014. national organizations. http：//www. teachforall. org［2014-06-23］

① Teach for All. 2014. Teach for All Supporters. http：//teachforallnetwork. org/aboutus _ supporters. html［2014-06-23］.

② Teach for All. 2014. Skoll Foundation. http：//www. skollfoundation. org/entrepreneur/wendy-kopp/［2014-06-23］.

二、“为澳大利亚而教”项目的实施机制

“为澳大利亚而教”项目渴望最大限度地给予澳大利亚所有儿童最好的受教育机会，无论家庭背景、社会环境等条件如何，并希望他们抓住机遇充分发挥自己的能力。同时，该项目也希望将优秀教师培养成为鼓舞人心的领导者。他们不仅能改变学生的教育命运，而且能成为未来澳大利亚教育界有影响力的领导人。因此，“为澳大利亚而教”从宏观到微观都有一套完整的运作机制，保证了项目的顺利运行。

（一）“为澳大利亚而教”项目的目标体系

“为澳大利亚而教”项目成立的初衷，是渴望通过提高欠发达地区的教师质量来改善当地的教学质量，完成澳大利亚联邦教育部关于“全国提高教师质量合作伙伴协议”中的改革目的。随着项目的逐步推行，“为澳大利亚而教”项目逐渐形成了由短期目标（short term）、中期目标（medium term）和长期目标（longer term）3个层次构成的目标体系。“为澳大利亚而教”项目的短期目标，是通过吸引和支持各地区的不同学科专业领域的优秀人才到有教育需求的贫困地区任教两年，使当地学生受到志愿教师的积极影响，从课堂中获取知识、提高落后地区学生的学业成绩，这也同样有助于通过对教师的优待来提高和保持教师在澳大利亚的职业地位。中期目标是通过“为澳大利亚而教”项目培养出具有优秀教学能力和领导力的教师。志愿教师在教学中也能获得自信和有价值的经验与技术，提升自己的能力，最终使志愿教师共同建立起一个优质的社会网络。该网络的成员熟悉教育和社会问题，并努力成为各领域的杰出领导者。“为澳大利亚而教”项目的长期目标除了改善欠发达地区的教育困境，还渴望通过优质社会网络各成员的齐心合作，集结全社会的力量来实现澳大利亚的优质教育和教育公平，努力从根本上确保每个儿童平等的受教育机会。①

综上所述，“为澳大利亚而教”项目的首要目标是吸引并支持优秀人才去劣势地区的学校任教两年，向当地输送教师，优化师资配置来提高学生的学业成绩，这也是该项目的根本出发点。然而，“为澳大利亚而教”项目的行动目标并不会因为志愿教师两年任教时间的结束而终止，目光也不仅仅停留在改善教学质量上。为了使其具有系统性的影响，“为澳大利亚而教”项目的宗旨，在于鼓励所有志愿教师联合社会各界的力量，致力于社会公平和教育公平的实现。

---

① TFA. 2012. Teach for Australia：Our Approach. http：//www. teachforaustralia. org［2012-09-18］.

（二）“为澳大利亚而教”项目的基本理念

“为澳大利亚而教”项目从成立之初就秉承平等的核心理念，即在澳大利亚每一个儿童都有平等接受教育的机会。在这一核心理念的驱使下，“为澳大利亚而教”项目坚持五项基本原则：第一，坚持机会均等是澳大利亚每一位儿童的基本权利；第二，承认在澳大利亚，由于社会经济、地理因素和种族差异导致学生的成就和在未来生活中的机会，都存在显著的差距；第三，相信提升教师的素质和质量，是提高学生学业成绩最直接的方式；第四，致力于招募、培训和支持顶尖的优秀大学毕业生以教师和领导者的身份服务于最需要支持的学校；第五，渴望通过校友和合作伙伴建立联系网络吸引各个领域的领导者，共同为改变教育现状和广泛的社会问题而努力。①

围绕上述五项核心理念与基本原则，并以实现每个儿童都有平等接受教育的机会为宗旨，“为澳大利亚而教”项目还坚持六大价值观：第一，伟大赋权（empowering greatness）。“为澳大利亚而教”项目预见了成功的巨大可能性，并努力将其付诸实践。它通过不断完善自身、寻求以身作则，联合各机构改变项目本身、学生和社会。同时，该项目有卓越的能力创造学习环境，以及培养出类拔萃的人。第二，成就驱动（outcome driven）。“为澳大利亚而教”项目为宏伟的目标所鼓舞，并有坚持追寻此目标的决心，通过事实数据作为思考问题和解决问题的基础来实现目的，把个人责任看作是具有挑战性和激励意义的驱动力。第三，相互协作（collaboration）。“为澳大利亚而教”项目努力构建有效的合作伙伴关系，通过合作者提供的专业知识为项目的发展获得机遇。大家在组织下共同工作，力求实现组织内部、联营公司等合作伙伴之间的个体和整体的改善。第四，谦虚学习（humility and learning）。“为澳大利亚而教”项目意识到自身经验的缺失，尊重并不断努力向所服务的社区及人民学习，接受来自各方的意见，寻求不同的观点，在实事求是的基础上不断学习、反思和不断完善。第五，创新能力（innovation）。“为澳大利亚而教”项目为其所做的每件事带来活力和创造力，并为寻找到新思路、新方法来解决问题而感到高兴，以此使其更接近目标的实现，同时抓住各种机会来鼓励和发展创新能力。第六，灵活应对（resilience）。倘若在寻求改变的过程中遭遇困难或障碍，“为澳大利亚而教”项目将采用灵活的应对方式来迎接挑战，并且永远不会忘记其正在做什么和为什么这样做。②

平等是教育公平的基本原则，平等也是“为澳大利亚而教”项目的核心理

① TFA. 2012. Teach for Australia：Key Principles. http：//www. teachforaustralia. org ［2012-09-18］.

② TEA. 2012. Teach for Australia：Our Value. http：//www. teachforaustralia. org ［2012-09-18］.

念。在核心理念下延伸出的五项基本原则贯穿始终，指导了“为澳大利亚而教”项目的运行，为其目标实现奠定了基础、坚定了信念。“为澳大利亚而教”项目的上述理念造就了它的运行模式，即以较强的凝聚力吸引和团结有共同志向的人，一起为实现各层次的目标而努力奋斗，最终实现优质教育和教育公平。

（三）“为澳大利亚而教”项目的运行程序

“为澳大利亚而教”项目有着自己独特的运行程序。它在一定程度上传承了“为美国而教”和“教学优先方案”的经验，也根据本国的实际情况体进行了相应的变革。

1. 志愿教师的招募和遴选

“为澳大利亚而教”项目面向社会公开招聘志愿教师，其范围十分广泛，但对申请者有一定的限制和要求。申请者首先必须满足三个条件：①澳大利亚的合法公民或者永久居民；②获得学士学位；③尚未获得教师资格。除上述三项基本条件，申请者还应具备 7 项良好的个人素质：①成就（achievement）：在大学里或工作中获得优秀的成绩或在活动中有重大的表现和可衡量的结果，并具有卓越的领导能力；②影响力的承诺（commitment to impact）：充满激情地相信教育的力量，并渴望在教学过程中改变自己和学生；③沟通和感召力（communication and influencing ability）：优秀的倾听者和自信的沟通者，能够激励和感召别人；④解决问题的能力（problem solving）：能进行批判性的思考，分析信息并形成解决问题的方案；⑤组织能力（organizational skills）：在有限的时间内计划和组织活动；⑥忍受力（resilience）：在压力的驱使下认真工作或学习，并具有乐观地面对问题、克服困难的忍受力；⑦谦逊与学习（humility and Learning）：谦逊地尊重他人（特别是来自不同背景的人），并努力向他人学习。①

符合所有条件的申请者必须通过“为澳大利亚而教”项目的官网提交在线申请，经过网上申请、电话访谈、现场模拟等一系列的遴选和考察之后，才能成为志愿教师。“为澳大利亚而教”项目的工作者将会对申请者的资格和信息进行严格的审查，从中筛选出背景、经历和动机符合项目理念的志愿教师，并根据志愿教师的意愿和自身情况将其分配在适合他们的学校任教。

2. 志愿教师的培训和支持

“为澳大利亚而教”项目希望给热衷于教育事业而又未能取得教师资格的优秀者提供从事教育事业的机会。为保证志愿教师能够胜任艰巨而重要的教学任务，提高当地学生的学业成绩，“为澳大利亚而教”项目将对志愿教师进行为期 6 周的夏季集中训练。6 周的夏季集中培训旨在使志愿教师获得教育的基本知

① TFA. 2012. Teach for Australia：What We Look for. http：//www. teachforaustralia. org［2012-09-18］.

识、掌握必备的教学方法，并在参与教学实践中获取教学经验和教学技能。为保证培训的顺利进行及有效性，“为澳大利亚而教”项目选取墨尔本大学教育研究院（Melbourne Graduate School of Education）为其培训的合作伙伴。后者的主要任务是设计和开设学术课程，促进教师的专业发展。志愿教师不仅可以通过集中的校园模块式学习和校外自主学习相结合，还可以得到经验丰富的在校导师、临床专家和领导顾问的联合支持。墨尔本大学教育研究院为参与“为澳大利亚而教”项目的志愿教师专门开设了三大核心课程：临床实践教学、教育领导学、师生关系学（表6-2），其课程设置充分体现出了“为澳大利亚而教”项目十分重视将志愿教师的理论知识和实践能力相结合，并突出教师的领导能力。①

表6-2　“为澳大利亚而教”项目培训的课程内容

课程	课程概述	课程目标	评价方式
临床实践教学	1. 构建教学硕士的一般概念框架； 2. 理解数据在发展教育中的重要性，并从心理学的角度通过积极发展师生关系来建立优质的学习过程； 3. 学科专业知识和教学理念知识的关系，以及语言表达在教学中的重要性； 4. 教学方法、课程及评估方法的一致性	1. 了解该项目的教学理论框架； 2. 用专业术语和参与者共同讨论教学； 3. 意识到教学、课程和评估相互依存的重要性； 4. 深入理解理论与实践之间的关键衔接； 5. 理解概念框架在专业实践中的重要性； 6. 在课堂中用有效的方法更充分地表达专业知识	1. 学习期间完成一篇1500字的公众汇报论文（40%）； 2. 学习结束后完成一篇2500字的学术论文（60%）
教育领导学	1. 构建在学校、企业和社区理解并发展领导力的框架； 2. 主题：设定目标，沟通合作，创造环境，有效规划，公平与尊重，变革管理体制，领导能力和自我反思； 3. 领导能力在教学中的应用，教学与领导的关系	1. 理解有效领导能力的主要构成元素； 2. 了解领导力在生产创新和变革中的重要意义； 3. 领导者与追随者需要相互尊重的关系； 4. 领导理念在有效教学中的应用； 5. 有效解决工作环境中的实际问题	1. 一篇15 000字的关于如何处理和领导力有关的学校问题的行动计划（75%）； 2. 一篇500字的对行动计划产生过程的反思（25%）
师生关系学	1. 教师在教学中指导学生的有效理论； 2. 研究师生关系的本质； 3. 建立和发展一种有效的师生关系，并促进教师的反思实践	1. 了解师生关系的复杂性； 2. 在实践中应用有效策略处理教师和学生之间的关系，促进教学质量的提高	一篇2000字的课程论文（100%）

资料来源：University of Melbourne. 2012. Professional Certificate in Education（TFA Mentoring）. https://handbook. unimelb. edu. au/view/2012/GC-EDTFA［2012-9-16］

. 在开设必修课程外，墨尔本大学教育研究院还采用讲座、实践研讨

① Knuekey D. 2010-12-25. Teach for Australia. School，20.

会、团体和个人评估、社会和团队建设活动等多种培训形式，着重培养志愿教师的技能、专业知识，使其为即将开始的两年教学工作做好充分的准备。培训结束后，志愿教师就被分配到学校进行教学。当地学校会分配一名教学经验丰富的教师指导志愿教师的课堂教学，提供教学经验和技能，帮助他们尽快适应教学环境，完成教学工作。学校放假期间，志愿教师仍将返回到墨尔本大学教育研究院进行密集的培训，并对他们的教学工作进行持续的评估。“为澳大利亚而教”项目不仅要培养优秀教育者，而且还期望培养出未来教育改革的领导者，因此，志愿教师还有机会接受知名企业的培训，提高他们的管理、营销、沟通、组织等技能。所有的志愿教师按照规定完成两年任教的服务期之后，就可得到墨尔本大学颁发的研究生学历文凭（Postgraduate Diploma in Teaching），从而获得中学教师资格。志愿教师在接下来的5年内还有机会随时返回墨尔本大学教育研究院继续接受教育，最终获得硕士学位（Master of Teaching）。

三、“为澳大利亚而教”项目的实施成效与面临的挑战

“为澳大利亚而教”项目仅仅是澳大利亚国内为数众多的师资援助项目之一。鉴于澳大利亚贫困偏远地区的教师缺口较大，仅靠“为澳大利亚而教”项目来填补无疑是杯水车薪。但不可否认，“为澳大利亚而教”项目独特的构想和设计在实践中确实取得了有目共睹的成效，发展势头良好。单纯地关注其获得的成效而忽略问题，或无限放大其面临的挑战而避谈已取得的成果，都是片面的，最终都不利于“为澳大利亚而教”项目的发展和壮大。只有在实践过程中不断改进和完善，努力解决争议、消除质疑，“为澳大利亚而教”项目才能发挥优势，以取得更好的成效。

（一）“为澳大利亚而教”项目的实施成效

“为澳大利亚而教”项目的成果和效益短期内难以衡量，一方面是因为有许多不可控制的变量和因素，很难找到一个合适的比较或对照标准；另一方面是因为项目实施的时间尚短，其在缓解教育不公平或提高教学质量等方面的成效都有待观望。但从项目实施近5年的情况来看，“为澳大利亚而教”项目以实现教育公平为终极目标，培养出了一批拥有良好素质和职业理想的志愿教师，并把他们输送到贫困地区任教；教师在教学过程中不断发展和完善自己，在一定程度上改善了贫困地区的教育状况。

1. 培养有教学能力和领导力的教师

2009年，澳大利亚有近800名的优秀大学毕业生为参与“为澳大利亚而教”项目展开了激烈的角逐，最终仅选拔出45位成为首届志愿教师，其中60%是女

性，40%是男性。他们大学入学考试（Tertiary Entrance Rank，TER）的平均分为95.4分（满分为100分），有21个人大学毕业时已取得双学位。[①] 2010年2月，所有志愿教师完成岗前培训后被分配到维多利亚州、新南威尔士州、澳大利亚首都地区、昆士兰州和南澳大利亚州具有挑战性的公立中学任教。此后，“为澳大利亚而教”项目的吸引力不断扩大，每年的申请者也不断增加。截止到2012年，已有超过2000名的优秀青年和专业工作者提交了加入“为澳大利亚而教”项目的申请。他们的大学入学考试平均分都高于95分，在大学期间有卓越的学术成就。[②] 优异的学术背景为志愿教师参与项目后的能力培养与素质提升奠定了基础。他们很快就融入到任教的学校，对学生的学习态度和学习行为习惯都产生了较大的影响，同时他们在处理师生关系、教学评价和教学准备等过程中都优于其他毕业生。[③] 志愿教师往往在第一年的教学中就给当地的学生带来了很大的改变。一名学生说：“我以前很不喜欢学校的老师。但是现在的新教师在课堂上尝试很多新的方式方法，我们也对此作出了积极的回应，重塑了我们学习的信心。”[④] 志愿教师通过启发式教学和创新的教学方式来激发学生，并进行不断反思和改进，从而对学生的学业成绩产生了积极的影响。2009～2012短短3年内，“为澳大利亚而教”项目所服务学校的学生学业成绩就在一定程度上得到了改善。[⑤] 这也体现和验证了“为澳大利亚而教”项目的一个基本理念，即提升教师的素质是提高学生学业成绩最直接的方式。

“为澳大利亚而教”项目并没有把目光停留在使志愿教师获得优秀的教学能力上，而是希望培养出更具社会责任感和领导能力的教师，因为要从根本上提高教育质量还需要改变学校的管理体制和办学理念等。在工作的第二年，志愿教师会被考查是否已经拥有了领导能力或能否胜任领导能力的工作。调查结果表明，61%的志愿教师已经拥有了领导能力，他们中的65%的人也因此获得了更多的薪金。而据维多利亚州教学协会（Victorian Institute of Teaching）对本州注册教师的调查显示，仅17%的教师拥有领导能力。[⑥]

---

① Knuckey D. 2010-12-25. Teach for Australia. School，20.

② TEA. 2012. Helping to Raise the Career Profile of The Teaching Profession. http：//www. teachforaustralia. org［2012-09-18］.

③ Australian Council for Educational Research. 2010. Teach for Australia Pathway：Evaluation Report Phase 1 of 3（April-July 2010）. Canberra：ACER：19.

④ Australian Council for Education Research. 2012. Teach for Australia Pathway：Evaluation Report Phase 2 of 3. Canberra：ACER：34.

⑤ TEA. 2012. Our Impact Has already been Great and Continues to Grow. http：//www. teachforaustralia. org/content/our-impact［2012-9-18］.

⑥ Australian Council for Education Research. 2012. Teach for Australia Pathway：Evaluation Report Phase 2 of 3. Canberra：ACER：37.

2. 提高教师的职业地位

澳大利亚的教师面临着强烈的舆论压力，社会各界把失业等一些不良社会现象均归咎于教师，导致中小学教师的社会地位和经济地位得不到显著提高。“为澳大利亚而教”项目为重塑这样一个理念作出了重要的贡献，即澳大利亚最优秀的青年能够并且应该把教学作为他们选择职业生涯的路径。[①] 它为贫困边远地区输送了优秀师资，使社会地位较低和贫困家庭的孩子也受到了应有的教育，赢得了社会各界广泛的赞誉，教师也因此获得了尊敬。维多利亚州教育部部长布朗温·派克（B. Pike）就认为，“‘为澳大利亚而教’项目吸引了优秀的毕业生从事教师职业，不仅向欠发达地区传递了知识，有助于当地教学质量的提升，还能为贫困地区的学生提供学习的模范榜样”[②]。“为澳大利亚而教”项目的收益不仅限于此，它在为贫困地区培养输送优质教师的同时，也为造就负有社会责任感和领导能力的青年作出了贡献。许多志愿教师在两年的教学工作中，获得了良好的管理能力和领导能力。有的此后虽然离开了教学岗位，却选择进入教育行政部门，或创办学校，或从事教育教学研究等，仍然为提高贫困地区的教学质量，促进教育公平作出了努力。他们比以前更加成熟，深知时代赋予他们的责任，更愿意为社会和国家作出自己的贡献。无论以后选择什么职业，两年的教师生活对他们以后的学习和生活都产生了重要的影响，他们的表现也得到了各行业的认可。他们从教师行业中走出来，是教师的培养和经历使他们成长。因此，社会上对教师职业产生了崇高的敬意，教师的职业地位也得到了提升。

（二）“为澳大利亚而教”项目面临的挑战

任何事物都有两面性，在关注成效和收益的同时，也不能忽视它在发展过程中所遇到的问题与挑战。“为澳大利亚而教”项目在国内也引起了激烈的讨论和尖锐的批评。该项目能否培养出合格甚至优秀的教师？是否造成了资金浪费？是否扰乱了教师队伍的稳定性？这都是社会关注和争论的焦点。

1. 教师的质量保障

教师是一门专门的职业，从业者应当具备相应的专业素养。澳大利亚传统的教师培养模式历经了漫长的发展和变革，如今“3 + 1”的 4 年制培养模式已成为中小学教师教育的基本模式。即由大学其他学院招收高中毕业生，学生先

① Jewel Topsfield. 2013-02-12. Teach for Australia Intake Grows，Intends to Reach into More States. The Age.

② Anonymous. 2011. Teach for Australia has Great Merit. http：//www. eduwo. com/composite/22703. htm ［2011-03-14］.

在其他学院学习3年专业知识，取得学士学位后再到教育学院学习1年的教育相关理论课程，获取教师资格认证后方可从事教师职业。然而，“为澳大利亚而教”项目却打破了这种传统模式，创造了新的教师培养模式——所有的志愿教师都没有接受传统的教师培训，只通过短期的6周岗前集中培训就直接走上讲台。这种“速成教师”的培养模式招致了强烈的批评。批评者们一致认为，“为澳大利亚而教”项目在志愿教师还未做好准备之前就匆匆将其送上讲台，这是一种不负责任的做法。这种全新的教师培养模式难以培训出合格的教师，更不用说优质教师了。澳大利亚教育联合会（Australian Education Union，AEU）的主席安吉罗·加福利拉托（A. Gavrielato）就对“为澳大利亚而教”项目的教师质量提出了严重的质疑。他认为“仅靠6周短期的岗前培训无法保证志愿教师都获得了合格教师应具备的各项素质。况且他们所面对的不是一般的学生，而是一群相对难教的学生”①。的确，仅靠6周的短期岗前培训很难保障其教师质量。但“为澳大利亚而教”项目的负责人美罗迪·波兹·罗丝维尔（M. P. Rosevear）认为，“贫困边远地区教师所面临的问题并不是他们接受了多少培训，而是日常生活中所面临的各种困难与挑战。在实际教学过程中，志愿教师难免会遇到一些突如其来的状况。他们也在教学过程中不断地学习，有挑战才有进步和反思的空间。”② 教师质量是“为澳大利亚而教”项目获得成功的关键，仅通过短短6周岗前培训便认为志愿教师已完成从教前的所有准备，这确实难以令人信服。“为澳大利亚而教”项目如何将合格教师应具备的各种素质融入到对志愿教师的短期培训和持续支持中，使志愿教师能快速适应教师职业，消除社会各界对此的疑虑，将是其在今后发展中需要反思和关注的重点。

2. 庞大的资金投入

澳大利亚非常重视对教师的培养和发展，联邦政府平均每年为每位参与传统教师培养的学生提供约8500澳元的经费补助。由于“为澳大利亚而教”项目的资金来源主要是联邦和州政府的财政拨款，较少能吸引和争取到社会团体、企业和个人的捐赠，所以联邦政府每年对其的补助标准平均为12.2万澳元。两者之间的差距约为15倍，从而引发了社会各界的猜忌和质疑。许多人对项目资金的管理尤其是资金流向持怀疑态度，认为与其把巨额投入花费在少数志愿教师身上，不如把这些钱用于传统模式的教师培养或培训，或许会有更大的效果和收益。澳大利亚教育联合会维多利亚州主席玛丽·布鲁特（M. Bluett）估算

---

① Gavrielato A. 2009. Teach for Australia. http://www.aeufederal.org.au/Media/President/Tforaustralia.html [2009-04-24].

② Caddie B. 2012. Teach for Australia Grads not Ready for the Classroom: Critics. http://www.abc.net.au/am/content/2012/s3419109.htm. [2012-01-31].

"为澳大利亚而教"项目的首届志愿教师每人得到的经费资助约为50万美元。她认为"这是一个如此昂贵的项目，如果只是希望为贫困地区培养师资，解决教师短缺问题，可以通过寻求其他战略来达到相同的效果，比如贫困地区奖学金计划、教育贷款计划等"①。不过据澳大利亚教育研究委员会（Australian Council for Educational Research）的评估报告显示："到目前为止，每位志愿教师的投入金额大约为21.65万美元，包括对他们的招募、课程培训、聘请导师、住宿、在校支持、两年的薪金和一些间接的消费。"② 即便如此，与"为美国而教"等类似的项目相比，"为澳大利亚而教"项目的资金投入仍可谓巨大。对此，罗迪·波兹·罗丝维尔解释说："'为澳大利亚而教'所获的经费资助是用于其一系列运作的整体开销和花费，比如项目的宣传、工作人员工资、员工招聘等，而不仅仅针对志愿教师的培训和支持；联邦政府第一年的经费资助也并非只用在当届的45人身上，对于以后的教师选拔和培训也同样适用。"③ 鉴于"为澳大利亚而教"项目是一个非营利性的公益项目，充足而稳定的资金来源是其得以正常运行和发展的基础。但如果项目对资金的利用和分配能够更加公开、透明，或许在一定程度上能减少人们的猜疑，也有助于吸引更多的企业、社会团体和个人的捐赠，从而适当缩减政府投入。

3. 教师的流动与流失

"为澳大利亚而教"项目对所有志愿教师规定的服务期限为两年，两年后的择业方向较为自由。志愿教师可以选择继续留在原地任教或转向其他学校，甚至可以离开教师行业。从对前两届志愿教师的调查来看，完成服务期后有继续留在原地任教意向的人数比例相对较少（图6-1）。④ 因此，有人质疑，当志愿教师服务期满离开任教学校之后，当地的教育或多或少会受到影响。一些管理相对较好的学校会很快恢复正常的教学秩序，但教学质量可能会受到冲击；更糟糕的是，一些学校在志愿教师离开后便影响其正常教学，进而给学生带来一系列的负面效应。实际上，贫困边远地区也不乏个别优秀教师的存在，但学校所有教师的整体素质急需提高。教师的频繁流动与流失不仅打击了当地原有优秀师资的信心，在一定程度上也扰乱了教师队伍的稳定性，对原有的教学秩序形成了一定的冲击。志愿教师都是"为澳大利亚而教"项目花费巨资培养出来的教。为了不造成人力、物力、财力的浪费，如何采取措施吸引志愿教师在两年

① Anonymous. 2010-01-23. Teach for Australia Kicks off. Education Today.

② Australian Council for Education Research. 2012. Teach for Australia Pathway: Evaluation Report Phase 2 of 3. Canberra: ACER: 53.

③ Tomazin F, Harrison D. 2009-12-16. Anger at Cost of Fast-track Teaching Plan. The Age.

④ Australian Council for Education Research. 2012. Teach for Australia Pathway: Evaluation Report Phase 2 of 3. Canberra: ACER: 45-46.

服务期后继续从事教师职业，并尽量在当地留任，是“为澳大利亚而教”项目后续发展所面临的严峻挑战。

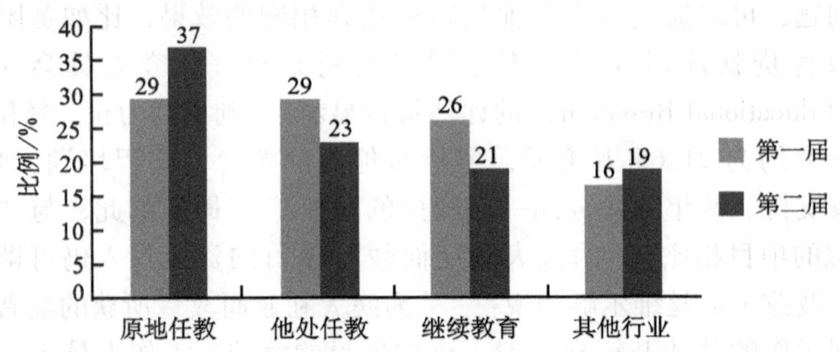

图 6-1　“为澳大利亚而教”项目志愿教师服务期满后的意向调查

四、“为澳大利亚而教”项目的比较与启示

长期以来，教育发展不均衡成为阻碍教育整体发展的重要原因。其主要表现在城乡师资配置差异显著，弱势群体缺乏受教育的基本保障等方面。要实现教育均衡发展，就必须合理配置教育资源，而师资配置又是其中最为关键的一环。“为澳大利亚而教”项目正是专门针对欠发达地区师资匮乏、教学质量低下等问题而启动的，着重为欠发达地区提供优质教师。它是“为世界而教”行动下的分支，但它又具有完全的独立性。“为世界而教”行动下各国的类似项目都秉承最早创建的“为美国而教”和“教育优先方案”的基本模式，但又根据本国的具体情况进行调整后再实际运行。“为澳大利亚而教”项目在其产生和发展的过程中，延续了它们共有的优势和特点，但是它又在发展中形成了其独有的特征。下文拟对“为澳大利亚而教”项目进行比较分析，审视和借鉴其相关经验和教训，以期对我国欠发达地区师资补充有所裨益，从而更好地促进教育均衡发展。

（一）“为澳大利亚而教”项目之比较

“为澳大利亚而教”项目与“为美国而教”和“教学优先方案”都具有严格的遴选标准、多元的合作伙伴等特点。不同之处在于，“为澳大利亚而教”项目指定墨尔本大学教育研究院作为志愿教师的统一培训地，体现了教师培养的专业性；联邦政府和州政府通过财政拨款为“为澳大利亚而教”项目提供主要资金支持，其资金来源相对比较单一，也是其面临的挑战。

1. 遴选标准

教师质量是提高教育质量的关键，严格而富有弹性的遴选标准是选拔出优秀志愿教师的前提，这是“为世界而教”行动下的所有项目均遵循的原则。例如，2012 年“为澳大利亚而教”项目的申请者大学入学考试平均分高于95 分，并且在大学期间有卓越的学术成果；英国“教学优先方案”也要求申请者在英国普通中等教育证书考试高级水平课程中达到 B 级以上（A 为最优）。然而严格的遴选标准必然导致较低的录取率。例如，“为美国而教”1990 年首届招募有 2500 人申请，最终仅录取 500 人；2001 年有近 5000 人申请，最终录取 951 人；2005 年申请人数增加至 17 350 人，录取人数为 2226 人；2009 年申请者共有35 000人，录用人数约为 5000 人。[①]“教学优先方案”每年的申请者通常在 1000 人以上，而录取人数则一般控制在 200 人左右。[②]“为澳大利亚而教”项目首批志愿教师的录取率更低，仅 5.99%。这表明“为世界而教”项目不以简单的扩大数量来提高它的知名度，而以注重精英性质的教师培养来扩大其影响力，其旨在招募优秀的志愿教师，并不会因为职位空缺、录取率低而降低录取标准。“为澳大利亚而教”项目志愿教师的录取率，如表 6-3 所示。

表 6-3　“为澳大利亚而教”项目志愿教师的录取率

项目	时间	申请人数	录取人数	录取率%
“为美国而教”	1990 年	2 500	500	20
	2001 年	5 000	951	19.02
	2005 年	17 350	2 226	12.83
	2009 年	35 000	5 000	14.29
“教学优先方案”	2003 年	1 300	186	14.31
“为澳大利亚而教”	2009 年	751	45	5.99

资料来源：TFA. 2010. Teach for America. http://www.teachforamerca.org［2010-04-20］

区别于传统以学生笔试成绩为标准的遴选方式，“为世界而教”行动下的项目更关注的是申请人对项目理念和文化的认同。因为只有态度、价值观和理念相符合，才能在参与项目后真正作出贡献。“为澳大利亚而教”项目的负责人罗迪·波滋·罗丝维尔就认为只有一群拥有相同信念、共同目标的人聚在一起为梦想而奋斗，才能实现教育公平的理想。因此，在招募和选拔中，工作人员会反复考察候选人的参与目的、动机和价值理念，并观察他们是否具有成为优秀教师和领导者的潜力。另外，“为澳大利亚而教”项目在遴选中不仅注重申请人的学科专业知识能力，更重视其团队协作能力、环境适应能力、沟通能力、领

① TFA. 2010. Teach for America. http://www.teachforamerca.org［2010-04-20］.

② Merryn H, Uvanney M. 2005. An Evaluation of Innovative Approaches to Teacher Training on the Teach First Programme: Final report to the Training and Development Agency for Schools. London: TDA: 10-11.

导能力、思维敏捷力、解决问题能力等综合素质；乐于奉献、精力充沛、创新能力、谦逊自重、自律自强等个性心理品质，也属于考察的范围。与之相同，“为美国而教”项目在招募志愿者时，也非常看重应聘者的领导潜能，重点选聘学生领导和骨干，或作出杰出成就的人。参与申请该项目的志愿者需具备较强的综合素质，如组织能力、思维能力、挑战困难的能力等，以及和教师职业有关联的能力。虽然遴选标准相对严格，但也具有一定的弹性和灵活性。如“为澳大利亚而教”项目坚持公平、无歧视的原则，鼓励有志于为消除教育不公平、提高教学质量而努力的残疾人士和少数民族人士积极参与其中，并适当照顾他们的特殊利益。总体而言，“为世界而教”行动下的项目确保遴选标准的严格性和志愿教师的优质性，其目的在于努力寻找愿意为教育奉献自己力量的志愿教师，并培养他们为社会正义而教的教育理念，以促进教育公平、提高教学质量为己任。

2. 合作伙伴

纵观国际教师教育发展，构建合作伙伴关系已成为改革的突破口。合作伙伴关系的核心是倡导大学与中小学之间进行协作，通过大、中小学之间的有机联系和沟通，弥合理论与实践的隔阂，提高教师教育的质量，促进教师的专业发展。多元的合作伙伴是“为世界而教”行动下所有项目共同关注的重点。“为美国而教”项目与诸多基金会、研究机构、社会团体和个人都建立起了不同形式的合作关系。例如，高等院校为在校生保留学籍，允许并鼓励他们参与“为美国而教”项目；许多大型企业也鼓励职员参加“为美国而教”项目，允许他们延期两年入职，并为志愿教师提供实习机会和职业规划。① “教学优先方案”也与大中小学、企业，以及各类机构建立了不同形式的合作关系。例如，中小学为“教学优先方案”提供优秀的学科指导教师和专业指导教师，并定期与大学指导教师进行沟通和交流，全方位地指导、监督和培训志愿教师。一些企业、政府或其他非营利性组织也与“教学优先方案”有培训合作的关系，志愿教师在第一年结束后的暑期可以到这些地方去实习，以便接受进一步的实践锻炼。②“为澳大利亚而教”项目也与高校、中小学、联邦政府、企业，以及其他机构之间构建了多元的合作伙伴关系，共同为提高教育质量，促进教育公平培养出有卓越的教学能力和杰出领导能力的人。其中，“为澳大利亚而教”项目作为组织者提出方案、进行多方协调并吸引其他机构的参与和支持，成为相互之间交流和联系的中间纽带；墨尔本大学教育研究院作为主要合作伙伴，提供专业的教师培训和支持；贫困地区的薄弱学校是“为澳大利亚而教”项目的服务对象，后者

① 李茂 . 2008-04-30. “为美国而教”的真正价值 . 中国教师报，第 4 版 .

② Teach First. 2008. What is Teach First? —Summer Project. http：//graduates. teachfirst. org. uk/admin/pages/edit/Skills-workshops-and-Masterclass. html［2008-11-22］.

会定期派遣适合的志愿教师去任教；澳大利亚教育、就业和劳资关系部（Department of Education，Employment and Workplace Relations，DEEWR）为其提供了一定的资金支持；教育联合会等专业机构则对项目起到了很好的监督作用。

“为世界而教”行动的多元合作伙伴打破了传统的大学与中小学单一的合作关系，迎来了新的合作模式。在合作过程中，各机构部门各司其职，协调起来支持整个项目的运作。此举不仅为项目的实施和运行提供了有效保障，并且团结了社会各阶层的力量，整合了社会各界的教育资源，让全社会都参与到实现教育公平、提高教育质量的目标中。“为世界而教”行动的多元合作伙伴在整个国家乃至全世界传递、渗透着这样一种理念，即解决教育问题并不是政府或教育部门单独的责任，需要整个社会共同参与、尽力协作。

3. 资金来源

足够的资金支持是任何一个计划或项目正常运行的基础。“为世界而教”行动下的各国项目都是独立的、非营利性的公益组织，多元化的资金来源不仅能确保项目的发展和壮大，并且还能扩大其品牌效应。“为美国而教”在创办之初就得到了埃克森美孚石油公司（Exxon Mobil Companies）的资助和支持。发展至今，“为美国而教”项目每年都会获得来自企业、基金会，以及个人的大量经费资助（表6-4）。“教学优先方案”也延续了“为美国而教”项目的这一特点与优势，吸引了众多的企业赞助商为其提供经费资助和物质支持。此外，英国的政府组织、政党、慈善基金会和一些其他非营利性机构都与之合作，并提供经费资助。与“为美国而教”项目和“教学优先方案”相比，“为澳大利亚而教”项目的资金来源比较单一，主要靠联邦政府和州政府的财政拨款；虽然也接受一些企业和社会的捐赠，相比之下却微不足道。这正是“为澳大利亚而教”项目后续发展所面临的挑战之一。“为美国而教”项目和“教学优先方案”都是历经了长期的探索和变革才不断发展、壮大起来的。“为澳大利亚而教”项目实施的时间相对较短，在发展中还需要借鉴他们的成功之处，才能少走弯路，尽快提升其效应。

表6-4　2007～2009年“为美国而教”项目的资金来源结构　　单位：%

来源	2007年	2008年	2009年
基金会	26	26	32
私人捐赠	18	20	20
企业	17	15	13
地方政府	11	10	10
联邦政府	13	16	15
州政府	9	7	7
其他	6	6	3

资料来源：TFA. 2012. Teach for America. http：//www. teachforamerica. org［2012-04-20］

“为澳大利亚而教”项目的资金来源结构对比，如表6-5所示。

表6-5 “为澳大利亚而教”项目的资金来源结构对比

来源＼项目	为澳大利亚而教	为美国而教	教学优先方案（英国）
招募的资金来源	联邦政府	企业、慈善基金、学校	企业、慈善基金、学校
培训的资金来源	联邦政府	美国服务计划（AmeriCorps）拨款、学校预算	儿童学校和家庭部（DCSF）拨款、学校预算
在校的资金来源	联邦、州政府、学校预算	不提供	英国政府、学校预算

资料来源：Australian Council for Education Research. 2012. Teach for Australia Pathway：Evaluation Report Phase 2 of 3. Canberra：ACER：5

4. 教师培训

“为世界而教”行动招募的志愿教师都没有接受过专门的教师教育，因此，短期的岗前培训是必需的，对于志愿教师尽快适应贫困地区薄弱学校的教育工作有着重要的作用。“为澳大利亚而教”项目与其他师资援助项目的不同之处主要在于，其培训的专业性。“为澳大利亚而教”项目选择墨尔本大学教育研究院作为岗前培训的基地，同时对所有参加岗前培训的志愿教师实施统一的评价方式和考核标准，其临床实践型的专业师资培养方式确保了志愿教师拥有优质的学习机会。“为美国而教”在亚特兰大、休斯敦、旧金山、纽约、费城和菲尼克斯设有6个培训中心。志愿教师可以根据服务地点就近接受培训。尽管“为美国而教”也开设了正规的培训课程，但课程都由项目自行组织和设置。“教学优先方案”的岗前培训前3周也是分散在各个培训点，由当地的大学教育学院负责组织和实施。志愿教师可根据就近、方便等原则选取。所有志愿教师最后3周的培训统一集中到坎特伯雷基督教教会大学（Canterbury Christ Church University College）进行。相比而言，“为美国而教”和“教学优先方案”岗前培训的专业程度与“为澳大利亚而教”项目的差距明显。后者对志愿教师的培训和支持贯穿于整个两年的服务期，岗前培训只是其中的一部分。在教学工作期间，志愿教师仍会继续接受专业教师的指导和评价，定期反馈教学过程中的问题和不足之处。此外，“为澳大利亚而教”项目不仅培养优秀的教育者，其终极目标是培养各领域（特别是教育领域）的未来领导者。因此，除专业的教师培训外，志愿教师还有机会接受知名企业的培训，提高他们的领导、管理、沟通、组织等技能。“为澳大利亚而教”项目的创建者和组织者相信：要从根本上解决教育问题仅仅依靠基层教师的力量是不够的，还需要大批具有领导能力和管理能力的人士。如果志愿教师能在劣势的教育环境中，对弱势群体实施成功的教学，提高他们的学业成绩、坚定他们的志向、提高班级和学校的效能，那么他们一定有能力从事领导或管理工作。

（二）“为澳大利亚而教”项目的启示

作为发展中国家，我国以仅占世界公共教育经费总数1.4%的财力，支撑着占世界学历教育人口22.9%的庞大教育体系（李宁，2008，p.66）。加之我国地理环境、经济及文化发展不平衡，导致了城乡之间的教育发展不均衡、教育机会不均等问题突出。师资配置是推动城乡教育均衡发展、实现教育公平的关键。近年来，我国陆续出台了“西部计划”、“三支一扶”、“特岗计划”、“师范生免费教育政策”、“国培计划”等农村边远地区师资建设的相关激励政策。如何使这些政策和行动落到实处，是当下亟待解决的问题。“为澳大利亚而教”项目所取得的成效有目共睹，其举措和经验对我国欠发达地区师资的补充和建设具有一定的借鉴意义；其面临的挑战也同样有助于我国进行审视和反思，避免在改革过程中遭遇同样的困境。

1. 专项行动，予以政策经费保障

足够的资金支持是推动教育发展的坚强基石。国家财政性教育经费支出占国内生产总值的4%，是衡量教育发展水平的重要指标。我国直至2012年才首次达到这一基准线。教育经费投入的不足，直接导致农村教师的薪资待遇，以及专业发展得不到有效保障，进而造成农村教师的流失和结构性短缺。为了解决这一问题，采取专项行动，设立专项经费，不失为保障艰苦边远地区师资队伍建设的主要举措。譬如，澳大利亚实施的“乡村地区计划”专为扶持农村地区教育发展。联邦政府对该计划的拨款从1982年的790万美元增加到2001年的2200万美元。①“为澳大利亚而教”项目也获得了联邦政府与州政府的专项财政拨款资助。

早在2003年，我国就启动了“大学生志愿服务西部计划”（以下简称“西部计划”），由团中央、教育部组织实施，财政部、人事部给予相关政策和资金支持，按照公开招募、自愿报名、组织选拔、集中派遣的方式，每年招募一定数量的普通高等学校应届毕业生，到西部贫困县的乡镇从事为期1～2年的教育、卫生、农技、扶贫，以及青年中心建设和管理等方面的志愿服务工作。其中的“基础教育专项”主要是指选拔志愿者赴西部地区县、乡中小学从事教学及教学管理工作。② 2006年，我国又启动了“三支一扶”项目，每年招募2万名左右的高校毕业生到乡镇从事支农、支教、支医和扶贫工作。③“西部计划”

---

① Research, Analysis and Evaluation Group of DEST. 2011. National Evaluation of the Country Areas Program, 2002—2003. http://www.dest.gov.au/sectors/school-education/publications-resources/profiles/national-evaluation-of-the-country-areas-program-2002-03.htm [2011-05-20].

② 中青联. 2003. 关于实施大学生志愿服务西部计划的通知.

③ 人事部. 2006. 关于组织开展高校毕业生到农村基层从事支教、支农、支医和扶贫工作的通知.

和“三支一扶”项目均由中央财政予以经费支持。志愿者服务期满后，鼓励其扎根基层，或者自主择业和流动就业，并在其升学、就业方面给予一定的优惠政策。2006 年，教育部、财政部等还联合启动实施了“农村义务教育阶段学校教师特设岗位计划”（以下简称“特岗计划”），公开招聘高校毕业生到“两基”攻坚县农村义务教育阶段学校任教，引导和鼓励高校毕业生从事农村教育工作，逐步解决农村师资总量不足和结构不合理等问题，提高农村教师队伍的整体素质。[①]“特岗计划”也由中央财政予以经费支持。据统计，2006～2012 年，中央财政已累计对 52.3 万名特岗教师进行拨款工资性补助经费 153 亿元。[②] 2010 年，我国开始全面实施“中小学教师国家级培训计划”（以下简称“国培计划”）。上述几项专项计划和行动，是我国当前提高中小学教师特别是农村教师队伍整体素质的重要举措，对于推进义务教育均衡发展，促进基础教育改革，提高教育质量具有重要意义。不过，依据我国现行教育管理体制，中小学教师队伍建设属地方事权，应以地方为主实施。中央实施“西部计划”、“三支一扶”、“特岗计划”、“国培计划”等项目，旨在发挥示范引领、“雪中送炭”和促进改革的作用。地方应与中央相互协作、统筹规划，通过设立专项计划，予以更多的政策经费支持，深度开发教师资源、优化师资配置，全面提高中小学教师队伍的整体素质，为促进农村地区教育改革发展提供师资保障。

2. 整合社会资源，促进多方协作

教育的发展，特别是贫困地区的教育发展不能单独依靠某一机构或部门的力量，必须依赖于全社会的共同努力与支持。在我国，整合社会各界资源，以及合作伙伴关系的意识还比较淡薄。人们普遍认为，教育是教育部或者政府的职能和责任，种种教育问题的出现则是他们的失职或责任缺失。事实上，教育是全社会的责任。只有当社会各界都认识到这一点，并齐心协力共同解决教育问题，才能更好地发展教育事业，让所有公民都得益于此。

如前所述，“为美国而教”、“为澳大利亚而教”等项目能取得举世瞩目的成效，正是整合多方资源，共同协作的结果。“为澳大利亚而教”首先以联邦或州政府为主要支持者，在此基础上再联合大学和公、私企业，以及各种相关机构和部门，同时与贫困地区中小学紧密联系在一起，了解他们的教育之需，有针对性地对口培养教师，它结合了政府的强大力量、学校的专业技术、企业的社会影响和各机构部门的支持，形成了社会各界共同参与的合作伙伴关系。“为美

① 教育部、财政部、人事部、中央编办. 2006. 关于实施农村义务教育阶段学校教师特设岗位计划的通知.

② 中国新闻网. 2013. 中央财政 7 年补助逾 52 万名农村特岗教师. http://www.chinanews.com/edu/2013/01-05/4460440.shtml [2013-01-05].

国而教”和英国的“教学优先方案”则联合了高等院校、中小学、企业、政党和政府组织、慈善基金会，以及社会其他非营利性机构等多种社会资源，共同致力于培养优质教师，并把他们输送到贫困地区。其中政府、企业或慈善基金主要是提供资金支持，高等院校主要提供新教师的岗前专业知识和基本技能的培训，中小学则是新教师实践能力的培训地，最终合格教师将被分配到需要的学校进行一定期限的服务。社会各界在给予帮助和支持的同时，也会从中获得收益。上述三大项目将各种资源汇聚在一起，使各方面都得到了有效的保障，促进了教师的培养和贫困边远地区的教育发展。多方力量共同合作的关系调动了更多的资源，最终达到了双赢的收益。这些项目整合了社会各界多种力量和资源，除了确保其有效实施外，还受到社会的广泛关注，在一定程度上起到了监督作用，无形中也是其获得成就的驱动力。

长期以来，我国欠发达地区的教育发展和教育援助主要依靠政府的力量推动。1989 年，中国青少年发展基金会发起实施“希望工程”，广泛调动海内外资源，促进贫困地区教育的发展。截至 2013 年，全国“希望工程”累计募集捐款 97.57 亿元人民币，资助农村家庭经济困难学生（包括小学、中学、大学生）逾 490 万名，建设希望小学 18 335 所，培训农村小学教师近 8 万名，现已成为我国社会参与最广泛、最富影响力的民间公益事业。[①] 近 20 年，我国民间公益活动在教育领域内蓬勃发展。2008 年，我国也加入“为世界而教”行动，启动了“美丽中国”项目，为优秀大学毕业生到农村学校或到城市打工子弟学校任教两年提供持续而系统的培训。这昭示着我国欠发达地区的教育发展和援助在一定程度上已开始走向合作发展的道路，但合作的范围和力度还需进一步加强。教育公平的实现需要社会各界共同参与，整合多方资源，共同促进教育发展。因此，后续应全方位地联合政府、学校、社会等资源，着力打造政府主导、学校主体、社会参与的合作体系，通过多方共同努力协作为欠发达地区提供包括师资在内的援助，促进教育的发展。

---

① 中国青少年发展基金会. 2014. 关于希望工程. http://www.cydf.org.cn/ [2014-06-09].

第七章

教师教育的变革与创新

作为我国教师教育转型时期推出的一项示范性举措，师范生免费教育并非传统免费师范教育的回归，而是基于现代大学制度的教师教育体系的重建。将其纳入现代教育（modern education）的宏观视野下，顺应国际教师教育改革与发展的潮流，教师教育理念回归实践、教师教育模式走向开放、教师教育制度从缺失到规范，已成为我国教师教育变革与创新的主要内容和显著特征。

第一节　教师教育理念回归实践

理念的转变是变革的起点。为了适应不断变化的国际环境，改善教师教育理论知识与教育实践之间严重脱离的现状，进而提升本国教育质量，世界各国便纷纷致力于教师教育理念的探讨和变革。20 世纪 80 年代以来，这场变革的主流趋势就是支撑教师教育的理念根基已由以往的关注“理论”转向了关注“实践”（洪明，2004，p. 1）。学者们提出的“教师即研究者”、“反思性实践家”、“行动研究者”、“解放性行动研究者”、“教师实践知识”等理论，丰富了教师发展的实践观。实践取向成为教师教育的应然追求，也是当前各国教师教育的实然样态。随着实践理念的深入，教师教育的实践观也在不断变革和创新，更加注重教师的自主性、参与性、体验性和合作性，强调教师在教师专业社群中的自主专业成长，洋溢着新的价值观和主体精神，开始由技术理性下的他主发展走向反思性实践的自主发展，由关注个体发展的个人实践走向注重合作的群体实践。

一、从技术理性下的他主发展到反思性实践的自主发展

自 20 世纪 80 年代以来，教师教育领域开始倡导教师从“技术熟练者”向“反思性实践者”的转变，这实质上体现着教师教育理念由技术理性下的他主发展开始转变为反思性实践的自主发展。“教师成为反思性实践者”俨然成为国际

教师教育改革的一个重要发展趋势，成为提高教师专业发展的自觉意识和探究意识，以及唤醒教师进行教育改革的专业自主意识的重要途径和方式。

（一）技术理性教师教育观

技术理性发源于19世纪上半叶的实证主义，其推崇科学和理性，认为实证科学是知识的一种形式和唯一来源，主张用科学知识和技术来控制社会。它以行为主义为理论基础，要求教师能够提出每节课的行为目的，提出测量和检查学生学习效果的标准。教师教育者首先分析和确定教学所需要的能力，根据这些能力来设计教学计划和教学单元，然后对未来教师进行培训，最终目的是培养未来教师的行为表现和能力。技术理性教师教育观还受到要素主义思想的影响，强调教师教育者的权威，未来教师只是在既定的教学单元中被动地学习那些被认为是“核心要素”的教学能力。技术理性指导下的教师教育对教学实践有两种认识：其一，教学知识和技能来源于实践经验，这些知识和技能可以通过模仿教师的实践经验而获得。这是大多数师范院校和教育学院培养教师的指导思想，认为教师的学科专业知识和教学法知识是教师必须具备的知识，是非情景化的，可以进行程序化设计，而普通教育知识则可以被忽视。其二，教学知识和技能来源于科学的理论，应将教学实践视为应用知识和技能解决问题的活动，认为“科学能发现自然界和社会的基本模式和规律，应用这些知识可以使实践者更加有效地完成任务并得到预期的结果”（Squires，1999，p. 10）。技术理性指导下的教师教育，倾向于“教师中心”和“传授式”的教学，将教学视为技术性工作，教师是技术人员、应用科学家和学者。20世纪70年代的资格能力本位教师教育（competency based teacher education，CBTE）模式，就是以技术理性为指导理念的典型代表。以休斯敦大学为例，该校实施的CBTE计划提出了未来教师需要掌握的19种能力，包括“诊断学习者的综合情况和学习需求，根据学习者的需求确定教学任务和目标，制订和实施教学方案、教学计划，制订和实施评价学习者学业成绩和教学效果的评价方案，还涉及文化意识、课堂交流、学科专业知识、自我分析、职业决策等”（Houston，1987，p. 91）。

技术理性指导下的教师教育呈现出了明显的技术性倾向。教师的培养是通过系统的学习，掌握一定的专业知识和教学技能，然后将其运用到教学实践中，其教学是一种应用技术的过程，是一种理论的输入和导出过程。以事先设计好的教学计划去指导教学，这种忽视主体自觉性、主动性的发展理念，导致了对人形成同一化、标准化的控制，致使“完整的人”消解为“单向度的人”。我国传统的教师专业发展也是以技术理性为指导的，表现出一种外在的、被动的、忽视教师作为主体自觉性的他土发展：发展的内容是教师被动地接受客观的教育教学理论知识、教育教学技能；发展方式是自上而下的统一培训；发展的主要目的在于提高教学效率、评先进、评职称、涨工资，是一种功利性的目的价值。随着社会的急剧转型，以及知识来源渠道的多元化，传统技术理性指导下的教师教育观念开始受到批判，教师个体的自主建构和发展逐渐受到关注，教师日益成为教师教育系统中的主体。因此，强调教学过程本身的复杂性、动态性、具体性和情境性，重视教师反思和自觉、自为发展的反思性实践观开始成为教师发展的一种新取向。

（二）反思性实践教师教育观

早在20世纪30年代，杜威就将教师视为反思性实践者，但直到20世纪80年代后唐纳德·舍恩（D. Schon）在批判技术理性的基础上对反思性实践进行深入研究，才使得北美大陆的反思性教师教育运动迅猛发展。反思性教师教育与技术理性的教师教育观形成了对比。反思性教师教育以认知心理学为基础，认为学习是一种知识的建构，是一种积极、主动的过程，需要学习者主动地进行反思和自我调解，而不仅仅是简单的知识积累。在进步主义和批判理论的影响下，它强调学习者的主动性，要求在行动中反思，对行动进行反思，在实践中获得知识，并提出了反思的三个水平：①技术合理性水平（technical rationality），是反思的最低水平，处于这种水平的教师是依据个人的经验对事件进行反思或进行非系统的、非理性的观察，往往看不到目的的存在；②实践行为水平（practical action），这一水平的教师能够对系统和理论进行整合，经常认为教学事件中存在着问题，但往往表现出个人偏见；③批判反思水平（critical reflection），这一水平的教师以开放的意识，将道德和伦理标准整合到关于实践行为的论述中，不带个人偏见地关注对学生发展有益的知识和社会环境的价值。反思性教师教育将教学实践视为专业实践，并分为两大层次："一是属于'高硬之地'的层次，其情境和目标都是清晰的，实践者能够有效地运用科学理论和技术去解决问题；另一是'低湿之地'，充满着'复杂性、模糊性、不稳定性、独特性和价值冲突'，是实践的'不确定地带'"（洪明，2004，p. 1）。反思性实践教师教育观认为，技术理性教师教育教学实践存在的主要问题，便是对实践的"不确定地带"的忽视和轻视；而对这一地带中的问题，书本的知识、技术的手段恰好又都是无力解决的，是不起作用的。它还认为，技术理性教师教育观没有给"艺术性"留有空间，没有给技术解决不了的问题留下空间，故将反思引入实践，构建自主的"教师个人实践理论"，提出"在教育教学实践中，教师对整个教学行为和教学事件进行反思，这就是'对行动的反思'；同样，反思由于教师在教学过程中可能会碰到出乎意料的事件，对此教师需要及时思考并调整自己的教学也可能发生在行动过程中，这就是'行动中的反思'"（卢真金，

2001，pp. 57-63）。

由此，反思性实践教师教育将教学视为一种情境性的实践，具有复杂、不确定、多变的特点；教师不是简单的知识传授者，而是反思性实践者、学习环境的创造者、学习的促进者、批判性的思考者或者是“关怀者”，强调教师能够对自己和他人的教学实践进行反思，在行动中获得知识。20 世纪 80 年代之后，越来越多的学者和教育工作者，倾向于将“反思”视为教师教育教学过程的本质特征和教师专业发展的核心要素。众多教师教育机构开始根据这一理论，来设计教师教育计划。譬如，休斯敦大学的反思性探究教师教育（reflective inquiry teacher education，RITE）计划，要求未来教师接受文理教育；具有学科专业知识，理解学科专业的目的、结构、方法论和相关信息等；能够将人质和情感态度融于教学和学习过程中；对教学实践进行反思和探究。该计划一改 CBTE 计划对教师能力这一单维度的考量和认可，重视教师专业的全面性和多维度发展。

反思性实践教师教育运动在美国、加拿大、英国和澳大利亚等国兴起后便迅速波及全球，成为世界各国教师教育的新潮流，也是我国教师教育改革的发展方向。20 世纪 90 年代后期，我国教师教育界逐渐认识到对教学经验的反思，是缩小新教师与专家教师之间差距的可行方法。教师在教育实践中表现出来的教育机智和批判反思能力，可以加快他们由新手教师向专家教师转化的速度。只有学会反思，才能不断地矫正错误，不断探索和走向新的境界。在新课程改革的形势下，教师素质的高低成为改革目标能否顺利实现的关键因素之一。而提高教师的反思意识和反思能力，无疑是提升教师专业水平和素质的有效手段和方法。因此，培养反思实践型教师已成为当前教师教育改革的新目标。

二、从关注个体发展的个人实践到注重合作的群体实践

教师的教学实践一直是教师专业发展研究的前沿领域，它不仅是教师专业发展的重要组成部分，也是影响教师教育观念、教学行为的要素之一。自 20 世纪 90 年代起，教师实践观的个人取向逐渐转向群体取向，突出地体现在从关注教师个体发展的个人实践迈向注重合作的群体实践。

（一）教师个人实践理论

教师在教学过程中常常受到两种理论的支配和影响：一种是公共理论；另一种是教师的个人实践理论。传统的教师个人实践理论是相对于公共理论而提出的。所谓的公共理论，是指脱离产生主体，借助语言、言语和文本等载体在公共领域得以传播，为某类群体或整个人类所共享的理性认识成果。个人实践理论，则是指尚未脱离产生主体、储存于个人头脑中、为个人所享有，并在个

人教学实践中运用的理性认识成果（王春光，2005，p. 138）。率先提出并论述“教师个人实践理论”的是舍恩。他于1983年出版了《反思性实践者》（*The Reflective Practitioner*）一书，强调构建教师个人实践理论是一个反思实践的过程，而教师能不能进行反思以及反思的质量如何的关键在于教师所拥有的个人实践理论。“教师个人实践理论”要求教师的个人实践从固定的理论和技巧中解脱出来，根据教学实践中获得的信息来构建和重新构建教学实践中的问题，生成一种新的适用特定情境的个人实践知识。“教师个人实践知识不是客观独立于教师之外被习得或传递的东西，而是教师经验的总和，它存在于教师以往的经验中，存在于教师现时的身心中，存在于未来的计划和行动中，贯穿于教师实践的全过程，有助于教师重构过去与未来以致力于把握现在（F. 迈克尔·康内利，D. 琼·柯兰迪宁，1996，p. 6）。”

学者们从多个视角对教师的个人实践知识进行了研究。有学者重视隐藏在教师身上的关于课堂教学实践方面和生活方面的经验知识。例如，日本东京大学的佐藤学教授认为，教师的个人实践知识有5个方面：①依存于有限语脉的一种经验性知识，相比理论性知识，缺乏严密性与普遍性，但是异常丰富、充满弹性；②特定教师在特定的课堂以特定的教材和特定的儿童为对象形成的知识，是作为案例知识加以累计和传承的；③综合多种学术领域旨在解决问题的综合性知识；④意识化、显性化了的知识，以及无意识的默会知识；⑤基于每个教师的个性经验与反思而形成的具有个人性质的知识。还有学者以心理学的内隐理论和波兰尼（Polandyi）的个人知识为依据，从教师的背景和历史出发，关注教师的实践思维，试图走进教师个人头脑中的知识与理论，关注教师实践中的教育信念、理念、价值体系，重视实践中教师的道德、心理、情感及美学维度。例如，加拿大安大略教育研究所（The Ontario Institute for Studies in Education，OISE）所创办的《课程探究》（*Curriculum Inquiry*）期刊，就专门开设了“个人实践知识系列”对教师“头脑”中的知识和理论观进行深入的探讨。20世纪80年代末，挪威的两位教师教育者汉德（Handal）和莱沃斯（Lauvas）创立了理解教师个人实践理论的体系。这一体系将教师的个人经验视为教师个人实践理论的基础，将传授的知识和通过与别人的交流，通过观察别人的行为，以及通过在特定文化和亚文化中的熏陶而形成的个人认识视为教师个人实践理论的来源，作为价值观来探讨教育中的相关问题。

上述研究使得教师个人实践理论一改过去公共理论的实践观，将个人的实践知识植根于教育实践中，表现出明显的个体性特征；确定了诸如形象、惯例、实践原则、个人哲学、专业知识场景等教师个人实践理论中的术语；使得对教师个人实践理论的内涵、特征、构成及其表现的研究，成为教师教育的新指向和定位；意味着教师教育理念的探讨，已经进入了实践的深层次领域，更加注重教师个人对世界的感知、建构和内部反思，同时也为理解教师专业发展理念的变革与创新提供了参考价值。

（二）教师专业学习共同体

20 世纪 90 年代以前，教学被视为独立的工作，个人主义盛行。学者们对教师专业发展研究的关注点也主要集中于教学实践中教师的个人价值、个人观念、个人教育原则、个人教学的策略与行动、个人教学目标与目的、个人教学内容知识，以及个人的知识、经验与价值等方面。尽管学者们从不同的角度进行表述，但突出和强调的均是教师专业发展“个体性”方面的内容。自 20 世纪 90 年代起，学者们便逐渐意识到教师实践不仅具有个体性，还带着群体性。教师可以借助群体中他人的智慧和力量，通过合作，改善教师个人实践存在的弊端，使彼此在交流中迅速成长。教师教育理念便由关注个体发展的个人实践到注重合作的群体实践。正如伯尼尔（Bernier）等在 1989 年出版的著作《专业发展的社会情境》（*The Social Context of Professional Development*）中所说：“教师教育的另一个方向是转向参与、合作、分享权利与责任、扎根社群的专业发展方式。”这一观点受到了其他学者的普遍认可。譬如，托马斯（Thomas）就明确指出，教师教育理念的一个重要转向就是将关注的重心从“个人化的努力”（individual effort）转向“学习者的社群”（continuities of learners）（马超，2011，pp. 25-26）。

溯本求源，较早提出“社群”这一概念的是桑德尔（Sandel）和麦金太尔（Machintvre）。他们认为，要理解个人的行为，必须把个人置放于社会、文化和历史的背景中来考察，把个人放在社群和他人的关系中来研究。“社群的互动才能导致共享意义的交流。没有这种交流，个人就会被切断与供参与和交流的联系，唯有这种社群才能促进个体的真正发展。”（Hall，Ames，1988，p. 26）就“教师专业社群”（teacher professional community）而言，它是指“教师和学校内同事以及校外学者、专家、家长组成一个社区，在民主、平等的气氛下进行专业对话，实施批判的反省，研究改进教学，并促进全体教师的专业成长”（马超，2011，p. 26）。换句话说，“教师专业社群”是由教师个体组成的，有相同的教育使命、任务和教育背景的共同体。20 世纪 90 年代以后，呼吁建立教师专业社群的声音日益高涨。哈格里夫斯（Hargreaves）、利特尔（Little）、麦克劳克林（McLaughlin）三位教师教育研究领域中的知名学者，在 1993 年出版的《教师工作：个人、同事与情景》（*Teachers' Work: Individuals, Colleagues, and Contexts*）一书中，强烈要求在科层体制的教师教育中构建教师彼此之间专业互动和分享的专业社群；哈格雷夫（Hargrave）提出，学校在进行文化重构时，要将关注的焦点集中于教师群体，而不再是各自独立的教师个体。学者们对于建立教师专业社群的呼吁，加速了教师教育理念从个人取向到群体取向的转变，使得教师教育理念不仅注重教师个体的专业发展，还着眼于教师群体的专业发展。

随着研究的深入，“教师专业社群”与“学习共同体”（learning community）这一概念相结合，逐渐从原来强调教师作为专业者的角色，以及外部环境的支持，转变为“教师专业学习共同体”（teacher professional learning community）。作为这一概念的提出者——霍德（Hord），乃至后来的研究者杜福尔（Dufour）和伊克（Eaker）等对教师专业学习共同体的特征进行了论述，包括以下几点：①共享的使命、愿景、价值和目标（shared mission，vision，values and goals）；②承诺持续改善（commitment to continuous improvement）；③共享实践与责任（shared practice and responsibility）；④反思性对话和集体探究（reflective dialogue and collective inquiry）；⑤支持和共享的领导（supportive and shared leadership）；⑥支持性条件（supportive condition）；⑦结果导向（results orientation）；⑧拓展共同体（expanded community）。[①] Lee 等从“专业学习共同体”（professional learning community）的特征中，抽象出合作学习和应用、支持性的条件和结构、共享支持性领导三大要素，发现“这三个要素均会对教师在教学策略方面的集体效能产生正面积极的影响，而只有合作学习和应用会对教师在教学策略方面的集体效能产生显著性影响”（Lee，Zhang，Yin，2011，pp. 820-830）。教师专业合作是专业学习共同体中的核心活动。教师通过积极反思和解构原来的知识和实践，通过合作与对话，在特定的情境下共建知识技能体系。因此，对专业学习共同体中教师合作的分析，以及合作机制的建构成为研究的重点领域。例如，利特尔（Little）通过对教师日常沟通记录的整理和分析，发现教师对话常常围绕着课堂实践问题的常模化（normalizing）进行。这一过程通常包括实践的再现、实践的定位和沟通标准的确定三个维度（乔雪峰，黎万红，2013，p. 78）。具体而言，实践的再现意味着教学实践通过对话、手势、材料等多种途径加以分享，从而使合作实践“可视化”和“透明化”；实践的定位主要涉及教师沟通如何推动或阻碍教师学习，能否提高教学和学习质量，每位教师对教师专业性的不同理解，可能导向对实践的革新，也可能强化原来的实践模式；沟通标准，即教师合作参与与沟通是如何组织的，又是如何促进教师的学习和实践的。

上述研究的共识在于：教师不是在一个封闭的教学空间里开展教育活动的。恰恰相反，其时时刻刻处于团队的氛围中，随时随地地接受教师群体实践的影响。教师的实践也不只是自我层面的独立欣赏，而应该与共同体中的其他成员分享，引发其他教师对同一问题的想法、意见，并参与挑战，每个教师在影响

---

① 宋萑 . 2007. 课程改革背景下的教师专业学习社群与教师发展：上海的个案研究 . 香港：香港中文大学：11.

他人的同时，自身也将被影响。目前，许多国家和地区已纷纷将专业学习共同体纳入教育政策文本中，并在学校中着力推行。我国新一轮的基础教育课程改革也倡导合作式的教师专业发展，并对“教师共同体”的合作文化作出了明确的要求，提出：“要改变教师群体的工作方式，改变教师的‘孤独处境’，需要教师能在合作中相互学习，促进和深化教育改革”（钟启泉，崔允漷，张华，2001，p. 432）。总之，通过构建教师专业学习共同体，促使教师通过参与性和合作性的群体实践来滋养和重建自己的知识和技能，并反思自己的工作成果，将有助于发展教师的实践性知识，培育合作性的教师文化，提升教师实践反思和解决问题的能力，从而提高教师专业发展的有效性，达到教师专业发展“1 + 1 > 2”的效果。这也是当前国际视野下教师教育理念变革与创新的出发点和落脚点。

第二节 教师教育模式开放多元

在教师教育理念回归实践的指引下，培养教师反思性实践能力和专业发展的自主性，注重实践环节，加强理论结合实践，强调实践性的知识和技能，寻求学术性和师范性的平衡，已成为国际教师教育模式改革关注的热点。只有打破传统的“独立定向、封闭运行”的教师教育模式，构建开放性、多元化的教师教育培养模式，才能满足高等教育发展和基础教育改革对教师素质提出的新要求，才能更好地适应社会发展对人才的整体需求。各国教师教育历经了不断的变革和创新，逐渐形成了以综合性大学教师教育为主，临床实践性教师教育，以及教师网络学习共同体等多种培养模式并存的多元化开放型局面。

一、综合性大学教师教育

早日的师资培养主要由专门的教师教育机构独立承担。随着社会发展对教师质量的与日提升，传统师范教育模式的弊端逐渐凸显，其封闭型的培养模式造成了“学习内容相互分离，理论和实践脱离；教学方法缺乏激励性；课程内容肤浅；师范生缺乏团队合作精神；学校教学方法陈旧，忽视了现代化教学技巧和教学手段”等问题（Darling-Hammond，1993，pp. 13-30）。为了提高教师质量，各国纷纷打破由单一师范院校独立培养教师的封闭模式，向综合性大学教师教育转变，并逐步实现了教师教育的大学化、开放化。

（一）教师教育形式大学化

第二次世界大战后，为了克服传统教师教育封闭式培养模式的弊端，提高教师质量，专门的师范教育机构一方面提升教育培养的层次；另一方面逐渐向综合性大学教师教育转型。欧洲教师教育联合会（Association for Teacher Education，ATE）将综合性大学举办教师教育的改革趋势称为“教师教育大学化”（universitization of teacher education）。所谓综合性大学，是指学科门类比较齐全，学术声誉较高的高等院校。率先推行“教师教育大学化”的国家当属美国。早在19世纪末，美国的综合性大学就开始参与教师教育，但真正大规模实现则是在第二次世界大战之后。为了培养“学术型专家教师”，美国通过将师范学院并入综合性大学，或由综合性大学设立教育学院，最终于20世纪70年代早期实现了教师教育的大学化。英国、德国、日本等国纷纷效仿美国，也相继对师范教育体制进行改革，由传统师范教育向现代教育教育转轨。例如，德国在20世纪60年代将培养小学教师的“教育专科学校”普遍改制为综合性大学的教育学院；英国则于20世纪70年代取缔地区性师资培训机构，独立的教育学院或停办或与大学、多科技术学院合并，中小学教师全面由综合性大学的教育学院培养；日本在20世纪80年代也基本废除了定向型教师培养体制，实现了教师教育的大学化（黄葳，2003，p. 73）。从各国“教师教育大学化”的改革历程来看，综合性大学教师教育着重突显出以下特征：第一，在目标定位上，综合性大学提供多学科交融的文化环境和学术探究氛围，致力于培养知识结构更加全面、学科知识更加专业、注重反思性实践的复合型人才；第二，在培养模式上，将教师专业教育和学科专业教育置于大学文化和通识教育的基础之上，有效地整合通识教育、学科专业教育、教师专业教育，以及综合实践活动，创建宽基础、厚专业和强实践的教师培养模式；第三，在教育职能上，侧重提升教师的学术性水平。教师作为反思性实践者和研究者的定位已经成为国际教师教育领域的共识。综合性大学深厚的学术底蕴，恰好为这一目标的实现提供了现实的土壤。大学的基本职能之一是研究，而“研究有助于把教师成长的不同阶段衔接起来”（Katz，Coleman，2002，pp. 45-62），还能弥合理论与实践之间的差距，更好地促进教师的专业发展。

“教师教育大学化”的显著成果之一，即教师教育培养层次结构的明显提升。以美国为例，早在2000年，全美国1206所综合性大学的教育学院中已有300多所拓展了传统的4年制本科项目，开展了5年制的教师教育培养项目。2002年，《不让一个孩子掉队法案》（*No Child Left Behind Act*）实施后，教师教育的培养层次进一步提升，开始向研究生阶段延伸（Darling-Hammond. 2000，pp. 166-173）。所谓的4年制本科项目，是指学生先接受两年的通识教育和学科专业教育，再到教育学院接受两年的教师教育；5年制项目则是在4年制项目的基础上再增加一年的教育实习，力求把教育理论知识和教育实践紧密结合起来；而研究生项目，则是指为学士学位拥有者开创的1~2年研究生层次的教师教育项目，即学生在接受完本科教育，有丰富的文理知识基础，获得了某一专业的学士学位后，可以申请继续攻读教育类的研究生课程，以获得教育硕士（master of education）或教学硕士（master of teaching）学位。又如，日本为了提升教师教育的学历层次，于2005年颁布《面向新时代的研究生院教育——构筑具有国际魅力的研究生院教育》的报告，提出了设立专门的教职研究生院的构想，以培养具有高度综合能力的研究生层次的专业型教师。

我国高等教师教育诞生之初，本是由综合性大学承担，即京师大学堂（北京大学前身）于1902年开设的师范馆。但《钦定学堂章程》实施后，仿照日本学制将师范教育独立设置，由此开创了中国长达百年的定向封闭型师范教育模式。20世纪80年代后期，顺应国际潮流，借鉴英、美等国综合性大学办教师教育的成功经验，我国针对长期以来单一师范院校独立举办教师教育的不足，积极探索，通过合并、重组、改制，将师范院校升格为综合性大学，典型的如苏州大学、青岛大学、宁波大学的教师教育模式。此类综合性大学原已具备了一定教师教育的基础，但在由传统的师范教育机构向综合性大学教师教育转型的过程中，原有的教师教育模式必将受到冲击。教师教育在新的综合性大学中是强化还是弱化，还有待进一步验证。1999年6月，我国颁布《中共中央国务院关于深化教育改革全面推进素质教育的决定》（以下简称《决定》），明确提出："加强和改革师范教育，大力提高师资培养质量。调整院校的层次和布局，鼓励综合性高等学校和非师范类高等学校参与培养、培训中小学教师的工作，探索在有条件的综合性高等学校中试办师范学院。"[①]《决定》的出台推动了综合性大学办教师教育的实质进程，一批国内知名的综合性大学开始积极参与到教师教育领域，有代表性的如北京大学2000年组建成立教育学院；同年，华中科技大学成立教育科学研究院；厦门大学于2001年开办教师教育；清华大学于2009年将原教育研究所与教育技术研究所合并，成立教育研究院，由此开创了我国综合性大学办教师教育的第二条道路。此类综合性大学教师教育学术积淀深厚，但缺乏教师教育的办学经验，如何扬长避短凸显自身办学的优势与特色，也是亟待解决的重要课题。总体而言，我国综合性大学教师教育尚处于起步阶段，但其在教师教育发展中的地位和作用越来越显著。早在2005年，全国培养本专科师范生的综合院校已达到324所，培养的师范类专业毕业生占全国师范类毕业生总数的40%。[②] 可以预见，综合性大学教师教育日后必将成为我国教师教育变革与创新的主导力量。

---

① 中共中央，国务院.1999-06-16.关于深化教育改革全面推进素质教育的决定.人民日报，第1版.

② 教育部师范教育司.2006-09-06.教师队伍：八个方面看发展.光明日报.

（二）教师教育内容学术性与师范性并重

综合性大学教师教育之所以成为世界各国教师教育改革的主导模式，原因之一即在于它被视为改变传统师范教育中“重师范轻学术”这一弊端的有效途径。“学术性”和“师范性”是教师教育内在的永恒的矛盾。所谓的“学术性”，是指教师在学科专业知识方面所表现出的可与综合性大学同类系科相比的学术水平。所谓的“师范性”，是指与教师职业活动直接有关的道德素养、知识、技能与能力，如教师职业道德、教育理论知识、教育教学技能等方面的水平与要求。强调“学术性”的人主张，教师教育应该强调学科知识的深度，提高师范生的学术探究能力，削减教育类课程，强化学科课程，按照“学科专家”的模式培养教师；强调“师范性”的人认为，教师的职业活动具有特殊性和专门性，应该设置独立的师范教育体系，强化对教育学、心理学、学科教学法及其他专业知识和技能的培养。事实上，“师范性”与“学术性”均是教师教育不可替代、不可分割的基本属性。“师范性”蕴含了对学科知识的学术性诉求，这是构成教师教育本身学术性的重要内容。而“学术性”的学科专业教育与教师专业教育的有机融合，既是教师教育新的学术性标准，也是教师专业化的基本要求，更是师范性的充分体现（何凤升，2001，pp. 25-28）。可见，教师教育的“师范性”与“学术性”二者是彼此联系、相互包含、互相渗透、互相促进的。“学术性”体现的是“师范性”中的学术性，脱离“师范性”的“学术性”则是残缺、孤立的；“师范性”则是具有一定学术水准的“师范性”，缺乏“学术性”的“师范性”是僵化、肤浅的（邓泽军，2007，pp. 12-15）。

以往对“师范性‘与’学术性”相互关系的片面理解与不恰当的操作，是造成二者之间矛盾对立的主要原因。时至今日，大家逐渐意识到二者相辅相成，融为一体，存在着辩证统一的关系，贯穿于整个教师教育之中。任何人为地割裂两者联系，都会损害教师的知识基础和专业地位。传统教师教育常常陷入通识知识、学科专业知识、教师专业知识条块分割的不良状况。解决这一问题的有效途径是，将教师教育植根于综合性大学的土壤中，以单元或模块化的方式设置课程，促进通识知识、学科专业知识和教师专业知识的有机融合。为了走出“学术性”与“师范性”之争的樊篱，实现两者平衡，我国综合性大学教师教育在课程实践中重视和突出以下几项原则：一是选择性。加强通识教育课程的建设，加大选修课的比重，让学生在自主学习中形成不同的知识结构和能力结构，从而加深或拓宽专业知识，提高学生的综合素质，以适应未来教师职业多样化的要求。二是研究性。通过学校严谨的学术氛围，鼓励并组织学生参与研讨会，从而使学生有机会了解教育研究和教育实践的前沿问题，学会思考和探索教育教学问题和有效策略；三是实践性。教师职业的实践性很强，实践性教师教育课程的开设能够紧密结合中小学实际及时代背景，注重学生教育教学实践能力的培养，从而解决“学”与“用”的关系，提升教师的专业化水平。2007 年，师范生免费教育政策试行，明确要求部属师范大学要大力推进教师教育改革，精心制订教育培养方案，科学合理地设置教师教育课程。6 所部属师范大学立足于自身的特色，积极推行教师教育课程的重建。其现行课程设置尽管各有不同，但基本可分为三大模块：其一是通识教育课程，涵盖社会、人文、自然等的基础知识，旨在提高师范生的文化素养，增强其文化底蕴，为学生具备合理的知识结构打下基础；其二是学科专业课程，主要是学生毕业后将要从事的学科教学（如语文、数学）所需的专业课程；其三是教师教育理论及教育教学实践课程，包括使学生具备一名教师应具有的教育理论（如教育学、心理学方面的理论知识）、教学方法与教育实践等。虽然这一课程设置仍是基于通识教育、学科专业教育和教师专业教育三者的整合，但在后两者之间已形成了你中有我、我中有你的新格局。这一课程设置旨在培养未来教师宽广的教育视野和具体的教学能力，它既适应了基础教育改革的要求，也体现了教师专业发展的思想和原则，从而极大地促进了教师教育“学术性”与“师范性”的融合和统一。

二、临床实践型教师教育

教师教育是普及义务教育的产物，因而学校教育事业是体现其存在价值的场所。然而，如何将大学的理论学习与中小学的课堂教学实践有效整合，是教师教育的一个永久性难题。传统的教师教育尽管强调职前教师必须到中小学进行教育教学实践，以运用、验证所学的理论，提高技能和技巧，但实践往往仅被视为理论学习的一项补充活动。为此，有志之士呼吁对现行的大学本位的教师教育模式进行彻底的改革，将大学教育学院中的理论课本尽可能地削薄，追求学校真实场景中的经验和叙述。在此背景下，2010 年 1 月 5 日，美国教师教育认证委员会（The National Council for Accreditation of Teacher Education, NCATE）联合高等教育机构领导人、学区、教师工会和国家政策制定者组建了一个高规格的工作委员会，即“蓝带小组”（The Blue Ribbon Panel），专门就教师教育的驻校实习与临床实践进行研究。在其同年 11 月发布的研究报告《通过临床实践转变教师教育：培养高效教师的国家策略》（*Transforming Teacher Education through Clinical Practice: a National Strategy to Prepare Effective Teacher*）中，基于“教师是一个类似于医学、护理或临床心理学的临床实践专业”（Marsha, 2010, pp. 3-4）这一核心理念，系统论述并致力于构建“临床实践型教师教育”（clinically based model for teacher preparation），以培养具有实践能力、创新能力的高效教师，满足学生新时代的学习需求（周琴，刘燕红，2011, p. 10）。

（一）临床实践型教师教育的培养目标

“临床实践”（clinical practice）一词源自医学界。在一些著作及文献中，常将“临床实践”等同于“临床实习”。而医学界对后者的定义是：“临床实习”是指医学专业的学生完成了基本医学理论的学习，进入医院直接参与对病人进行检查、诊断和治疗（护理）的过程。在这个过程中，既要求学生巩固基础理论知识，又要求其掌握对病人进行检查、诊断和治疗（护理）的技术。NCATE借鉴医学及其他专业临床实践的经验，在分析教师专业发展的特性后，强调把驻校经验（embedded school experience）和实验室经验（laboratory experience）作为教师培养的必要组成部分，要求为准教师提供广泛临床实践的机会，以促使其在学习共同体中通过观察、相互协助、监督、调研、自我反思等方式获得专业知识与能力（Greenberg，Pomerance，2011，p. 1）。

临床实践型教师教育，旨在为准教师提供各种实践机会，促使其在有经验的临床实践专家的指导下，在掌握学术性知识的同时积累实践性知识，并参照新时代的要求及学生的学习状况，不断完善实践性知识，把理论和教学实践结合起来。此外，临床实践型教师教育希望准教师能形成运用评价的能力，包括基于教学标准、课程标准作出评价，基于学生需要作出评价，以及对他们自己的专业发展作出评价。总之，准教师必须掌握教学的基础知识，进行有效的教学实践，并且形成整合知识和实践的能力，在与同事的合作中不断寻求新的教学方法，帮助学习困难的学生。

为了达成培养高效教师、满足学生需求的终极目标，NCATE 认为准教师不仅要掌握教学技能，更重要的是将教育学知识运用到教学实践，形成一定的自我反思力及判断学生学习状况的能力。进而明确了“临床实践型教师教育”教育实习的四项基本目标。首先，实习生应在有经验的专家教师的指导下，把所学理论知识和实际运用有机地结合起来，同时获得学术性知识和实践性知识的增长，发展成为问题解决者和教育创新者。其次，实习生的“临床实践”应遵循多元化的理念。NCATE 倡导实习生在充分了解实习基地学校需求的前提下，为不同成长背景、不同能力、不同兴趣、不同认知方式的学生提供服务，以满足实习基地学校和学生的需求。再次，教育实习旨在促进实习生形成专业发展所必需的实践性知识。因此，实习生应在与指导教师一起开展的教学或研究活动中，实现理论与实践的有效结合；并在共同合作的过程中，获得有效教学的实践经验，从而形成坚定的从教信念。最后，实习生应在教育实习过程中发展运用评价的能力，包括基于教学标准作出评价，基于学生需要作出评价，以及对自身的专业发展作出评价。总而言之，实习生必须掌握教学的基础知识，进行有效教学的实践，从而形成整合理论与实践的能力，以确保作出专业决策；

实习生还必须学会使用多种评估程序推动学生学习，并根据反馈信息调整自己的教学实践，以符合学生的学习进度（Marsha，2010，pp. 5-8）。

（二）临床实践型教师教育的课程设置

临床实践型教师教育的倡导者 NCATE 强调，作为一名教师不仅要有广博的文理基础知识和扎实的专业课基础，还要掌握一定的教学方法，具有一定的教学技能，在传授知识的同时，更注重教会学生解决问题的方法。因此，临床实践型教师教育的内容与课程设置主要是基于职前教师专业发展的需要、能力和目的，以给职前教师提供反思自己专业发展的机会。

传统的职前教师教育课程，主要是直线式、间隔设置。尽管强调职前教师必须到中小学进行教育教学实践，以运用、验证所学的理论，提高技能和技巧，但实践往往仅被视为理论学习的一项补充活动。为此，教师教育机构遭到了严厉的批评，因为他们提供的职前教师教育课程太过于理论化而无法使学生获得足够的真实世界的经验。“不同的教师教育专业之间缺乏共同的认识，其课程随意拼凑，课程讲授缺乏有效的教学策略，课程与实习联系不多，理论与实践脱节，实习指导质量不高等。”（Darling-Hammond，2006，pp. 120-138）与传统的大学本位的教师教育模式不同，临床实践型教师教育在课程设计，以及学习方式上更强调理论与实践的紧密结合，其课程设置从量上增加了实践内容而且引入真实场景和教学叙事，以促进理论与实践的整合。此举旨在通过真实情景下的教育教学实践提高教师教育的质量，进而促进教师素质的整体提升和教师专业发展。鉴于此，临床实践型教师教育的课程由大学、中小学合作开发，并以螺旋式将理论课程、实验室经验及驻校经验进行整合，通过在实践中学习的方式形成了持续的“实践—理论—再实践—再理论”的螺旋式上升过程，将临床实践和理论学习充分地结合起来，使其相互交融。在“实验室经验”培养的环节中，准教师可以在虚拟学生、课堂和学校环境中分析并尝试解决问题，在此过程中随时得到反馈，吸收他们在课程中学到的内容。同时，准教师在研习理论、内容和教学方法时，他们被给予非排序而又持续的直接与在校学生接触的教学经验。临床实践型教师教育为职前教师提供一年“驻校实习”（embedded school）的机会。驻校实习的前期阶段，实习生将在指导教师的引领下，深入了解实习基地学校的各项规章制度，掌握学生的基本信息，参与各种日常教育、教学活动，逐渐融入到整个学校生活中。实习中期，实习生除了在观摩讨论的基础上尝试进行教学实践活动，还将与实习指导教师结成学习共同体，形成合作关系。例如，圣克劳德州立大学（St. Cloud State University）的教育实习即采用“合作教学”（co-teaching）的形式，实习生和指导教师一起进行课堂教学。①到了后期，实习生要像正式教师那样独自参与学校的全部活动，包括出席家长会、参加在职教师的所有会议，并且要全面负责任课班级的全部工作等。

“城市教师驻校”（urban teacher residencies，UTR）被视为临床实践型教师教育的典型模式。以“波士顿教师驻校计划”（Boston teacher residency program）为例，该项目将准教师安置在城市学校带薪实习一年。在这一年中，驻校实习生在优秀中小学教师的指导下，逐渐参与并最终全面承担课堂教学工作。驻校生实习期间的理论学习紧密结合其课堂实践来展开研讨式、案例式教学，其课程也是基于学区和实习学校特定的课程内容、教学改革和学生背景来设计的。驻校生在大学课堂研究教案开发，然后和中小学指导教师一起改进完成教案；教案实施之后，将理论学习和课堂实践进行比照，并提出改进措施，并向大学指导教师报告改进措施在课堂教学中的实施状况和效果（Grossman，2010，pp. 4-5）。借此，临床实践型教师教育为学生提供把理论直接运用于实践的机会，实现了理论与实践的一体化和相互融合。

（三）临床实践型教师教育的实习基地学校

NCATE 认为，现行教师教育模式在理念上已给予“临床实践”相当高的地位。稳定的教育实习基地已经建立，但在具体的实施过程中，由于实习基地学校水平、质量的参差不齐，以及实习指导教师资格认证的缺失，严重影响了教育实习的整体成效。鉴于此，临床实践型教师教育要求在教育实习环节中设置严格统一的实习基地学校认证标准和实习指导教师任职资格标准。

就实习基地学校的认证而言，NCATE 认为实习基地学校首先应该能够理解和接受高校的教育实习理念和实习设想，并能够将其付诸实践。除此以外，实习基地学校要为实习生提供多元文化的教育情境，以及形式多样的临床实践机会。NCATE 基本认同“专业发展学校”（professional development school，PDS）的认证标准，其具体指标包括以下几项：①学习共同体：实习基地学校有意愿以实践为基础，以形成实践性知识为教与学的共同愿景，整合包括 K-12 年级学生、大学督导教师、实习生、学校指导教师等成员的学习和发展；②责任和质量评估：要求实习基地学校能够明确自身的公众职责，参照教与学的专业标准，并基于地区、州和国家标准实施方案，评估学生学习和实习生的专业发展；③合作：要求实习基地学校与合作伙伴通过自我承诺和相互承诺，积极参与到教育实习工作中；④多样性和公平：要求实习基地为所有实习生提供同等的实

① The National Council for Accreditation of Teacher Education. 2010. Transforming Teacher Education through Clinical Practice：a National Strategy to Prepare effective Teacher：13-14.

践机会，并基于全体学生的学习结果，对实习生的专业发展进行评价；⑤结构、资源和角色：要求实习基地学校在明确其职责的前提下，充分利用资源，进行组织构建，支持中小学生、实习生和其他专业人员的学习和发展（胡艳，邹学红，2010，p. 78）。

教育实习期间，同实习生接触最多、责任最重、影响最大的是高校及实习基地学校的指导教师。因此，实习指导教师对实习生的专业发展起着至关重要的作用。指导教师的素质越高，责任心越强，指导的作用就会越大、效果越好。实习指导教师的资格认证将直接影响教育实习的成效。摩尔（E. Moir）2005 年对实习指导教师的任职资格提出了四点明确的要求：第一，实习指导教师必须具有 5 年以上的教学经验；第二，实习指导教师是某一学科最优秀的教师，深得同事、学生及家长的尊重；第三，实习指导教师应拥有硕士或博士学位，且被公认为是该学科领域的专家；第四，实习指导教师具有一个以上学科领域师资培训的相关经验，可以为其他教师提供支持与指导（Moir，2005，pp. 59-73）。NCATE 在认可该标准的同时，重申应将教育实习指导视作为一项专业性的工作，进而明确了临床实践型职前教师教育的实习指导教师的两大任务：其一是促进实习生的专业成长。在教学活动中，实习指导教师必须适时地分享其丰富的教学经验，让实习生能够很快地具备教学能力。二是沟通协调。实习指导教师要扮演合作者的角色，引导实习生解决教学中的问题。当教师团队中发生不愉快的冲突事件时，实习指导教师应适当地提出解决问题的方案，缓和实习生的情绪，凝聚教师的共识。实习指导教师担当如此重要的角色，但并非每一位教师都可以担任实习指导工作，即使是专家型、经验型教师，也未必能成为优秀的实习指导教师。另外，中小学教师主要的教学对象是儿童和青少年，而实习指导的对象是成人，两者有很大的差异。从这个角度看，实习指导教师的资格认证是整个实习过程中不可或缺的关键性环节。鉴于此，NCATE 正致力于成立一个专门的认证机构——“师资培养认证委员会”（Council for the Accreditation of Educator Preparation，CAEP），以制定符合“临床实践型教师教育基本理念”的各项认证标准，其中即包括实习指导教师的任职资格标准。①

（四）临床实践型教师教育的合作伙伴关系

传统的教师教育一般包括理论学习和实习两部分。理论学习在大学进行，通常要求学生掌握最先进的教育理论，而实习则由中小学负责。两者容易相互隔离，导致理论学习脱离教学实际。以 PDS 为例，高校关注实习生的专业成长，

① Lisa J. 2010. AACTE Endorses NCATE Blue Ribbon Panel Report on Clinical Preparation. http://www.caepsite.org/.htm [2010-11-16].

实习基地学校则更加关注本校学生学习成绩的提高，种种差异往往导致高校督导教师与中小学指导教师之间合作困难，或使得彼此之间的利益冲突难以协调。在这样的体制下，无论实习生的理论水平有多高，不管实习时间延伸到多长，隔离的现象最终却无法消除。只有大学和中小学建立合作伙伴关系，强调以现场、教室为基础，要求大学教授深入第一线，与中小学教师协作，一同完成培训任务，才能从根本上即从体制上为消除这种隔离现象提供保证。为了促使大、中小学之间建立起平等的合作伙伴关系，临床实践型职前教师教育要求高校制定的教育实习方案，既要满足高校的需求又要符合中小学的实际情况。此外，高校变革奖励制度，将职务提升和任期要求运用于教育实习的指导人员；实习基地学校则要为实习生安排持有认证资格的指导教师，并对实习指导教师进行监督与考评，以确保实习生得到良好的指导。大学和实习基地学校协作并最终创建一个专家型教师后备资源库，比如教练、导师和评审等，这些专家型教师要接受认证和培训。以马萨诸塞州大学波士顿分校为例，该校借鉴其他专业实践性人才培养的经验，与波士顿公共学校之间通过“波士顿教师驻校计划”建立合作关系。这一计划通过专门设置人员编制，以确保实习指导教师获得他们应得的、用来指导教育实习的奖励资金。①

值得一提的是，各国教师教育改革长期以来一直致力于大中小学合作伙伴关系的建立，却忽视了其他相关主体的重要性，特别是未能突显政府在教育教学实践中的重要地位。因此，临床实践型教师教育致力于构建“政府-大学-中小学”的合作伙伴关系。合作伙伴关系为临床实践型教师教育的开展提供了实体依托。为避免各相关主体之间由于职责不明确，导致合作伙伴关系未能实质性建立，临床实践型教师教育对各主体的职责进行了说明，要求彼此协作、互相支持，形成平等的合作伙伴关系。以美国为例，联邦政府和地方政府的职责主要在于经费投入和政策保障。例如，美国联邦教育部设立高达3亿美元的“教师素质合作关系资助”（teacher quality partnership grants），用于支持一年的临床教育实习，符合要求的教育机构均可以申请。NCATE认为还可以效仿“卫生专业教育援助法”（health professions education assistance act）支付教学医院（Teaching Hospitals）临床实习费用的做法，由政府设立教育实习的专项财政投入法案。地方教育机构的主要职责，是制定明细的教育实习规章制度。例如，马萨诸塞州波士顿大所在的学区（University of Massachusetts Boston）要求教育官员深入政策实施过程，消除政策实施过程中的障碍，更好、更公平地分担教师

① BTR. 2011. Ongoing Support. http：//www. bostonteacherresidency. org/program/. htm［2011-06-29］.

培养的责任，以促进各相关部门积极落实有关的规定。[①] 大学和中小学通过共享他们的专业知识、技术、人力等各种资源，为双方教师搭建共同发展的平台。例如，大学教师到中小学开展研究工作，支持他们的教学改革，帮助中小学教师改善教学效果；中小学教师则为大学教师提供鲜活的教育教学资料，提供科研的实践场所。大学教师有时也走上中小学的讲台执教，以此渗透新的教育理念。一些优秀的中小学教师也被聘请到大学讲授实践课程，成为大学的兼职教师。

综上所述，"临床实践型教师教育"这一理念由 NCATE 的"蓝带小组"于 2010 年正式提出。但追根溯源，其在西方国家有着悠长且深厚的理论与实践基础。美国的"教师专业发展学校"和英国"教师校本培训"（school-based teacher training）均被视为"临床实践型教师教育"的早期实践，"城市教师驻校计划"则是其现行典型模式。借鉴国际教师教育改革，特别是美国教师专业发展学校的经验，首都师范大学与北京市丰台区教育委员会共同创办的"教师发展学校"（teacher development school，TDS）2001 年在丰台教育发展服务区正式启动。此后，一批教师发展学校在全国各地相继建立。2007 年，以师范生免费教育为契机，6 所部属师范大学积极推行教师教育创新平台计划建设，建立了大批教师教育创新实验区与实习基地学校，探索建立高等学校与中小学合作培养教师新机制。在此背景下，引入临床实践型教师教育，有助于进一步深化教师教育改革，全面提高师范生的培养质量，真正服务于基础教育。

三、教师网络学习共同体

在教育信息化迅猛发展和知识经济时代的背景下，全球化的经济竞争和科技竞争使得教师教育同时面临着机遇和挑战。快速传播、发展及广泛应用的网络，在这一背景下以其独特的优势成为一种适应知识社会、信息经济，以及教师教育改革要求的新形式。它使得知识的获取、创新、学习和传播的速度不断加剧；使得个人、组织和社区间的交流越来越方便和快捷，为教师之间参与合作、开展社会性学习带来了很大的便利，教师网络学习共同体正在改变着教师教育的方式和内容，给教师专业发展带来了新的契机，并逐渐成为提高教师综合素质的平台和教师教育的全新模式。

（一）教师网络学习共同体的特征

早在 1989 年，布朗（J. S. Brown）、柯林斯（A. Collins）等学者就提出了"学习共同体"这一概念，认为学习应该是一种基于广泛学习共同体的社会性建

① The American Association of Colleges for Teacher Education. 2010. The Clinical Preparation of Teachers: A Policy Brief. New York: American Association of Colleges for Teacher Education: 10-12.

构，需要通过与同伴学习者、教师、学科专家等在丰富资源的支持下展开充分的沟通（Brown，Collins，Duguid，1989，pp. 32-42）。教师网络学习共同体，是指在相关组织的系统设计规划的指导下，以现代网络技术为支持，形成由教师、项目培训者、咨询专家、教育技术专家、教育行政人员和网络管理者组成的虚拟学习社区或学习者共同体，为旨在提高专业水平的教师及参与项目的相关人员提供基于专业学识和经验的，以及面向学校教育实践和教师专业发展需求的学习机会与学习体验，以实现教师个人或群体的专业发展。这一模式的特征主要表现在以下几个方面：第一，个性与自主。网络为教师提供了多样化的学习内容和学习方式，同时为参与网络学习的教师提供了充分的、可供选择的专业学习机会和反思空间，从而能满足需要不同、风格各异的学习者的个人需要。与此同时，教师还能够根据自己独特的兴趣爱好、工作日程和专业发展规划而随时随地按照自己的意愿自主地参与专业发展活动的需要，并通过获取相关的网络学习资源参与随机性或特指性的在线互动。通过网络，教师专心致力于自我学习，根据自己的职责或职业规划选择相应的学习内容，赋予其提高自我的自由机会。第二，共同体与合作。网络突破了时间和空间上的限制，可以为教师之间的交流提供一种灵活、便捷的途径，形成教师共同体，在合作中更好地实现教师专业发展。通过网络，相同的教师可以互相结识，交流教学的心得和经验，讨论学科教学设想，开展网上协作学习，共同进行教育教学研究，进而形成更为广泛的学习共同体。教师网络学习共同体不仅是教师互助及提高自身学习的场所，更是连接专家与教师的桥梁，是连接教学与研究的纽带，还是一个实践与研究的共同体。研究表明，最成功的教师专业发展活动是那些长期在教师学习共同体中受到鼓舞的发展活动，这是因为在学习共同体中的教师的发展，得益于共同创造的机会和分享经验、共享资源、共同决策。第三，经济实惠。传统的教师教育模式需要把教师集中在一起聆听专家的讲解来实现自身的专业发展，教育成本巨大。网络学习共同体平台的创建，突破了传统共同体的局限，形成了一个衔接互动、多维度贯通、面向大众的学习新时空。相比于其他教师教育模式，教师网络学习共同体拓宽了教师发展的渠道和教师交互学习的空间，实现了优质教育资源的及时共享和互补。通过教师网络学习共同体，教师能以最经济的方式提升教学技能和教学素养，再繁忙的教师也能够利用空闲时间在学校、家中、公共场所等地方参与在线学习，并且无需支付场地租赁费、观摩费、设备费及餐宿费等。

教师网络学习共同体为教师专业发展创设了一个理想平台，共同的愿景、资源的共享及社会性交互等显著特征，拓宽了教师共同体成员学习与研究的深度和广度，是对教师专业发展的有益补充，其合作氛围下的组织环境正是教师专业发展的理想诉求。基于网络的教师教育模式促发了教师专业发展从在场向在线的范式转换，帮助教师实现自主学习和个性化的专业发展，通过教师在学习共同体内的精诚合作，增强了专业自主意识和合作意识，对于实现真正意义上的教师教育优势互补和资源共享，乃至重塑整个教师教育都有可能产生重要的影响。

（二）教师网络学习共同体的平台搭建和资源开发

构建教师网络学习共同体离不开研修平台和学习资源的支持。在推进教师教育改革创新，建构卓越教师教育体系的大背景下，遵循终身教育与开放教育的理念，以大学为主体，基于下一代互联网，建成教师教育创新支持系统，大规模开发并共享教师教育资源，为来自多所学校的师范生、教育硕士、在职教师提供了统一的教师教育学习、实践、评价平台，支撑了教师教育时空的一体化。

过去的10多年间，美国的教师教育网络平台发展是有目共睹的，形成了多种多样的组织。有全国性网络组织——全美教育革新网络（National Network for Educational Renewal）；有地区性网络组织——纽约市小学教师网络（Elementary Teachers' Network in NYC）；还有以个别科目为对象的网络，如历史教学联盟（History Teaching Alliance）；以学生评价为对象的网络，如佛蒙特州组合网络（Vermont's Portfolio Networks）。欧盟委员会（European Commission，EC）提供资金搭建的教师教育主题网络（The Thematic Network on Teacher Education），旨在让更多的大学和机构在可行的范围内联结为一体，为欧洲教师教育的发展提供多语种、多国籍的柔性平台。英格兰的网络学习社区计划（networked learning communities）主要是培养教师的专业学习，其核心思想是教师为了共同的利益而学习。

“慕课”（massive open online course，MOOC），即大规模的开放网络课程，是以学术交流和课程资源建设为主的网络学习共同体的典型代表，它为教师的专业发展提供了重要的网络平台和课程资源。2008年，当斯蒂芬·唐斯（S. Downes）和乔治·西蒙斯（G. Siemens）创造了MOOC一词时，它就被视为网络学习共同体的新一代革命，“慕课”是由全球各个高校借助课程平台提供优质课程资源供全球学习者免费使用学习，其中课程提供者有来自知名高校的院系教学团队、知名专家教授、行业专家学者等，而课程的学习者则是遍布全球，只要具备学习兴趣和课程所需技能就可以参与课程进行自我提升，具有开放性、大规模、自主性和社会性等特点。随着慕课在全球的兴起，世界各国都纷纷开发自己的慕课平台，其中最为知名的3个平台来自美国，分别是edX，Udacity和Coursera。就目前主流的MOOC平台来看，核心的课程资源以短小的视频课程为主，这些微课程的主讲教师大都由一流学校的名师担任。许多课程视频中还内嵌一些小测验，帮助学习者即时评估学习效果。学生能够对这些短视频进行步调控制、暂停、回倒等操作，对相关内容进行探究与重新利用，设计良好的短小视频可以很好地突出重点、要点和难点，可以减小认知负荷，提高学习质量和效率。MOOC 平台还整合了社交网络、在线论坛、视频会议，将专家、导师、学习伙伴连接起来，深深地吸引着每一位学习者参与其中，从而获得较强的目标感、归属感和成就感（贺斌，2014，pp. 3-7）。

（三）教师网络学习共同体的学习形式

教师网络学习共同体是一种开放的教师专业成长的组织形式，能有效地激发教师专业成长的主体生长性，提升教师的实践性智慧，提高教师的合作意识和能力。在网络学习共同体中，教师的学习发生在与共同体资源（领域专家、优秀教师、同辈教师、技术制品等）互动交流的过程之中，网络及基于网络的工具支持教师学习的发生，其学习形式是灵活的、非正式的，主要包括自主研修、协作学习、问题解决等。

第一，自主研修。自主研修是提高教师专业发展水平的有效途径，是强调教师自主选择的认知工具，是教师根据专业发展需求，确定学习目标，选择学习内容，通过多种交互方式主动探究、能动的创造性的学习过程，是教师实现知识有意义建构的学习方式。在这一学习形式中，要求教师具备良好的自我专业发展意识，通过“自我更新”的专业发展活动，提高自己的专业发展水平。在网络环境支持下，学习共同体中的教师依托网络平台，如全国中小学教师继续教育网和中国教师研修网等，利用博客、维客、论坛等工具，选择相关的信息化教学资源开展自主研修活动。在以自主研修为主的教师个性化专业发展模式中，应用信息化教学资源的方式主要有以下 3 种：一是教师根据自身的需求，类比过去经验进行自我反思，进行自我导向学习。其具体过程是教师从自身的教学实践出发，在实践中寻找问题和不足，并针对不足，确定研修主题，然后上网搜集资料、浏览信息，对相关资源进行筛选、整理，选择合适的教学资源开展自主学习、问题学习、模仿或观察学习，在学习中解决存在的问题，实现教师的自我专业发展。二是教师在网络共同体的合作和交流中进行自主学习。在网络学习共同体中，教师通过与他人交流探讨、向他人请教咨询、互助合作学习，分析和反思自我专业发展现状，剖析自我专业结构，拟订合理的个性化的专业发展计划，从而促进教师的自我学习和专业发展。三是教师根据外界需求，如学校、教育部门，以及适应社会、学生发展等外部要求开展自主研修。其过程是教师根据外部需求，筛选和整理相关的信息化教学资源进行自主学习，并反思自我专业发展中的不足，进行问题学习，提高自我的专业发展水平。

第二，协作学习。在网络学习共同体中，来自不同地区的成员组成了一个大型的团队，这个团队不仅需要具备自主研修的意识和能力，还必须通过协作学习来实现自身的教师专业发展。由于团队比个体具有更好的稳定性，作为团体成员的教师就有了相对较固定的学习平台，可以与网络中的同事分享教学经验，解决教学中的疑问，从而促进教师的专业发展（Cochran-Smith，Lytle，1996，pp. 92-114）。教师相同的工作环境与经历，使他们可以通过商讨、争论等形式，提出对个体专业发展非常有利的建议。同时，教师网络学习共同体的成员通过互相观摩、相互交流、分享经验，能够更加迅速地实现自我专业发展和提升。在协作学习的过程中，教师网络学习共同体的凝聚力、责任感会随着学习的深入而不断加强，教师之间能够形成一种合作的氛围，形成一种良好的人际关系，更加有利于提升教师的专业能力，促进教师的专业发展。

第三，问题解决。基于问题解决的学习是一种隐含式的学习，强调把学习设置于复杂的、有意义的问题情境中，通过学习者解决具体的问题，来学习隐藏于问题背后的知识，形成解决问题的技能，积累相关经验。教师在教育教学实践中遇到的问题，是教师自主学习的最大动力，因此基于问题解决的学习是一种高效的学习方式。教师带着自己在教育教学实践中遇到的问题，参与到网络学习共同体中，和其他成员或教育专家进行交流、沟通，学习相关的理论知识，找到解决问题的方法，提升专业能力。教师还可以将问题设计成课题，通过课题研究促进专业发展。网络平台将提供大量的资源，包括各种教学资源、参考资料、课程计划、支持工具等，教师都能够参与到课题研究的活动中，并接受相应的培训和指导。教师通过进行课题研究，将研究设计、研究过程、研究结果运用博客、论坛等各种方法进行实时或异时的展示和交流，彼此之间互相观察经验成果，相互比较，以便找出缺点，进行调整、改正。教师课题研究的问题应是与他们专业相关的热点问题，来自于教师的教育教学实践，以解决问题为目的，能提高教师的研究和创造能力，也有利于教师实践性知识的增加。在课题研究或问题解决的过程中，教师的实践性体验不断得到丰富，教师的实践性智慧会逐渐被激活、提升，并积累和充实自身的实践知识，从而达到专业发展目的。

第三节　教师教育制度从缺失到规范

我国教师教育正处于转型时期，多种制度并存，致使教师教育呈现出“失范”、“无序”的状态，具体表现为师范院校数量急剧减少，师范生生源质量明显下降，综合性大学的教师教育边缘化，教师职业吸引力削弱，教师资源结构性短缺等现实问题。要从根本上解决上述问题，必须建构以教师专业标准与资格证书制度为核心的现代教师教育制度。所谓现代教师教育制度，就是以现代大学制度为基础，以促进教师专业发展为终极目标，以教师资格证书制度为核心，由各项具体制度组成，用来处理教师教育基本关系的系统。纵观国际教师教育改革，通过研制教师专业标准、教师教育课程标准和教师教育质量评估标准等，推行基于标准的教师资格认证、教师教育机构认证以及教师教育质量保障，已成为各国建构现代教师教育制度，引导和规范教师教育发展的战略共识。

一、教师专业标准与教师资格认证

教师资格证书制度是现代教师教育制度的核心，它是教师质量的重要保障制度。现代教师教育制度以此为基础构建教师培养和培训制度，无论是培养计划还是培训项目的设计，都应以教师资格证书制度为前提。基于什么样的标准来评估和判断教师候选人是否具备从事教师专业活动的资格，是教师资格证书制度最核心的内容。可见，教师专业标准是教师资格证书制度的基础。

（一）教师专业标准

教师专业标准是确立和提升教师专业地位的重要前提，是评价教师教学质量的必要依据；也是建立教师教育标准体系的核心内容（熊建辉，2008，p. 39）。20 世纪 80 年代以来，构建客观、科学、系统的教师专业标准已成为各国教师教育体制变革和促使教师专业发展的重要举措。例如，美国针对候选教师、新教师、优秀教师和杰出教师，在职前、入职和在职三个阶段均设有教师专业标准。这三类标准不是简单的重复，而是教师专业标准体系的组成部分，贯穿于教师专业发展的整个过程，从而满足不同地域、不同层次和不同职业发展阶段的教师需求。英国则为处于不同专业发展阶段的教师开发了具有连续性、一致性、渐进性的教师专业标准体系，包括合格教师专业标准（qualified standards）、新手教师专业标准（induction standards）、资深教师专业标准（post threshold standards）、优秀教师专业标准（standards for the excellent teacher）和专家教师专业标准（standards for the advanced skills teacher），为教师规划自身专业培训和专业进步提供了一个参考框架。澳大利亚 2010 年新修订的《全国教师专业标准》（*Teacher Quality and Educational Leadership Taskforce*：*National Professional Standards for Teachers*），将教师专业发展分为新任教师（graduate teachers）、熟练教师（proficient teachers）、高成就教师（highly accomplished teachers）、主导教师（lead teachers）4 个阶段，围绕教师专业素养的三大要素——专业知识、专业实践和专业发展，共形成七大标准，明确了对各等级教师的知识、技能和道德的要求，作为制定教师发展规划和教师展开教学设计的基准。①

尽管各国教师专业标准的具体表述和侧重点存在差异，但其研制的基本思路和理念仍有共通之处。第一，专业标准应覆盖整个教师职业生涯。因此，所谓的教师专业标准，往往是一系列标准的总和，既囊括了教师职前、入职和在职不同阶段的教师标准，又包括不同教育层次、不同学科专业的教师标准，还依据教师专业发展水平的高低分为合格教师标准、优秀教师标准、杰出教师标准等，由此共同构建成一个多元立体的教师专业标准体系。第二，教师专业标准的结构层次分明，基本采用由维度、领域、要点（标准）构成的三级结构。其中维度是教师专业标准的第一层架构，一般涵盖专业知识、专业实践或技能、专业态度三大方面；领域则是对教师在某专业领域所应具备素质的简要概括，如“职业理解与认识”、“激励与评价”；要点（标准）是对教师专业标准应然状态的最细节的陈述。第三，时代对教师质量，以及教师教育的要求，始终是各国制定教师专业标准的重要依据。例如，为适应信息化时代学生学习的需要，各国的教师专业标准普遍要求教师能够运用计算机技术进行教学；又如，面对教育国际化、全球化的发展趋势，要求教师理解多元文化之间的差异，尊重各种各样的文化等。

2012 年 9 月，我国教育部颁布了《幼儿园教师专业标准（试行）》、《小学教师专业标准（试行）》及《中学教师专业标准（试行）》，从专业理念与师德、专业知识、专业能力三个维度对幼儿园、小学、中学教师的专业标准予以了阐释。三大标准的制定乃基于以下 4 项基本理念：学生（幼儿）为本、师德为先、能力为重，以及终身学习。在此基础上，各个教师专业标准的分类维度体现出“理解性”、“知行性”、“教学性”和“过程性”的特征，兼顾教师和学生、认知和行为、阶段和过程，对教师专业发展和专业职责履行起到了一定的引领和导向作用（表 7-1）。

表 7-1　幼儿园、小学、中学《教师专业标准》的维度与领域

维度	领域		
	幼儿园	小学	中学
专业理念与师德	1. 职业理解与认识 2. 对幼儿的态度与行为 3. 幼儿保育和教育的态度与行为 4. 个人修养与行为	1. 职业理解与认识 2. 对小学生的态度与行为 3. 教育教学的态度与行为 4. 个人修养与行为	1. 职业理解与认识 2. 对学生的态度与行为 3. 教育教学的态度与行为 4. 个人修养与行为

① Ministerial Council on Education，Employment，Training and Youth Affairs（MCEETYA）. 2010. Teacher Quality and Educational Leadership Taskforce：National Professional Standards for Teachers：5.

专业知识	5. 幼儿发展知识 6. 幼儿保育和教育知识 7. 通识性知识	5. 小学生发展知识 6. 学科知识 7. 教育教学知识 8. 通识性知识	5. 教育知识 6. 学科知识 7. 学科教学知识 8. 通识性知识
专业能力	8. 环境的创设与利用 9. 一日生活的组织与保育 10. 游戏活动的支持与引导 11. 教育活动的计划与实施 12. 激励与评价 13. 沟通与合作 14. 反思与发展	9. 教育教学设计 10. 组织与实施 11. 激励与评价 12. 沟通与合作 13. 反思与发展	9. 教学设计 10. 教学实施 11. 班级管理与教育活动 12. 教育教学评价 13. 沟通与合作 14. 反思与发展

（二）教师资格认证

教师资格是国家对专门从事教育教学工作人员的基本要求，它规定着从事教师工作所必须具备的条件。教师资格认证则是国家对教师实行的一种特定的职业资格认证制度。20世纪80年代以来，以美国为代表的西方国家不断地致力于促进教师专业化。各国普遍认识到，完善教师资格认证制度有利于体现教师职业的特点，提高教师地位；有利于把住“入口关”，优化教师队伍，提高教师队伍的整体素质；有利于形成开放式的教师培养体系，推动师资建设形成良性循环。从各国教师资格认证制度的构成要素来看，体现出如下特征。

第一，教师资格认证的组织机构。教师资格认证的主体大致有三类：其一，政府机构的官方认证，如我国的教师资格认证由教育行政部门统筹主管；新西兰则主要是由教师委员会承担新西兰教师的注册（即获得教师资格证）、申请注册教师的资格审查、教师续聘资格审查、安全审查、教师职业发展等事务（彭红莉，2011，p. 49）。其二，教师教育机构自行认证，如日本的教师资格认证由具有培养教师资格的大学负责，但教师资格证书的发放则是根据证书的级别由各级教育委员会分别负责（刘朋，2002，pp. 58-61）；其三，第三方认证，如全美教学专业标准委员会（National Board for Professional Teaching Standards，NBPTS）和美国优质教师证书委员会（American Board for Certification of Teacher Excellence，ABCTE）均属于全国性的教师资格认证机构。从改革趋势来看，教师资格认证由专业组织或者专门的机构负责，既可以体现教师资格认证的专业性，又可以避免教师教育机构降低教师资格认证的标准，从而有利于保障教师的质量。

第二，教师资格认证的标准与条件。教师资格认证的标准可分为学历要求和素质要求两方面。依据教师职业的层次与类型，分设不同的最低学历要求，是各国教师资格认证的普遍做法。目前，绝大多数国家，其教师入职的学历起点基本都定于大学本科或以上，并呈现出越来越高的趋势。此外，教师资格认证标准以教师专业标准为参照，从教师的专业态度、专业知识和专业技能等方面对教师的基本素质提出要求。它与教师专业标准既有联系又有区别。一般而言，教师专业标准则用于指导教师培养与培训的过程，以改善和提高教师质量；教师资格标准则用于检验教师教育的结果，评判教师能否取得任教资格。在大多数国家，获得任教资格即意味着达到了入职教师的专业标准，如英国教师资认证格标准就是合格教师专业标准。但是教师取得任教资格并不意味着完全符合了教师专业标准的要求。教师必须在教育教学及个人专业成长上取得持续的发展，才能进一步达到更高层次的教师专业标准要求。

第三，教师资格认证的程序。教师资格认证的关键环节即教师资格考试。目前，世界上除了少数国家，如韩国、印度主要依据学分、课程和学位作为教师资格认证的基础，其余国家多要求教师候选人需要通过资格考试才能获得从教资格。例如，英国的教师资格考试是标准化的书面考试，包括有数理技能测试、读写技能测试和信息交流技术（information and communication technology, ICT）技能测试，所有申请者可选择任何一种测试，到英国任何测试中心的开放时间内随到随考；德国的教师资格考试属于国家考试，即申请者应参加由各州政府教育机关代表、高等学校教授，以及教育部门官员组成的考试委员会实施的教师资格考试；在法国，要想成为中小学教师，则要经过教师会考，并根据不同的教师会考类型颁发不同的教师资格证书。教师资格考试主要侧重于对教师候选人知识的考量，对实践能力的考察则主要采用教师试用期来实现，即将教师候选人的教育实习，以及试用期的表现作为能否获得教师资格的重要依据。例如，美国规定初任教师至少需要经过10周的教育实习，在取得教师资格证书之后还需要一年以上的“新教师试用期”。

第四，教师资格证书。教师资格认证的最终结果以教师资格证书的形式予以确认。因此，教师资格认证制度又被称为教师资格证书制度。各国教师资格证书的类型不一，大致可分为普通教师资格证书和特殊教师资格证书。前者又有科目、层次、等级之分。从各国教师资格证书制度改革的趋势来看，取消教师资格证书终身制，代之以定期更换制是普通的做法。例如，美国的教师资格证一般有效期为5~7年，期满之前教师必须修完特定的培训课程，并通过考核获得新的教师资格证书，方可继续任教；日本规定每10年对教师资格证书进行更新和认证。

我国于1995年颁布《教师资格条例》，该法第10条规定：“国家实行教师资格制度”。2000年，教育部特面向社会颁布了教师资格认定的操作性规定——《〈教师资格条例〉实施办法》，规定只有具备教师资格证书的人员，方可在各级各类学校和其他教育机构从事教育教学工作。《〈教师资格条例〉实施办法》着重从思想道德、学历、教育教学能力、身心素质4个方面考察教师资格申请者，但认证标准较为笼统，无法真正对申请者进行有效的评估。因此，可借鉴其他国家教师资格认证的有益经验，结合我国的具体国情，从科学制定教师资格标准，实现教师资格认证机构专业化，规范教师资格认证过程，以及破除教师资格证书终身制等方面入手，构建适合社会发展和教育改革需求的新型教师资格认证制度。

二、教师教育课程标准与机构认证

作为教师教育的核心环节，教师教育课程质量的好坏直接影响着整个教师教育水平的高低。而教师教育机构作为教师教育的核心主体，同样对保障教师教育的整体质量起着举足轻重的作用。围绕着教师教育课程标的研制，各国纷纷推行与之相配套的教师教育机构认证，已成为促使教师教育走向标准化、专业化、规范化的重要制度保障。

（一）教师教育课程标准

作为制订教师教育课程方案、编写教材、开发课程资源、开展教学、评价和管理活动，以及政府部门促进和评估教师教育机构工作的依据，教师教育课程标准可用于检视、衡量和规范教师教育课程，还可用于指导教师教育系统的改进，有助于提升教师教育质量。通过对教师教育课程的基本规定，体现对教师教育的根本要求，有利于促进教师专业发展。纵观教师教育课程的发展历程，绝大多数国家都是从课程目标、课程结构、课程内容、课程实施与管理等方面，着手规范和改革教师教育课程的。首先，在课程目标上，要求紧跟时代和社会对教育的要求，切合中小学的教育实际，指向提高教师的专业素养；其次，在课程结构上，力求打破原有学科之间的界限，实现学术性和师范性的和谐统一；再次，在课程内容上，强调通识教育课程的广博性、学科专业课程的宽口径，以及教师专业课程的实践性；最后，在课程实施与管理上，应基于科学合理的教师教育课程标准对课程改革方向、课程框架、课程设置等进行指导和约束。

从已经制定并实施的教师教育课程标准或相关的纲领性文件来看，教师教育课程标准大致具备如下特征：第一，专业性。包括教师教育课程标准在内的教师教育标准体系的构建，应符合教师专业发展的需求。因此，教师教育课程标准一般由政府委托专业的政策咨询机构或者组织专业的研究团队，或由教师专业团体来制定，以保障科学决策。第二，系统性。教师教育课程标准对教师教育课程所涉及的方方面面均作出了规定，分层次和分学科进行设计。例如，英国教育与就业部1998年颁发的《职前教师教育课程要求》（*Requirements for*

Courses of Initial Teacher Training)，就涵盖了入学条件、课程范围、大学与中小学的合作关系、质量保证标准等，从入口、过程和结果对教师教育课程进行了系统化的规范。第三，指导性。教师教育课程标准对教师教育课程设置和课程开发提供了具体指导，甚至提供具体科目名称的建议。这一规定不是强制性的，而是具有指导性的意见，从而在保障课程质量的同时，也赋予了教师教育机构相应的自主权。

不管是教师教育课程改革还是教师教育课程标准研制，都应贯彻如下基本理念：第一，育人为本。教师是幼儿、中小学学生发展的促进者，在研究和帮助学生健康成长的过程中实现专业发展。教师教育课程应符合儿童发展的需求；反映儿童研究的最新成果；引导未来教师树立正确的儿童观、学生观、教师观与教育观；引导未来教师因材施教，关心和帮助每个幼儿、中小学学生逐步树立正确的世界观、人生观、价值观，培养其社会责任感、创新精神和实践能力。第二，实践取向。教师是反思性实践者，在研究自身经验和改进教育教学行为的过程中实现专业发展。教育教育课程应强化实践意识，关注现实问题；引导未来教师参与和研究基础教育改革，主动建构教育知识，发展实践能力；引导未来教师发现和解决实际问题，创新教育教学模式，形成个人的教学风格和实践智慧。第三，终身学习。教师是终身学习者，在持续学习和不断完善自身素质的过程中实现专业发展。教师教育课程应实现职前教育与在职教育的一体化，增强适应性和开放性，体现学习型社会对个体的新要求。教师教育课程应引导未来教师树立正确的专业理想，掌握必备的知识与技能，养成独立思考和自主学习的习惯；引导教师加深专业理解，更新知识结构，形成终身学习和应对挑战的能力。

新中国成立以来，我国教师教育课程虽然几经变革，但现行教师教育课程存在的问题仍然显而易见。“教育观念落后，课程结构单一，教学内容陈旧，教学方法枯燥，课程实施以简单知识传递为中心，不同程度地存在着脱离实际、脱离学生需要、脱离学术前沿的情况。”（钟启泉，胡惠闵，2005，p. 37）为落实教育规划纲要，深化教师教育改革，规范和引导教师教育课程与教学，培养造就高素质的专业化教师队伍，教育部于 2011 年特制定《教师教育课程标准（试行）》。《教师教育课程标准（试行）》遵循“育人为本、实践取向、终身学习”三项基本要求，对幼儿园、小学、中学职前教师教育课程目标与课程设置作出了规定。其中，课程目标细分为教育信念与责任、教育知识与能力、教育实践与体验 3 项目标领域。每一目标下列具体的目标和基本要求。课程设置划分为儿童发展与学习，幼儿（小学、中学）教育基础，幼儿活动与指导（小学或中学学科教育与活动指导），幼儿园与家庭（心理健康与道德教育）、社会、职业道德与专业发展，教育实践六大学习领域。每个学习领域下列具体的课程模块和学分要求。教师教育机构要依据课程标准，制订幼儿园、小学、中学教师教育课程方案，科学地安排公共基础课程、学科专业课程和教师教育课程的结构比例；还根据学习领域、建议模块及学分要求，确立相应的课程结构，提出课程实施办法，制定配套的保障措施；建立课程自我评估制度，及时发现问题，总结经验，不断完善课程方案。

（二）教师教育机构认证

教师教育机构是指专门负责培养或培训教师，以及其他教育从业者的主体。随着传统师范教育向现代教师教育转型，教师教育模式也由封闭走向开放，具体表现为教师教育机构的多样化。在此背景下，如何确保教师教育机构的办学质量，以适应教师教育大学化、多元化、开放化的需求，已成为教师教育制度变革面临的重要课题。教师教育机构认证通过审核评估教师教育机构是否符合教师培养或培训的专业要求，鼓励教师教育机构持续改进和提升品质，从而提高教师教育的质量，促进教师的专业发展。

教师教育机构认证是现代教师教育制度的重要组成部分。从美国、日本等国教师教育机构认证的具体实践来看，表现出了一些共性。首先是第三方认证与评价。例如，美国中小学师资培养的主要机构是综合性大学的教育学院，由全国教师教育认证委员会（National Council for the Accreditation of Teacher Education，NCATE）负责对其进行认证。此外，还有教师教育认证委员会（Teacher Education Accreditation Council，TEAC）负责对具体的教师教育项目进行认证。NCATE 和 TEAC 都属于非营利性的民间专业组织，其认证过程都需要争取州一级教育行政部门的认可、支持与合作。两者对教师教育机构或项目进行认证的终极目标在于，追求高质量的教师教育，培养高素质的教师。其次是科学系统的评价指标体系。教师教育机构认证的评价指标体系既要符合教师专业发展的需求，又要体现出社会发展，以及教育改革对教师教育机构的要求与期望。以 NCATE 为例，每 5 年修订一次机构认证的标准，其颁布的《教师教育机构认证的专业标准》（*Professional Standards for the Accreditation of Schools，Colleges，and Departments*）详细阐述了机构认证的标准体系。该标准系统体现出了三个方面的特征：其一，绩效本位的价值取向，关注教师教育机构的行为表现及其结果，尤其是教师候选人的质量；其二，人本主义的价值取向，强调教师教育机构应满足教师候选人多样化的需求，实现潜力的最大开发；其三，协作参与的价值取向，将教师教育者与大学、专业团体成员及中小学教师，教师教育机构与中小学校之间的合作列为评价的重要指标。再次是动态的认证程序。一般而言，教师教育机构认证要历经如下认证程序：教师教育机构提出认证申请→认证机构受理申请，确定评估方案→教师教育机构提交自评报告→认证机构派遣专家小组进行实地考察，并撰写考察报告→认证机构审查报告，作出认证结论→申请机构反馈意见→公布认证结论→教师教育机构持续改进，再次提出认证申请。如此循环反复，对教师教育机构进行周期性的评估。最后，教师教育机构认证的最终指向，是鼓励教师教育机构改进教师教育方案，即“通过诊断教育方案或计划、教育过程与活动中存在的问题，为正在进行的教育活动提供反馈信息，以提高实践中正在进行的教育活动质量”（陈玉琨，1999，p. 12），其性质是形成性评价，而非终结性的判断。

对于正处于教师教育转型时期的我国而言，推行教师教育机构认证具有重要的现实意义：第一，有助于实现政府职能的转变，减少政府对教师教育机构的直接干预；第二，有助于建立和健全教师质量保障体系，加强对教师教育质量的监控；第三，有助于提升教师教育专业化，鼓励教师教育机构的合作与竞争；第四，有助于推进教师教育规范化，改善教师教育机构的专业形象，提高社会认可度。尽管我国目前尚未确立教师教育机构认证标准与相应的认证制度，但不乏相关理论研究与现实实践。例如，浙江省教育厅 2011 年印发的《浙江省中小学教师培训机构资质认定办法（试行）》，明确了教师培训机构资质认定的指导思想、范围、基本条件、认证程序等，旨在加强对教师培训机构的引导管理，建立开放有序的教师培训体系，促进优质教育培训资源的合理利用和共享，提高教师培训的质量和实效。华东师范大学课题组也就教师教育机构认证的组织结构与程序、认证标准提出了基本构想。其认证标准体系包括教师教育方案与规划、办学条件、教师教育候选人的选拔、课程计划、教师队伍、教学管理 6 个一级指标，每个一级指标下面又罗列了具体的标准，具有一定的可操作性（华东师范大学课题组，2003，p. 15）。另有学者基于我国的具体国情，结合 NCATE 教师教育机构认证的经验，认为教师教育机构认证标准由教师教育机构的办学宗旨、组织与管理、候选人及其培养目标、教师教育者及其专业发展、课程设置与建设、教学水平与效果、资源与保障、环境与公共关系（教师教育机构与中小学、教研机构等的关系）8 个维度构成（朱旭东，李琼，2011，p. 212）。如何将上述框架性的设想运用于教师教育实践，是我国教师教育改革亟待解决的重要问题。

三、教师教育质量评估标准与保障机制

面对社会急剧变革带来的挑战，提高教师质量是世界各国教育发展的战略共识。正如联合国教科文组织国际 21 世纪教育委员所言：“我们无论怎样强调教学质量亦教师质量的重要性都不会过分。”（雅克·德洛克，1996，p. 139）以提高教师质量为目标，以教师教育机构的转型、教师教育软件、硬件条件的更新、教师教育者素质的提升、教师教育课程重构为主要内容的教师教育变革与

创新持续不断。如何评价教师教育质量的高低？如何检验教师教育改革的成效？这就需要开发教师教育质量评估标准，以及构建相应的教师教育质量保障体系。

（一）教师教育质量评估标准

教师教育质量评估是指对教师培养和培训相关的机构、课程设置、教育教学实践和人才培养的综合考察。教师教育质量包括了教师教育的条件、过程和结果的各个环节的效果和素质，具体包括教师教育机构质量、教师教育课程与教学质量、教师教育人才培养质量等。教师教育质量评估标准则是对教师教育条件（硬件条件、软件条件）、教师教育过程（课程质量和教育教学实践质量），以及教师教育结果（教师候选人质量）的一个整体的、综合的、系统的评价指标体系。鉴于此，教师教育质量评估标准的具体内容至少包括以下几方面：①教师教育机构评估标准，包括教师教育方案与规划、人力资源与管理、物质资源与管理，以及机构的生态环境；②教师教育课程评估标准，由于对教师教育课程与学科专业课程，以及教师教育理论课程与实践课程的关系理解的不同，便有不同的课程设置，由此衍生出了不同的课程质量评估标准，但均表现出以儿童为本、实践趋向和终身学习的课程理念；③教师教育教学质量评估标准，包括教师教育者的教学素养、教学态度、教学组织与方法及教学效果；④教师候选人质量评估标准，主要由教师专业沟通能力、教师专业特质、教师专业技能，以及教师评估的个案分析等组成（朱旭东，李琼，2011，pp. 245-263）。显而易见，教师教育质量评估标准是对教师教育整体质量进行综合评估的标准。它包括对教师教育机构、教师教育者、教师教育对象、教师教育内容等的评估标准。它与教师专业标准、教师教育机构标准、教师教育课程标准等是包含与被包含、整体与部分的关系。其中，教师专业标准是教师教育质量评估最基本、最核心的衡量指标。

教师教育质量评估标准不仅有利于教师专业标准、教师教育课程标准，以及教师教育机构认证标准的落实，还能够对教师教育整体质量的高低进行有效的量化和评估。因此，构建教师教育质量评估标准已成为许多国家系统评价教师教育质量和保障教师教育质量的有效途径。一般而言，确立教师教育质量评估标准的依据主要源自三个方面：第一，教师教育专业化和大学化的影响。教师教育的专业化和教师教育的大学化是同时发展的，“教师教育大学化的实质是大学教育学院的教师教育专业建制”（朱旭东，2004，p. 1），教师教育专业的重新建制又必然导致教师教育机构的重新调整，两者的目标都是对教师教育的质量产生积极影响。第二，教师教育职前、职后一体化的需要。教师的专业成长体现出明显的阶段性。教师在专业发展的不同阶段，所面临的问题和关注点是不同的，教师的需求也表现出较大的差异性。教师教育一体化是一项系统而复杂的工程。如果没有相应的质量保障提供完整的支持，就很难保证教师专业发展能够持续终身。第三，教师教育制度化的目标诉求。教师教育制度化的主要目标，即构建以教师专业标准和教师资格证书制度为基础，包括教师教育课程标准与认证、教师教育机构标准与认证在内的现代教师教育制度，其出发点和落脚点均在于提高教师教育质量。

为了进一步加强教师队伍建设，我国继《幼儿园教师专业标准（试行）》、《小学教师专业标准（试行）》及《中学教师专业标准（试行）》颁布后，正在研究制定《教师教育课程标准》、《教师教育机构资质标准》、《教师教育质量评估标准》，以建立教师教育标准体系。而教师教育质量评估标准的研制，是构建教师教育质量保障机制的基础与前提。

（二）教师教育质量保障机制

纵观国际教师教育的改革浪潮，无论是以何种方式来提高教师教育质量，都离不开教师教育质量保障机制的统筹、约束和规范。教师教育质量保障机制能够确保教师专业标准、教师教育课程标准、教师教育质量评估标准，以及相应的认证发挥应有的作用，实现教师教育质量的提升。

教师教育质量保障机制，大致可以分为行政机制、专业机制及学术机制。其中，行政机制是以政府为主导的法定质量保障机制。教师教育的变革与创新离不开法律、法规，以及政策的引领和保障。政府通过出台教师教育法律、法规或政策性文件，保障相关机构的办学水平、规范管理程序、参与标准的认证和教师资格证书的发放，使得教师资格证书制度、教师教育机构认证制度等得以确立，促使教师教育制度走向规范化和法制化。就我国而言，1993 年颁布的《中华人民共和国教师法》、1995 年制定的《教师资格条例》，以及 2012 年颁布的幼儿园、小学、中学教师的专业标准正是教师教育质量保障行政机制的集中体现。专业机制主要是由一定领域内的专业人员，在遵照国家相关法规的前提下，按照自愿、自主、自治的原则组建起来的一种表达专业意见、实现专业决策、影响专业发展方向的群体所组成的非政府行业组织。教师专业组织能够左右教师的专业化进程，解决教师群体共同面临的教育难题，同时也是个体教师实现其个性化专业发展的稳固平台，并在教师教育标准的研究、制定和认证中能够从专业利益和价值的角度进行考量，从而可以尽可能地减少来自专业外部的干扰。因此，相比行政机制中的政府，专业机制中的专业组织更具有专业性和权威性。以美国为例，全国教育协会（National Education Association，NEA）和美国教师联盟（American Federation of Teachers，AFT）充分利用自身多元化的资源优势，在改善教师待遇、保护教师权益，制定专业伦理规范、彰显教师专业精神，规范专业标准、保障教师教育质量等方面发挥了巨大的作用。学术机制则是学术事务及其管理过程中的组织机构、人员和制度的总称（肖起清，2007，p. 23）。它要求教师教育机构在科研资源配置、学术评价、专业技术人才考核，以及政策决议等方面必须充分发扬民主，防止行政中心主义倾向，同时建立起浓厚的学术氛围，提高教师的科研能力，从而促进教师的专业发展，提高教师教育质量。譬如，在大学教学和科研政策方面，要听取教师和学生的建议。由于教师、学生在大学管理上的发言权得到承认，在一定程度上增强了大学内部管理的民主性和科学性，有利于大学的自我约束和办学自主权的完善，从而有利于提高教师教育的成效。行政机制、专业机制及学术机制三者整合、共同作用，围绕教师教育系列标准的研制，以及相关认证制度的实施，通过法律、法规及政策的引领，吸引社会各界相关专业人士的积极参与，形成了教师教育制度内外结合、政府与非政府组织结合、专业人士与非专业人士结合、国家与地方结合的不同体系和不同层级的质量保障体系。

百年大计，教育为本；教育大计，教师为本。只有高素质的教师和高水平的教师教育，才能真正为教育的创新和教育质量的提升夯实基础。我国的教师教育改革基本正逐步由追求教师数量到提高教师质量进行过渡。高质量的教师必然依赖于高质量的教师教育。然而，什么是高质量的教师教育？用什么标准衡量教师教育？这一关键问题始终没有得到明确的解答。因此，研制科学合理的教师教育质量评估标准，构建系统规范的教师教育质量保障机制势在必行。这既是我国当前教师教育改革的使命和责任，也是国际教师教育发展的必然趋势。

第八章

结语：师范生免费教育的价值分析

教育政策是价值的权威性分配（Bal，1990，p. 45）。政策始终承载着一定的价值，而价值始终贯穿于政策之中。师范生免费教育是加强改革教育，促进教师队伍建设的一项示范性举措；是立足于教育发展与教育公平双重价值基础之上的行动；是开放市场与宏观调控、政府决策与个体选择、效率与公平等多方价值冲突与平衡的过程；是政府为了解教育问题，更好地实现教育日标而对一定的价值进行分配的结果。

一、师范生免费教育的价值基础

政策的价值基础指政策发展的起点或政策必须体现的、根本性的价值因素，即政策必须符合某些普遍性的规则，如法律、意识形态、社会价值观、文化传统、执政者的执政理念等。“有关教育的方针、政策主要是某一时期国家或政党的总任务、总方针、总政策在教育领域内的具体表现。”（叶澜，1999，p. 148）一项新的教育政策的出台，首先其过程和程序应与我国《立法法》的相关规定一致，“应当遵循宪法的基本原则，以经济建设为中心，坚持社会主义道路、坚持人民民主专政、坚持中国共产党的领导、坚持马克思列宁主义毛泽东思想邓小平理论，坚持改革开放”。“应当依照法定的权限和程序，从国家整体利益出发，维护社会主义法制的统一和尊严。”“应当体现人民的意志，发扬社会主义民主，保障人民通过多种途径参与立法活动。”“应当从实际出发，科学合理地规定公民、法人和其他组织的权利与义务、国家机关的权力与责任。”“在起草过程中，应当广泛听取有关机关、组织和公民的意见。”① 其次，政策的内容应符合《中华人民共和国宪法》、《中华人民共和国教育法》及其他相关法律如《中华人民共和国义务教育法》、《中华人民共和国教师法》等的规定；还应符合政党和政府在特定时期的总方针、总政策，特别是教育方面的总方针、总政策。

---

① 全国人民代表大会 . 2000. 中华人民共和国立法法 .

师范生免费教育政策同样如此，在程序上要合法，在内容上要符合我国已有的普遍价值。其正如温家宝同志在政府工作报告中所说，是政府“为了促进教育发展和教育公平”而采取的与“建立健全国家奖学金、助学金制度”并列的两项重大措施之一，其根本价值基础正是教育发展与教育公平。

（一）教育发展

教育发展主要是指通过各种方式促进教育效益提升的过程。我国关于教育发展的主流价值观首先体现在各级各类法律之中。《中华人民共和国宪法》第一章第十九条规定：“国家发展社会主义的教育事业，提高全国人民的科学文化水平。国家举办各种学校，普及初等义务教育，发展中等教育、职业教育和高等教育，并且发展学前教育。国家发展各种教育设施，扫除文盲，对工人、农民、国家工作人员和其他劳动者进行政治、文化、科学、技术、业务的教育，鼓励自学成才。国家鼓励集体经济组织、国家企业事业组织和其他社会力量依照法律规定举办各种教育事业。”① 《中华人民共和国教育法》第一章第四条规定：“教育是社会主义现代化建设的基础，国家保障教育事业优先发展。全社会应当关心和支持教育事业的发展，全社会应当尊重教师。”第八条规定：“教育活动必须符合国家和社会公共利益。”第十条规定：“国家扶持边远贫困地区发展教育事业。”② 依据上述法律规定可知，在我国，教育发展的主体是国家，国家实施教育优先发展战略，国家以公共利益为目的开展教育发展活动，国家可以为贫困地区的教育发展提供额外支持。这为国家出台师范生免费教育政策提供了合法性基础。

国家教育发展大致有两种模式，即渐进模式和赶超模式（表 8-1）（杨东平，2006，p. 59）。我国现阶段正处于社会转型期，其教育发展不能被简单地描述为某一种模式，而是更倾向于混合模式，即在教育目标上既着力于为多数人提供教育机会，又要保障一定量的高端人才的培养；在教育价值上努力实现教育大众化，同时也不禁止精英教育；在教育重心上既注重对农村、基础教育的补偿，又坚持对城市、高等教育的投入；在基础教育学校制度上，逐步打破二元状态，但又并未完全消除不均衡现象；在公立学校的功能上，既保障教育公平，又有所重点培养；在中等教育的功能上，既努力实施课程改革，帮助学生全面发展，又要保证高校的人才输送。由此可见，我国的教育发展承担的任务特别重大，有待解决的问题也十分突出，而师范生免费教育政策主要是在义务教育均衡发展与教师教育优先发展的背景下诞生的。

---

① 全国人民代表大会 . 2004. 中华人民共和国宪法 .

② 全国人民代表大会 . 1995. 中华人民共和国教育法 .

表 8-1　教育发展的渐进模式和赶超模式

项目	渐进模式	赶超模式
教育目标	优先为大多数人提供教育机会，提高国民素质	优先培养专家，迅速实现工业化，参与国际竞争
教育价值	大众主义	精英主义
教育重心	以农村为主，普及基础教育	以城市为主，高等教育
基础教育学校制度	以公立学校为主，比较均衡	城乡二元，重点与非重点二元
公立学校的功能	以保障公平为主	突出重点，培养尖子
中学教育的功能	全面发展教育，为生活做准备	升学教育，为高校输送人才

资料来源：杨东平．2006．中国教育公平的理想与现实．北京：北京大学出版社：59

1. 义务教育均衡发展

义务教育均衡发展的水平，既是评价一国教育状况的基本标准，也是衡量一国政府公共服务质量的主要判断依据。义务教育均衡发展涉及的首先是受教育者的基本社会权利保障问题，它是指通过法律法规确保公民受教育的权利和义务，通过政策制定与资源调配而提供相对均等的社会参与机会和条件（刘新成，苏尚锋，2010，p. 28）。师范生免费教育政策于 2007 年出台，就在 2006 年《中华人民共和国义务教育法》重新修订、确立“义务教育均衡发展”的法律地位之后一年，并非偶然，实为落实法律条文的一大举措。

新修订的《中华人民共和国义务教育法》（以下简称《义务教育法》）第二条明确规定：“国家实行九年义务教育制度。义务教育是国家统一实施的所有适龄儿童、少年必须接受的教育，是国家必须予以保障的公益性事业。实施义务教育，不收学费、杂费。国家建立义务教育经费保障机制，保证义务教育制度实施。”义务教育的公益性决定了义务教育教师的培养也应由国家予以保障。实施师范生免费教育，由国家为一部分中小学教师支付培养费用，是出于保障义务教育的公益性的要求。《义务教育法》第六条、第二十二条分别规定：“国务院和县级以上地方人民政府应当合理配置教育资源，促进义务教育均衡发展，改善薄弱学校的办学条件，并采取措施，保障农村地区、民族地区实施义务教育，保障家庭经济困难的和残疾的适龄儿童、少年接受义务教育。”“县级以上人民政府及其教育行政部门应当促进学校均衡发展，缩小学校之间办学条件的差距，不得将学校分为重点学校和非重点学校。学校不得分设重点班和非重点班。”合理配置教育资源，必然包括合理配置教师资源；缩小学校之间办学条件的差距，也必然包括缩小学校之间教师水平的差距。实施免费师范生教育，通过调节 6 所部属师范大学的分省招生计划，可在一定程度上重新配置教师资源和均衡办学条件。《义务教育法》第三十三条规定：“国务院和地方各级人民政府鼓励和支持城市学校教师和高等学校毕业生到农村地区、民族地区从事义务教育工作。国家鼓励高等学校毕业生以志愿者的方式到农村地区、民族地区缺乏教师的学校任教。”师范生免费教育政策可谓一项实质性的激励高校毕业生到农村、民族地区从事教育工作的措施。《义务教育法》第四十五条、第四十七条还分别规定："地方各级人民政府在财政预算中将义务教育经费单列。县级人民政府编制预算，除向农村地区学校和薄弱学校倾斜外，应当均衡安排义务教育经费。""国务院和县级以上地方人民政府根据实际需要，设立专项资金，扶持农村地区、民族地区实施义务教育。"这都表明国家从立法上确认了义务教育均衡发展在我国当前社会发展中的地位，也为师范生免费教育政策的出台提供了依据。①

义务教育均衡发展包括配置均衡、供需均衡和动态均衡三层含义，配置均衡是指对教育横向结构方面的地区之间、内部的学校之间、学校内部群体之间，以及教育纵向结构方面的各级各类教育之间的教育资源进行均衡配置；供需均衡是指在微观情境中，实现学生在受教育的起点、过程和结果三方面都拥有公平的成长和成功机会，打破绩效中心主义的教育层级结构，对现有教育资源进行重新分配或者是对基础教育发展中的增量部分进行补偿性分配和针对性发展策略；动态均衡是指基础教育系统内各部分、各要素之间形成协调、适应、有序的关系，从而使整个教育系统处于一种稳定、功能优化的动态发展状态（刘新成，苏尚锋，2010，pp. 30-31）。国家在除港澳台地区外的其他 31 个省级行政区均配置公费师范生招生计划，同时根据6 所部属师范院校自身的区位特点，各校在不同生源省区的招生计划又有所不同，这在一定程度上正是出于义务教育均衡发展的考虑。师范生免费教育首先在 6 所部属师范大学实施，始于此而不止于此，其更高的目的是由此建立相应的教师制度，逐步使我国的教师培养与供求达到稳定、有序的状态，这与义务教育动态均衡发展的追求是一致的。总而言之，义务教育均衡发展构成了师范生免费教育政策的重要价值基础。

2. 教师教育优先发展

教师教育优先发展是指国家在政策、资源等各方面优先为教师教育的发展提供保障，以推动国家教育事业的整体发展，这是我国自 20 世纪 90 年代初至今一直坚持的教育发展战略之一。1996 年，李岚清同志在《优先办好师范教育，为落实科教兴国战略打好基础》中明确表示："师范教育是教育事业的工作母机，是教育事业始终充满生机和活力的源泉所在。"

"举办师范教育是政府行为，必须把师范教育放在教育事业中优先发展的战略地位。""师范教育在教育视野中优先发展的地位是否落实，一是看认识是否到位，二是看经费投入是否优先，三是看有无切实的政策倾斜。"（李岚清，1996，p. 37）2004 年，教育部副部长袁贵仁在全国教师教育工作会议上发表讲

① 全国人民代表大会 . 2006. 中华人民共和国义务教育法 .

话指出："高质量教育的关键是高质量的师资，提高师资素质的关键是搞好教师教育"，"要坚持教师教育优先发展的地位"（王文，袁贵仁，2004，p. 4）。之所以要优先发展教师教育，原因在于：国家发展需要各类高水平的人才，高水平的人才有赖于基础教育质量的提升，基础教育质量的提升要求有高素质的教师队伍，高素质的教师队伍则要依靠高水平的教师教育。总而言之，只有办好教师教育，才能形成和促进整个教育事业的良性循环。正因为如此，必须把教师教育作为发展教育视野的战略措施，优先发展，适度超前；必须把办好教师教育作为政府职责，大力提高质量和效益。而"师范教育在教育视野中优先发展的地位是否落实，一是看认识是否到位；二是看经费投入是否优先；三是看有无切实的政策倾斜。"（李岚清，1996，p. 37）为此，师范生免费教育政策的出台，旨在形成尊师重教的浓厚氛围，让教育成为全社会最受尊重的事业；培养大批的优秀教师；就是要提倡教育家办学，鼓励更多的优秀青年终身做教育工作者。这正是对教师教育优先发展战略的具体体现。

在师范生免费教育实施近 3 年后，2010 年《国家中长期教育改革和发展纲要（2010—2020 年）》颁布，文中将"加强教师队伍建设"作为实现国家各级各类教育目标的保障措施，明确提出要"积极推进师范生免费教育"，要"加强教师教育，构建以师范院校为主体、综合大学参与、开放灵活的教师教育体系"，要"深化教师教育改革，创新培养模式，增强实习实践环节，强化师德修养和教学能力训练，提高教师培养质量"①。这为师范生免费教育政策的进一步完善提出了要求，指明了方向，即以现有政策为改革契机，创新教师培养模式，提高教师培养质量，充分发挥示范、导向作用。

（二）教育公平

教育公平是评价一个国家或地区教育改革成效的基本标准。它不仅仅是教育发展水平的一项具体指标，而且反映的是教育的根本宗旨和基本目标（谢维和等，2008，p. 1）。教育公平与社会公平存在一种辩证关系：社会公平包含教育公平，教育公平则反作用于社会公平，即教育公平的实现能够促进社会公平。教育公平的实现是一个渐进的过程。国家处于不同的社会发展时期，对教育公平的理解也呈现出一定的阶段性特征，其所蕴含的教育价值追求、资源配置方式、学校发展路径、学校系统制度，以及教育权力与机会的分配也有所不同（杨东平，2006，pp. 55-58）。师范生免费教育政策在一定程度上反映了转型时期我国教育改革对教育权利公平、教育机会公平、教育规则公平的追求，努力扭转"四个不平衡"的状况，即城乡教育不平衡、区域教育不平衡、各级各类

① 中华人民共和国教育部. 2010. 国家中长期教育改革和发展规划纲要.

教育不平衡、学校之间不平衡。

1. 教育权利公平

教育公平的内涵丰富，一般认为包括教育权利平等、教育机会均等、教育规则公正，即教育权利公平、教育机会公平、教育规则公平（黄国泰，2010，p. 2）。教育权利公平是教育公平的起点。在法治社会，权利的公平是一切公平的基础。《中华人民共和国宪法》第二章第四十六条、第四十七条规定："中华人民共和国公民有受教育的权利和义务。国家培养青年、少年、儿童在品德、智力、体质等方面全面发展。"①《中华人民共和国教育法》第一章第九条规定："中华人民共和国公民有受教育的权利和义务。公民不分民族、种族、性别、职业、财产状况、宗教信仰等，依法享有平等的受教育机会。"②《义务教育法》第一章第四条、第五条规定："凡具有中华人民共和国国籍的适龄儿童、少年，不分性别、民族、种族、家庭财产状况、宗教信仰等，依法享有平等接受义务教育的权利，并履行接受义务教育的义务。""各级人民政府及其有关部门应当履行本法规定的各项职责，保障适龄儿童、少年接受义务教育的权利。"③ 可见，教育权利公平作为教育公平的最基本内容，已经被列入各级各类法律条文。师范生免费教育在政策执行过程中，也应遵循这一最基本的要求。

2. 教育机会公平

教育机会公平是教育公平的关键。教育机会是指受教育者未来发展在选择和给予方面的可能性，是每个受教育者进入教育领域、参与教育活动的各种条件的总和。教育机会的不同将导致受教育者未来发展可能结果的截然不同（黄国泰，2010，p. 2）。教育机会公平的首要内容就是入学机会均等，即"有学可上"，主要指学龄儿童不仅在法律上具有平等的受教育权，而且在实际成长过程中不因民族、种族、性别、职业、财产状况、宗教信仰等的差异而影响其入学。教育的公益性和普惠性是确保教育机会公平的关键之所在。

教育机会公平还包括学生在受教育过程中享有的教育条件均等。教育条件包括3个方面：一是符合规定标准的教学场所及设施，即学校教育基础设施，如安全的校舍等；二是合格的教师；三是必备的办学资金和稳定的经费来源。在教学场所及设施的保障方面，义务教育学校标准化建设于2010年被列入国家重大项目。在稳定的教育经费来源方面，中央政府于2006年深化农村义务教育经费保障机制改革，其主要内容包括将农村义务教育全面纳入公共财政保障范

① 全国人民代表大会. 2004. 中华人民共和国宪法.

② 全国人民代表大会. 1995. 中华人民共和国教育法.

③ 全国人民代表大会. 2006. 中华人民共和国义务教育法.

围，建立中央分项目、按比例分担的农村义务教育经费保障机制。“截至2011年3月，我国全面实现城乡免费义务教育，所有适龄儿童都能‘不花钱、有学上’。”① 合格教师的配置，则有赖于教师教育的进一步改革。师范生免费教育基于对教育机会公平的价值追求，通过培养大批优秀的教师来满足社会对扩大教育公益性和普惠性的要求。

3. 教育规则公平

教育规则公平即教育政策合理，包括教育管理、教育投入、教育规划、教育评价等方面的体制和具体做法、操作程序是合理、公正、公平的。教育规则公平是最起码的公平，是教育权利公平的体现和教育机会公平的保证（黄国泰，2010，p. 2）。教育政策的不完善或不合时宜都可能加剧教育的不公平。当前，我国政府高度重视教育制度公平的建设，重视以改革和政策支持来促进公平。新的师范生免费教育政策正是为了补充、完善和更新既有的教师教育政策，是用改革和政策支持促进教育公平的重大举措。

作为师范生免费教育的两大价值基础，教育发展与教育公平是相辅相成的：首先，教育公平是各国政府教育改革的基本出发点和共同目标，始终左右着教育改革的方向，并最终决定着教育事业发展的成败；其次，追求教育的高质量和进一步促进教育公平，是现代教育发展的时代特征，在实现教育普及化、大众化的基础上，追求教育的高质量，培养高水平的建设人才，同样是我国目前教育改革最具代表性的时代特征；再次，教育发展效益的提高和教育公平程度的提升是政府和个人的共同期望（朱金花，2008，p. 216）。师范生免费教育政策若运行良好，则既有利于教育发展也有利于教育公平；若政策实施不当，则最终会既有损于教育发展，也有损于教育公平。

二、师范生免费教育的价值冲突

合理的政策初衷不足以保证良好的政策实施成效。从政策的制定到政策的实施，再到政策的再修订与后续实施，整个过程中始终贯穿着各种价值冲突。政策制定的理性模型认为，要达到政策制定的科学化，要满足以下条件：首先，决策者具有绝对理性，表现在他们能够掌握完备的知识，收集各利益群体全面的信息，权衡整个社会的价值偏好，并能够准确估计成本与利益的比例，穷尽备选方案，正确预测所有结果，最后选择实现政策目标的最优方案；其次，决策目标单一、明确和绝对；最后，决策者在决策过程中具备一以贯之的价值偏好（李孔珍，洪成文，2006，p. 66）。但在教育政策实践中，教育政策主体总要

① 中央人民政府门户网站. 2011. 温家宝在十一届人大四次会议上所作的政府工作报告. http://www.gov.cn/2011lh/content_1825233.htm. [2011-03-15].

受时间、人力、物力、财力等资源条件的限制，往往面临着各种价值冲突。师范生免费教育政策同样力求科学化，致力于构建实现其政策目标的最佳方案。但在实际过程中却无法满足政策制定的理性模型的种种前提假设。首先，师范生免费教育政策涉及广泛的利益群体（表8-2）；其次，师范生免费教育政策的决策目标并不完全符合单一、明确和绝对的前提；最后，决策者是否具有一以贯之的价值偏好也难以确定。因此，师范生免费教育的实施无法避免层层的价值冲突。

表8-2 师范生免费教育政策的相关利益群体

政府	高等教育学校	基础教育学校	个人层面	其他相关利益群体
中央政府、地方政府	部属师范院校、一般师范院校	东部中小学、中西部城市中小学、中西部乡镇中小学	公费师范生、非公费师范生、非师范生	高校教师、中小学教师、教育研究者、公众

（一）高等教育市场化与教师产品的公共性

师范生免费教育政策的一项重要内容，即“免费教育师范生在校学习期间免除学费，免交住宿费，并补助生活费。所需经费由中央财政安排”。这意味着免费师范生不必为其所受的高等教育分担成本，而代之由公共财政支付全部费用。对此，社会各界一直争论不休。师范生免费教育“收费与否”，实际上折射出对教师教育的性质定位问题。高等师范教育既然置身于高等教育之中，不可避免地要卷入高等教育日益市场化的运作趋势，又要坚持面向基础教育、兼顾基础教育的公益性要求，这是师范生免费教育面临的最直接的价值冲突。

1992年十四大召开后，社会主义市场经济改革进一步深化，高等教育发展随之进入了一个崭新的阶段，其改革的一个重要方向就是顺应教育的市场化趋势（潘懋元，1995，p. 27）。高等教育市场化具有以下特征：自负盈亏原则；市场的兴起；国家作为教育提供者的角色减弱；市场管理原则的采纳；市场主导课程；院校创收；内部竞争；强调效益。其具体表现在两个层面：从宏观政策的角度看，政府对高等教育解除管制、消除垄断、私有化或非国有化，这个层次的市场化发展通常由政府主导；从实践的角度看，运用市场价值及策略，把高等教育变成一般商品，满足消费者的需要，具体表现如大学毕业生在劳动力市场上的就业状况及劳动报酬的高低，成为影响大学制定学费标准的主要因素，部分大学甚至将学费分配到各门课程的学分上，这种明码标价的做法把大学与学生在传授知识上的商品交换关系表现得更为淋漓尽致（戴晓霞，莫家豪，2004，pp. 39-40）。高等师范教育也同样如此。从宏观政策的角度看，政府对高等师范教育逐渐放宽管制，赋予高等师范院校更多的办学自主权，并逐渐将教师教育向综合大学开放，将教师资格认证向非师范生开放。从具体的学校实践来看，高等师范教育的全面收费与自主择业也呈现出市场化的特征。

然而，高等师范教育体制改革在顺应高等教育市场化趋势的同时，其教育宗旨和培养目标仍是恒定的，即培养中小学教师，为基础教育服务。教师作为师范教育事业的产品，其公共性源于基础教育尤其是义务教育的公共性。公共经济学的理论认为，义务教育具有效用上的非排他性和消费上的非竞争性。效用上的非排他性，是指义务教育所传授的知识是人类知识中必须继承的最基础的知识；消费上的非竞争性，是指义务教育培养的是全部的适龄儿童，受益的是整个社会，即义务教育是一种公共产品，政府要免费提供充足的发展义务教育的经费，确保每个儿童都有接受教育的机会。由此，为义务教育服务的教师也应由政府提供经费来培养，义务教育阶段优秀教师供应不足或配置不均的状况也应由政府来调控。

由此可见，师范生免费教育体现出高等教育市场化与教师产品公共性的价值冲突。其集中表现在两方面：第一，师范生个人是否应分担高等教育成本或公共财政，是否应为师范生的培养支付全部费用；第二，师范生是否有权自主择业或国家对师范生进行一定程度的就业定向安排是否具有合法性。市场经济是自主和平等经济，是以盈利为目的的经济（靳希斌，2000，pp. 86-87）。如果高等师范教育完全顺应高等教育市场化的趋势，则应该对所有师范生收费，且对部属师范大学与地方师范院校的学生同样收费；同时，也应赋予师范毕业生完全的自主择业的权利，不加以任何地域、服务期限或其他限制。如果师范教育完全遵循教师产品的公共性，则公共财政应该为师范生的培养支付全部费用，政府也有权根据公共需要对师范毕业生进行定向就业安排。反观师范生免费教育，政府既为免费师范生的培养支付费用，却又不是为所有师范生的培养支付费用；既对免费师范生的就业去向作出限制，又并非完全依据公共需要对免费师范毕业生进行定向安排。其合理性遭受质疑，很大程度上源于上述价值冲突。实际上，既然高等教育市场化要求高等教育服务享用者为之付费，而由基础教育公益性延伸而来的教师产品公益性，赋予高等师范教育服务享用者不为之付费的权利，那么解决这一矛盾的最佳方式就是由以公共服务为本职的政府来支付这一费用，从而达到平衡。正如我国的社会主义市场经济，是强有力的国家宏观调控下的市场经济。师范生免费教育，虽然是在高等教育市场化大环境下实施的一项政策，却秉持了政府公共服务的原则，是由政府向高等教育机构支付费用，购买教师产品，输送到基础教育机构的一项调和性政策。

（二）政府决策与个体选择

师范生免费教育政策的制定与实施由政府主导，但也必须考虑到个体因素的作用，这是由教育政策的价值属性决定的。教育政策的价值可分为教育政策的个体价值和社会价值，以及个体价值和社会价值中的工具价值和目的价值。教育政策的价值应该是教育政策的客体属性与主体的需要在实践的基础上所形成的一种效用关系。教育政策的属性、主体的需要和实践活动是构成教育政策价值的三个基本要素。教育政策的属性是指教育政策具有导向、协调、控制和规范等方面的属性。教育政策的主体则包括决策主体、咨询主体、执行主体、评价主体和对象主体（教育政策的直接影响对象）（表8-3）。根据他们在教育政策生成和操作中的角色不同，把决策主体、咨询主体、执行主体、评价主体称为第一主体，把对象主体称为第二主体，各主体对教育政策的利益诉求不一。例如，决策主体可能看重的是教育政策的导向、协调、控制和规范作用；咨询主体可能看重的是规范作用；执行主体可能看重的是协调作用；评价主体可能看重的是规范的作用；对象主体可能看重的是教育政策对自己产生的直接利益。教育政策应关照所有主体的价值，使教育政策价值全面而完善地体现出来，既要满足第一主体（即决策主体、咨询主体、执行主体、评价主体）的需要，发挥良好的协调利益表达的作用，达成了利益的集中和分配方案，又要满足第二主体即对象主体的需要（孙绵涛，邓纯考，2002，pp. 18-19）。

表8-3　师范生免费教育政策价值的相关主体

主体	项目
决策主体	中华人民共和国中央人民政府
咨询主体	国家教育与发展研究中心、师范教育工作会议与会者等
执行主体	各省、地方人民政府，6所部属师范院校
评价主体	各高校及研究所的学者、其他政策关心者
对象主体	免费师范生

师范生免费教育的实施同样涉及多个政策主体的利益冲突（表8-3）。其政策过程本质上是不同利益集团展开博弈，诉求自身利益最大化的过程。其中，中央政府作为决策主体，关注的是国家社会的总体发展，鼓励个人作“贡献”，例如，鼓励青年“到农村去”，“到国家需要的地方去”等。就师范生免费教育而言，诸如“毕业后从事中小学教育10年以上”，“回生源所在地省份任教”，“不得报到脱产研究生”，“鼓励毕业生到边远贫困和民族地区任教”等政策规定体现的是公共意志。而免费师范生作为对象主体，往往以自

身利益最大化为出发点，表现出多样化的政策诉求。以免费师范生的就业意向为例，有人以实现报效祖国、服务西部的理想为最大利益；有人以经济利益最大化为首要考量；有人以回家乡生活为首要要求；有人以与恋人、配偶共同生活为第一出发点，等等。因此，以政府、高校为代表的决策主体、执行主体与作为对象主体的免费师范生必然存在着政府决策与个人选择、公共意志与个人意愿的价值冲突。

以往我国教育政策的实施主要是通过行政手段由上至下推行。这一方式基本排除了非系统内人员和机构的参与。但政策实施的过程在本质上一定是多层面和非线性的，不能忽视非常规意义上的直接参与者所起的作用（赵勇，杨文中，2007，p. 78）。面对政府决策与个体选择的价值冲突，渐进主义决策模式主张采用“民主智慧寓于社会互动之中”的市场运作的原理，其要旨不在于专家作出周详、完备的全知分析，而在于广泛的参与主体了解彼此的价值偏好，透过妥协调适、良性互动而实现政策的动态平衡（黄厚明，2008，pp. 39-40）。从师范生免费教育政策的制定来看，公众更广泛地参与，有助于准确反映不同利益群体的自身利益要求，从而形成更加合理的政策方案；从政策执行的角度来看，各价值相关主体更广泛地参与决策，有助于提高其对决策合法性的认可，减少政策执行的成本。师范生免费教育所面临的政府决策与个体选择的价值冲突，一方面必须通过更广泛的民主参与和反馈，才能真正达成各方利益的平衡；另一方面，决策主体在进行制度设计和政策方案的调整时，应尽可能尊重并满足包括免费师范生在内的各个利益群体的多元需求，才能最终实现合理的利益分配和再分配。

（三）公平与效率

公平与效率是“一对永恒的矛盾”。教育政策实施过程中的公平与效率的矛盾有时是不可避免的。师范生免费教育是我国整个教育政策体系中的一项具体政策，它本身必须体现上位政策对教育公平的追求；与此同时，这一政策本身有无效率，即能否通过政策方案的具体内容达成其既定的政策目标，则会导致对政策本身存在的必要性的怀疑。因此，公平与效率同样构成了师范生免费教育实施过程中的一对基本矛盾。

围绕着“公平”与“效率”，社会各界对师范生免费教育的政策目标和制度设计争论不休。例如，为实现“培养造就优秀教师和教育家”的政策初衷，师范生免费教育当前仅在6所部属师范大学试行，其目的在于秉承部属师范大学高质量办学的优良传统，大力推进教师教育改革，培育专业知识扎实、专业技能突出、专业信念坚定的优秀人才。但同时，师范生免费教育的推行，使得部属师范大学集中了更多的优质教师教育资源，由此可能进一步拉大了不同层级的师范院校间的质量差距，违背了分级办学、提高质量的师范教育体系构建的初衷。此外，师范生免费教育仅在6所部属师范大学实施，这对于地方师范院校是否公平？师范生免费政策每年仅惠及1万多名学生，这对于其他不享受政策优惠的师范生是否公平？有研究指出，以往部属师范大学的毕业生从事中小学教育的比例达不到30%，其中愿意到农村任教的更是少之又少；相反，地方性师范院校的生源主要来自农村，毕业后回农村任教的比例也更高。因此，在地方性师范院校实施师范生免费教育的现实意义可能更大（黎婉勤，2007，p. 27）。

实际上，兼顾公平与效率并不无可能。当前，我国的教育改革，教育发展不均衡是最突出的问题。而影响我国教育失衡的主要因素，按重要性程度依次为：城乡差距、地区差距、民族差距和性别差距。因此，促进农村教育发展是教育质量整体提升的必然选择。与改变导致教育失衡的发展性因素相比，通过制度变革和政策调整来促进教育均衡发展，全面提升教育质量更容易实现。实施师范生免费教育正是要以政策杠杆撬动基础教育的均衡、高效发展。师范生免费教育对农村教育的补偿，主要体现在招生阶段的生源配置、培养阶段的准教师资源配置和就业阶段的教师资源配置。首先，在招生环节，师范生免费教育通过招生计划向中西部倾斜，从而在生源上对农村地区予以了补偿；且“两免一补”的政策规定，无疑能对来自农村地区的贫寒学子形成强大的吸引力。其次，在培养阶段，部属师范大学与农村中小学建立合作关系，通过把免费师范生送往农村中小学实习，在一定程度上有利于改善农村中小学的教育现状。最后，在就业方面，师范生免费教育规定免费师范生毕业后一般回生源所在地省份从教；到城镇学校工作的，须到农村学校任教服务2年，以支援农村教育工作。由此，师范生免费教育既对农村教育发展予以了一定程度的弱势补偿，又通过促进农村教育发展，实现了全面提高教育质量的终极目标。

三、师范生免费教育的价值选择

教育政策就是政府为了解决教育方面的公共问题和实现一定的教育目标，通过决策和计划，对全社会的价值做权威性的分配，而采取的一系列行动（李孔珍，洪成文，2006，p. 65）。教育政策的价值选择包括目标的选择、手段的选择及结果的选择。影响教育政策价值选择的决定性因素，是教育政策问题和教育政策价值观（刘复兴，2003，p. 45）。政府对各类价值的权威性分配体现出其价值偏好——面向农村或面向城市；为基础教育服务还是为高等教育服务；个人伦理优先还是制度伦理优先。师范生免费教育政策，宏观上致力于教师整体质量的提升，关注东中西各区域基础教育的均衡发展和城乡教育的协调发展；

在中观层面对不同层级的师范学校提出不同的办学要求，而非不顾学校水平盲目地一刀切，以达到各当其位、各尽其职；在微观上也关注不同政策主体的教育权利与义务的对等。其政策价值取向体现出优才导向、服务基层、制度创新等特征。

（一）师范生免费教育政策的优才导向

教育部直属师范大学实行师范生免费教育，是具有示范性的举措，其根本目的就是要进一步形成尊师重教的浓厚氛围，让教育成为全社会最受尊重的事业；就是要培养大批优秀的教师；就是要提倡教育家办学，鼓励更多的优秀青年终身做教育工作者。“三个就是要”明确阐释了师范生免费教育政策的“优才导向”，而非如世人所理解的“农村导向”。深刻理解师范生免费教育的“优才导向”，6 所部属师范大学也制定了高层次的人才培养目标。例如，北京师范大学将免费师范生的培养目标定位为“基础教育高级专门人才”；华东师范大学旨在“培养造就优秀教师和教育家”；华中师范大学的人才培养目标是“为国家教育事业的发展培养一流的师资”；陕西师范大学的人才培养目标则是“基础教育优秀教师及教育行政管理人员”；东北师范大学力求培养“优秀中学教师”；西南大学也将培养“基础教育优秀师资”作为实行师范生免费教育的重要目标。尽管具体表述各有不同，6 所部属师范大学都把人才培养目标定位于“优秀”。2010 年，温家宝同志在全国教育工作会议上再次强调：“师范教育的目标绝不是造就‘教书匠’，而是要造就堪为人师的教育家。”

正是基于“优才取向”，师范生免费教育率先在教育部直属师范大学试行。6 所部属师范大学乃是我国现行教师教育体系的最高层次，可以秉承“精耕细作、精雕细刻”的优良传统，兼顾学术性与师范性，大力推进教师教育改革，为我国教育领域培育高起点、高水准、宽视野的拔尖人才。以实行师范生免费教育为契机，围绕培养造就优秀教师和教育家的目标，6 所部属师范大学积极探索和不断创新教师人才培养模式，具体措施包括启动实施“教师教育创新平台计划”，设立教师教育改革创新实验区，通过科学制订培养方案，深化教师教育课程改革，强化实践教学环节，建立师范生培养导师制，加强师范生师德教育，探索有中国特色的教师教育发展道路和人才培养的创新模式，为培养造就具有高尚的师德修养、高超的教学能力，先进教育理念、宽阔学术视野的优秀教师打下牢固的根基，最终造就富于创新、勇于实践的教育家。6 所部属师范大学免费师范生的培养目标，如表 8-4 所示。

表 8-4 6 所部属师范大学免费师范生的培养目标

培养院校	培养目标
北京师范大学	培养人格健全、品德高尚、综合素质优良、专业基础厚实、有较强教育教学实践能力和拓展潜力，富有创新精神、乐教适教的基础教育高级专门人才
华东师范大学	培养和造就中小学优秀教师和教育家
东北师范大学	引导和促进学生成为有见识、有能力、有责任感的自主学习者，培养其成为有理想、有抱负，德智体美全面发展，基础扎实且富有创新精神和实践能力的优秀中学教师，为其成为教育家奠定坚实的基础
华中师范大学	为国家教育事业的发展培养一流的师资。毕业生职业走向以重点高中师资为主体，同时要求具备从事初中级小学教育教学的能力
陕西师范大学	主要培养德、智、体等方面全面发展的基础教育优秀教师及教育行政管理人员，为造就教育家奠定坚实的基础
西南大学	培养“人格健全、素养深厚、基础扎实、理念先进、技术突出”的基础教育优秀教师，进一步彰显“注重人格塑造、突出综合培养、强化实践训练、服务基础教育”的师范教育人才培养特色

（二）师范生免费教育的基础教育取向

2010 年，国务院发布《关于基础教育改革与发展的决定》，指出：“基础教育是科教兴国的奠基工程，对提高中华民族素质、培养各级各类人才，促进社会主义现代化建设具有全局性、基础性和先导性作用。保持教育适度超前发展，必须把基础教育摆在优先地位并作为基础设施建设和教育事业发展的重点领域，切实予以保障。”师范生免费教育则通过为基础教育提供优质的师资，提升基础教育质量，促进基础教育的均衡发展，从而体现出为基础教育服务的价值取向。

首先是为全面实施素质教育和基础教育课程改革服务。《实施办法》第八条明确提出，“特别要根据基础教育发展和课程改革的要求，精心制订教育培养方案”。贯彻落实《实施办法》，6 所部属师范大学的人才培养目标，都强调为基础教育培养优秀师资。根据基础教育课程改革的要求，部属师范大学坚持育人为本、实践取向、终身学习的理念，重新建构教师教育课程体系；加强教育教学理论与教学实践的结合，使学生树立先进的教育理念，具备从事基础教育、实施素质教育的能力；注重学思结合、知行统一、因材施教，把免费师范生培养融入到基础教育改革之中，实现教师教育与基础教育的零距离对接；构建“政府-高校-中小学”的人才培养合作机制，加强实习基地学校建设，以回馈社会，服务基层。

其次是为促进基础教育均衡发展服务。《实施办法》第四条规定：“免费师范生入学前与学校和生源所在地省级教育行政部门签订协议，承诺毕业后从事中小学教育十年以上。”第五条又规定：“免费师范毕业生一般回生源所在省份中小学任教。”师范生免费教育通过招生计划向中西部倾斜，且实施“两免一补”的优惠政策，吸引广大农村地区的优秀学子报考师范专业。毕业后免费师范生将回原籍所在省份就业，从而向中西部地区输送优秀教师，有助于改善基础教育师资配置不均衡的局面。

（三）师范生免费教育的制度化取向

师范生免费教育并不仅仅只是一项孤立的改革措施，而是一个政策群的运作。这个政策群的确立与逐步完善，意味着整个教师教育制度的重建，包括教师教育目标的定位、教师教育机构的设置、教师教育资源的分配、教师教育模式的创新，以及教师教育理论的发展，等等，蕴藏着教师教育制度化的价值取向。

所谓制度化，是指群体和组织的社会生活从特殊的、不固定的方式向被普遍认可的固定化模式的转化过程。制度化是群体与组织发展和成熟的过程，也是整个社会生活规范化、有序化的变迁过程，表现为社会组织由非正式系统发展到正式系统，社会制度从不健全到健全的过程。制度化的具体过程可概括为：①确立共同的价值观念。通过宣传教育，促使群体与组织的成员认清其利益，树立一致的价值取向，建立规范体系，加强个人对组织的认同，并将其人格融合于组织之中，以增强群体的凝聚力。②制定规范。共同的价值观需要由规范来支持。根据共同的价值需要而制定的规范，把人们的行为纳入到相同的固定模式之中，它注重的是标准的普遍性而不是特殊性。③建立机构。规范的实施要由组织机构保证，制度化过程也是组织机构建立和健全的过程。

作为我国教师教育转型时期推出的一项示范性举措，师范生免费教育并非传统免费师范教育的简单回归，而是基于现代大学制度的教师教育体系重建，其目的在于构建现代教师教育制度，引导和规范教师教育发展。现代教师教育制度是建立在现代社会，以及现代社会对现代教育提出的要求的基础之上，具有专业性、标准性、开放性和实践性等特征。教师是一门专业的职业。专业化的教师需要专业化的教师教育。现代教师教育是一种专业教育，并且是现代大学制度条件下的专业教育。因此，现代教师教育制度一定是专业建制，体现为专业机构、专业项目、专业方向、专业课程和专业实践等，其目的在于培养和发展教师的专业知识、专业能力和专业理念等。构建现代教师教育制度，是提升教师质量的必然要求，为此，需要建立一整套专业标准来衡量教师教育的质量。换句话说，教师教育标准化体系的建构是确立现代教师教育制度的根本保障。因此，标准性存在于现代教师教育制度的各个环节。“开放性”是针对传统师范教育“独立”、“封闭”、“单一”等特点而提出的。现代教师教育制度在传统师范教育的优势基础上进行制度创新，力求构建以师范大学和其他举办教师教育的高水平大学为先导，专科、本科、研究生三个层次协调发展，职前、职后教育相互沟通，学历与非学历教育并举，促进教师专业发展和终身学习的开放性的现代教师教育体系。在现代教师教育理念下，教师由“技术熟练者”向“反思性实践者”转变。实践贯穿于教师专业发展的整个过程。因此，“实践性”也是现代教师教育制度的根本特征。

教育部直属师范大学试点推行师范生免费教育，是国家在新的历史时期推进教师教育改革、培养造就优秀教师和未来教育家的一项战略性决策。师范生免费教育政策的实施，为教师教育目标的重新确立、教师教育模式的探索与实践、教师教育体系的完善与制度创新创造了契机，提供了导向。为此，师范生免费教育在实施过程中需要大力开展教育教学改革，不断推进教师教育体制变革与创新，全面提升教师教育的质量，最终实现培养造就优秀教师和教育家的目标，切实为基础教育改革服务。

参考文献

北京师范大学教科所师范教育研究室．1988. 霍姆斯协会报告：明天的教师（下）．外国教育资料，6：3-7.

陈凡，吴跃文．2008. 部属师范大学免费师范生培养特色分析及启示．世界教育信息，1：32-37.

陈琦，刘儒德．2006. 当代教育心理学．北京：北京师范大学出版社：47，216.

陈社育．2003. 大学生职业心理辅导．北京：北京出版社：21-23.

陈向明．2000. 质的研究方法与社会科学研究．北京：教育科学出版社：12，104-107.

陈向明等．2008. 大学通识教育模式的探索．北京：教育科学出版社：7.

陈学恂．1986. 中国近代教育史教学参考资料（上册）．北京：人民教育出版社：196.

陈玉琨．1999. 教育评价学．北京：人民教育出版社：12.

D. 布鲁斯·约翰斯通．2002. 高等教育成本分担中的财政与政治．比较教育研究，1：26.

《当代中国》丛书教育卷编辑室．1986. 当代中国高等师范教育资料选．上海：华东师范大学出版社：235-250.

戴晓霞，莫家豪，谢安邦．2004. 高等教育市场化．北京：北京大学出版社：39-40.

邓泽军．2007. 试论教师教育师范性与学术性的对质与融合．西南交通大学学报（社会科学版），12：12-15.

F. 迈克尔．康内利，D. 琼·柯兰迪宁，何敏芳．1996. 专业知识场景中的教师个人实践知识．华东师范大学学报（教育科学版），2：6.

方晓东，李玉非，毕城等．2002. 中华人民共和国教育史纲．海口：海南出版社：319，378，489-490.

冯跃武．2012. 新疆实行地方免费师范生政策解读．教育教学论坛，2：197-199.

付义朝，付卫东．2011. 首届免费师范毕业生就业意向及其影响因素分析——基于全国6所部属师范大学免费师范毕业生的调查．华中师范大学学报（人文社会科学版），4：145.

顾明远．1998. 教育大辞典．上海：上海教育出版社：773.

顾明远．2007. 落实尊师重教的重大举措——师范生免费教育需要细致的制度设计．江西师范大学学报（哲学社会科学版），3：3-6.

国家教育发展研究中心．2002. 中国教育绿皮书．北京：教育科学出版社：94.

国家教育委员会师范教育司．1997. 全国师范教育工作会议文件汇编．长春：东北师范大学出版社：209，210-211，249-250.

何东昌．1998. 中华人民共和国重要教育文献．海口：海南出版社：41-75.

何凤升．2001. 师范性与学术性：从对立走向整合．扬州大学学报（高教研究版），12：25-28.

何齐宗，胡青，胡平凡．2006. 高师教育改革与教师发展．北京：中国社会科学出版社：14.

贺斌．2014. 慕课：本质、现状及其展望．江苏教育研究，1：3-7.

洪明．2002. 教师教育的理论与实践．福州：福建教育出版社：1.

洪明．2004. “反思实践”思想及其在教师教育中的争议：来自舍恩、舒尔曼和范斯特马切尔的争论．比较教育研究，10：1-2.

胡艳，邹学红．2010. 美国教师专业发展学校标准评析．教师教育研究，3：78.

华东师范大学课题组．2003. 对实施教师教育机构资质认证和评价的思考．高等师范教育研究，9：15.

黄国泰．2010. 教育公平与教育改革创新研究．北京：中国社会科学出版社：2.

黄厚明．2008. 论我国教育政策价值的两次转变．中国高等医学教育，8：39-40.

黄葳．2003. 教师教育体制：国际比较研究．广州：广东高等教育出版社：73.

姜英敏．2008. 比较基础教育．南京：江苏教育出版社：310-311.

金长泽，张贵新．2002. 师范教育史．海口：海南出版社：27，317.

靳希斌．2000. 教育经济学．沈阳：辽宁大学出版社：86-87.

黎婉勤．2007. 关于师范生免费教育的若干思考．教师教育研究，3：27.

李高峰．2011. 免费师范生三大报考动机的调查——以陕西师范大学为例．教育科学，4：24.

李孔珍，洪成文．2006. 教育政策的重要价值追求——教育公平．清华大学教育研究，6：65-66.

李岚清．1996. 优先办好师范教育，为落实科教兴国战略打好基础．高等教育，11：37.

李宁．2008. 全球化视野下中国农村教育问题研究．长春：东北师范大学出版社：66.

李晓娟，孙楚航．2011. 免费师范生学习状况调查研究．现代教育科学，7：57-60.

李治军．1994. 高师经费紧张的原因及对策探讨．辽宁师范大学学报，4：26.

刘复兴．2003. 教育政策的价值分析．北京：教育科学出版社：45.

刘婕，谢维和．2002. 栅栏内外：中国高等师范教育百年省思．北京：北京师范大学出版社：57-58，87-88，106，109-110.

刘朋．2002. 美英日三国教师资格证书制度及其启示．上海教育科研，5：58-61.

刘问岫．1989. 当代中国师范教育．北京：教育科学出版社：43，123，124，125，175.

刘新成，苏尚锋．2010. 义务教育均衡发展的三重意蕴及其超越性．教育研究，5：28-31.

刘英杰．1993. 中国教育大事典（1949—1990）．杭州：浙江教育出版社：336，800.

卢真金．2001. 反思性教学及其历史发展．全球教育展望，2：57-63.

鲁克亮，刘琼芳．2009. 西南大学首届免费师范生学习生活状况调查研究．中国成人教育，1：91-92.

罗爽．2010. 澳大利亚教师培训新机制："为澳大利亚而教"项目介绍及其启示．外国教育研究，8：7.

马超．2011. 教师教育实践的创新：教师专业社群．教师教育研究，11：25-26.

曼瑟尔·奥尔森．1995. 集体行动的逻辑．陈郁译．上海：上海三联书店：44.

冒顺安．2001. 高等师范院校两项资助政策的研究．四川大学学报（社科版），9：60.

牛道生．2004. 澳大利亚基础教育．广州：广东教育出版社：2.

潘懋元．1995. 高等教育学．福州：福建教育出版社：27.

乔雪峰，黎万红．2013. 从特质视角到发展视角：专业学习社群的研究路劲．全球教育展望，3：78.

曲香．2008. 新中国成立以来我国师范生资助政策的回顾与反思．南京师范大学硕士学位论文：17，20-22.

璩鑫圭．1994. 中国近代教育史资料汇编：实业教育　师范教育．上海：上海教育出版社：913.

邵瑞珍．1997. 教育心理学．上海：上海教育出版社：48.

史静寰．2001. 当代美国教育．北京：社会科学文献出版社：7.

舒新城．1981. 中国近代教育史资料（中册）．北京：人民教育出版社：538，693-694，701，730.

宋恩荣．1990. "中华民国"教育法规选编．南京：江苏教育出版社：436.

宋嗣连，韩力学．1998. 中国师范教育通览．长春：东北师范大学出版社：227，244-245.

孙绵涛，邓纯考．2002. 错位与复归——当代中国教育政策价值分析．教育理论与实践，10：18-19.

陶保平，黄河清．2005. 教育调查．上海：华东师范大学出版社：186.

田正平．2001. 中国教育史研究（近代分卷）．上海：华东师范大学出版社：258.

王春光．2005. 反思型教师个人实践理论探析．东北师大学报，1：138.

王卫东．2000. 教师职业信念问题初探．华东师范大学学报，4：9.

王文，袁贵仁．2004. 坚持教师教育优先发展地位．广西教育，1：4.

吴遵民，刘芳．2008. 免费师范生教育政策刍议．教育与教学研究，6：84.

夏雷震．2007. 就业指导与职业规划．北京：科学出版社：180.

肖起清．2007. 大学学术权利诉求下的学术机制建设．大学·研究与评价，6：23.

谢丽娜．2011. 免费师范生报考动机调查研究——以西南大学为例．新课程研究，1：9.

谢维和等．2008. 中国的教育公平与教育发展（1990—2005）．北京：教育科学出版社：1.

熊建辉．2008. 构建我国教师专业标准的思考：国际比较的视角（上）．世界教育信息，9：39.

雅克·德洛克．1996. 教育——财富蕴藏其中．联合国教科文组织总部中文科译．北京：教育科学出版社：139.

严怡，张斌.2012.免费师范毕业生就业情况调查研究——以西南大学为例.实证研究，16：16.

杨东平.2006.中国教育公平的理想与现实.北京：北京大学出版社：55-58，219.

杨学为.2003.高考文献（下）（1977—1999）.北京：高等教育出版社：510.

姚云，董晓薇.2009.全国师范生免费教育政策实施认同度调查.教师教育研究，1：45-50.

叶澜.1999.教育概论.北京：人民教育出版社：148

赵颜俊.2010.职前教师实践性知识生成研究——以“顶岗支教”为研究个案.北京：中央编译出版社：44，46，48.

赵勇，杨文中.2007.当代教育科学前沿报告：美国教育文选（2006—2007）.上海：华东师范大学出版社：78.

《中国教育年鉴》编辑部.1984.中国教育年鉴（1949—1981）.北京：人民教育出版社：123，711.

中华民国教育部.1948.第二次中国教育年鉴.上海：商务印书馆：915-917.

中华人民共和国教育部计划财务司.1985.中国教育成就（1949—1983）.北京：人民教育出版社：72，73.

钟启泉，崔允漷，张华.2001.为了中华民族的复兴，为了每位学生的发展——《基于教育课程改革纲要（试行）》解读纲要.上海：华东师范大学出版社：432.

钟启泉，胡惠闵.2005.我国教师教育课程标准的建构.全球教育展望，1：37.

周建民，陈令霞.2005.浅析我国大学生就业政策的历史演变.辽宁工学院学报，1：103-106.

周琴.2013.免费师范生政策认知调查——以西南大学为个案.教师教育研究，3：60-65.

周琴，杨登苗.2011.传承与变革：师范生免费教育政策的历史分析与比较.国家教育行政学院学报，5：48-49.

周琴，刘燕红.2011.美国“临床实践型教师教育”的教育实习模式探析.比较教育研究，11：10.

周伟.2008.对部属院校师范生免费教育政策的分析与思考.现代教育科学，3：29-32.

朱金花.2008.教育公平：教育政策的价值目标.法制与社会（下），2：216.

朱启臻.1996.职业指导理论与方法.北京：首都师范大学出版社：103.

朱旭东.2004.如何理解教师教育大学化.比较教育研究，1：1.

朱旭东.2011.教师专业发展理论研究.北京：北京师范大学出版社：298.

朱旭东，李琼.2011.教师教育标准体系研究.北京：北京师范大学出版社：212，245-263.

朱有瓛.1989.中国近代学制史料第二辑（下册）.上海：华东师范大学出版社：222.

Ball S J. 1990. Politics and Policy Making in Education：Explorations in Policy Sociology. London：Routledge：45.

Brown J，Collins A，Duguid P. 1989. Situated cognition and the culture of learning. Educational Researcher，18：32-42.

Cochran-Smith M , Lytle S L. 1996. Teacher Learning: New Poluies. New York: Teacher College Press: 92-114.

Darling-Hammond L. 2000. How teacher education matters. Journal of Teacher Education, 3: 166-173.

Darling-Hammond L. 2006. Assessing teacher education: the usefulness of multiple measures for assessing program outcomes. Journal of Teacher Education, 2: 120-138.

Katz E, Coleman M. 2002. The influence of research on career development at academic colleges of education in Israel. Journal of Education for Teaching, 1: 45-62.

Gray J, Beresford Q. 2008. A formidable challenge: Australia's quest for equity in indigenous education. Australian Journal of Education, 8: 202.

Greenberg J, Pomerance L. 2011. Student Teaching in the United States. Washington, DC: National Council on Teacher Quality: 1.

Grossman P. 2010. Learning to Practice: The Design of Clinical Experience in Teacher Preparation. Washington, DC: NEA, AACTE: 4-5.

Hall D L, Ames R T. 1988. Thinking for the Han: Self, Truth and Transcendence in Chinese and Western Culture. Albany, NY: State University of New York Press: 26.

Houston W R. 1987. Competency-based teacher education. *In*: Dunkin M J. The International Encyclopedia of Teaching and Teacher Education. Oxford: Pergamon Press: 91.

Lee J C, Zhang Z, Yin H. 2011. A multilevel analysis of the impact of a professional learning community, faculty trust in colleagues and collective efficacy on teacher commitment to students. Teaching and Teacher Education, 27: 820-830.

Lieberman A, Mace D P. 2010. Making practice public: teacher learning in the 21st century. Journal of Teacher Education, 61: 1-2.

Linda D. 1999. The case for University-based teacher education. *In*: Roth R A. The Role of the University in the Preparation of Teachers. Taylor, Francis: Falmer Press: 13-30.

Marsha L. 2010. Developing Principles for Clinically Based Teacher ducation. Washington, DC: The National Council for the Accreditation of Teacher Education: 3-8.

Moir E. 2005. Launching the next generation of teachers: the new teacher center's model for quality induction and mentoring. *In*: Portner H. Teacher Mentoring and Induction: The State of the Art and Beyond. Thousand Oaks, CA: Corwin Press: 59-73.

Pajares M F. 1992. Teachers ' beliefs and educational research: cleaning up a messy construct. Review of Educational Research, 3: 62.

Squires G. 1999. Teaching as a Professional Discipline. London: Falmer Press: 10.

附　　录

附录一　免费师范生政策认知、学习状况和职业认同调查问卷

亲爱的同学：

您好！恳请您协助填写这份问卷。本次调查想了解免费师范生的政策认知、学习状况和职业选择。您的回答将有助于我们了解免费师范生的真实情况，从而为后续的教育、教学改革，以及政策修订提供依据。您在填写的过程中不必署名，答案无所谓好坏。所收集的资料仅供研究之用，不会个别公开，请根据您自己的实际情况和真实想法作答。

衷心地感谢您的支持与合作！

"师范生免费教育政策的价值分析"课题调查组

2011 年 6 月

填写说明：本问卷由两部分组成，每部分有若干问题，均为单项选择题。请根据您的真实想法，在您认为最符合的选项下画"√"。如有不同观点请在"____"或问卷空白处予以补充。

第一部分　个人基本情况

所属院系：____________　　所学专业：__________

性　　别：　男　/　女

籍　　贯：________省________市________区/县

家庭居住地：　城镇　/　农村

就业地点：________省________市________区/县

工作所在地：　城镇　/　农村

1. 就业途径：（　　）

①双向选择　　②地方分配　　③公招考试　　④其他________

2. 学校类型：（　　）

①高中　　②初中　　③小学　　④其他________

3. 工作性质：（　　）

①学科教学　　②教育行政　　③教育科研　　④其他________

4. 父亲学历：(　　)　母亲学历：(　　)

①小学及小学以下　②初中　③高中/中专
④大学专科　⑤大学本科　⑥硕士、博士研究生

5. 父亲职业：(　　)　母亲职业：(　　)

①工人/商业、服务业人员　②企业领导/管理人员
③农民/打工者　④机关/事业单位干部
⑤一般职员/文员/秘书　⑥公检法/军人/武警
⑦专业技术人员（如教师/医生）　⑧私营或个体劳动者
⑨自由职业者/其他

6. 您对家庭经济状况的自我评价是：(　　)

①非常贫困　②比较贫困　③中等　④比较富裕
⑤非常富裕

7. 您大学期间平均每个月的消费支出额度是：(　　)

①≤400 元　②401～800 元　③801～1000 元　④1001～1999 元
⑤≥2000 元

第二部分　正式问卷

1. 您认为国家颁布并实施“师范生免费教育”政策最主要的目的是：(　　)

①形成尊师重教的浓厚氛围，让教育成为全社会最受尊重的事业
②鼓励优秀高中毕业生报考师范专业，培养造就大批优秀教师和教育家
③弥补农村地区师资不足，促进农村地区教育事业发展
④资助贫困生上大学
⑤实施“科教兴国”战略

2. 您报考免费师范生的初衷是：(　　)

①热爱教育事业，有志于从教
②免除学费、住宿费并补助生活费，减轻家庭经济负担
③毕业后有编有岗，就业有保障
④遵从他人的劝导（父母、教师等）
⑤稀里糊涂地报考

3. 下面是《教育部直属师范大学师范生免费教育实施办法（试行）》所规定的政策方案。请根据您个人对这些方案的真实想法，在每个句子后面代表符合程度的方框中画“√”。

	非常不赞同	较不赞同	不确定	基本赞同	非常赞同
免费师范生在校学习期间免除学费、住宿费并补助生活费	□	□	□	□	□
入学前签订协议，承诺毕业后从事中小学教育10年以上	□	□	□	□	□
免费师范毕业生一般回生源所在省份中小学任教	□	□	□	□	□
到城镇工作的免费师范毕业生，应到农村义务任教2年	□	□	□	□	□
毕业未履行协议的，应退还已享受的免费教育费用，并缴纳违约金	□	□	□	□	□
省级教育行政部门负责履约管理，并建立免费师范生的诚信档案	□	□	□	□	□
确保每一位到中小学任教的免费师范生有编有岗	□	□	□	□	□
用人学校与毕业生在需求岗位范围内进行双向选择	□	□	□	□	□
在协议规定的服务期内，可在学校间流动或从事教育管理工作	□	□	□	□	□
非师范专业优秀学生在入学2年内可转入师范专业	□	□	□	□	□
可按照学校规定在师范专业范围内进行2次专业选择	□	□	□	□	□
毕业前及在协议规定的服务期内，一般不得报考脱产研究生	□	□	□	□	□
毕业生考核符合要求的，可录取为教育硕士专业学位研究生	□	□	□	□	□

4. 下面是关于您对师范生免费教育政策看法的陈述。请根据您个人对这些表述的真实想法，在每个句子后面代表符合程度的方框中画“√”。

	非常不符合	较不符合	不确定	基本符合	非常符合
我在报考时，对师范生免费教育政策有足够的了解	□	□	□	□	□

续表

	非常不符合	较不符合	不确定	基本符合	非常符合
免费师范生是我报考的第一志愿	□	□	□	□	□
假如再给一次选择的机会，我还会选择成为免费师范生	□	□	□	□	□
我为自己是一名免费师范生而感到自豪	□	□	□	□	□
我曾经考虑过违约	□	□	□	□	□
师范生免费教育政策限制了个人的发展	□	□	□	□	□
作为一名免费师范生，我对自己的发展前景很乐观	□	□	□	□	□
师范生免费教育基本达成了政策预期目标	□	□	□	□	□
首届免费师范生的就业形势总体令人满意	□	□	□	□	□
首届免费师范生的综合素质基本达标	□	□	□	□	□
师范生免费教育政策有必要继续推行	□	□	□	□	□
师范生免费教育政策应推广至地方师范院校	□	□	□	□	□

5. 对于免费师范生的教育和培养，高等院校承担了重要的职责。请根据您对学校责任履行程度的判断，在每个句子后面代表符合程度的方框中画“√”。

	非常不同意	较不同意	不确定	基本同意	非常同意
教学设施齐备，学习资源丰富	□	□	□	□	□
师资优良，工作尽心尽责	□	□	□	□	□
提供了充分的教育见习、实习机会	□	□	□	□	□
免费师范生的课程设置与教学策略科学、合理	□	□	□	□	□

续表

	非常不同意	较不同意	不确定	基本同意	非常同意
对我们知识和技能的培养基本到位	□	□	□	□	□
重视免费师范生道德品质的提升	□	□	□	□	□
积极开展教师教育的改革与创新	□	□	□	□	□
关注我们的心理健康，提供心理辅导	□	□	□	□	□
配置有专门的机构或教师指导我们进行职业生涯规划	□	□	□	□	□
为我们提供了广泛参与社会实践的机会	□	□	□	□	□

6. 对于师范生免费教育政策的实施，省、市和国家的相关部门也承担着一定的责任和义务。请根据您对相关部门责任履行程度的判断，在每个句子后面代表符合程度的方框中画“√”。

	完全没做到	基本没做到	不确定	基本做到	完全做到
相关部门及时发布了岗位需求信息	□	□	□	□	□
组织了免费师范生专场招聘会	□	□	□	□	□
提供优质的就业机会，并保证有岗有编	□	□	□	□	□
师范生免费教育政策宣讲及时、到位	□	□	□	□	□
师范生免费教育政策公开、透明	□	□	□	□	□
完善免费师范生准入和退出机制	□	□	□	□	□
为我们的继续教育和长远发展创造条件	□	□	□	□	□

7. 下面是关于学习状况的陈述。请根据这些表述与您的实际情况的符合程度，在每个句子后面代表符合程度的方框中画“√”。

	非常不符合	较不符合	不确定	基本符合	非常符合
我喜欢自己的专业	□	□	□	□	□
我的学习目标明确	□	□	□	□	□

续表

	非常不符合	较不符合	不确定	基本符合	非常符合
我的学习是有计划、有步骤进行的	□	□	□	□	□
我努力学习相关的知识和技能，提高自身的素质	□	□	□	□	□
我积极参与教育教学实践，积累相关经验	□	□	□	□	□
我积极参加各种社会实践活动，提高自己的综合能力	□	□	□	□	□
学习过程中我会不断反思、不断改进	□	□	□	□	□
我具备教师应有的职业道德素养	□	□	□	□	□
我的专业知识基础扎实	□	□	□	□	□
我掌握了教师必备的教学技能与技巧	□	□	□	□	□
我具备良好的心理品质	□	□	□	□	□
我能独立从事教育、教学的科研工作	□	□	□	□	□

8. 下面是关于职业选择的陈述。请根据您个人对这些表述的真实想法，在每个句子后面代表符合程度的方框中画“√”

	非常不符合	较不符合	不确定	基本符合	非常符合
我有志于终身从教	□	□	□	□	□
我希望毕业后能够从事其他职业	□	□	□	□	□
我有脱产攻读研究生的意向	□	□	□	□	□
我愿意到农村地区工作	□	□	□	□	□
我愿意回到生源所在地省份任教	□	□	□	□	□
作为一名免费师范生，我没有就业压力	□	□	□	□	□
我对目前签约的工作单位感到满意	□	□	□	□	□
我打算在职攻读教育硕士	□	□	□	□	□

续表

	非常不符合	较不符合	不确定	基本符合	非常符合
我对自己的职业生涯有着明确的规划	□	□	□	□	□
我对教师专业发展有着明晰的认知	□	□	□	□	□
我将来会成为一名优秀的人民教师	□	□	□	□	□

亲爱的同学，问卷调查到此结束，如果您对本次问卷调查有任何疑问或补充，请写在问卷空白处。再次衷心地感谢您的支持与配合！

附录二　问卷描述性统计分析

附表 1　“题目 3”描述性统计分析

题项	N	非常不赞同		较不赞同		不确定		基本赞同		非常赞同		均值	标准差
		频率	百分比/%	频率	百分比/%	频率	百分比/%	频率	百分比/%	频率	百分比/%		
免费师范生在校学习期间免除学费、住宿费并补助生活费	1151	50	4.3	83	7.2	83	7.2	346	30.1	589	51.2	4.21	1.772
入学前签订协议，承诺毕业后从事中小学教育 10 年以上	1151	64	5.6	259	22.5	290	25.2	426	37.0	112	9.7	3.23	1.705
免费师范毕业生一般回生源所在省份中、小学任教	1151	71	6.2	279	24.2	288	25.0	412	35.8	101	8.8	3.17	1.082
到城镇工作的免费师范毕业生，应到农村义务任教 2 年	1151	51	4.4	170	14.8	297	25.8	488	42.4	145	12.6	3.44	1.030
毕业未履行协议的，应退还已享受的免费教育费用，并缴纳违约金	1151	33	2.9	118	10.3	206	17.9	532	46.2	262	22.8	3.76	1.008
省级教育行政部门负责履约管理，并建立免费师范生的诚信档案	1151	45	3.9	112	9.7	227	19.7	520	45.2	247	21.5	3.71	1.033
确保每一位到中小学任教的免费师范生有编有岗	1151	13	1.1	71	6.2	149	12.9	473	41.1	445	38.7	4.10	0.925
用人学校与毕业生在需求岗位范围内进行双向选择	1151	12	1.0	67	5.8	112	9.7	472	41.0	488	42.4	4.18	0.904
在协议规定的服务期内，可在学校间流动或从事教育管理工作	1151	16	1.4	47	4.1	150	13.0	430	37.4	508	44.1	4.19	0.909

续表

题项	N	非常不赞同		较不赞同		不确定		基本赞同		非常赞同		均值	标准差
		频率	百分比/%	频率	百分比/%	频率	百分比/%	频率	百分比/%	频率	百分比/%		
非师范专业优秀学生在入学2年内可转入师范专业	1151	24	2. 1	96	8. 3	259	22. 5	477	41. 4	295	25. 6	3. 80	0. 982
可按照学校规定在师范专业范围内进行二次专业选择	1151	15	1. 3	63	5. 5	201	17. 5	509	44. 2	363	31. 5	3. 99	0. 909
毕业前及在协议规定的服务期内，一般不得报考脱产研究生	1151	204	17. 7	309	26. 8	254	22. 1	287	24. 9	97	8. 4	2. 79	1. 234
毕业生考核符合要求的，可录取为教育硕士专业学位研究生	1151	23	2. 0	50	4. 3	142	12. 3	511	44. 4	425	36. 9	4. 10	0. 915

附表2 “题目4”描述性统计分析

题项	N	非常不同意		较不同意		不确定		基本同意		非常同意		均值	标准差
		频率	百分比/%	频率	百分比/%	频率	百分比/%	频率	百分比/%	频率	百分比/%		
我在报考时，对师范生免费教育政策有足够的了解	1151	106	9. 2	320	27. 8	251	21. 8	415	36. 1	59	5. 1	3. 00	1. 101
免费师范生是我报考的第一志愿	1151	74	6. 4	167	14. 5	129	11. 2	405	35. 2	376	32. 7	3. 73	1. 236
假如再给一次选择的机会，我还会选择成为免费师范生	1151	81	7. 0	119	10. 3	364	31. 6	396	34. 4	191	16. 6	3. 43	1. 099
我为自己是一名免费师范生而感到自豪	1151	39	3. 4	152	13. 2	360	31. 3	447	38. 8	153	13. 3	3. 45	0. 991
我曾经考虑过违约★	1151	105	9. 1	304	26. 4	261	22. 7	286	24. 8	195	16. 9	3. 14	1. 240
师范生免费教育政策限制了个人的发展★	1151	137	11. 9	380	33. 0	377	32. 8	197	17. 1	60	5. 2	2. 71	1. 049

续表

题项	N	非常不同意		较不同意		不确定		基本同意		非常同意		均值	标准差
		频率	百分比/%	频率	百分比/%	频率	百分比/%	频率	百分比/%	频率	百分比/%		
作为一名免费师范生，我对自己的发展前景很乐观	1151	35	3.0	139	12.1	346	30.1	481	41.8	150	13.0	3.50	0.967
师范生免费教育基本达成了政策预期目标	1151	51	4.4	154	13.4	369	32.1	449	39.0	128	11.1	3.42	1.306
首届免费师范生的就业形势总体令人满意	1151	47	4.1	144	12.5	278	24.2	529	46.0	153	13.3	3.52	1.006
首届免费师范生的综合素质基本达标	1151	31	2.7	101	8.8	344	29.9	541	47.0	134	11.6	3.56	0.904
师范生免费教育政策有必要继续推行	1151	47	4.1	138	12.0	336	29.2	454	39.4	176	15.3	3.50	1.021
师范生免费教育政策应推广至地方师范院校	1151	131	11.4	163	14.2	315	27.4	377	32.8	165	14.3	3.25	1.200

注：带★号表示为反向题，统计时采用反向计分，得分越高说明被试越不认同该题项

附表 3 “题目 5”描述性统计分析

题项	N	完全没做到		基本没做到		不确定		基本做到		完全做到		均值	标准差
		频率	百分比/%	频率	百分比/%	频率	百分比/%	频率	百分比/%	频率	百分比/%		
教学设施齐备，学习资源丰富	1151	45	3.9	143	12.4	177	15.4	628	54.6	158	13.7	3.62	0.997
师资优良，工作尽心尽责	1151	31	2.7	140	12.2	244	21.2	592	51.4	144	12.5	3.59	0.948
提供了充分的教育见习、实习机会	1151	23	2.0	120	10.4	191	16.6	620	53.9	197	17.1	3.74	0.930
免费师范生的课程设置与教学策略科学、合理	1151	33	2.9	176	15.3	300	26.1	511	44.4	131	11.4	3.46	0.977

续表

题项	N	非常不同意		较不同意		不确定		基本同意		非常同意		均值	标准差
		频率	百分比/%	频率	百分比/%	频率	百分比/%	频率	百分比/%	频率	百分比/%		
对我们知识和技能的培养基本到位	1151	32	2. 8	122	10. 6	268	23. 3	586	50. 9	143	12. 4	3. 60	0. 932
重视免费师范生道德品质的提升	1151	37	3. 2	137	11. 9	252	21. 9	544	47. 3	181	15. 7	3. 60	0. 993
积极开展教师教育的改革与创新	1151	32	2. 8	162	14. 1	347	30. 1	477	41. 4	133	11. 6	3. 45	0. 963
关注我们的心理健康，提供心理辅导	1151	60	5. 2	234	20. 3	285	24. 8	442	38. 4	130	11. 3	3. 30	1. 076
配置有专门的机构或教师指导我们进行职业生涯规划	1151	66	5. 7	220	19. 1	242	21. 0	497	43. 2	126	11. 0	3. 35	1. 083
为我们提供了广泛参与社会实践的机会	1151	42	3. 6	134	11. 6	287	24. 9	524	45. 5	164	14. 2	3. 35	0. 992

附表 4 “题目 6”描述性统计分析

题项	N	非常不符合		较不符合		不确定		基本符合		非常符合		均值	标准差
		频率	百分比/%	频率	百分比/%	频率	百分比/%	频率	百分比/%	频率	百分比/%		
相关部门及时发布了岗位需求信息	1151	40	3. 5	143	12. 4	219	19. 0	636	55. 3	113	9. 8	3. 56	0. 949
组织了免费师范生专场招聘会	1151	38	3. 3	94	8. 2	166	14. 4	630	54. 7	223	19. 4	3. 79	0. 958
提供优质的就业机会，并保证有岗有编	1151	40	3. 5	140	12. 2	243	21. 1	558	48. 5	170	14. 8	3. 59	0. 995
师范生免费教育政策宣讲及时、到位	1151	35	3. 0	155	13. 5	302	26. 2	524	45. 5	135	11. 7	3. 49	0. 968
师范生免费教育政策公开、透明	1151	33	2. 9	125	10. 9	307	26. 7	539	46. 8	147	12. 8	3. 56	0. 945

续表

题项	N	非常不符合		较不符合		不确定		基本符合		非常符合		均值	标准差
		频率	百分比/%	频率	百分比/%	频率	百分比/%	频率	百分比/%	频率	百分比/%		
完善免费师范生准入和退出机制	1151	70	6.1	183	15.9	378	32.8	393	34.1	127	11.0	3.28	1.052
为我们的继续教育和长远发展创造条件	1151	55	4.8	176	15.3	421	36.6	401	34.8	98	8.5	3.27	0.980

附表 5 "题目 7"描述性统计分析

题项	N	非常不符合		较不符合		不确定		基本符合		非常符合		均值	标准差
		频率	百分比/%	频率	百分比/%	频率	百分比/%	频率	百分比/%	频率	百分比/%		
我喜欢自己的专业	1151	36	3.1	141	12.3	178	15.5	604	52.5	192	16.7	3.67	0.994
我的学习目标明确	1151	21	1.8	105	9.1	236	20.5	646	56.1	143	12.4	3.68	0.871
我的学习是有计划、有步骤进行的	1151	18	1.6	105	9.1	271	23.5	621	54.0	136	11.8	3.65	0.860
我努力学习相关的知识和技能，提高自身的素质	1151	7	0.6	65	5.6	183	15.9	679	59.0	217	18.9	3.90	0.786
我积极参与教育教学实践，积累相关经验	1151	9	0.8	54	4.7	203	17.6	612	53.2	273	23.7	3.94	0.818
我积极参加各种社会实践活动，提高自己的综合能力	1151	7	0.6	82	7.1	217	18.9	575	50.0	270	23.5	3.89	0.866
学习过程中我会不断反思、不断改进	1151	11	1.0	83	7.2	207	18.0	604	52.5	246	21.4	3.86	0.866
我具备教师应有的职业道德素养	1151	9	0.8	54	4.7	192	16.7	639	55.5	257	22.3	3.94	0.803
我的专业知识基础扎实	1151	14	1.2	76	6.6	262	22.8	633	55.0	166	14.4	3.75	0.826

续表

题项	N	非常不符合		较不符合		不确定		基本符合		非常符合		均值	标准差
		频率	百分比/%	频率	百分比/%	频率	百分比/%	频率	百分比/%	频率	百分比/%		
我掌握了教师必备的教学技能与技巧	1151	7	0.6	63	5.5	246	21.4	655	57.8	170	14.8	3.81	0.773
我具备良好的心理品质	1151	8	0.7	73	6.3	221	19.2	641	55.7	208	18.1	3.84	0.815
我能独立从事教育、教学的科研工作	1151	14	1.2	72	6.3	269	23.4	573	49.8	223	19.4	3.80	0.864

附表 6 "题目 8"描述性统计分析

题项	N	非常不符合		较不符合		不确定		基本符合		非常符合		均值	标准差
		频率	百分比/%	频率	百分比/%	频率	百分比/%	频率	百分比/%	频率	百分比/%		
我有志于终身从教	1151	40	3.5	108	9.4	391	34.0	460	40.0	152	13.2	3.50	0.955
我希望毕业后从事其他行业★	1151	41	3.6	231	20.1	504	43.8	302	26.2	73	6.3	3.12	0.920
我有脱产攻读研究生的意向★	1151	61	5.3	212	18.4	359	31.2	388	33.7	131	11.4	2.73	1.056
我愿意到农村地区工作	1151	56	4.9	245	21.3	388	33.7	373	32.4	89	7.7	3.17	1.007
我愿意回到生源所在地省份任教	1151	33	2.9	129	11.2	221	19.2	527	45.8	241	20.9	3.71	1.011
作为一名免费师范生，我没有就业压力	1151	154	13.4	282	24.5	270	23.5	357	31.0	88	7.6	2.95	1.181
我对目前签约的工作单位感到满意	1151	35	3.0	147	12.8	254	22.1	573	49.8	142	12.3	3.56	0.966
我打算在职攻读教育硕士	1151	21	1.8	86	7.5	262	22.8	497	43.2	285	24.8	3.82	0.951
我对自己的职业生涯有着明确的规划	1151	11	1.0	102	8.9	343	29.8	524	45.5	171	14.9	3.64	0.873

续表

题项	N	非常不符合		较不符合		不确定		基本符合		非常符合		均值	标准差
		频率	百分比/%	频率	百分比/%	频率	百分比/%	频率	百分比/%	频率	百分比/%		
我对教师专业发展有着明晰的认知	1151	16	1.4	92	8.0	350	30.4	532	46.2	161	14.0	3.63	0.869
我将来会成为一名优秀的人民教师	1151	11	1.0	40	3.5	253	22.0	510	44.3	337	29.3	3.97	0.859

注:带★号表示为反向题,统计时采用反向计分,得分越高说明被试越不认同该题项

附录三　免费师范生征稿文摘

2011 年 3 月，“师范生免费教育政策的价值分析”课题组协同共青团西南大学委员会、西南大学教育学部、西南大学未来教育家联盟在西南大学发起“放飞的青春——免费师范生的成长轨迹”有奖征文活动。征文活动面对西南大学首届免费师范生，围绕 4 年本科学习生活和专业成长这一主题展开，期望他们展现一名准教师的成长经历和个性风采，分享他们在 4 年专业发展中的真实经历和感受，从他们的感悟和反思中让他人透视师范生免费教育的一隅一角。在他们的笔下，或苦难或荣耀，或悲伤或欢乐，这些都成为他们成长中的记忆和刻痕。让我们靠近他们，让他们用自己的话语向我们展示其异彩流光的大学生活。

铁肩担道义　政策铸师魂

杨　锋
（西南大学外国语学院 2007 级免费师范生）

起

时间回转到 2007 年 6 月，高考过后，我在估算成绩时把自己的成绩估低了 15 分，又把省一本线估高了 15 分，这样一来，30 分就被自己估算掉了。我填报的志愿是西南大学英语教育专业，如愿录取。就这样，我成了一名“首届免费师范生”。其实在填报志愿之前有很多同学让我三思，让我认真考虑好“10 年教师”、“农村支教”等问题。而当时的我对师范生免费政策也知之甚少，对于我这样一个秦岭山区的孩子来讲，“免费”二字是最吸引人的。因此，在填报志愿的时候自己也没考虑很多，心里反倒是相对轻松。因为第一，自己从内心里还是热爱教师这个行业的；第二，我觉得能帮助家里面减轻很多负担；第三，我觉得对一个新老师来说，“农村支教”既实属必要，也弥足珍贵。

2007 年 9 月 5 日，我来到位于重庆北碚的西南大学，一切都是那么新奇美丽。但是我自己是顾虑重重，其中最大的一个顾虑是：连自己都不能深刻明白“免费师范生”到底是怎样的一个存在的时候，就已经成为其中的一员了。后来一打听才知道，首届免费师范生一共有 1 万余人，自己身边的很多人也和自己一样“迷糊”。之后的入学教育是我们认识这一政策的关键，在和大家的探讨中，庆幸自己成了首届免费师范生的一员，因为我们是“深受温家宝总理关怀的一代”，我们的目标是成为“国家未来的优秀教育家和人民教师”，我为自己所肩负的使命感到骄傲和自豪。

承

至今我还记得，在外国语学院开学典礼上，时任院长李力教授送给我们英语专业学生的那一句话："欢迎大家来吃苦。"这句简单的话，让我在以后的岁月里不断加深了对一名英语教师学习的感受；只有在不断的实践中，才能体会到这句话的真实和深刻。

作为一名高考成绩超过一本线 61 分，英语单科成绩 131 分的外国语学院的学生，我的心里还是有一点点优越感的。可是在后来，我还是感到了作为一名山区考生在英语学习上面临的诸多问题，例如，在学习英语听力和语音上的吃力。记得大一上学期在我交上去的英语作文上，但巍老师的批语意思是说我的书面写作能力还可以，口头表达能力则有待提高。十分感谢老师的这句评语，使我在后来的学习中能够懂得如何去合理安排时间和精力，以求最大程度地全面发展。整个大一、大二两年，我们真正是验证了李力教授的那句话，听说读写四项基本技能的学习和训练，听起来好像很轻松很自然，其实并不然；听力和阅读的"零课时"课程设置，看起来好像是给我们减去了很多负担，其实我们要做的还很多。可喜的是，在自己的努力和老师、同学们的帮助下，我的内向性格逐渐开朗了一些；本身薄弱的听力和语音方面也得到了提高；在大二第二学期最后的"零课时阅读探究性活动"上，以我为组长的五人小组获得了年级第一名的好成绩。

这一切似乎与"免费师范生"政策没有什么关系，其实对于我个人来说，还是十分有关系的，即还是"幸运"两个字。国家的免费师范生政策为我们免去了学费、书本费和住宿费，并且按月补助生活费，使我不必再为高昂的学费而忧心，不必再一心二用地在学习与生活之间奔波，为我的安心学习奠定了良好的基础。

转

从大一开始，学校就陆续开设了"教育概论"、"心理发展与教育"等教师教育课程必修课和"教师美学"、"现代西方教育理论"等教师教育课程选修课；同样开始进行"普通话训练"、"三笔字训练"教师教育自主训练课程。而进入大二，学院开始开设英语教育相关的选修课程，如"外语教育研究方法"、"中学英语教材分析与教学设计"、"中学英语教学理论与实践"等。所有这些课程考核标准严格，考核过程严肃，以便使我们及早地掌握教育教学的理论基础，为以后的教学实践打下良好的基础。在这样的课程中，我们顺利地迎来了被老师们称为"高年级阶段"的大三、大四的岁月。大三上学期，在学习专业课之余，主要是针对教师技能、师范素质的习得，下学期是实习时间。学校和学院对这两项工作也是高度重视，多次举办了师范素质大赛和各类讲课比赛，也将实习的时间延长至一个学期。我实习的学校是重庆市垫江第九中学校，是一所农村初级中学。应该说，我们垫江九中实习队在英语教学法的专家杨晓钰教授的带领下，学习到了很多以往没有接触过的东西，丰富了经验。可以说，就我而言，我认为实习生活是我大学生活中最快乐的一段时光，它的意义是无法替代的。

合

转眼便到了大四。我们外国语学院的同学戏称自己被三座大山压着——工作、专八、论文。首先便是工作。在这个时候，我们免费师范生的命运与相关的中央、省级政策紧密地联系在了一起。事实上，早在2010年5月18日，教育部、人力资源和社会保障部、中央编办、财政部等中央四部门便联合下发了《教育部直属师范大学免费师范毕业生就业实施办法》，但各省的政策却迟迟不出，有早些出来的政策对“跨省就业”的问题限制得非常严格，这在很大程度上影响了首届免费师范生的就业。现在回过头来看那段时间，每个人都像热锅上的蚂蚁，各自担忧着自己的前程。我签约的学校是陕西省安康市平利县中学，在周围同学的眼里，这个学校可能“乏善可陈”，可能“难入法眼”，但我觉得，对于陕西省免费师范生来说，特别是在陕西省内来说，这个学校可能就算得上较好的了。所以我常常在想，国家的这样一个免费师范生政策，对我们诸多的陕西生源的免费师范生学子来说，是不是不够公平，或者说，是不是给我们提出的考验更大?

作为在外读书的陕西生源的一名免费师范生，我个人认为（很多同学还是有微词的），陕西省的就业政策还是相对较好的，具有很大的灵活性和可操作性。然而，陕西省免费师范生的就业压力在全国是最大的，就业形势也最不容乐观。例如，在陕西，对绝大部分免费师范生而言，签到县城工作已经算是很好的选择了，但在别的省（如山西、海南），县城的学校可能根本就无人问津。原因当然是多方面的，陕西省籍的免费师范生的数量全国最多，同时本省还有同样作为师范生免费教育试点的陕西师范大学，便是重要的一个。

我这样说不是在抱怨陕西的免费师范生就业环境差，事实上全省各市县已经做了很大的努力，副省长朱静芝对解决免费师范生就业问题的决心也很大，“一个都不能落”，是她的原话。我只是想表明一个问题，就是当初实行免费师范生政策的初衷是要促进教育的公平，特别是东西部教育的公平，城乡教育的公平，但是“回本省”这样一个规定却又造成了对免费师范生个体之间的不公平，正如陕西省免费师范生现在所遇到的情况。对此我有两点个人意见：其一，对于免费师范生就业，可以有地域限制，但是不一定要限制到省（事实上在具体操作的过程中，有的学校只要求本市县的生源），可以分块实行，比如，陕西和山西的免费师范生可以在秦、晋之间任意选择，四川和重庆的免费师范生可以在川、渝之间任意选择，湖北和湖南也莫不可如此。这样不仅可以互通有无，而且可以极大地缓解免费师范生培养学校所在省份的就业压力。当然，范围可以扩大，也不仅限于两个省份之间。其二，对于农村及边远地区，要促进教育的发展，同等重要的是优质的教学环境和教学设备。就是要在加强学校的软实力的同时，加强学校的硬件设施建设，如校园环境建设、校园网络建设、运动设施建设等。比如，因为电脑的缺乏，很多先进的教学工具得不到使用，很多先进的教学理念得不到实施，这在很大程度上制约着教育质量的提高。同时，要考虑教师住房、福利待遇等生活方面的因素，使优秀毕业生和优秀教师能够长期在艰苦地区任教，为当地教育事业作贡献。

4 月底，温家宝总理在东北师范大学 2007 级“师魂先锋队”的来信上作出重要批示：“读了同学们的信，深受感动。当一名优秀的人民教师，他们确实准备好了。”看了“师魂先锋队”的信和温总理的批示，我感动不已，我感动于“师魂”这两个崇高的汉字；我也感动于“师魂先锋队”全体 18 名同学们的坚定信念和远大抱负；与他们共享“首届免费师范生”这个光荣的称号，我感到无比欣然。我也感动于温家宝总理对我们深深的期冀与关怀；我想说，请您放心，当一名优秀的人民教师，我也准备好了！我深信，我会成为一个好老师，绝不辜负总理和社会各界的希望，努力成就“首届免费师范生”这样一个光辉的形象。

编者语：

肩负着国家的期望、怀揣着自己的梦想，第一届免费师范生已踏上成为了人民教师的征程，一名高中生成长为一名专业教师的路上总有许多的经历与感受。在离别的季节，杨锋回顾了自己“起承转合”的免费师范生之路。从填报志愿的迷茫到学习生活中的自信，面对和承受了社会对免费师范生的偏见；从实习的收获到就业中对师范生免费就业政策的思考，深刻体会了教师这个“人类灵魂工程师”的职业。其中杨峰同学对师范生免费就业政策的反思给了我们很多的启示，作为师范重开免费之门第一批走上工作岗位的政策践行者，他们的就业一直是各界关注的焦点，就业政策的导向也是最具争议的话题之一。免费师范生就业的基本原则是“100%要回到本省从事基础教育工作，如果学生没能自己找到工作，本省会分配有岗有编的工作”。免费师范生就业是限定在省级地域内，那么与免费师范生息息相关的则是本省的政策。因此，在这些“未来教育家”的面前，本省就业政策的一个细枝末节，都会影响到很多同学未来的命运和走向。随着毕业的临近，31 个省份的师范生免费就业政策相继出台，这次“试水”不仅看到了各省份就业政策的差异，同时看到了就业中的很多问题。在已经出台的政策中，尽管没有一个省写着“绝对禁止”跨省择业的条款，但国内基础教育资源长期配置不平衡，一些教育落后省份（尤其是没有部属师范院校，优质教师资源缺乏的省份）拒绝放人，但很多省份又以人才过剩为由拒绝接受外省生源。同时，如何安置教育学、心理学等所谓“无专业”的学生，如何让免费师范生真正下到基层去等问题，在本次“试水”中并没能得到很好的体现。因此，如何合适地安置免费师范生，让免费师范生站在最适合的讲台上，实现政策最初的目标，则是就业中要解决的最大问题之一。杨峰的文字或许还稍显稚嫩，但还是道出了很多师范生免费政策中的问题。当然，这只是师范生免费就业政策“试水”的第一年，对于其中的问题应给予高度的重视，但在这些免费师范生起承转合的生活中，表现出对教师职业的热爱和思考，也预示着师范生免费教育政策的积极未来。

成长印记·青春掠影

原许丹
（西南大学政治与管理学院2007级免费师范生）

著名导演贾樟柯在《贾想》中的第一篇文章中写道“我不诗化自己的经历”，他认为诗化和夸大自己的苦难或是荣耀带来的是畸形的崇拜。回顾在西南大学的四年生活，我常常会陷入这种被“诗化和夸大”的境地中。常常煞有介事地刻画自己的苦难，美化自己的荣誉，陶醉其中而忘乎所以。理智地看待这四年的生活，我要承认，坎坷和荣誉都有，但是没有诗化中的那样多。仲夏之际，我们即将迎来最后的聚首。蓦然回首，才发现这所学校，这四年留给我太多太多的回忆与思考。在这里我接受了良好的教育，在这里我结交了一帮难得的知己，在这里我体会到了人情冷暖，在这里我完成了人生中成长的蜕变。记忆的碎片又将我带回那一段段快乐的、悲伤的、疯狂的、内疚的、青涩的岁月中。

“源”去“源”来

我高中时期的梦想是考取中国政法大学，做一名优秀的大律师。高考过后查看报考指南才发现，我的分数要上中国政法大学是玄而又玄，再三考虑之下填报西南大学的免费师范生。至今仍清晰地记得，当父亲在志愿书上郑重写下西南大学四个大字时，这也就意味着我的律师梦已经破灭了。当时很多同学对我选择师范专业很是诧异，认为老师谁都能当（尤其是政治老师），以后也没有前途，但在我看来却并非如此。教育是一个经久不衰的话题，而且现在大多数家庭都是独生子女，对子女的教育问题，家长们都十分重视。教师这个行业虽不是新兴产业，却有着不错的前景和市场。特别是历年来学校都重视语、数、外三大科，已有了饱和的趋势，素质教育兴起后，对于其他学科越来越重视，而政治又是我十分喜爱的学科，所以在选择专业时我毫不犹豫地填写了思想政治。

路在何方

高中时期的我十分勤奋，平时话不多，只埋案学习。或许是习惯了高中的教学方式，在大学的头半年中，我像一只突然被放生的鸟一样，反而不知该往哪里飞了。在学习上，我发现大学的思想政治课程远比高中涉及的知识多得多，繁多的课程让我难以抓住重点，每门课都上、都听，但是一学期下来还是不知道学到了些什么。大学一年级时，我被学校中各种各样的社团所吸引，参加了班级、院级、校级多个社团组织。那时候每天都在各种组织中平庸而忙绿地奔走。过多的社团活动也占用了很多时间，因而投入学习的时间就更少了。这段时间是大学四年中最为迷失的时期，事实也是如此，大一期末总结时，我的成绩只占到年级的70名。看到别的同学又是拿奖学金又是获得荣誉称号，心里十分不是滋味，强烈的自尊心也在苦苦地煎熬着我。

两年沉淀

经历了一年的迷失之后，我意识到学生的首要任务还是学习，我又重新燃起学习的欲望。我选择了一些更为感兴趣的课程，培养自己的专业兴趣。在之后的两年中，我真正感受到了“学在西大”的良好氛围，也正是在这种良好风气的带动下，我也恢复了上自习的习惯。自习室、图书馆成了课余时间最长待的地方。为了保证充足的学习时间，我辞退了几个社团的职务，只留下了中宣团办公室主任和《雨声》杂志记者两个职务。在中宣团中，通过听教授讲座，和同学们的探讨，我的专业理论功底有了一定的加深。在中宣团的实习基地——北碚看守所，我也认识到了人生的多方面，和在押人员的交流使我对人性有了更深层次的认识。其中，在《雨声》杂志社工作的两年中，我先后担任了采访部和整编部的部长。采访了西南大学许多优秀的教授，从他们身上我学习到了一种对专业、对知识渴求的态度。“几分耕耘，几分收获”，两年的努力终于收到了回报。大二学年总结时，我的综合成绩排到了年级前20名，获得了校级二等奖学金，英语过级、计算机、普通话、三笔字证书全部都拿到了，校刊上也常能看到我的文章，并成了一名中共党员。我从一个懵懂无知的少女开始学会思考自己的人生，规划未来。从前的阴霾一扫而空，这一刻我终于可以领会到会心的喜悦了。

破茧而出

大三上学期的时候，响应重庆市号召，我参加了支教活动。当时选择支教的原因很简单，我是一名免费师范生，更是一名即将走上教育岗位的未来教师。我希望通过支教活动强化教师技能、磨炼我的意志。事实再次证明，支教所带给我的震动和收获是难以想象的。

我曾经认为优秀就是要成绩好，获得很多的奖励，当我真正走上讲台后才发现，这些光环在赋予我荣誉时也给了我自缚的茧。我将自己越缠越紧，却忽视了最重要的一点。我即将成为一名教师，我的任务不仅是自己会，还要让学生会。显然在大学中，我的实战教学经验很少。在支教的半年中，我将自己以前的成绩全部归零，从头开始向当地老教师学习。学习怎样备课，怎样观察学生的心理状况，怎样调整自己的授课内容，怎样养成一种教师内在的风范。我们中国有句老话“是骡子是马拉出来遛遛”，支教的半年使我更清醒地意识到，所谓学的多少好坏，如果不能运用到实际教学中都是空谈。

支教归来后，我深刻意识到自身缺乏对实际教学的掌控，而这也是前两年我没有加以训练的地方。因此，在剩下的日子中，我要从一名大学生向一名优秀教师转变。在这里，要感谢我的母校——西南大学，它以独特的培养免费师范生的模式为我的蜕变提供了坚实的物质基础。

首先，学校注重加强免费师范生“终身从教”、“做未来的人民教师”的职业思想教育。自2007年9月入学开始了长达一学期并贯穿四年学习生涯的“12个1”主题教育系列活动，主要内容有：编印并发放《免费教育师范生学习手册》，举办题为“光荣的人民教师”系列主题报告会，开展“光荣的人民教师”主题演讲会，开展免费师范生思想状况调研，组织一系列的主题导航讲座，观看教师主题电影，创办内部刊物《青春杏坛》，等等。通过参加这些活动，不仅锻炼了我的胆量和能力，更重要的是坚定了我从事教师职业的决心。至今我仍清晰地记得，在观看优秀教师电影展的时候，马老师的感人事迹深深地触动了我的心，整个电影都是流着泪看完的，也再次认识到了教师这一职业的伟大。

其次，学校注重优化课程结构，强化师范生能力训练。在原有课程的基础上，专门设置教师教育课程模块，构建通识教育课程、学科基础课程、学科专业课程、教师教育课程、实践教学环节、自主创新学习6类课程组成的师范专业课程体系，开设了“思想政治教学论”、“中学政治课教材分析与教学技术”、“班主任工作”、“教学设计”、“课堂教学设计”等。这些课程充分体现了理论和实际相结合，从中所学到的东西对我以后的实际教学有很大的帮助和启发。与此同时，学校还加大对免费师范生教师技能的训练。投资建设了11 000平方米的师范生能力训练基地，包括艺术养成中心、语言与书写能力训练中心、现代教育技术训练中心、心理教育能力训练中心、科学教育实验教学能力训练中心、课堂教学综合能力训练中心等训练中心。

再次，学校突出教学实践能力训练。构建由微格教学、教学观摩、教学见习、教育教学实习组成的师范教育实践教学体系。西南师范大学附属中学成了我们学校的见习基地。在西南师范大学附属中学见习期间，我主要听了高中政治教师曾志新老师的课。他渊博的学识，深厚的知识储备，风趣幽默的课堂语言，以及理论联系实际的能力都深深地震撼了我。我立志要做一名像他这样受领导重用，同事钦佩，学生敬佩的老师。同时，也看到了我和优秀政治教师之间存在的差距，时时以这种差距来激励自我不断奋进。学校还建立了能够充分满足免费师范生教学需要的微格教学教室，大三上学期开始，我们专业就组织讲课小组在微格教室进行讲课练习。各个小组每周讲课一次到两次不等，成员之间互相评价并由大四优秀的师兄、师姐为我们指导。通过微格教室的讲课录像，比较容易找到自己讲课中忽视的细节问题。在找工作期间，我的讲课能力受到了很多校长和老师的好评，这与我在微格教室一年多的认真练习密不可分。

最后，学校加强了对免费师范生的就业指导。首届免费师范生的就业问题受到各方的关注，学校针对不同省份的2007级免费师范生开展了多场政策解读专题报告会。依据《教育部直属师范大学师范生免费教育实施办法（试行)》和各省不同政策进行解读，以消除我们的误解和顾虑，稳定学生的思想。建立免费师范生专题就业网站，提供最及时的就业信息，为我们成功就业提供了许多帮助。

人们常说，机会总会留给有准备的人。大四的时候，我也投入到找工作的大军中，前三年有点点滴滴的积累，所以在找工作时遇到机会我都能比较好地把握。我面试的表现受到了学校老师们的一致肯定，最终顺利签约了一所重点高中。同时，我感受到求职需要是实力与机遇。职场是一个表达能力和检验大学经历的场所。这些能力和经历在短时间内是无法达成的，需要前三年的准备、积累。可以说我们都是幸运的，因为西南大学为我们提供了各种锻炼的机会，提供了优秀品牌的后盾，无论何时何地，母校都是我们坚强的后盾。当然，自身的努力更为重要。在这里我有几点经验和大家分享：首先，要保持良好的学习表现，成绩单和各种证书都是你学习能力和潜力的证明；其次，尽可能地丰富自己的人生阅历，学会与人交谈和相处，是每一名教师最基本的素养；最后，抓住各种实践的机会，不贪图名利，重视自身的收获。

在这毕业之际，千言万语也只能无声回忆。大学四年的点点滴滴，如影片般在心头掠过。那些曾经温暖你我的感人瞬间，曾经激励我的那人那事，曾经让我痴狂的爱恨情怀……青春没有散场，这是终点也是另一个起点，告别我深爱的母校，踏入未知的未来。大学四年于每个人都只有一次，所有的经历多少年后都是弥足珍贵的回忆，谨借此征文真实地记录下这四年的点滴。

编者语：

“我不诗化自己的经历”，原许丹同学用质朴的语言记录了其完成蜕变的大学四年的免费师范生生活。从选择到尝试，从沉淀到破茧成蝶，她的喜怒哀乐描绘了很多免费师范生的大学生活。而其中最发人深省的则是，其对西南大学免费师范生培养模式的记录，从职业信念教育到课程设置，从自身培养到共同学习探究，从校内到校外，西南大学运用“教师教育创新平台”这样一个舞台给免费师范生提供了发展的空间。从中我们看到了汗水、努力，还有令人喜悦的成绩。师范生免费政策的目标鲜明，就是要培养一批“教师，优秀的教师，优秀的人民教育家”。因此，培养模式的探究则成了实现目标的重中之重，也是实现政策目标的纽带和归宿。免费师范生的培养是一项整合基础教育与高等师范教育的改革，融合未来师资培养与农村师资队伍更新建设为一体。同时，也是集师德培养、教师专业化素质养成、师范生实践教学技能提高为一体的综合性工程。然而，如何使免费师范生“进得来，学得好，下得去，用得上”，实现政策的战略意义，很大程度上依赖于试点大学所采取的培养模式。在原许丹的笔下，记载着其自己所切身体会到的西南大学提供给免费师范生的一系列培养方式，并对自身的专业成长进行了反思，切实体会到了作为一名教师所需要的专业技能和知识技能。或许原许丹的记录不够具体，或许原许丹的感受不够深刻，但已经能够从中看到免费师范生的需要和免费师范生未来走上工作岗位的需要。因此，要真正培养出具有扎实的专业知识结构，具有研究、反思和创新的自主学习能力，具有远大的教育理想和高度责任感，具有健全人格的优秀教师和未来教育家，任重道远。

恰同学少年

杨　帆

（西南大学生命科学学院2007级免费师范生）

曾经无数次憧憬过的大学生活，悄然间就要成为自己的回忆。回想起走过的这四年时光，想起那些在大学生活中经历的事，记住的人，走过的风景，奋斗的汗水……想起它们带给自己的快乐，带给自己的收获，它们就那么真实地见证了我的成长，见证了那段只属于我自己的青春岁月。

一次聆听

那是新生的一个入学仪式。几千名免费师范生整齐地集中在第一运动场上，聆听李老师的激情演讲。演讲的内容早已有些模糊，但“我教书我快乐”这句话却不经意间放到了心头。我想这是一种教育的理念，同时也是一种人生的态度。“快乐从教”就在那个时候悄然地印在了自己的心里。还记得在那个9月的天空下，那一张张映照在热得与众不同的山城的夏日里对大学生活充满着无限憧憬和向往的笑脸。

一场电影

那是入学新生集体看的一场电影。《凤凰琴》是一个讲述乡村老师故事的电影。一把琴，一段故事，一段人生在略微发黄且有些昏暗的画面中徐徐展开。有关奉献，有关人生的选择，是高尚还是伟大，一念起，一生已成定局。在之后，还看过许多教育题材的影片。《天那边》那个最终因为感动、因为责任，最终放弃了城里优越的生活选择到山村支教的年轻女老师，那个把自己的生命奉献给了那个村里小学的老师，那张缺了一个人的集体照，在轻松诙谐的背后，一切都让人备感温馨。两个把自己奉献给山里孩子教育的老师的出现，在那个瞬间显出的教师的伟大让人心生敬畏。

一次讲座

很早就听别人说起，大学有很多讲座，也是我们在大学汲取知识的一种途径。第一次听讲座是学院组织的谢老师做的与微生物研究有关的讲座。那个时候还没有进行专业课程的学习，还是门外汉。但一场讲座下来，发现了很多以前没有听过的新奇的东西，听到了另外的一些关于生活关于科研的思考。视野也就那么悄然打开，和人文相关的雨僧讲坛，自己学院的老师开设的相应专业的讲座、中科院院士做的一些讲座等等。每次讲座之后，我都会有自己的收获。或是拓宽了自己的视野，或是学到了一种方法，或者是对人生有了一种思考，一种态度。

一个辅导员

我很幸运我有一位非常出色的启蒙辅导员，让我们都走在了前面。在踏进校门的那一刻起，我们就开始接受各式各样的训练。讲故事，练字，演讲，讲课，循序渐进，一步一步我们就成了老师。如果你连一个故事都讲不好，会有学生喜欢你的课吗？如果你不擅长写字，你又如何驾驭课堂？如果你不会演讲，又怎样在学生面前展示自己？如果你连课都不会讲，那你还能做老师吗？还记得辅导员老师像极了小时候的大哥哥给我们示范讲故事，他说在讲故事的时候要搞清楚对象，要充满趣味性。他说每一个故事都是有生命的，如果你的故事不能赢得掌声，那就是失败的，就要不断努力，只有这样才能提升课堂的生活力，得到学生的掌声。还记得在三笔字训练课上课下的日子里，从选字帖到练习到提高层层把关。辅导员老师把我们的字迹都保留着，一段时间就给我们总结，让我们发现自己的进步和不足。刚开始的我们都需要勇气，需要技巧，而这些对于那时的我们来讲都是陌生的。从零开始的我们，像蹒跚学步的孩子，而有一天我们突然发现自己已经能够在这条道路上奔跑了。而我们的辅导员却依然站在那里，在我们需要的时候，他会鼓励我们走得更远。

一次上台

上讲台，这是每个师范生必须经历的。从一开始不能很好地记起故事的内容到能讲好一个故事，从不知道怎么去表达到一点点地去探索、进步，自己偷偷地享受着进步的喜悦。记得在演讲训练中，虽然观众是自己的小组成员，但依然会和真正上台一样，会很紧张，会忘词。每一次结束之后，都要针对自己的问题在下面不断地练习。就这样从一开始的紧张到后来的习惯，从不知所措到后面的镇定自若。一点点地习惯上台的感觉，学会在台上冷静和镇定。还记得那次是最后一次演讲训练，有老师和师兄来看我们的演讲，我讲自己所熟悉的金庸武侠故事里的"爱情马太效应"，讲完之后我看到了老师和同学们赞许的目光。自己就那样一点点、一滴滴的安静地进步着，成长着。

之后开设的一系列师范生技能训练的课程，按照一节课从走进教室开始到课堂内容的导入，复习旧知识、引入新知识到整个知识结构的讲解再到一节课的小结，每一部分内容安排三个课时，分小组在微格教室里进行练习。每个同学上去讲解之后，再由指导老师和师兄、师姐进行点评和指正。从一节课的导入到讲课到板书，一次次的训练让自己渐渐地熟悉了上讲台的感觉，让自己为今后的教学工作做好准备。如今依然清晰地记得自己第一次讲的故事，第一次做的演讲，第一次导入……它们就这么简单地走进了我的准教师生活。

一次专业考察

专业考察是我们生物课程的一个必不可少的部分，分为植物学、动物学、生态学三大板块。每个同学都很期待专业考察的到来，在大二下学期它如期而至。为期五天的专业考察是到物种丰富的缙云山，这五天每一天都有不同的任务：前面两天捉昆虫、做标本，观察鸟类；后面两天认植物，最后一天做生态学调查。就这样我们拿着昆虫网和毒瓶开始我们的实习，看到的昆虫，最多的还是蝴蝶，老师就会给我们讲这是哪个科哪个种的叫什么名字，我们就兴致勃勃地用昆虫网把它捕下来，等待晚上回去完成标本的制作。而认植物，我想同样也是感受缙云山风景的过程，老师带着同学们，沿着山上的小道，边走边教同学们认两旁的植物。生态学的实习就更简单一些，拉样方、记物种数据，更多的是感受生态学调查的方法。回学校之后，我们还到杨家坪动物园参观，到南山植物园参观，到大磨滩采田螺和鱼类标本。之后就是完成相应的实习报告。在考察中，我们进一步地感受到了生物科学的多姿多彩，学到了对待学习实事求是、认真踏实的方法。

一次教育实习

为期三个月的教育实习是我们免费师范生特有的实习方式。我选择的是到红色之城遵义的一个学校去顶岗实习三个月。我对即将走向实战充满期待，对即将面对的学生充满未知和小小的紧张。在实习中，我们主要是试教和试做。试教，毫无疑问就是上课，试做就是做代理班主任。从第一次上讲台的紧张和面对学生的无所适从到后面一次次的进步，从第一次学生叫自己老师到后面和学生成为生活和学习上的朋友，从一开始不知道怎么去管理学生到后面开始和班主任交流工作心得，三个月的时光转眼就过去了，犹能想起第一次花很长时间去准备一节课，第一次在练习的教室里一次次的试讲，想起第一次讲完课程内容却发现还没有下课的小小紧张，想起第一次给同学们搞生物知识竞赛的时候，学生们雀跃的样子；想起班会课上同学们精心去准备的节目；想起告别的时候学生特意为我们准备的晚会……好多好多自己都不敢相信的惊喜与收获。也是这次教育实习让我切身地体会到了和孩子们相处的乐趣，享受作为教师的喜悦感。

一次面试

大四的我们都要面临着走向社会，都要开始自己的求职之路。做简历、买正装、练自我介绍、看招聘信息、投简历、面试，求职就这么有条不紊地进行着。贵州是我最终选择的就业省份。一开始贵州没有什么中学到我们学校来招聘，于是我选择了主动出击，到贵阳市区的中学去投简历。将近一周，我投完了自己带的简历，遗憾的是，免费师范生的就业政策那个时候还没有出台，那些中学都不敢自主招聘。虽然没有找到工作，但也让我对求职颇有收获。政策出台后，我又开始重新投入到投简历、面试等环节中。虽然在后来的求职中经历了很多的挫折，但同时也看到了自己一步步地成长起来，内心还是觉得很踏实。最终我找到的工作还是让我比较满意的，同时也让我更加相信，只要付出，总会有收获。

四年的学习生活就在这些一次次中要结束了。而这些一次次，却成了这段时光中美丽的沙粒，一不小心就装到了自己记忆的沙漏里，倒过来就是一辈子。而这些一次次的经历，一次次的收获让我相信，有梦，就让自己飞翔。

编者语：

恰同学少年，风华正茂，书生意气，挥斥方遒。指点江山，激扬文字，粪土当年万户侯。曾记否，到中流击水，浪遏飞舟？就如同一千个读者就有一千个哈姆雷特一样，一千个免费师范生就有一千种大学生活。杨帆以每一个第一次向我们展示了她恰同学少年的大学生活。而在她精彩绚丽、挥斥方遒的青春岁月中，让人印象深刻的则是西南大学生命科学学院的这位辅导员。这位辅导员在本次教育叙事的征文中几乎被每一位生命科学学院的同学提及，显然，他成了众多同学风华正茂生活中浓墨重彩的一笔。这位辅导员在生命科学学院的免费师范生踏入校门的那刻起，就开始规划免费师范生各方面教师技能的培养和训练，讲故事、演讲、讲课，一步步地循序渐进，一步步地让学生从门“外汉变”成了一个好老师。然而这只是免费师范生教育中一个教师的缩影，在西南大学设置的师范生专业课程体系，师范生专业技能训练体系，师范生专业实践体系的师范生培养三大体系中，无数的导师和辅导员在其中发挥着极其重要的作用。在整个师范生免费教育体系中，西南大学的校内名师承担的理论教学主要侧重培养免费师范生的学习和创造能力，以及教育家思想和研究能力；而校外名师承担的实践教学则侧重培养免费师范生的职业道德和教学实践能力。这些导师在潜移默化中“养成”教师，鼓励、包容、支持和成就每一名免费师范生浪遏飞舟的成长岁月。如果说每一个“优秀的教育家”都有一个引路者，那么他们的导师、辅导员就是他们前行路上最清晰的坐标。

我的选择，我的快乐

张艳辉
（西南大学生命科学学院2007级免费师范生）

时间在顺时针地记录着生活的点点滴滴，我的心却在逆时针地拨开迷雾，寻找光明。不经意中思绪翻开了时间的记录本，我又再一次看到了我的大学……儿时的我无限憧憬雪域高原上的皑皑白雪和屹立于世界之巅的雄伟的布达拉宫。而当儿时的憧憬成了现实时，却是一个残酷的现实。它的到来使刚从高考千军万马过独木桥的悲壮中生存下来的我，又掉进了另一个让我感到绝望的深渊——我被西南大学生命科学学院的定向生物专业录取了。定向生物，意味着毕业后完全服从到西藏偏远地区工作15年。这击中了我的心，头脑里的第一反应已经不再是白雪皑皑、浑天一体的壮丽景观，不再是醇香的酥油茶和青稞酒了，西藏高寒的气候，严重缺氧，语言不通，以及无尽的孤单与寂寞涌向心头。而在犹豫与绝望中，在家人一再的劝阻下，我毅然作出了决定：我想要去西南大学读书，我也愿意到西藏工作！在一种错综复杂的心态下，我来到了西南大学，开始了我四年的大学生活……

大一：苦涩的生活中透露出绝望

带着欣喜和好奇，我来到了西南大学，我觉得西南大学就像个植物园一样，繁花绿草，葱郁茂盛，笔挺的教学楼屹立于丛山之中，一个字——美。同时，校园中弥漫的浓厚的文化气息让我觉得我是幸运的，我为我能在这样的学校中学习而感到骄傲。

从那一刻起我开始了大学的学习生涯，可是“定向”的阴影却形影不离地跟着我，当我知道我们学院只有两个人是定向时，这种阴影更加深了我内心的恐惧与绝望，此时我觉得自己和学院的人差距是那么大，那么格格不入。我感到了前所未有的自卑，也就是从那时起我不爱说话了，我把自己封闭了起来。我觉得生活灰暗，前途渺茫，我的奋斗已经失去了意义，那时苦涩的生活让我感到绝望。在林间小道，图书馆的走廊，自习室的角落，总有我默默的徘徊、发呆的身影。

学校很重视免费师范生的教育，给予免费师范生各方面的培训与教育，目的是让每一个学生都树立正确的师范生价值观，全面提高师范生的综合素质，为培养优秀的教师和教育家开展了各项培训。有一次，看了一个教育视频，讲的是冯志远支教生活，它无形中触动了我的内心，他是伟大的，他的付出让我看到了光明，值得我敬佩与学习。之后大大小小的学院开展了各项关于师范教育的活动，无形中让每一位师范生慢慢地了解到了自己的责任。虽然有感动，有希望，但是内心的孤独还是挥之不去，我时常在想，面对西藏高寒缺氧的气候，该怎么办？我一个人在那里将会怎么生存？生活依旧在链条上规律地走着，我机械地接受着各种培训。悲观的心理笼罩了我的生活，没有上进，没有希望，除了宿舍的难兄难弟，甚至可以说我没有朋友。卑微胆怯的我连话都不怎么敢说，更别提其他的了。

大一结束时，努力学习的同学成绩名列前茅，而迷茫、自卑的我已经被远远甩在后面了，这更加剧了我内心的孤单和自卑。一次偶然的机会，我看到了海伦·凯勒的代表作《假如给我三天光明》，她以一个身残志坚的柔弱女子的视角，告诫身体健全的人们应珍惜生命，珍惜造物主赐予的一切。这深深地触动了我的内心，再回想到自己大一学年的学习状态和成绩，深深的后悔与自责涌上心头，我开始思考了……理想与毅力让我开始蜕变……

大二：拼搏、奋进、努力

带着悔恨、憧憬，我走进了大二。我开始寻找自己，我积极地培养、锻炼自己的综合能力，积极参加各项活动。随着教师素质训练的不断增多，我开始意识到了自己的责任：我是一名未来的人民教师，肩负着孩子们的前途，我不能误人子弟。也许就是这个责任，让我走出了自己的内心世界，积极地锻炼自己的各方面教师素质，国家对免费师范生的高度重视，更加强了我学习的信心，我又开始说话了。

这一年里，我一步步地看着自己的进步：在学院勤工助学中心做干事的时候，师兄的独立与坚韧教会了我如何面对生活中的困难，真诚地去对待每一个朋友；在志愿者服务队的时候，忙碌烦琐的事情让我学会了耐心，让我学会了做事要严谨有序，有条不紊；在植物导游期间，学习与快乐并存，使我知道了知识是改变无知的最好方法，学习永无止境。在学习中，虽然我的成绩不理想，但是我认为成绩并不代表一切，最重要的是在学习的过程中你是否感到真实的快乐。在不断的努力学习中，我看到了希望，看到了快乐，充实让我打破了空虚；知识让我摆脱了庸俗；微笑让我得到了朋友；友善让我得到了关爱。

大二在如火如荼中走过了，经过我一年的努力，我幸运地成为中共预备党员，这是一份自豪与光荣，是我不断努力的结果。我开始慢慢地认识到自己并非是无用之人，我也有自己的优点。内心的迷雾在一点一点地被拨开……

大三：矛盾困惑与向往交加

“上天对每个人都是公平的，上帝为你关上一扇门，必将为你开启一扇窗。”作为国家号召的免费师范生，大家开始更明确了自己的目标与发展方向，考研？就业？或是？大家为了自己的梦想开始准备奋斗了，世俗中浮躁的心开始平息了。可是此刻的我，心中却波涛汹涌，我到底该怎么做呢？我真的将会在西藏偏远地区平淡地度过一生，对毫无了解的西藏，举目无亲的西藏，我又该如何去面对？我的心又陷入了矛盾与困惑中，可海伦·凯勒却时刻在提醒我：不要放弃，一定要搏一下，坚持就是胜利。皇天不负有心人，上帝真的为我开了一扇窗：为了进一步巩固师范生的教学素质，学校开展了教学实习。教学实习的形式多样，如支教、混编、学院实习等，学生可根据自己的实际情况选择实习方式，全方面地锻炼自己的综合素养。而我选择了学校混编并争取到了去西藏北京中学实习的机会。正是这个机会改变了我，改变了我的一生，也许就是破茧成蝶的原因之一，我彻底地改变了。

火车在穿山越岭，经过唐古拉海拔5000多米的高山，经过三江水的源头，经过生命的巅峰，开往天与地的交接之地，开往了雪域高原。我们一行的11个实习生去了我们所向往的西藏，带着一份责任踏上了我们的探索之路。在西藏实习的生活是艰苦的，实习之路像“天路”一样向“圣地”延伸。我们这群卑微的朝圣者，在匍匐前行，趴下了才知道，原来“天路”完全不像哈达那么光鲜，而是有些耐人寻味的艰难。实习生活开始了：在西藏我们要面对西藏高寒缺氧的环境，还要面对陌生的人群，坎坎坷坷，我们实习小队瞬间成了一家人，相依为命，互相关心，互相帮助。西藏的教育相对落后，学生的基础很差，有些来自牧区的学生连普通话都还有问题，更不用说其他的学习水平了。但是我们的小队谁都没有放弃，我们都耐心地去面对这一切，因为我们深知自己肩上的那份责任，大家在平淡艰苦的生活中，寻找着自己内心的快乐。日子一天天在忙碌中度过，在实习生活中，我们不断努力地去学习经验，不断地尝试自己大学的教育想法，勤勤恳恳地去帮助学生。在那样的实习环境中，我们不断去了解学生，努力找到适合他们的教学方法。在远离了大城市的生活中，在勤恳踏实的实习生活中，在虔诚的文化氛围中，我们内心找到了安宁。在西藏我真正体验到了什么叫奉献，来到西藏的人们，或许都是出于种种原因，他们背井离乡，却勤勤恳恳，无论是出于什么样的原因来到了西藏，他们坚持不懈的奋斗凸显出了他们伟大的精神。通过实习后，大家更能深刻地体会到“为什么国家要提出师范生免费政策，为农村，偏远山区培养优秀教师和教育家的政策”，因为这里需要优秀高素质的老师。快乐、艰苦、孤独，但充满着快乐。奋斗的实习生活结束了，我们没有一个人因为条件的艰难而退出，相反我们在这样的环境中不断改变着自己，大家成熟睿智的眼光中透露出来的是一种幸福感。而我也在这样一个环境中慢慢找到了自己的价值，找到了自己的快乐。也许我们选择到西藏，很多人不理解，但是真正的快乐只有我们自己能体会到。

大四：坚定、自信

带着满载的收获，实习结束了：我变得更自信了，我明确了自己的目标和理想，我相信自己能够当好一名教师，我愿意为祖国、为西藏的教育事业献出我的一生。

而在实习结束时，又一个选择摆在了我面前：实习所在学校——西藏北京中学，由于新课改急缺老师，无法开课。校长找到了我，让我留下来代课，以后可以留在他们学校。经过反复思考后，并与学院联系后我决定留下来代课。这个决定让很多人不解，好好的大学生活不享受，却要跑到那种地方去遭罪。接下来我开始了自己的独立上课的教书生涯了，期间我不断地探索，不断地寻找适合学生的方法。在教学中不断遇到困难，我在指导老师的帮助下，课上得越来越好，和学生的关系也越来越融洽了。此刻我才真正体会到要当好一名真正的老师真的不容易，但无论如何作为一名老师最重要的就是要清楚地明确自己的责任，用一颗感恩的心去做事，就一定能做好的。在教学经验的逐步积累与不断总结中，我的教学也取得了显著的效果。但后来，由于大学里突然有紧急的事情被急召回学校。无奈之下，只能选择回学校，与新老师交接完以后，我依依不舍地离开了。我真的舍不得这里的"荒凉"，舍不得我亲爱的学生，虽然有时他们笨笨傻傻的，但是从傻气中我看到了他们对知识最真实的渴望。

在代课结束的时候，西藏北京中学给了我一个重创，原本说可以留下的，可是在我走的那刻，种种的借口都成了不可能留下的理由。这让我难过，我感慨自己的付出是那么卑贱。但是我仍然没有放弃，这扇窗户关闭了，我可以寻找另一扇窗户。不管如何，至少我在这个过程还是快乐和幸福的，因为我受到了学生的好评和尊重。也许就是这份坚定的信念，不放弃的心理，使我更自信了。在大四下学期，在课程完成的情况下，我又一次自愿到西藏支教，找了一所新建的高中，由于师资严重匮乏，我答应了在这个学校代课。这里的条件更不好，学校基础设施都没建好，没有水，每天都是大风狂飞。在这样一种环境下，我和其他老师一样，开始了自己的另一个征程，这里的生活可以说是平淡的没有任何涟漪，我们没有任何的娱乐设施，学生的基础就是中考 100 多分的水平。虽然如此，但这里的老师依然默默无闻地奉献着。我很感动，也许就是这份感动让我坚持了下来。

回到重庆，我的大学生活也快要结束了。回头看看我的大学生活路程，或许，有些人会说我是一个不知享受的人；有些人会说我的大学生活是不完整的，也许我真的失去了很多东西，可是我却得到了更多别人没有得到的东西，那就是一种精神的朝圣。我的大学生活可以说是一波几折，可是坚持了下来，此时的我已经不再肤浅。我还想告诉那些跟我一样是定向西藏的朋友们：我相信我的很多感受，在你们身上也有过，但是我告诉你们不要难过，也不要绝望与抱怨，我们需要的是坚强不息，迎难而上，需要的是体会生活，体会教师这个职业。

作为首届公费师范生，我们即将走向社会，开始履行我们的责任和义务，大学四年的学习与磨炼，将会在社会这个大舞台上，让我们尽情地发挥，尽情地探索，优秀的教师和教育家不是用嘴说出来的，而是我们用实际行动去证明的！我相信我们西南大学的免费师范生同学们，我们都将成为优秀的人民教师！此刻的我更怀念西藏的蓝天，怀念西藏那一毛不拔的荒山，我愿意在雪域高原上为教育事业奉献自己的微薄之力。我选择，我的快乐！我选择，我不后悔！就要毕业离校了，我会以一种积极乐观的态度投入到工作中，争取在我的工作生涯中少留下一点遗憾！期待着到西藏这片圣洁的雪域高原上实现我的梦想！

编者语：

翻越唐古拉山脉，穿过三江源头，雪域蓝天芳草地，骏马雄鹰云牧。张艳辉同学是免费师范生中一个特殊群体中的一员，这个群体是定向西藏免费师范生，他们通过三方协议，享受与免费师范生同样的待遇，需要履行的义务则是在西藏服务15年。在初入那个唐卡经轮，红山圣殿，无限风光夺目的西藏，张艳辉的内心却没有那么平静，从苦涩的生活中透露出绝望的大一，到自我调节后拼搏、奋进、努力的大二，又进入矛盾困惑与向往交加的大三，直到现如今坚定的从教信念和自信的态度，张艳辉的经历是很多定向学生的写照。曾经走入大学的他们都还是个娇滴滴的孩子，而如今的他们则即将奔赴祖国最艰苦的地方去奉献他们最闪亮的青春，他们不仅独善其身，并且兼善天下。温家宝同志曾经在看望免费师范生时说过：“教育事业是人类最崇高的事业，教师是太阳下最光辉的职业。教师不仅可以影响一个孩子，还可以影响整个社会。”而到这些教育欠发达地区乃至教育落后地区的免费师范生，则用他们的智慧之光、仁爱之美去为祖国的教育事业作出自己的努力。也许张艳辉一行人的努力还很单薄，但国家正在以师范生免费教育这一尊师重教的示范性举措向社会各界表明，国家重视基础教育发展，重视中西部教育发展，重视教育公平的实现；国家正在以这项举措吸引优秀青年读师范专业、当教师，终身从教。在今年暑假，张艳辉在西藏做起了课外工作——导游，她希望有更多的人认识、了解、热爱和建设西藏，在此，祝愿张艳辉在今后的工作生活中顺利，祝愿在西藏教书育人的各位同学早日体验到桃李成才的喜悦！